"十二五"国家重点出版物出版规划项目
城市交通系列教材

城市交通安全

主　编　张兴强
副主编　魏丽英　王江锋　王海星
主　审　肖贵平

北京交通大学出版社

·北京·

内 容 简 介

本书共分为 8 章，包括绪论、城市交通安全系统、城市交通事故统计分析、交通安全分析和评价、城市交通事故预测、城市交通安全设计、城市交通事故调查与处理、城市交通安全管理与预防。

本书是"十二五"国家重点出版物出版规划项目"城市交通系列教材"之一，既可作为交通工程专业本科生教材，也可供相关专业技术人员参考。

图书在版编目（CIP）数据

城市交通安全 / 张兴强主编. — 北京：北京交通大学出版社，2015. 11
（城市交通系列教材）
ISBN 978-7-5121-2469-1

Ⅰ. ① 城… Ⅱ. ① 张… Ⅲ. ① 城市交通-交通运输安全-高等学校-教材 Ⅳ. ① U491

中国版本图书馆 CIP 数据核字（2015）第 263177 号

城市交通安全
CHENGSHI JIAOTONG ANQUAN

责任编辑：孙秀翠　　特邀编辑：刘　松
出版发行：北京交通大学出版社　　　　电话：010-51686414　　http：// www. bjtup. com. cn
地　　址：北京市海淀区高梁桥斜街 44 号　　邮编：100044
印　刷　者：北京瑞达方舟印务有限公司
经　　销：全国新华书店
开　　本：185 mm×230 mm　　印张：25.25　　字数：566 千字
版　　次：2015 年 11 月第 1 版　　2015 年 11 月第 1 次印刷
书　　号：ISBN 978-7-5121-2469-1/U·216
印　　数：1～2 000 册　　定价：52.00 元

本书如有质量问题，请向北京交通大学出版社质监组反映。对您的意见和批评，我们表示欢迎和感谢。
投诉电话：010-51686043，51686008；传真：010-62225406；E-mail：press@bjtu. edu. cn。

前　言

　　随着我国经济的迅速增长，预计 2030 年我国城镇化将超过 65%，超过 100 万人口的大城市将达到 200 个，同时也带来了城市交通系统快速的机动化，目前我国一些大城市的机动车保有量超过了西方发达国家大城市的保有水平。随着我国城市化、机动化进程的加快和机动车使用强度的提高，一些大城市（如北京、上海等）相继出现了资源短缺、环境污染、交通拥堵、交通事故多发等"城市病"。针对我国城市交通的问题，《国家中长期科学和技术发展规划纲要（2006—2020）》交通科学问题研究专题制定了交通科技发展战略目标，提出了"发展一个体系，解决三个热点问题"。其中"一个体系"即综合运输系统，"三个热点问题"即交通能源和环境、交通安全和大城市交通拥堵问题。城市交通安全问题是社会各阶层的人们普遍关注的重要民生问题。本书是"十二五"国家重点出版物出版规划项目"城市交通系列教材"的重要组成部分，对于我国城市交通领域高端人才的培养具有非常重要的意义。

　　城市交通是指城市行政区内部的交通，包括城市道路交通、城市轨道交通和城市水上交通等，由城市交通参与者、车辆、城市交通基础设施和城市交通环境组成的复杂系统。城市交通安全工程是指运用系统论、控制论、信息论等现代科学技术理论，从安全的角度，对城市交通"人、车、路"系统进行科学研究。查明事故发生的原因和经过，找出灾害的本质和规律，寻求消灭、减少、减轻交通事故及事故损失，保障交通安全的措施和办法。

　　本教材由 8 章组成，其编写力求涵盖城市交通系统安全工程的共性知识并兼顾城市道路运输和城市轨道交通安全工程的个性知识。内容包括交通安全理论、方法、技术、管理和实践等内容，较为全面地反映了城市交通安全工程领域的知识体系。

　　本教材由北京交通大学张兴强主编，肖贵平主审。第 1 章由肖贵平编写；第 2 章、第 3 章由王江锋编写；第 4 章由魏丽英和王海星编写；第 5 章由魏丽英编写；第 6 章、第 7 章由张兴强编写；第 8 章由张兴强和王海星编写。同时陈攀、汪莹和贺杰参与了资料的收集和整理工作。

在教材编写过程中，参考了大量书籍和期刊，在此，谨向作者致以诚挚的谢意。

城市交通安全工程是一门发展中的学科，笔者尝试从城市道路和轨道交通的角度出发进行编写。因编者学术水平及经验等方面的限制，教材中有不当之处，恳请读者赐教。

编　者
2015 年 9 月

目　录

第 *1* 章

绪　　论

本章首先介绍了安全工程学科的研究对象、研究内容，交通安全工程学科的概念、研究内容和分类。在此基础上，深入探讨了安全、危险、风险、事故、隐患、危险源等安全科学基本概念及其间的相互关系，以及安全问题的基本特性。最后，从运输安全的特殊性出发，在介绍城市交通安全形势的基础上，详细介绍了道路交通事故、城市轨道交通事故的概念和分类分级，以方便学生对各类城市交通事故概念的准确把握。

1.1　交通安全工程

1.1.1　安全工程学科

1. 研究对象

安全工程是以人类生产、生活活动中发生的各种事故为主要研究对象，在总结、分析已经发生的事故经验的基础上，综合运用自然科学、技术科学和管理科学等方面的有关知识，识别和预测生产、生活活动中存在的不安全因素，并采取有效的控制措施，防止事故发生的安全技术理论及专业技术手段的综合学科。

安全工程的研究对象最初主要是生产过程中发生的事故。在这一过程中，人类会遇到而且必须克服许多来自自然界的或人类活动带来的不安全因素。人类一旦忽略了对不安全因素的控制或者控制不力，则可能发生事故，其结果不仅妨碍工业生产的正常进行，而且可能造成设施、设备的破坏，甚至伤害人类自身。防止工业事故，是顺利进行工业生产的前提和保证；保护劳动者在生产过程中的生命健康，是工业安全的基本任务。

随着新材料、新能源、新技术的应用，工业产品的科技含量越来越高，产品越来越复杂，其中的不安全因素导致事故的危险性也越来越大。如果不能有效地消除和控制产品中的不安全因素，用户在使用产品时就可能存在发生事故而遭受伤害的危险。到 20 世纪 70 年代，产品的安全性问题引起了人们的普遍关注，安全工程研究对象又从工业生产过程安全扩展到了工业产品安全。

除了生产活动外，人类的生活活动中也时而发生事故，如交通事故、火灾事故、学校事故、家庭事故等。特别是随着城市人口密度越来越大、社会生活方式越来越多样化，生活活动中发生的"群死群伤"事故时有发生，越来越受到人们的关注。例如，1994 年克拉玛依友谊宾馆火灾，造成 325 人死亡、129 人重伤；1996 年白俄罗斯明斯克地铁站发生事故，导致 57 人死亡、78 人受伤。安全工程中关于生活事故预防的研究越来越广泛深入。

2. 研究内容

安全工程的基本内容是根据对伤亡事故发生机理的认识，应用系统工程的原理和方法，在工业规划、设计、建设、生产直到废除的整个过程中，预测、分析、评价其中存在的各种不安全因素，根据有关法规，综合运用各种安全技术措施和组织管理措施，消除和控制危险因素，创造一种安全的生产作业条件。从安全工程学科的研究对象和内容来考虑，安全工程学科至少应该包含以下几方面内容。

（1）安全理论

安全理论是揭示安全的本质和运动规律的学科知识体系，是安全研究的基础。主要内容包括可靠性理论、事故致因理论、事故预防理论等。

（2）安全技术

安全技术是预防事故的基本措施，是实现工业安全的技术手段，包括安全检测技术和安全控制技术两个方面。前者是发现、识别各种不安全因素及其危险性的技术；后者是消除或控制不安全因素，防止工业事故发生及避免人员受到伤害、财产受到损失的技术。

在工业安全领域，安全技术是伴随着工业生产的出现而出现的，又随着工业生产技术的发展而不断发展。现代科学技术的进步，安全技术也不断发展、更新，大大增强了人类控制不安全因素的能力。如今，已经形成了包括机械安全、电气安全、锅炉压力容器安全、起重运输安全、防火防爆等一系列专门安全技术在内的工业安全技术体系。在安全检测技术方面，先进的科学技术手段逐渐取代了人的感官和经验，可以灵敏、可靠地发现不安全因素，从而使人们可以及早采取控制措施，把事故消灭在萌芽状态之中。

（3）安全方法

安全方法主要研究如何运用系统工程的原理和方法，对系统中的安全问题进行定性、定量的分析和评价，并采用综合安全措施予以控制，从而达到系统最佳安全状态。

（4）安全管理

安全管理主要研究安全管理体制、政策、立法及各种法规的制定和执行，研究安全教育与培训等，旨在通过先进的职业安全卫生管理体制的建立和事故预防、应急措施和保险补偿3种手段的有机结合，达到在时间、成本、效率、技术水平等条件的约束下实现系统的最佳安全水平的目的。

1.1.2 交通安全工程学科

交通安全工程学科是指运用系统论、控制论、信息论等现代科学技术理论，从安全的角度，对交通运输系统寿命期的各个阶段（开发研制、方案设计、详细设计、建造施工、日常运行、改建扩建、事故调查等）进行科学研究，以查明事故发生的原因和经过，找出灾害的本质和规律，寻求消灭、减少交通运输事故，或减轻事故损失，保障交通安全、畅通的措施和办法。换句话说，交通安全工程主要解决这样一些问题：分析和研究交通事故的发生机理；总结出普遍适用的交通事故理论；提出事故预防的方法设计。

交通运输系统是由陆路、水路和航空多种运输方式组成的一个综合系统，交通安全工程学科以交通运输系统的安全问题作为其研究对象，因此从研究对象出发，可将该学科的研究内容归为以下几类：道路交通安全工程、轨道运输安全工程、水上交通安全工程、航空运输安全工程。

（1）道路交通安全工程

道路交通是由人、车、道路与环境控制等要素组成的复合动态系统。道路交通事故就是由构成道路交通的诸要素在某一时空范围内的劣性组合造成的。导致道路交通诸要素劣性组合的原因有道路条件、车辆安全性能、驾驶人安全素质、参与交通者的安全意识及交通安全管理的水平等。此外，缺乏对道路交通事故发生规律及预防对策的深入研究，也是导致道路交通事故形势严峻的重要原因。因此，道路交通安全工程通过对道路状况（包括道路路面、道路线形、道路横纵断面、交叉路口及事故多发地段等），车辆的结构性能（包括驾驶视野、报警装置、碰撞保护装置、仪表、照明和信号装置、驾驶人工作环境、制动性能、操纵稳定性、车辆类型等），驾驶适性及其影响因素，交通环境（如交通量、特殊气候等），交通控制（包括交通安全法规、交通执法设备系统等）及道路交通事故发生原因等的深入研究，提出预防和减少道路交通事故的有效措施。

（2）轨道运输安全工程

轨道运输作为运送旅客和货物的直接生产系统，是一个高速运转的复杂动态系统，其安全问题尤为突出。轨道运输生产的特点决定了轨道运输作业过程是由许多子系统相互作用而完成的，它要求车务、机务、工务、电务、车辆、客运、货运、工程等部门联合作业，协同动作。它使用的设备数量庞大、种类繁多。此外，自然环境、社会环境等因素的影响也不容忽视。可见轨道运输系统是一个庞大的人—机—环境动态系统。在这个系统中，任何一点疏漏都可能会诱发列车冲突、脱轨、火灾或爆炸等铁路运输事故。

轨道运输安全工程主要通过对运输安全有关人员（包括运输系统内人员、旅客、货主、沿线居民、机动车驾驶人员等）、设备（包括线路、机车、车辆、通信信号、供电供水等运输基础设备和安全监测、监控、事故救援、自然灾害预报与防治等运输安全技术设备）、环境（包括作业环境、自然环境和社会环境）、管理（包括安全组织管理、安全法制管理、安全技术管理、安全教育管理、安全信息管理和安全资金管理）的深入研究，发现安全的薄弱环节，进而提出预防和减少事故的有效措施。此外，为了确保列车运行及调车作业安全，还必须对轨道运输作业过程进行深入研究，包括行车调度指挥安全、接发列车作业安全、调车作业安全、中间站作业及运转车作业安全、装卸作业安全、旅客运输安全、机务作业安全、车辆作业安全、工务作业安全、电务作业安全、非正常情况下（如恶劣气候、设备故障、电话中断等）的作业安全及应急处理作业安全（如列车火灾应急处理、列车冒进信号应急处理等）。

（3）水上交通安全工程

水上交通事故按性质可划分为火灾和爆炸、碰撞、搁浅和遇风暴三大类，其后果轻则船只破损，重则船只沉没，非常严重。因此，水上交通安全工程主要通过对船舶性能与结构、船员行为、港口保障设施、水上交通管理等水上交通安全主要影响因素及水上交通事故发生的原因的深入研究，提出确保水上运输安全、减少污染水域的有效措施。

水上交通安全工程的研究内容还包括完善的船舶消防系统研究、特殊场所的防火防爆研究、灾害险情应急技术研究、海底地貌测量、遇难船舶的救助和打捞技术的研究、船舶安全停泊系统研究、船运政策研究及船舶避碰研究等。

（4）航空运输安全工程

航空运输是一个具有特定功能的系统，由人（机组人员、乘客)、飞机、航线、机场、航空交通管制等要素组成。各要素必须相互协调，若其中一个要素不能与其他要素协调，系统就会失去平衡，可能导致发生失控、碰撞、失火等空难事故。

航空运输安全工程主要通过对上述影响因素及空难事故的深入调查研究，提出确保航空运输安全的有效措施。此外，研究内容还包括驾驶员操作可靠性研究，空中交通预警防碰管理系统研究，飞行人员培训理论与方法研究，空中导航系统研究，飞行紧急情况（包括起火、劫机事件、客舱减压等）对策研究，克服飞机维修失误对策研究，飞机定期检修和维护的快速、可靠技术及机场应急救援系统研究等。

1.2 安全的内涵和特性

1.2.1 安全的基本概念

1. 安全

关于安全的概念，可归纳为两种，即绝对安全和相对安全。绝对安全观是人们较早时期对安全的认识，目前仍然有一部分现场生产管理人员和科技工作者有此认识。绝对安全观认为，安全指没有危险、不受威胁、不出事故，即消除能导致人员伤害，发生疾病、死亡或造成设备财产破坏、损失及危害环境的条件。无危则安，无损则全。例如，在简明牛津词典中将安全定义为"不存在危险和风险"，有的学者认为安全是"免于能引起人员伤亡或财产损失的条件""安全意味着系统不会引起事故的能力""安全即是无事故，没有遭受或引起创伤、损失或损伤"。这种安全观认为发生死亡、工伤等的概率为零，这在现实生产系统中是不存在的，它是安全的一种极端理想的状态。由于绝对安全观过分强调安全的绝对性，使其应用范围受到了很大的限制，特别是在分析社会—技术系统的安全问题时更是如此。

与绝对安全观相对应的就是人们现在普遍接受的相对安全观。相对安全观认为，安全是相对的，绝对安全是不存在的。例如，美国哈佛大学的劳伦斯教授将安全定义为"安全就是被判断为不超过允许极限的危险性，也就是指没有受到损害的危险或损害概率低的通用术语"；霍巴特大学的罗林教授指出，"所谓安全系指判明的危险性不超过允许限度"；在《英汉安全专业术语词典》中将安全定义为"安全意味着可以容许的风险程度，比较地无受损害之忧和损害概率低的通用术语"。

由相对安全的定义可知，安全是在具有一定危险性条件下的状态，安全并非绝对无事故。事故与安全是对立的，但事故并不是不安全的全部内容，而只是在安全与不安全这一对矛盾斗争过程中某些瞬间突变结果的外在表现。安全依附于生产过程，伴随生产过程而存在。但安全不是瞬间的结果，而是对系统在某一时期、某一阶段过程状态的描述，换言之，安全是一个动态过程，它是关于时间的连续函数。但在现有理论和技术条件下，确定某一生产系统的具体安全函数形式是非常困难的，通常采用概率法来估算系统处于安全状态的可能性，或者利用模糊数学来说明在非概率情形下的不精确性。

因此，安全是指在生产活动过程中，能将人或物的损失控制在可接受水平的状态，换言之，安全意味着人或物遭受损失的可能性是可以接受的，若这种可能性超过了可接受的水平，即为不安全。该定义具有下述含义：

① 这里所讨论的安全是指生产领域中的安全问题，既不涉及军事或社会意义的安全与保安，也不涉及与疾病有关的安全；

② 安全不是瞬间的结果，而是对于某种过程状态的描述；

③ 安全是相对的，绝对安全是不存在的；

④ 构成安全问题的矛盾双方是安全与危险，而非安全与事故，因此，衡量一个生产系统是否安全，不应仅仅依靠事故指标；

⑤ 不同的时代，不同的生产领域，可接受的损失水平是不同的，因而衡量系统是否安全的标准也是不同的。

2. 事故

"事故"一词极为通俗，事故现象也屡见不鲜，但对于事故的确切内涵，至今尚无一致的认识。牛津词典中，将事故定义为"意外的、特别有害的事件"；美国安全工程师海茵里希认为，事故是"非计划的、失去控制的事件"；甘拉塔勒等人从更为一般的意义上提出，"事故是与系统设计条件具有不可容忍的偏差的事件"；吉雷进一步补充说明了"事故是指任何计划之外的事件，可能引起或不会引起损失或伤害"。还有的学者从能量观点出发解释事故，认为事故是能量逸散的结果，现概括如下。

① 事故是违背人们意愿的一种现象。

② 事故是不确定事件，其发生形式既受必然性的支配，但也不可避免地受到偶然性的影响。

③ 事故发生的原因，可归结为三类：目前尚未认识到的原因；已经认识，但目前尚不可控制的原因；已经认识，目前可以控制而未能有效控制的原因。

④ 事故一旦发生，可以造成以下几种后果：人受到伤害，物受到损失；人受到伤害，物未受损失；人未受伤害，物受到损失；人、物均未受到伤害或损失。许多工业领域如铁路运输系统，将凡是造成系统运行中断的事件均归入事故的范畴，虽然系统运行中断不一定会造成直接的财产损失或人员伤害，但却严重干扰了系统的正常运行秩序，从而将带来严重的间接损失。

⑤ 事故的内涵相当复杂。从宏观的生产过程看，事故是安全与危险矛盾斗争过程中某些瞬间突变结果的外在表现形式，是时间轴上一系列离散的点；从微观而言，每一个事故均可看作是在极短时间内相继出现的事件序列，是一个动态过程，可以表达为如下形式：

危险触发→以一定的逻辑顺序出现的一系列事件→产生不良后果

综上所述，事故是指在生产活动过程中，由于人们受到科学知识和技术力量的限制，或者由于认识上的局限，当前还不能防止，或能防止而未有效控制所发生的违背人们意愿的事件序列。它的发生，可能迫使系统暂时或较长期地中断运行，也可能造成人员伤亡、财产损失或者环境破坏，或者其中二者或三者同时出现。

事故的特征主要包括：事故的因果性，事故的偶然性、必然性和规律性，事故的潜在性、再现性、预测性和复杂性。

（1）事故的因果性

因果，即原因和结果。因果性即事物之间，一事物是另一事物发生的根据，这是一种关联性。事故是许多因素互为因果连续发生的结果，一个因素既是前一个因素的结果，又是后一个因素的原因。也就是说，因果关系有继承性，是多层次的。

事故的因果性决定了事故的必然性。事故是一系列因素互为因果、连续发生的结果。事故因素及其因果关系的存在决定事故或迟或早必然要发生。其随机性仅表现在何时、何地、何原因意外事件触发产生而已。

掌握事故的因果关系，采取措施中断事故因素的因果连锁，就消除了事故发生的必然性，从而可能防止事故的发生。

（2）事故的偶然性、必然性和规律性

从本质上讲，伤亡事故属于在一定条件下可能发生，也可能不发生的随机事件。就一特定事故而言，其发生的时间、地点、状况等均无法预测。

事故是由于客观存在不安全因素，随着时间的推移，出现某些意外情况而发生的，这些意外情况往往是难以预知的。因此，掌握事故的原因，可降低事故的概率；掌握事故的原因是防止事故发生的必要条件。但是，即使完全掌握了事故原因，也不能保证绝对不发生事故。

事故的偶然性还表现在事故是否产生后果（人员伤亡、物质损失）以及后果的大小如何都是难以预测的。反复发生的同类事故并不一定产生相同的后果。事故的偶然性决定了要完全杜绝事故发生是困难的，甚至是不可能的。

事故的必然性中包含着规律性。既为必然，就有规律可循。必然性来自因果性，深入探查、了解事故因果关系，就可以发现事故发生的客观规律，从而为防止事故发生提供依据。应用概率理论，收集尽可能多的事故案例进行统计分析，就可以从总体上找出带有根本性的问题，为宏观安全决策奠定基础，为改进安全工作指明方向，从而做到"预防为主"，实现安全生产的目的。

由于事故或多或少地含有偶然性，因而要完全掌握它的规律非常困难。但在一定范畴内，用一定的科学仪器或手段却可以找出它的近似规律。

从偶然性中找出必然性，认识事故发生的规律性，变不安全条件为安全条件，把事故消除在萌芽状态之中，这就是防患于未然、预防为主的科学根据。

（3）事故的潜在性、再现性、预测性和复杂性

事故往往是突然发生的。然而导致事故发生的因素，即"隐患或潜在危险"早就存在，只是未被发现或未受到重视而已。随着时间的推移，一旦条件成熟，就会显现而酿成事故，这就是事故的潜在性。

事故一经发生，就成为过去。时间一去不复返，完全相同的事故不会再次显现。然而没有真正地了解事故发生的原因，并采取有效措施去消除这些原因，就会再次出现类似的事故。因此，应致力于消除这种事故的再现性，这是能够做到的。

人们根据对过去事故所积累的经验和知识以及对事故规律的认识，并使用科学的方法和手段，可以对未来可能发生的事故进行预测。

事故预测就是在认识事故发生规律的基础上，充分了解、掌握各种可能导致事故发生的危险因素及它们的因果关系，推断它们发展演变的状况和可能产生的后果。事故预测的目的在于识别和控制危险，预先采取对策，最大限度地减少事故发生的可能性。

事故的发生取决于人、物和环境的关系，具有极大的复杂性。

3. 危险

关于什么是危险，从文献上看，目前还没有十分统一的定义。作为安全的对立面，可以将危险定义为：危险是指在生产活动过程中，人或物遭受损失的可能性超出了可接受范围的一种状态。危险与安全一样，也是与生产过程共存的过程，是一种连续型的过程状态。危险包含了尚未为人所认识的，以及虽为人们所认识但尚未为人所控制的各种隐患。同时，危险还包含了安全与不安全矛盾斗争过程中某些瞬间突变发生外在表现出来的事故结果。

4. 风险（危险性）

"风险"一词在不同场合含义有所不同。就安全而言，风险是描述系统危险程度的客观量，这主要有两种考虑：一是把风险看成是一个系统内有害事件或非正常事件出现可能性的量度；二是把风险定义为发生一次事故的后果大小与该事故出现概率的乘积。一般意义上的风险具有概率和后果的二重性，即可用损失程度 c 和发生概率 p 的函数来表示风险 R，即

$$R = f(p,c) \tag{1-1}$$

为简单起见，大多数文献中将风险表达为概率与后果的乘积，即

$$R = p \times c \tag{1-2}$$

上述风险定义中，无论损失或者后果，均是针对事故来定义的，包括已发生的事故和将会发生的事故。风险既然是对系统危险性的度量，则仅仅以事故来衡量系统的风险是很不充分的，除非能够辨识所有可能的事故形式。从整个系统的角度出发，风险是系统危险影响因素的函数，即风险可表达为如下的形式

$$R = f(R_1, R_2, R_3, R_4, R_5) \tag{1-3}$$

式中：R_1——人的因素；

R_2——设备因素；

R_3——环境因素；

R_4——管理因素；

R_5——其他因素。

5. 安全性

从系统的安全性能讲，安全性为衡量系统安全程度的客观量。与安全性对立的概念是描述系统危险程度的指标——风险（又称危险性）。假定系统的安全性为 S，危险性为 R，则有 $S = 1 - R$。显然，R 越小，S 越大；反之亦然。若在一定程度上消减了危险因素，就等于创造了安全条件。

由于安全性与可靠性的联系十分密切，在实际应用中存在着将可靠性与安全性混用的现象，因而有必要明确二者之间的差别。可靠性是指系统或元件在规定条件下，规定时间内，完成规定功能的能力，而安全性则是指系统的安全程度。可靠性与安全性有共同之处，从某种程度上讲，可靠性高的系统，其安全性通常也较高，许多事故之所以发生，就是由于系统可靠性较低所致。但是，可靠性不同于安全性，可靠性要求的是系统完成规定的功能，只要系统能够完成规定功能，它就是可靠的，而不管是否会带来安全问题。安全性则要求识别系统的危险所在，并将它从系统中排除。此外，故障的发生不一定导致损失，而且，也存在这样的情形，即当系统所有元件均正常工作时，也可能伴有事故发生。

6. 事故隐患

在我国长期的事故预防工作中经常使用事故隐患一词。所谓隐患是指隐藏的祸患，事故

隐患即隐藏的、可能导致事故的祸患。这是一个在长期工作实践中大家形成的共识用语，一般是指那些有明显缺陷、毛病的事物，即人的不安全行为和物的不安全状态。

从系统安全的角度来看，通常人们所说的事故隐患包括一切可能对人—机—环境系统带来损害的不安全因素。事故隐患可定义为：在生产活动过程中，由于人们受到科学知识和技术力量的限制，或者由于认识上的局限，而未能有效控制的有可能引起事故的一种行为（一些行为）或一种状态（一些状态）或二者的结合。隐患是事故发生的必要条件，隐患一旦被识别，就要予以消除。对于受客观条件所限不能立即消除的隐患，要采取措施降低其危险性或延缓危险性增长的速度，减少其被触发的"概率"。

7. 危险源

在系统安全研究中，认为危险源的存在是事故发生的根本原因，防止事故就是消除、控制系统中的危险源。

危险源一词译自英文单词 Hazard，按英文词典的解释，"Hazard—a source of danger"，即危险的根源的意思。哈默（Willie Hammer）定义危险源为可能导致人员伤害或财物损失事故的、潜在的不安全因素。按此定义，生产、生活中的许多不安全因素都是危险源。根据危险源在事故发生、发展中的作用，把危险源划分为两大类，即第一类危险源和第二类危险源。

第一类危险源是指系统中存在的、可能发生意外释放的能量或危险物质，实际工作中往往把产生能量的能量源或拥有能量的能量载体作为第一类危险源来处理。第一类危险源具有的能量越多，一旦发生事故其后果越严重。相反第一类危险源处于低能量状态时比较安全。同样，第一类危险源包含的危险物质的量越多，干扰人的新陈代谢越严重，其危险性越大。

第二类危险源是指导致约束、限制能量措施失效或破坏的各种不安全因素，包括人、物、环境 3 个方面的问题。人失误可能直接破坏对第一类危险源的控制，造成能量或危险物质的意外释放；同时，人失误也可能造成物的故障，进而导致事故。物的故障可能直接使约束、限制能量或危险物质的措施失效而发生事故；有时一种物的故障可能导致另一种物的故障，最终造成能量或危险物质的意外释放；物的故障有时会诱发人失误；人失误会造成物的故障，实际情况比较复杂。环境因素主要指系统运行的环境，包括温度、湿度、照明、粉尘、通风换气、噪声和振动等物理环境，以及企业和社会的软环境。不良的物理环境会引起物的故障或人失误；企业的管理制度、人际关系或社会环境影响人的心理进而可能引起人失误。

第二类危险源往往是一些围绕第一类危险源随机发生的现象，它们出现的情况决定事故发生的可能性。第二类危险源出现得越频繁，发生事故的可能性越大。

8. 相互关系

（1）安全与危险

安全与危险是一对矛盾，具有矛盾的所有特性。一方面双方互相排斥、互相否定；另一方面安全与危险两者互相依存，共同处于一个统一体中，存在着向对方转化的趋势。安全与危险这对矛盾的运动、变化和发展推动着安全科学的发展和人类安全意识的提高。

　　描述安全与危险的指标分别是安全性与危险性，安全性越高则危险性就越低，安全性越低则危险性就越高。即二者存在如下关系：

$$安全性 = 1 - 危险性$$

　　（2）安全与事故

　　事故与安全是对立的，但事故并不是不安全的全部内容，而只是在安全与不安全矛盾斗争过程中某些瞬间突变结果的外在表现。系统处于安全状态并不一定不发生事故，系统处于不安全状态，也未必完全由事故引起。

　　（3）危险与事故

　　危险不仅包含了作为潜在事故条件的各种隐患，同时还包含了安全与不安全的矛盾激化后表现出来的事故结果。

　　事故发生，系统不一定处于危险状态，事故不发生，也不能否认系统不处于危险状态，事故不能作为判别系统危险与安全状态的唯一标准。

　　（4）事故与隐患

　　事故总是发生在操作的现场，总是伴随隐患的发展而发生在生产过程之中，事故是隐患发展的结果，而隐患则是事故发生的必要条件。

　　（5）危险源与事故

　　一起事故的发生是两类危险源共同起作用的结果。第一类危险源的存在是事故发生的前提，没有第一类危险源就谈不上能量或危险物质的意外释放，也就无所谓事故。另一方面，如果没有第二类危险源破坏对第一类危险源的控制，也不会发生能量或危险物质的意外释放。第二类危险源的出现是第一类危险源导致事故的必要条件。

　　在事故的发生、发展过程中，两类危险源相互依存、相辅相成。第一类危险源在事故时释放出的能量是导致人员伤害或财物损坏的能量主体，决定事故后果的严重程度；第二类危险源出现的难易决定事故发生的可能性的大小。两类危险源共同决定危险源的危险性。

1.2.2　安全问题的基本特性

　　作为伴随生产而存在的安全问题，对于所有的技术系统都具有普遍的意义，交通运输系统也不例外。安全问题的基本特性主要表现在以下几个方面。

1. 安全的系统性

　　安全涉及技术系统的各个方面，包括人员、设备、环境等因素，而这些因素又涉及经济、政治、科技、教育和管理等许多方面。特别对于像铁路运输这样的开放系统，安全既受系统内部因素的制约，也受到系统外部环境的干扰。而安全的恶化状态，即事故，不仅可能造成系统内部的损害，而且可能造成系统外部环境的损害。因此，研究和解决安全问题应从系统观点出发，运用系统工程的方法，进行综合治理。

2. 安全的相对性

凡是人类从事的生产活动，都有安全问题，所不同的只是发生事故的可能性有大有小，危害程度有轻有重而已。安全的相对性表现在 3 个方面：首先，绝对安全的状态是不存在的，系统的安全是相对于危险而言的；其次，安全标准是相对于人的认识和社会经济的承受能力而言的，抛开社会环境讨论安全是不现实的；再次，人的认识是无限发展的，对安全机理和运行机制的认识也在不断深化，即安全对于人的认识而言具有相对性。由安全的相对性可知，各种生产和生活活动过程中事故或危害事件是可以避免的，但难以完全避免；各种事故或危害事件的不良作用、后果及影响可能避免，但难以完全避免。但是，事故是可以预防的，可以利用安全系统工程的原理和技术，预先发现、鉴别、判明各种隐患，并采取安全对策，从而防患于未然。

3. 安全的依附性

安全是依附于生产而存在的，它不可能脱离具体的生产过程而独立存在，只要存在生产活动，就会出现安全问题。另外，安全是生产的前提和保障，安全工作搞得不好，生产便无法顺利进行。因此，需要经常持久地抓好安全工作。

4. 安全的间接效益性

要保证生产安全必须在人员、设备、环境和管理方面有相应适时的安全投入，但安全投入所产生的经济和社会效益却是间接的、无形的，难以定量计算。因此，安全投入往往被忽视，只有发生了事故造成了损失之后才会意识到安全投入的必要性和重要性。事实上，安全的效益除了减少事故的直接和间接经济损失外，更重要的是在提高人员素质、改进设备性能、改善环境质量和加强生产管理等方面所创造的积极的经济和社会效益。

5. 安全的长期性和艰巨性

人对安全的认识在时间上往往是滞后的，很难预先完全认识到系统存在和面临的各种危险，而且即使认识到了，有时也会由于受到当时技术条件的限制而无法予以控制。随着技术进步和社会发展，旧的安全问题解决了，新的安全问题又会产生。所以，安全工作是一个长期的过程，必须坚持不懈、始终如一地努力才行。

此外，高技术总是伴随着高风险，随着现代科学技术的发展，各种技术系统的复杂化程度增加了。以现代交通运输系统为例，无论从规模、速度、设备和管理上都发生了极大的飞跃，一旦发生事故，其影响之大、伤亡之多、损失之重、补救之难，都是传统运输方式不可比拟的。此外，事故是一种小概率的随机偶发事件，仅仅利用已有的事故资料不足以及时、深入地对系统的危险性进行分析，而现代社会的文明进步又不容许通过事故重演来深化对安全的研究。因此，认识事故机理，不断揭示系统安全的各种隐患，确实是艰巨的任务。

1.3 交通安全与交通事故

1.3.1 道路交通事故

美国学者乔治·威伦在他的著作《交通法院》中写道："人们应该承认，交通管理已成为今天国家的最大问题之一。它比火灾更严重，因为每年交通事故所造成的死伤和财产损失比火灾更大。它比犯罪问题也严重，因为它与整个人类有关，不管你是强者还是弱者，富人还是穷人，聪明人还是愚蠢人，男人、女人、小孩或老人，只要他们在公路或街道上，每分钟都有死于交通事故的可能。"

根据世界卫生组织（WHO）2004 的统计报告，道路交通伤害是全球伤害死亡最主要的原因，达到 22.8%，如图 1–1 所示。据世界卫生组织《道路安全全球现状报告 2013》统计表明：

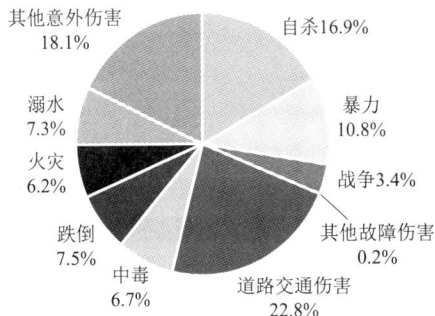

图 1–1　2004 年全球伤害死亡原因

① 全球每年约有 124 万人死于道路交通事故，5 000 万人伤残，约占世界人口的 7%，经济损失高达 5 000 亿美元。

② 道路交通伤害是全球第八大死因，是 15 至 29 岁年轻人的主要死因。按照目前的趋势，如不采取紧急行动，到 2030 年，道路交通伤害将上升为全球第五大死因。

③ 道路交通伤害多数将发生在发展中国家，中等收入国家情况最糟糕。

中等收入国家的道路交通年死亡率最高，为 20.1 人/10 万人，高于高收入国家 8.7 人/10 万人和低收入国家 18.3 人/10 万人。中等收入国家人口占全世界 72%，拥有全世界 52% 的注册车辆，而道路交通死亡数占全世界 80%。相对其机动车数量而言，这些国家的道路交通死亡负担过高。

④ 弱势道路使用者在道路上面临的风险最大。

全球道路交通死亡者有一半是弱势道路使用者，行人（22%）、骑车者（5%）和摩托车驾乘者（23%）。在非洲区域，步行和骑车是重要的出行方式，死于道路交通的行人比例更高（38%）。与此相比，西太平洋区域骑摩托车的人较多，36% 的道路交通死亡者是摩托车（包括两轮和三轮摩托车）驾乘者。

根据国家统计局发布的 2014 年国民经济和社会发展统计公报，2014 年末我国民用汽车保有量达到 15447 万辆，是 2009 年民用机动车保有量的两倍多。图 1-2 为我国 2002—2012 年我国机动车和汽车保有量变化统计趋势图。近十年是中国机动车保有量的井喷期，而汽车又是机动车增长的生力军，2013 年中国道路上的汽车已经比 10 年前多了 1 亿多辆，是十年前的 5 倍多。

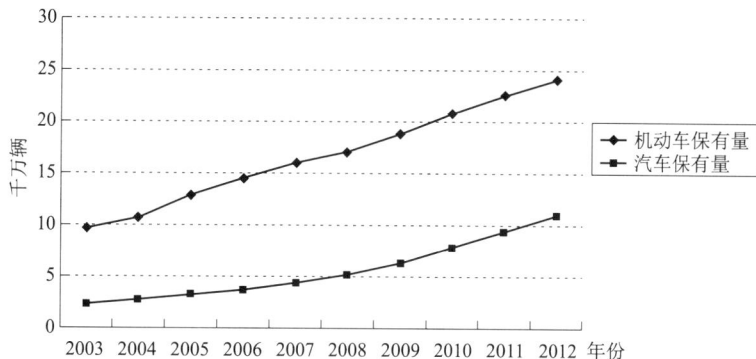

图 1-2 全国机动车和汽车保有量

按照我国卫生部门的统计，如图 1-3 所示，2012 年我国死于机动车辆交通事故的有 166 906 人，是 2005 年 1.6 倍。

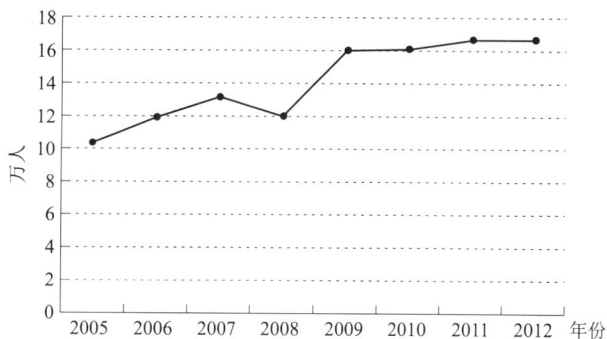

图 1-3 道路交通事故死亡人数

根据我国 2013 年道路交通事故状况统计，中国平均每 3 分钟发生 1 起交通事故，平均每 10 分钟内有 1 人死于交通事故，平均每 3 分钟内有 1 人受伤。

在发生道路交通事故时，中国的机动车交通事故仍然是导致交通参与者死亡的主要原因。图 1-4 为我国 2013 年道路交通事故死亡类型分布图，从图示可以看出，2013 年我国道路交通事故死亡分布中最多的是汽车，包括客车、大型车和公共汽车，所占比例 74%；其次是摩托车的死亡人数，占 18%，所占比重较小的是行人、乘车人、非机动车、拖拉机和其他。

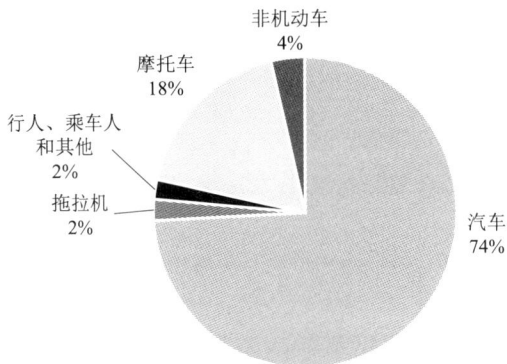

图 1-4　2013 年道路交通事故死亡类型分布

　　2008 年我国交通事故致死人群中，16～45 岁之间的达到了 56.61%。根据交通安全机构的统计资料，中国平均每年由于交通事故造战死伤的儿童人数超过 18 500 多名，死亡率是欧美的 2.5 倍。

　　目前全球正在实施 2011—2020 年道路安全行动十年计划，其目标是通过在国家和全球开展活动减少世界各地的道路交通死亡人数，在十年期间，拯救累计总数达到 500 万人的生命，可以避免五千万起严重伤害。

1. 道路交通事故定义

　　根据《中华人民共和国道路交通安全法》（由中华人民共和国第十届全国人民代表大会常务委员会第三十一次会议于 2007 年 12 月 29 日通过，自 2008 年 5 月 1 日起施行），道路交通事故是指车辆在道路上因过错或者意外造成的人身伤亡或者财产损失的事件。

　　美国国家安全委员会对交通事故所下的定义是：交通事故是在道路上所发生的意料不到的有害的或危险的事件。这些有害的或危险的事件妨碍着交通行动的完成，其原因常常是由于不安全的行动（指精神方面——不注意交通安全）或不安全的因素（指客观物质基础条件），或者是两者的结合，或者一系列不安全行动或一系列不安全因素。

　　日本对交通事故的定义是：由于车辆在交通中所引起的人的死亡或物的损伤。由于交通事故的急剧增加，日本警察部门在统计交通事故中不考虑物损事故，只考虑人身事故。

2. 构成道路交通事故的条件

　　道路交通事故是指车辆在道路上因过错或意外造成的人身伤亡或者财产损失的事件。构成道路交通事故必须具备以下几个要素。

　　（1）车辆条件

　　必须是车辆造成的，这是交通事故的前提条件，即当事方中，至少有一方使用车辆。没有车辆参与的道路事故，不算交通事故。车辆包括机动车和非机动车。机动车是指以动力装置驱动或者牵引，上道路行驶的供人员乘用或者用于运送物品及进行工程专项作业的轮式车辆。非机动车是指以人力或者畜力驱动，上道路行驶的交通工具，以及虽有动力装置驱动但设计最高时速、空车质量、外形尺寸符合有关国家标准的残疾人机动轮椅车、电动自行车等交通工具。

（2）道路条件

道路条件是指交通事故是在规定的道路上（即特定道路上）发生的。这是道路交通事故的特征，是指事故发生的空间。根据《中华人民共和国道路交通安全法》，道路是指公路、城市道路和虽在单位管辖范围但允许社会机动车通行的地方，包括广场、公共停车场等用于公众通行的场所。其中供车通行的地方为车行道，供人通行的地方为人行道。在非道路上行车发生的事故不属于交通事故。判断是否在道路上应以事故发生时车辆所在的位置，而不是事故发生后的最后停止位置。

交通事故只要发生在上述特定的道路上，即应认为是道路交通事故。发生在厂矿、企业、机关、学校、住宅区、施工现场、田野等不具有公共使用性质的道路上的事故不在此列。

（3）人员条件

人是发生交通事故的主体，是指与交通有关的、从事交通活动的自然人。包括驾驶人员、行人、乘车人及其他人员。其中驾驶人员包括没有驾驶证而驾驶机动车辆或驾驶与驾驶执照不相符车辆的人员。

（4）损害后果条件

损害后果条件是指事故的发生必然会造成人身伤亡或财产损失的后果。如果没有损害后果或损害后果是轻微的，并在规定的尺度以下，则不能构成交通事故。

（5）过错或者意外条件

当事人主观心理状态可以是过错，也可以是没有任何过错，但不能是故意。在道路上发生的危害后果，如果是当事人故意造成的，则适用《刑法》或《治安管理处罚法》去解决。这里须指出，当事人的交通违法行为可能是故意，但是交通事故一定是过错或者意外。

道路交通事故是偶然发生的，是出于人的意料之外的事件，当事人的心理状态是过错。这些事故包括碰撞、碾轧、刮擦、翻车、坠车、爆炸、失火等。如果事故发生时，当事人的心理状态出于故意，则不属于交通事故。凡利用交通工具自杀或故意制造车辆事故的，不属于交通事故。所谓故意，是指行为人明知自己的行为会发生危害的结果，并且希望或者有意识地放任这种结果发生。交通事故既可以是由于特定的人员违反交通管理法规造成，也可以是由于地震、台风、山洪、雷击等不可抗拒的自然灾害造成。

以上的几种要素，可以作为鉴别道路交通事故的必要条件和依据，在实际工作中应加以利用，对确定事故的管辖权和保护当事人的合法权益具有十分重要的意义。

3. 道路交通事故的分类

对道路交通事故进行分类，目的在于对交通事故进行分析研究和处理，便于确定交通事故处理标准、进行档案管理和事故统计、找出交通事故的发生规律和原因，以便制定有针对性的预防措施。因分析的角度、方法不同，分类方法也不相同，主要分类方法如下。

1）根据损害后果的程度分类

《生产安全事故报告和调查处理条例》（国务院令第 493 号）第三条规定：根据生产安全事故（以下简称事故）造成的人员伤亡或者直接经济损失，事故一般分为以下等级：

① 特别重大事故，是指造成 30 人以上死亡，或者 100 人以上重伤（包括急性工业中毒，下同），或者 1 亿元以上直接经济损失的事故；

② 重大事故，是指造成 10 人以上 30 人以下死亡，或者 50 人以上 100 人以下重伤，或者 5 000 万元以上 1 亿元以下直接经济损失的事故；

③ 较大事故，是指造成 3 人以上 10 人以下死亡，或者 10 人以上 50 人以下重伤，或者 1 000 万元以上 5 000 万元以下直接经济损失的事故；

④ 一般事故，是指造成 3 人以下死亡，或者 10 人以下重伤，或者 1 000 万元以下直接经济损失的事故。

2）根据交通事故的责任分类

（1）机动车事故

机动车事故是指在事故当事方中机动车负主要以上责任的事故。但在机动车与非机动车或行人发生的事故中，机动车负同等责任的，也应视为机动车事故，因为在道路上行驶，机动车相对为强者。

（2）非机动车事故

非机动车事故是指畜力车、三轮车、自行车等非机动车负主要以上责任的事故。在非机动车与行人发生的事故中，非机动车负同等责任的应视为非机动车事故，因为在道路上行驶，两者比较非机动车为强者。

（3）行人事故

行人事故是指行人一方负主要以上责任的事故。

3）按发生交通事故的原因分类

任何交通事故的发生都有其必然的原因。因此可以把交通事故分为两大类，即主观原因和客观原因。

（1）主观原因

主观原因是指造成道路交通事故的当事人本身内在的因素，即主观故意或过失。主要包括：违反规定、疏忽大意、操作不当等方面的错误行为。在很多交通事故中，绝大多数都是当事人的主观原因造成的。

① 违反规定，指当事人由于思想方面的原因，不遵守交通法规和其他交通安全规定，导致交通秩序紊乱，发生事故。如酒后开车、非驾驶员开车、超速行驶、争道抢行、故意不让车、违章超车、违章超载、非机动车走快车道、行人走快车道等原因造成的交通事故。

② 疏忽大意，指当事人由于心理或生理方面的原因，没有正确地观察和判断外界事物而造成的失误。如心理烦恼、情绪急躁、疲劳驾驶等都可能引起精力分散、反应迟钝、采取措

施不当或不及时；也有的当事人凭主观想象判断事物，或过高地估计自己的技术，引起行为不当而造成事故。

③ 操作不当，指驾驶车辆的人员技术生疏，经验不足，对车辆、道路情况不熟悉，遇到突然情况惊慌失措，发生操作错误。

（2）客观原因

客观原因是指由于道路条件（包括气候环境、自然灾害）等不利因素导致的交通事故。这类事故虽然没有因驾驶人员主观原因发生的事故所占比例高，但在某种情况下，都是导致交通事故的诱因。

4）按交通事故第一当事者或主要责任者的内在原因分类

可分为3类：由于交通事故第一当事者和主要责任人的观察错误、判断错误及操作错误所引起的交通事故。

（1）观察错误

由于心理方面的原因对外界环境的客观信息没有正确地观察，或者由于心理方面的原因比如家庭或事务纠纷引起的烦恼，或急于赶时间而产生急躁情绪等原因影响思想集中而常常产生观察错误。生理（或身体）方面的原因包括过度疲劳、睡眠不足和身体有病（如心脏病）等，因而对道路交通环境、交通规制状况及其他交通动向的观察失误。除此之外，由于道路条件不好，交通标志、路面交通标识不清楚及由于交叉路口冲突区域太大等，也常常引起观察错误。根据国内外经验，在交通事故中由于观察错误所引起的占大多数，据统计，这类事故约占全部事故的60%。

（2）判断错误

判断错误包括对对方车辆的行动、对道路的形状和线形、对对方车辆的速度及自己车辆与对方车辆的距离、过分相信自己的技术以致对自己车辆的性能和速度及车身安全空间的大小等的判断有误。这个判断过程往往发生在极短的时间内，一般只有1 s的几分之一。因此，驾驶人员要有相当熟练的驾驶技术，以减少判断错误。根据国内外经验，由于判断错误所引起的交通事故仅次于由于观察错误所引起的交通事故。据统计，在日本，这类事故约占交通事故总数的35%。在我国经常用"思想麻痹"或"疏忽大意"来替代观察错误或判断错误所引起的交通事故，没有分出到底是观察错误还是判断错误。

（3）操作错误

操作错误主要是技术不熟练，特别是初学驾驶的人员，由于对车辆和道路都还不十分熟悉，遇到紧急情况时不能应付自如，发生操作错误而引起的交通事故。除此之外，由于车辆本身制动系统和转向系统不灵，驾驶人员的训练不够正规和车辆检验制度不严等原因造成的事故也不少。但总的来说，由操作错误所引起的交通事故比观察错误和判断错误所引起的要少得多。

5）按交通事故的对象来分类

（1）车辆间事故

车辆间事故即车辆与车辆碰撞的事故,又可分为正面碰撞型、追尾碰撞型、大转弯时侧面碰撞型、超车时的接触性碰撞型及右转弯时的侧面碰撞型等。这类事故在发达的工业化国家(如美国、日本和西欧国家)特别多,约占事故总数的70%以上,这是因为在这些国家里机动车多,行人与自行车较少的缘故。这类事故在我国和其他发展中国家比例不是太大,如我国只占交通事故的20%左右,这是因为在我国,与自行车和行人比较,机动车还是比较少。

(2)车辆对行人的交通事故

这主要是由于机动车冲上人行道所发生的压死、压伤行人的交通事故,以及行人在人行横道内横过马路时被机动车辆压死、压伤的交通事故,还有个别行人不遵守交通法规而乱穿马路被机动车辆压死、压伤的交通事故。这类事故在我国占事故总数的25%左右,而在发达的工业化国家里,这类事故占事故总数的10%~20%不等。研究这类事故可以为制订有关行人的交通政策及保护行人的措施提供依据。

(3)汽车对自行车的事故

这类事故在我国特别多,约占事故总数的30%以上,甚至有的城市高达50%。在有些摩托车比较多的国家里,特别是当摩托车与汽车在同一车道上行驶时,常常发生汽车与摩托车的碰撞事故。在工业发达国家里,将自行车用作交通工具的不多,因此,相对其他类型的事故来说,汽车对自行车的事故少。但像自行车比较多的荷兰、丹麦等国家却是例外。

(4)汽车单独事故

汽车单独事故包括汽车在下坡时由于行驶速度太快、汽车左右转弯或调头时所发生的翻车事故,以及在桥上因大雾天气或因机械失灵而产生的汽车坠入江河的事故等。这类事故一般来说比较少,但大都是恶性交通事故。

(5)汽车与固定物碰撞事故

这里所指的固定物包括道路上的作用结构物、路肩上的水泥杆(灯杆、交通标志及广告牌杆、建筑物及路旁的树木等)。

(6)铁路公路平交道口事故

由于铁路公路平交道口多数分布在农村地区,缺乏自动控制设备或专人管理,加上农用车辆驾驶人员缺乏训练,技术上不够熟练等,致使这类事故在我国较为严重。

6)其他分类

根据不同的需要,以不同的角度分类有以下几种。

① 按事故现象分为:碰撞事故、碾轧事故、刮擦事故及翻车、坠车事故等。

② 按事故发生地点分为:平直路事故、交叉口事故、坡路事故等。

③ 按车辆所属单位分为:专业运输车辆事故、公共交通车辆事故、军车事故、个体车辆事故等。

④ 按人员伤害程度分为:死亡事故、重伤事故、轻伤事故等。

为了对交通事故进行分析和研究,还可以按当事人的年龄、性别、职业、人员类型、驾驶证种类、驾龄等标准分类。

1.3.2 城市轨道交通事故

凡在城市轨道交通运营范围内，由于轨道交通运营单位自身原因，乘客自身原因、不可抗力、社会治安等非运营单位原因，在运营生产活动中造成人员伤亡、设备损坏、财产损失、中断行车、火灾及其他危及运营安全的情况，均构成运营事故。

1. 城市轨道交通事故的特点

城市轨道交通是由土木工程、轨道车辆、机电设备、计算机系统、通信信号系统等组成的复杂交通系统。城市轨道交通大都建于地下，具有封闭性强、运行速度高、启停频繁、客流量大且来源复杂、设施设备科技含量高、乘客自助乘车、应急疏散难度大等特点。一旦发生危险，不仅造成设备设施的损坏，而且会直接或间接地造成乘客的伤亡，产生不良的社会影响。城市轨道交通事故具有以下特点。

（1）突发性

由于城市轨道交通的运行速度很快，加之又在封闭的空间中，因此每次事故，无论大小，都来得十分突然，不易察觉，往往就几分钟甚至几十秒的时间，灾难就发生了，乘客也许还来不及作出相应的反应。

（2）信息不畅

当事故发生时，乘客往往带着许多疑团，不明发生了何事，不知自己处在什么位置，列车处在什么位置，对现场事故没有任何通知，也不知道如何联系工作人员，容易造成恐慌、不安、焦虑的心理，信息不畅极易演变成人群混乱的导火索。

（3）救助难度大

轨道交通工具一般都处在地下或高架桥的半封闭空间里，救助通道十分狭隘，若处于隧道间隔中，对救援难度更是一个挑战。此外，有限的救助器材及安全知识的缺乏也给乘客的自救带来了许多限制。

（4）社会影响大

较之其他公共交通工具而言，轨道交通具有非常明显的优势，如载客量大、安全、准点、快捷、舒适、环保等。这些优势使得轨道交通受到了乘客的青睐，成为越来越多的人出行的首选。因此，一旦发生重大轨道交通事故，不但会给乘客留下心理阴影，还使普通百姓产生恐慌情绪，进而给社会的和谐发展带来不良影响。

（5）事故产生的后果较为严重，损失很大

城市轨道交通因其高速、大运量的优点而广受大众欢迎，但是轨道交通一旦发生事故，其所带来的伤害和损失将远远大于道路交通事故。如 2006 年 7 月 3 日西班牙当地时间下午 1 时，Valencia 地铁 Line 1 线，一列由西班牙广场站驶往耶稣站的列车于接近耶稣站前的曲线段隧道内出轨，4 节车厢中有 2 节脱离轨道。事故造成 4 节车厢中有 2 节车厢出轨，并撞击隧道壁，41 人死亡，47 人受伤。2000 年 11 月 11 日，一辆前往奥地利阿尔卑斯山旅游胜地的缆绳牵引隧道列车在穿越长达 3 200 米的阿尔卑斯山勃朗峰隧道时，突然在 600 米处起火燃烧。隧道内温度高达 1 000 ℃，车上 165 名游客仅有 12 人火海逃生，153 人葬身火海。这些都是城市轨道交通事故所带来的惨痛伤亡。

2. 城市轨道交通事故分类

按城市轨道交通事故的性质、演变过程和发生机理，可进行以下分类。

1）由自然灾害引发的轨道交通运营事故

主要包括强台风、龙卷风、冰雹、雷雨、水灾、地震、山体崩塌、滑坡等造成或可能造成轨道交通浸水、脱轨或倾覆等严重影响轨道交通正常运营的灾害事件。由于地震、洪水、暴雨等自然因素导致的人员伤亡、列车停运、大量客流滞留、进出站困难是地铁运营期间最不可控的一个安全事故诱导因素。

2）灾难事故

主要包括火灾、爆炸、行车、工程建设等安全生产事故，以及大面积停电、突发性大客流和其他可能造成轨道交通发生一条线路全线停运或两条以上线路同时停运的事故灾难。

（1）火灾、爆炸事故

地铁是通过挖掘的方法获得的建筑空间，隧道外围是土壤和岩石，只有内部空间，没有外部空间，不像地面建筑有门、窗与大气连通，仅有与地面连接的通道作为出入口。由于地铁隧道存在上述构造上的特殊结构，与地面建筑相比，发生火灾时具有疏散难度大、发烟量大、排烟排热差、火情探测和扑救困难等因素，因而火灾发生是地铁运营需要重点防范的安全事故。

爆炸事故主要指由于设备障碍或人为引起的地铁内设施爆炸导致的人员伤亡、设施损害事故。

（2）行车事故

凡在城市轨道交通运营工作中，造成人员伤亡、设备损坏、中断行车、危及运营安全及经济损失等情况的，均构成行车事故。

（3）客运事故

凡是在车站的展厅（指收费区内）、站台上、客运类车厢内发生的危及乘客人身安全的事件，均属于客运事故。客运事故主要由列车车门、屏蔽门、自动扶梯、列车停站时站台边缘与列车间的间隙、列车进出站等造成的客伤。

（4）突发性大客流

因节假日、大型群众活动等原因引起客流量上升或在城市轨道交通客流量激增，严重影响运营秩序情况下，可能危及运营安全。容易因拥挤产生踩踏事故或挤压伤亡事故或大面积客流停滞状况，也属于生产性安全事故。

（5）大面积停电

由于轨道交通系统的大面积停电会造成车站、区间运行的中止，从而导致大量客流的滞留或人员伤亡的安全性生产事故也比较常见。

（6）工程建设事故

工程建设事故是指在轨道交通项目实施过程中发生的造成人员伤亡的生产安全事故。地铁施工具有隐蔽性、复杂性和不确定性，极易发生坍塌等安全事故。近几年，国内地铁建设事故频发，形势严峻。具体来说可以分为以下4种。

① 地质类事故：由于地铁建设施工复杂，多处城市区域，周边建筑物繁多、结构复杂，在建设过程中存在重大危险源及后果，若没有结合施工单位自身的应急能力情况，且潜在重大危险源分析等缺乏详细、系统的描述，容易导致施工过程中涉及危险源导致坍塌、涌水涌沙事故。

② 违规建设施工：分包商在施工过程中，为了赶进度获取高收益，有时在收到停工指令后仍然冒险施工，很容易造成设备使用过程中的人员伤亡。亦或是施工人员缺乏自我保护意识，在缺乏工程资质或安全检查不到位的条件下进行违规操作而导致的安全事故。

③ 人员技术性错误：指施工人员因心理或生理方面的因素，或者由于操作人员技术生疏，经验不足，受培训管理程度不深，对设备不熟悉，遇到突发状况发生操作错误。

④ 项目承包方的利益博弈：由于不合理的招投标机制和低价中标引发的竞争，使设计、施工、监理、勘察、第三方建设单位在施工过程中大力减低成本，有的单位在打安全措施费的主意，偷工减料导致的项目不合格引起的安全评估前的施工期人员伤亡事故。

（7）其他事故

① 设施设备故障。

站内固定设施设备：由于大容量、高效率疏导客流的需要，城市轨道交通使用了大量的自助和自动控制设备，如自动扶梯、垂直升降梯、进出站闸机、屏蔽门等。乘客乘坐地铁出行，从进站到出站的全过程需要多次接触或使用这些自动化的设备与设施。由于使用不当或设备故障等因素，会增加乘客在地铁内的安全风险。

移动设备、车辆故障：由于长时间未进行设备维护、车辆检修，或者车辆本身生产过程造成的质量问题而导致的机车车辆故障引发的地铁线路运营区域内发生的人员伤亡事故。或是由于信号设备故障，驾驶员无法依据信号系统正常行车，信号传递错误而导致的列车的停滞和人员伤亡事故。

② 设计失误事故。列车与站台之间空隙较大是造成设计类乘客伤害事件的最主要原因之一。《地铁设计规范》（GB 50157—2013）规定："站台边缘与车辆轮廓线之间的间隙，当采用整体道床时不应大于100 mm。"由于上下车客流较大，乘客难以对地面状况进行判断，容易误把脚踏进空隙；而且乘客易被后面或迎面的乘客推撞，而错将脚踏进空隙。

3）公共卫生事件

公共卫生事件主要包括重大传染病疫情、生化、毒气和放射性污染等造成或可能造成乘客等社会公众健康严重损害的事件。

4）社会安全事件

社会安全事件主要包括重大刑事案件、恐怖袭击事件及在轨道交通车站内发生聚众闹事、劫持人质等突发事件。

3. 城市轨道交通运营事故分级

根据国家《地铁运营安全评价标准》（GB/T 50438—2007），按照人身伤亡、直接经济损失及行车事故 3 种危害程度，将地铁运营事故分为特别重大事故、重大事故、大事故、险性事故和一般事故 5 个等级，具体划分标准如表 1-1 所示。

表 1-1　地铁运营事故分级

危害程度 事故等级	人身伤亡	直接经济损失	行车事故
特别重大事故	死亡 30 人及以上	1 000 万元及以上	—
重大事故	死亡 3 人以上或重伤 5 人及以上	500 万元及以上	中断行车时间 $t \geqslant 180$ min
大事故	死亡 1～3 人或重伤 3 人及以上	100～500 万元	中断行车时间 60 min $\leqslant t <$ 180 min
险性事故	—	—	① 列车冲突、脱轨、分离或运行中重要部件脱落； ② 列车冒进信号、擅自退行或溜车； ③ 向占用闭塞区段发车； ④ 列车错开车门、夹人走车、开门走车或运行中开启车门； ⑤ 线路或车辆超限界
一般事故	重伤 1～2 人	1 万元及以上	中断行车时间 20 min $\leqslant t <$ 60 min

注：① 危害程度同时满足其中两项或两项以上条件者取最严重的条件作为事故等级划分依据。
　　② 中断行车时间为 20 min $\leqslant t <$ 40 min 时，计 1 起一般事故；40 min $\leqslant t <$ 60 min 时，计 2 起一般事故。
　　③ 每次事故轻伤 1 人时计 0.3 起一般事故。

1）北京市

《北京市轨道交通安全运营管理规范》根据事故造成的人员伤亡、中断运营时间、直接经济损失、事故性质、影响大小、波及范围等情况，结合北京轨道交通运营实际特点，划分为特别重大、重大、较大、险性、一般事故 5 个级别。

（1）特别重大事故

凡发生国家规定的重大及以上事故的情况，均列为本市轨道交通特别重大事故。

造成 3 人以上死亡，或者 10 人以上重伤；

造成 1 000 万元以上直接经济损失；

造成轨道交通运营中断 24 h 以上。

（2）重大事故

出现下列情形之一时：

造成 3 人以下 1 人以上死亡，或者 10 人以下 3 人以上重伤；

造成 1 000 万元以下直接经济损失；

造成轨道交通运营中断 6 h 以上。

（3）大事故

出现下列情形之一时：

造成 1 人死亡，或者 3 人以下重伤；

造成 500 万元以下直接经济损失；

造成轨道交通运营中断 3 h 以上，6 h 以下。

（4）险性事故

出现下列情形之一时：

造成轨道交通运营中断 1 h 以上，3 h 以下；

运营线列车冲突；

运营线列车脱轨；

运营线列车分离；

运营线列车溜逸；

运营线列车未关闭车门行车；

运营线列车夹人行车；

运营线路几何尺寸超限；

电梯运行中发生冲顶或溜梯。

（5）一般事故

出现下列情形之一时：

造成轨道交通运营中断 20 min 以上，1 h 以下；

应停列车在站通过；

列车客室内或车站的设施、设备、器材松动脱落等异常情况，造成乘客受伤。

2）上海市

《上海市处置城市轨道交通运营事故应急预案》和《上海市城市轨道交通安全运营管理规范》将轨道交通运营事故分为特别重大、重大、较大和一般 4 级，一般运营事故再细分为 A、B、C 三类。

（1）符合下列情况之一的，为特别重大轨道交通运营事故：

事件突然发生，事态非常复杂，事件后果涉及全市范围，对公共安全、政治稳定和社会经济秩序造成特别严重的危害或威胁；

导致 30 人以上死亡（含失踪）或者危及 50 人以上生命安全；

造成 100 人以上重伤（包括急性中毒）；

事故直接经济损失 1 亿元以上；

造成 1 条已（试）运营线路运营区段单向中断运营 36 h 以上或者双向中断运营 24 h 以上；

造成 2 条以上已（试）运营线路同时中断运营 24 h 以上；

超出本市应急处置能力的、需要国家有关部门处置的突发事件。

（2）符合下列情况之一的，为重大轨道交通运营事故：

事件突然发生，事态复杂，事件后果涉及数个区县，对公共安全、政治稳定和社会经济秩序造成重大危害或威胁；

导致 10～29 人死亡（含失踪）或者危及 30～49 人生命安全；

造成 50～99 人重伤（包括急性中毒）；

事故直接经济损失 5 000 万元以上，1 亿元以下；

造成 1 条已（试）运营线路运营区段单向中断运营 16 h 以上或者双向中断运营 12 h 以上；

造成 2 条以上已（试）运营线路同时中断运营 12 h 以上。

（3）符合下列情况之一的，为较大轨道交通运营事故：

事件突然发生，事态较为复杂，事件后果在较大区域范围内，对公共安全、政治稳定和社会经济秩序造成较大危害或威胁；

导致 3～9 人死亡（含失踪）或者危及 10～29 人生命安全；

造成 10～49 人重伤（包括急性中毒）；

事故直接经济损失 1 000 万元以上，5 000 万元以下；

造成 1 条已（试）运营线路运营区段单向中断运营 10 h 以上或者双向中断运营 6 h 以上；

造成 2 条以上已（试）运营线路同时中断运营 6 h 以上。

（4）符合下列情况之一的，为一般轨道交通运营事故：

事件突然发生，事态相对简单，事件后果仅在一定范围内对公共安全、政治稳定和社会经济秩序造成危害或威胁；

导致 1～2 人死亡（含失踪）或者危及 10 人以下生命安全；

造成 10 人以下重伤（包括急性中毒）；

事故直接经济损失 1 000 万元以下。

根据本市轨道交通运营实际，将一般运营事故再细分为 A、B、C 三类。其中：

运营过程中发生人员伤亡、财产损失、影响正常行车，达到下列情形之一的，为一般事故 A 类：

① 造成 2 人死亡，或者 3 人以上 10 人以下重伤；

② 造成 500 万元以上 1 000 万元以下直接经济损失；

③ 造成 1 条已（试）运营线路运营区段单向中断运营 5 h 以上，或者 1 条已（试）运营

线路运营区段双向中断运营 3 h 以上。

运营过程中发生人员伤亡、财产损失、影响正常行车，达到下列情形之一，后果不及一般事故 A 类的，为一般事故 B 类：

① 造成 1 人死亡，或者 2 人重伤；

② 造成 300 万元以上 500 万元以下直接经济损失；

③ 造成 1 条已（试）运营线路运营区段单向中断运营 3 h 以上 5 h 以下，或者 1 条已（试）运营线路运营区段双向中断运营 2 h 以上 3 h 以下。

运营过程中发生人员受伤（无人员死亡）、财产损失、影响正常行车，达到下列情形之一的，为一般事故 C 类：

① 造成 1 人重伤；

② 造成 5 万元以上 300 万元以下直接经济损失；

③ 造成已（试）运营线路严重晚点 2 h 以上。

3）深圳市

《深圳市轨道交通突发事件应急预案》按照事故的性质、损失及对运营造成的影响，将运营事故分为特别重大事故、重大事故、较大事故、一般事故等 4 类。一般事故按事故损害程度或对运营造成影响程度分为 A、B、C、D 4 类。

（1）特别重大轨道交通突发事件

事态非常复杂，事件后果已明显超出全市区域，对社会财产、人身安全、政治稳定和社会秩序造成特别严重危害或威胁，具体满足下列条件之一：

造成 30 人以上死亡（含失踪），或者危及 50 人以上生命安全，或者 100 人以上重伤（中毒），或者直接经济损失 1 亿元以上；

需要紧急转移安置 10 万人以上的；

超出省政府应急处置能力的；

跨省级行政区域、跨领域（行业和部门）的；

国务院认为需要国务院或其相关职能部门响应的其他事件。

（2）重大轨道交通突发事件

事态复杂，事件后果在全市或周边区域对社会财产、人身安全、政治稳定和社会秩序造成严重危害或威胁，具体满足下列条件之一：

造成 10～29 人死亡（含失踪），或者危及 30～49 人生命安全，或者 50～99 人重伤（中毒），或者直接经济损失 5 000 万元以上、1 亿元以下；

超出深圳市政府应急处置能力的；

跨市（地）级行政区域的；

省政府认为有必要响应的其他事件。

（3）较大轨道交通突发事件

事态较为复杂，事件后果在全市区域内对社会财产、人身安全、政治稳定和社会秩序造成一定危害或威胁，具体满足下列条件之一：

造成 3～9 人死亡（含失踪），或者危及 10～29 人生命安全，或者 10～49 人重伤（中毒），或者直接经济损失 1 000 万元以上、5 000 万元以下；

造成轨道交通运营中断 60 min 以上、客流严重滞留的；

市政府认为需要由市级应急机构响应的其他事件。

（4）一般轨道交通突发事件

事态比较简单，事件后果仅在一定范围内对社会财产、人身安全、政治稳定和社会秩序造成危害或威胁，具体满足下列条件之一：

造成 3 人以下死亡（含失踪），或者危及 10 人以下生命安全，或者 10 人以下重伤（中毒），或者直接经济损失 1 000 万元以下；

造成轨道交通运营中断 30～60 min、客流大量滞留的；

事件由轨道交通运营企业可以处理和控制，无须其他部门和单位或仅需调动个别部门和单位资源能够处置的事件。

4）杭州市

《杭州市城市轨道交通运营突发事件应急预案》根据运营事故的影响范围、严重程度、紧急程度、发展趋势和可能造成或已经造成的人员伤亡、财产损失、中断运营等情况，城市轨道交通运营突发事件分为Ⅰ级（特别重大）、Ⅱ级（重大）、Ⅲ级（较大）、Ⅳ级（一般）4 个等级。

（1）Ⅰ级（特别重大）突发事件

事件突然发生，事态非常复杂，事件后果涉及全市范围，对本市公共安全、政治稳定和社会经济秩序造成特别严重的危害或威胁；

造成人员死亡（含失踪）30 人以上，或危及 30 人以上生命安全，或 100 人以上重伤（含急性中毒）；

造成直接经济损失人民币 1 亿元以上；

需要紧急转移安置 10 万人以上；

超出省政府应急处置能力的。

（2）Ⅱ级（重大）突发事件

事件突然发生，事态复杂，事件后果涉及数个区、县（市），对公共安全、政治稳定和社会经济秩序造成重大危害或威胁；

造成人员死亡（含失踪）10 人以上、30 人以下，或 50 人以上、100 人以下重伤（含急性中毒）；

造成直接经济损失人民币 5 000 万元以上、1 亿元以下；

超出杭州市政府应急处置能力的；

省政府认为有必要响应的其他条件。

（3）Ⅲ级（较大）突发事件

事件突然发生，事态较为复杂，事件后果在较大区域内对公共安全、政治稳定和社会经济秩序造成较大危害或威胁；

造成人员死亡（含失踪）3 人以上、10 人以下，或 10 人以上、50 人以下重伤（含急性中毒）；

造成直接经济损失人民币 1 000 万元以上、5 000 万元以下；

造成 1 条以上已（试）运营线路运营区间单向中断运营 10 h 以上，或双向中断运营 6 h 以上，或 2 条以上已（试）运营线路同时中断运营 6 h 以上。

（4）Ⅳ级（一般）突发事件

事件突然发生，事态相对简单，事件后果仅在一定范围内对公共安全、政治稳定和社会经济秩序造成危害或威胁；

造成人员死亡（含失踪）1 人以上、3 人以下，或 10 人以下重伤（含急性中毒）；

造成直接经济损失人民币 1 000 万元以下；

造成 1 条以上已（试）运营线路运营区间单向中断运营 5 h 以上、10 h 以下，或者双向中断运营 3 h 以上、6 h 以下。

5）成都市

《成都轨道交通有限公司运营突发事件应急预案》根据地铁运营突发事件可能造成的危害程度、波及范围、影响大小、人员伤亡及财产损失等情况，由高到低划分为较大及以上（Ⅰ级）、一般 A 类（Ⅱ级）、一般 B 类（Ⅲ级）和一般 C 类（Ⅳ级）4 个级别。

（1）较大及以上运营突发事件（Ⅰ级）

出现下列情形之一时：

造成 3 人以上死亡（含失踪），或者危及 10 人以上生命安全，或者 10 人以上重伤（包括中毒，下同）；

造成被困人数 500 人以上；

造成直接经济损失 1 000 万元以上；

造成需要紧急转移安置 1 万人以上；

造成地铁运营线路一条或多条线路运营中断 3 h 以上。

（2）一般 A 类运营突发事件（Ⅱ级）

出现下列情形之一时：

造成 2 人死亡（含失踪），或者危及 5 人以上 10 人以下生命安全，或者 5 人以上 10 人以下重伤；

造成被困人数 300 人以上 500 人以下；

造成直接经济损失 500 万元以上 1 000 万元以下；

造成需要紧急转移安置 5 000 人以上 1 万人以下；

造成地铁运营线路一条或多条线路运营中断 1～3 h。

（3）一般 B 类运营突发事件（Ⅲ级）

出现下列情形之一时：

造成 1 人死亡，或者危及 3 人以上 5 人以下生命安全，或者 3 人以上 5 人以下重伤；

造成被困人数 100 人以上 300 人以下；

造成直接经济损失 100 万元以上 500 万元以下；

造成需要紧急转移安置 3 000 人以上 5 000 人以下；

造成地铁运营线路一条或多条线路运营中断 30min 以上 1 h 以下；

载客列车脱轨；

载客列车冲突；

列车爆炸。

（4）一般 C 类运营突发事件（Ⅳ级）

出现下列情形之一时：

造成 3 人以下重伤，或者危及 1 至 3 人生命安全；

造成被困人数 100 人以下；

造成直接经济损失 30 万元以上 100 万元以下；

造成需要紧急转移安置 1 000 人以上 3 000 人以下；

火灾事故；

运营列车分离；

正线工程车脱轨；

非运营列车脱轨、冲突；

运营中轨道贯穿断裂；

运营中车站照明全部熄灭。

4. 国内外城市轨道交通事故原因统计事例

有学者通过总结资料整理得到的 100 多起国外地铁事故，得出了发生地铁事故的 12 种不同的原因，包括：火灾、毒气、爆炸、异物入侵、地震等。其中，因脱轨导致的事故比例高达 20.95%，总共 21 起，是所有因素中发生事故最多的；恐怖事件及供电发生故障导致的事故发生次数排在第二位，各有 17 次，占了 16.67%；由于故障导致的事故发生了 12 次，相撞导致的事故有 11 起，火灾 10 起，跳下站台导致的 9 次，其余剩余的均只发生了一次。

针对我国 1 723 次城市轨道交通事故原因统计结果表明：贻误运营时间超过 5 min 的运营事故为 510 次。在这 510 次事故中，事故原因包括 9 个大的方面，53 个小的方面。从发生次数来看，靠前的事故原因有车辆、乘客、通号等，各有 142、97、145 次，这些事故原因导致的事故在总事故中占了将近 70%。将国内、国外的事故原因进行对照研究发现：在国外，发生事故的原因有供电发生问题、恐怖袭击、列车脱轨，在所有事故中占了一大半；而在我国，发生事故的原因有很多，但多为如信号、车辆、车门等发生问题或者乘客跳下站台等这类质量或意识上的原因，这类原因导致的事故在所有事故中占了 49.61% 的比重。国内外城市轨道交通事故原因统计结果如表 1–2～表 1–5 所示。

表 1-2 国内外城市轨道交通自然灾害事故

事故时间	事故地点	事故原因	事故后果
1985.09.19	墨西哥墨西哥城	地震	地铁侧墙与地层结构出现分离破坏
1995.01.17	日本神户	地震	5 座车站、3 km 隧道严重损坏，经济损失 300 亿日元
2001.09.17	中国台北捷运	台风	台北捷运高架线路长时间停运
2003.05.26	日本仙台	地震	仙台地铁全部停运
2005.04.10	中国上海轨道交通 2 号线	管道破裂渗水	4 号出入口封闭超过 2 h，部分商铺受影响
2007.07.17	中国重庆轻轨	雷击	供电设备损坏、部分区间断电，部分线路停运 7 h
2007.08.08	美国纽约地铁	雨水倒灌	多条地下线受淹，19 座车站受淹关闭，纽约地铁瘫痪超过 5 h
2008.03.31	中国上海轨道交通人民广场站	泡沫塑料堵塞下水道	通道地面严重积水，4 部电梯停运，影响正常运营超过 2 h
2008.04.09	中国上海轨道交通	10 级大风	上海轨道交通 3 号线限速运行 0.5 h
2008.07.04	中国北京地铁 5 号线崇文门站	雨水倒灌入车站	停运 3 h
2011.08.27	美国纽约地铁	飓风	地铁系统停运

表 1-3 国外城市轨道交通社会安全事故

事故时间	事故地点	事故性质	人员伤亡
1977.11.06	俄罗斯莫斯科	爆炸袭击	死 6 人
1995.07.25	法国巴黎	炸弹爆炸袭击	死 8 人，伤 117 人
1996.06.11	俄罗斯莫斯科	列车爆炸袭击	死 4 人，伤 7 人
1996.12.03	法国巴黎	爆炸袭击	死 4 人，伤 86 人
1998.01.01	俄罗斯莫斯科	爆炸袭击	伤 3 人
2000.11.20	德国杜瑟尔多夫	车站爆炸袭击	伤 9 人
2004.02.06	俄罗斯莫斯科	自杀式爆炸袭击	死 40 人，伤 134 人
2004.08.31	俄罗斯莫斯科	爆炸袭击	死 8 人，伤 10 人
2005.07.07	英国伦敦	连环爆炸袭击	死 56 人，伤百余人
2006.07.11	印度孟买	连环爆炸袭击	死 200 人，伤 700 余人

表 1-4 国外城市轨道交通公共卫生事故

事故时间	事故地点	事故性质	人员伤亡
1995.03.20	日本东京	沙林毒气袭击	死 12 人，伤 5 500 多人
2001.09.02	加拿大蒙特利尔	毒气袭击	伤 40 余人

表 1-5 国内外城市轨道交通事故灾难

事故时间	事故地点	事故性质	事故后果
1973.03.27	法国巴黎	人为纵火	2 人死亡，一节列车被毁
1983.08.16	日本名古屋	变电站起火	死 3 人，伤 3 人
1991.08.28	美国纽约	列车脱轨	死 6 人，伤 100 余人
1999.10.01	韩国首尔	火灾	伤 55 人
1999.08.25	德国科隆	列车撞击	伤 74 人
1999.08.23	德国柏林	列车撞击	伤 67 人
2000.03.01	日本东京	列车脱轨	死 5 人，伤 63 人
2003.01.25	英国伦敦	列车脱轨	伤 32 人
2003.02.18	韩国大邱	人为纵火	死 192 人，伤 147 人
2004.01.15	中国香港	人为纵火	伤 14 人
2004.11.03	美国华盛顿	列车相撞	伤 20 人
2005.01.27	泰国曼谷	列车追尾	伤 140 余人
2005.04.25	日本	列车脱轨	死 91 人，伤 456 人
2006.07.11	美国芝加哥	脱轨起火	伤 152 人
2006.07.23	西班牙巴伦西亚	列车脱轨颠覆	死 41 人，伤 47 人
2006.10.17	意大利罗马	与停站列车追尾	死 1 人，伤 236 人
2007.07.24	委内瑞拉	列车追尾	死 1 人，伤多人
2009.05.08	美国波士顿	列车追尾	伤 49 人
2009.06.23	美国华盛顿	列车相撞	死 9 人，伤 76 人
2009.09.29	日本东京	列车相撞	影响约 29 万乘客，早高峰停运约 6 h
2009.10.22	法国巴黎	列车脱轨	伤 36 人
2009.12.22	中国上海	列车相撞	影响约 50 万乘客，早高峰停运约 4 h
2011.09.27	中国上海	列车追尾	伤 270 余人
2012.11.22	韩国釜山	列车追尾	伤 100 余人
2014.07.15	俄罗斯莫斯科	列车脱轨	死 22，伤 100 多人
2015.05.04	墨西哥	列车相撞	至少伤 12 人

复习思考题

1. 简述安全工程学科的研究对象和研究内容。

2. 何谓交通安全工程学科？道路交通安全和轨道交通安全的研究内容包括哪些？

3. 什么是安全？如何理解相对安全观和绝对安全观。

4. 什么是事故？事故的基本特征包括哪些？如何在实际工作中加以应用？

5. 为什么说事故是可以预防的？

6. 什么是危险、风险、隐患、危险源？

7. 简述安全、危险、风险、事故、隐患、危险源之间的相互关系。

8. 安全有哪些基本特性？了解安全的基本特性有何作用？

9. 何谓道路交通事故？包括哪些构成条件？道路交通事故分类包括哪些？

10. 何谓城市轨道交通事故？如何分类和分级？

11. 查阅我国交通事故、卫生部门等统计年鉴，分析城市交通事故的形势。

第2章

城市交通安全系统

安全系统主要是生产过程中可能造成安全事故的各种因素之间的关联联系，该系统可发现、识别、确认生产过程中的各种事故隐患，作出必要的反应，保障生产安全。本章首先介绍了人—机—环境系统的含义和研究内容，并在此基础上界定了城市交通安全系统的概念及组成。从交通参与者个性特征、生理特征、心理特征等方面分析了交通参与者与交通安全之间的影响关系；从动力性、制动性、操稳性、通过性、平顺性方面分析了车辆性能，进而从车辆结构角度介绍了车辆结构、技术状况、列车行车与交通安全之间的影响关系，并对城市交通安全技术进行了简要概述；在城市交通基础设施方面，从线形、路基路面、交叉、交通安全设施和轨道交通车站设备等方面分析了影响交通安全的因素；最后，从交通条件、交通危害、交通景观、轨道交通车站环境等方面介绍了城市交通环境与交通安全之间的影响关系。

2.1 概　　述

2.1.1 人—机—环境系统

1. 人—机—环境系统的含义

人—机—环境系统由人、机、环境三大要素组成，其中"人"是指作为工作主体的人，如操作人员或决策人员；"机"是指人所控制的一切对象的总称，如飞机、汽车、船舶、生产过程等；"环境"是指人、机共处的特定的工作条件，如温度、湿度、噪声、振动、有害气体等。

（1）人是一种安全因素和防护对象

在人—机—环境系统中，只有人向安全问题提出了具体的挑战。人—机—环境结合的目的，就是充分利用人体科学的发现，使技术和机器在更大程度上适合于人，从而提高人—机—环境系统的安全性。那些导致事故的冒险和不安全操作，往往是已作为正面经验接受而且根深蒂固的坏习惯行为。一旦在班组或个人中偶尔养成了不安全习惯，就必须采取"再培训"和恢复正确习惯的措施。

（2）机器是一种安全因素

机器是人—机—环境系统中3个主要子系统之一，仅仅由于机器与人及其环境的相互作用，它才成为一个安全因素。对于作为安全因素之一的机器，在其规划、制造和应用的所有阶段，都经常很细心而费时地预定检查是非常必要的。同时，必须对机器的运行状态做大量的观察，确定和评价使规划目标与运行数据相匹配的应力状态，限制应力因素，使设计结构与使用结构在运行条件下相匹配。

（3）环境是一种安全因素和应予保护的财富

人和机器都被置于一定的环境中，后者在人—机—环境系统中是第3个重要的基石。人的操作可能引起机器方面的事故和损失，从而对环境产生有害影响。另一方面，环境中有许多自然过程，例如地震和灾难性暴风雨、洪水等，以及源于技术的灾害，比如火灾和爆炸，都会对机器产生危害。

用系统工程等方法研究人、机、环境三大要素及其相互关系，其目的是使系统具有"安全、高效、经济"等综合性能。所谓"安全"，是指不出现人体的生理危害或伤害，并尽量减少事故的发生；所谓"高效"，是指令系统具有最好的工作性能或最高的工作效率；所谓"经济"，就是在满足系统技术要求的前提下，系统的建立要花钱最少，即保证系统的经济性。

2. 人—机—环境系统的研究内容

人—机—环境系统工程的研究内容如图 2–1 所示，包含以下研究内容。

① 人的特性研究，主要包括人的工作能力研究，人的基本素质的测试与评价，人的体力负荷、脑力负荷和心理负荷研究，人的可靠性研究，人的数学模型（控制模型和决策模型）研究，人体测量技术研究，人员的选拔和训练研究等。

② 机器特性的研究，主要包括被控对象动力学的建模技术，机器的防错设计研究，机器特性对系统性能影响研究等。

③ 环境特性的研究，主要包括环境检测技术研究，环境控制技术研究，环境建模技术研究等。

④ 人—机关系的研究，主要包括静态人—机关系研究、动态人—机关系研究等。静态人—机关系研究主要指作业域的布局与设计研究；动态人—机关系研究主要有人、机功能分配研究（人、机功能比较研究，人、机功能分配方法研究，人工智能研究）和人—机界面研究（显示和控制技术研究，人—机界面设计及评价技术研究）等。

⑤ 人—环境关系的研究，主要包括环境因素对人的影响，个体防护技术研究等。

⑥ 机—环境关系的研究，主要包括环境因素对机器性能的影响，机器对环境的影响等。

⑦ 人—机—环境系统总体性能的研究，主要包括人—机—环境系统总体数学模型的研究，人—机—环境系统全数学模拟、半物理模拟和全物理模拟技术的研究，人—机—环境系统总体性能（安全、高效、经济）的分析、设计和评价等。

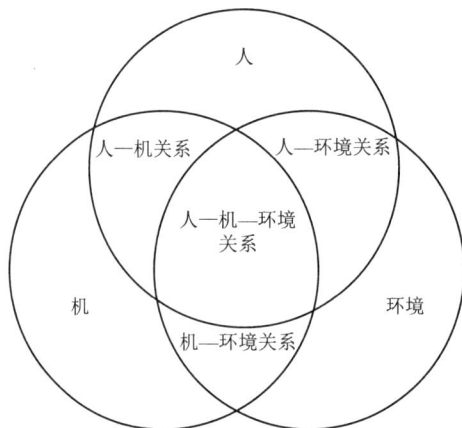

图 2-1　人—机—环境系统工程研究内容示意图

3. SHEL 系统界面模型

系统界面是人与机、环境及其他人之间的信息或能量的交换空间。系统界面的优劣取决于系统要素即人、机、环境之间的匹配程度，其表现形式为信息或能量交换的准确性、及时性和有效性。

"人"处于特定的系统界面，可以用 SHEL 模型来描述。SHEL 模型的名称是由组成系统的 4 个要素：软件（software）、硬件（hardware）、环境（environment）和生命件（liveware）即"人"的首字母组成的。它是 Edwards 教授于 1972 年首先提出的，Hawkins 于 1975 提出了经修改的框图以描述该模型。人的失误容易产生于以人为中心的与硬件、软件、环境及其他人之间的相互关系上，这些关系也被称为 SHEL 模型的 4 个界面（见图 2-2）。

L—S 界面：包括人与软件之间的关系，研究人与操作程序、检查程序及应急程序和计算机应用程序等之间的相互适应问题，以便简化作业环节，减少人的劳动负荷和劳动强度。

L—H 界面：是指人与硬件之间的关系，研究人与显示器、操纵器之间的相互适应问题，以使系统界面设计更适合人的要求。

L—E 界面：是指人与其所处环境的关系，研究特定环境中的噪声、振动、高低温、加速度、生物节律、时差等对人的影响及适应过程和反应规律。

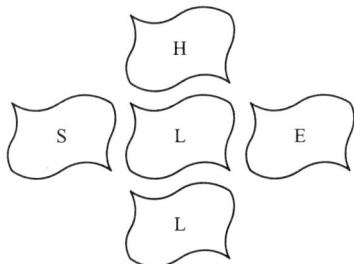

图2-2 SHEL模型

L—L界面：是指人与人之间的关系，即工作中人和其相关的人之间的配合协调关系。提高工作中人与人之间的配合协调关系不但要加强个人的技术熟练训练，还要关注领导能力、班组配合、团队工作和个性影响，同时企业文化、企业风气和工作压力也会影响人的行为表现。

SHEL模型中处于核心地位的是人，人是系统中最关键、最灵活的要素。由于人的表现受诸多因素影响和诸多方面限制，该模块的边缘不能是简单直线，系统的其他元素必须与其适应和匹配，以实现该人—机系统高效和安全的目标。

2.1.2 城市交通系统的组成

城市交通是指城市行政区内部的交通，包括公路交通（中心城区与周边城镇、乡村的交通联系）、城市道路交通、城市轨道交通和城市水上交通等。其中，城市道路交通系统和轨道交通系统是现代城市交通系统的主体。

如图2-3所示，城市道路交通系统是一个由人、车、路（含整个环境）构成的动态系统。此系统中，驾驶人从道路交通环境中获取信息，并将信息综合到驾驶人的大脑中，经判断形成动作指令，指令通过驾驶操作行为使汽车在道路上产生相应的运动，之后汽车的运行状态和道路环境的变化又作为新的信息反馈给驾驶人，完成整个行驶过程。因此，人、车、路被称为道路交通系统的三要素。

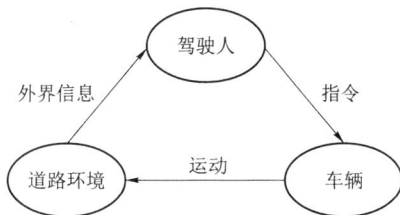

图2-3 人—车—路组成的城市道路交通系统

1. 城市交通参与者

城市交通参与者主要包括驾驶人、骑车人、乘客和行人。作为交通的参与者，其行为会对交通安全产生明显的影响。人在交通活动中的行为与多方因素有关，主要有性格特征（适应性、年龄、性别等）、知识与技能（驾驶水平、交通安全意识）、出行目的与社会态度（对法规的认同）及工作生活状态（工作压力、家庭条件等）。

城市交通系统的用户来自不同的地区和社会环境，具有不同的性格与行为特征。复杂的用户群体公用城市交通设施，必须采取措施（包括强制性措施和教育措施等）约束和指导用户在使用交通基础设施时的行为。

2. 车辆

车辆安全方面的措施主要与车辆的设计制造有关，包括车辆的制动性能（制动距离、制动稳定性、制动系数、协调时间等）、操作稳定性（转向、抗侧滑等）、易操作性（仪表、信号板、自动排挡等）、视野、前照灯、后视镜、尾灯、人员安全保护（柔性保险杠保护行人、安全气囊和安全带保护乘员、车厢防撞结构保护乘员等）。

3. 城市交通基础设施

城市道路交通设施主要包括道路设计、交叉口规划与设计、交通控制与管理、标志标线、道路照明、路侧环境管理、交通弱者（行人和骑车人）的安全措施、道路施工与养护等。以往道路交通设施方面的措施主要针对事故后的道路，发现并改造已有道路的安全缺陷，部分或适当调整管理措施。而目前许多国家除了对已发生事故的道路进行整治外，更注重从设计到运营的整个过程的交通安全改进，因而国际上已广泛推行道路安全评价。

4. 城市交通环境

在人、车、路构成的城市道路交通系统中，交通环境是交通活动的基础条件和关键因素，对交通安全有明显的影响。城市交通环境主要涉及交通条件、交通危害、交通景观及轨道交通车站等因素。

城市轨道交通系统是城市中使用车辆在固定轨道上运行，并用于客运的交通系统。我国地铁设计规范对城市轨道交通系统的定义为：在不同形式轨道上运行的大、中运量城市公共交通工具，是当代城市中地铁、轻轨、单轨、自动导向、磁悬浮等轨道交通的总称。目前在我国的城市交通系统中主要包括地铁和轻轨。

城市轨道交通系统组成主要包括：轨道线路及车站、轨道交通车辆、轨道交通信号系统、轨道交通供电系统、环控和防灾系统。运营过程中还包括运营管理者和参与者。

2.1.3 城市交通安全系统的概念

城市交通安全系统是指对城市交通中人、车、路系统在运行过程中的安全性、可靠性作出系统的分析和评价，同时提出安全保障措施的系统工程。对于三者在事故中的作用，学术界一直有较大的争论，但对以下几点的认识还是比较一致的。

1. 驾驶人

在三要素中，驾驶人是环境的理解者及指令的发出和操作者，因此是系统的核心。车和路的因素必须通过人才能起作用，人、车、路组成的系统时刻在变化，三者靠人的干预达到平衡，因此，人是道路事故的关键因素。

2. 人的行为

人的因素在三个要素中是最难改变的，人对所处环境的认知和反应在很大程度上取决于人固有的生理和心理，因此车辆和道路环境对人的行为产生很大影响。道路交通环境和车辆对交通安全的影响，除了力学上的作用外，更重要的是它们对人的行为的影响。

3. 事故原因

事故的原因并不一定能直接引导我们提出整治措施，英国运输部在 1986 年《事故调查手册》中指出，应当考虑整治措施以减少事故，最有效的措施也许在另外的因素中，特别是那些被认为因措施不当和缺乏技术引起的事故，对设施的改进比训练驾驶人达到较高的水平也许更经济。

城市轨道交通系统的安全问题可以分为两大类：一类是系统内部原因引发的安全问题；另一类是系统外部原因引发的安全问题。系统内部引发的安全问题包括两种：一种是系统内部因硬件（结构和设备）质量缺陷或故障造成的安全问题；另一种是因系统软件或管理制度缺陷、设备违规操作或操作失误造成的安全问题。系统外部引起的安全问题有 3 种：一种是乘客行为失常引发的安全问题；另一种是恐怖袭击造成的安全问题；还有一种是因系统故障导致客流失控而引发的安全问题。

2.2 交通参与者与交通安全

在城市交通系统中，交通参与者处于整个系统的中心位置，所有交通参与者都与交通安全有直接关系。交通参与者可以分为机动车参与者、行人、乘客和非机动车参与者，机动车参与者主要指驾驶人，驾驶人的感知、判断、动作执行等任何一项行为不当，均可引起交通事故。交通参与者也可以是指对交通产生直接影响的人员，包括提供服务者、被服务者及其他人员。

2.2.1 驾驶人

驾驶人的操作过程主要有 3 个环节，即辨认接收信息、操纵控制设备、观察调整运作，这些行为均受驾驶人不同的个性、生理和心理特征的影响。驾驶人驾驶车辆需要不断地认知情况、确定措施并实施操作，这是一个不断感知信息的过程。感知信息来源于外界环境，而且实时的交通信息瞬息万变。图 2-4 给出了驾驶人信息感知、处理的过程，信息由接收器（视觉、听觉、触觉等感觉器官）经神经系统传递到信息处理器（中枢神经系统），经思考判断，作出决定，然后传递到效果器（手、脚等运动器官），从而使车辆产生运动。如果接收器、信息处理器和效果器任一出现偏差，都会对安全驾驶产生影响。同时驾驶人的情绪、身体条件、疲劳程度及疾病、服用药物等与安全驾驶有密切关系,对信息处理的正确与否有很大的影响。

1. 个性特征

驾驶人的个性特征主要包括性别、年龄和气质。

1）性别

一般而言，男性和女性由于性别的不同，驾驶形态和风格有着明显的不同。例如，男性驾驶人对超车往往采取不在乎的态度，多强行超车，东张西望。女性驾驶人则很慎重，这种现象较少；连续行车时间较短时女性的肇事率低，若时间一长则恰恰相反；当遇到紧急情况时，多数男性驾驶人想方设法摆脱，而女性驾驶人则恐慌，手足无措；女性驾驶人一般驾车速度较低，充分表现为本位性，一旦发生事故，又以为对方可给予某种协助，表现为依赖性；一般女性驾驶人比男性驾驶人反应时间要长。

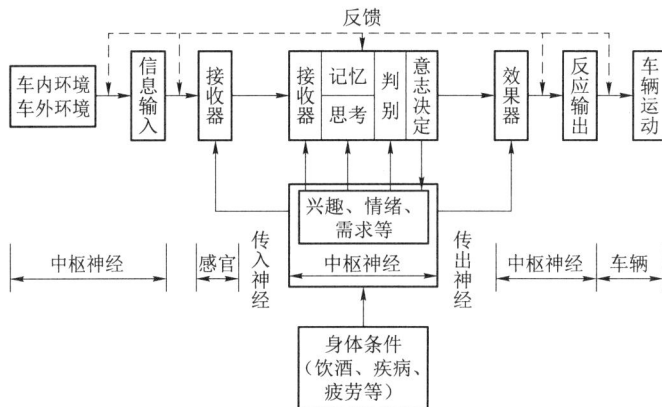

图 2-4　驾驶人的信息处理过程

2）年龄

驾驶人随着驾龄的不同，肇事的概率也不同。一般而言，驾驶人随着驾驶经验的增加，发生事故的可能性将减少。对刚刚获取驾驶资格的人员（即驾龄 1 年以内），驾车往往比较小心，发生事故的概率很低。随着驾龄的增加，驾龄达到 1～3 年时，驾驶人技术提高，过分自信，同时驾驶人车瘾最大，导致了发生交通事故的可能性增加。此阶段一般是事故的高发期，但随着驾驶时间的进一步增加，技术日益熟练，发生事故的可能性又会逐渐降低，或许其间有所反弹，但最终呈现降低的趋势。表 2-1 和表 2-2 是驾驶人年龄与交通事故之间的关系。

表 2-1 被调查驾驶人的交通事故情况

年龄组	被调查者比例/%	发生事故比例/%	发生事故比例/被调查者比例
<30	15.2	23.9	1.6
30~45	49.3	41.0	0.8
46~65	32.0	31.1	1.0
>65	3.5	4.0	1.1
合计	100	100	1.0

表 2-2 年龄与交通事故的关系

年龄	<20	20~24	25~29	30~39	40~49	50~59	60~69	>70
责任驾驶人人数	1 358	5 628	7 640	17 426	15 531	8 226	3 154	821
无责任驾驶人人数	1 381	8 037	14 054	35 960	33 225	15 457	4 399	806
责任率/%	98	70	54	46	47	53	72	101

3）气质

气质是人的相对稳定的个性特点和风格气度。古希腊著名医生希波克拉特认为人体内有 4 种体液：血液、黏液、黄胆汁和黑胆汁，机体状态决定于 4 种体液的混合比例，由于某种体液占优势而产生某种气质。

多血质（血液占优势），属神经过程强而平衡、灵活的活泼型，其特征是活泼、好动、敏感、反应迅速、喜欢与人交往、注意力容易转移、兴趣容易变换等。

胆汁质（黄胆汁占优势），属神经过程强而不平衡的兴奋型，其特征是直率、热情、精力旺盛、情绪易冲动、心境变换剧烈等。

黏液质（黏液占优势），属神经过程强而平衡、不灵活的安静型，其特征是安静、稳重、反应缓慢、沉默寡言、情绪不易外露、注意力稳定但又难于转移、善于忍耐等。

抑郁质（黑胆汁占优势），属神经过程弱型，其特征是孤僻、行动迟缓、体验深刻、善于觉察到别人不易觉察到的细小事物等。

了解人的气质对于安全教育、驾驶人培训、组织交通运输有重要意义。例如，对多血质驾驶人要加强踏实、专一、不开快车等方面教育，对胆汁质驾驶人要注意进行耐心、细心方面的教育。表 2-3 为不同气质的驾驶人的驾驶特点。

表 2-3 驾驶人气质与驾驶特点的关系

气质类型	驾驶特点	改善要点
胆汁质	动作干脆有力、处理情况果断、开车速度较快，但排除险情时不沉着、不细心，喜欢冒险尝试，发生行车事故的可能性较大；在恶性、重大交通事故中，此类驾驶人所占比重较大	平时要注意克服急躁轻率的弱点，培养遇事谨慎、认真、细致的作风

气质类型	驾驶特点	改善要点
多血质	动作敏捷、反应快，判断处理情况准确，行车中坚持安全礼让；但缺乏稳定性，易开"情绪车"；由于观察不细致导致险情和小事故经常发生，"大事不出，小事不断"	应认真克服轻浮好胜，注意力不集中的弱点，注意锻炼培养保持稳定的情绪和谨慎驾驶的作风
抑郁质	操作动作较正规，能严格按要求驾驶车辆，做到中速礼让。但处理情况易出现顾此失彼，动作迟缓，思路较窄，遇意外情况不知所措	应多参加各种社会活动和娱乐活动，培养开朗的性格，驾驶车辆时注意观察，有意识地调整控制情绪，培养勇敢果断的精神
黏液质	驾驶动作稳定自如，具有较稳定的节奏性，不易受外界干扰，能自觉遵守交通法规；但处理情况不果断，遇险情时常表现为犹豫不决，自信心不足而酿成大祸	平时要注意克服优柔寡断的弱点，培养果断、自信的性格，驾驶时要防止对判断缺乏信心而不断修正操作方法

2. 生理特征

1）信息感知

驾驶人对整个信息感知的过程主要由感觉器官来执行，常用的感知器主要包括视觉、听觉、触觉等。

（1）视觉

驾驶人在驾车时，有 80% 以上的信息是依靠视觉获得的。驾驶人的眼视觉特性，特别是驾驶人视力与交通安全有密切关系。视力也叫视敏度，是指分辨细小的或遥远物体或物体细微部分的能力。视敏度的基本特征在于辨别两物体之间距离的大小，视力分为静视力、动视力和夜间视力 3 种。

① 静视力。

静视力是指人和视标都不动的状态下检查所得的视力。视力的国际测定方法是以能识别的最小两点所形成的视角为标准，标准仪器为缺口环（C 字形环），缺口环底色为白色，环为黑色，环的外径为 7.5 mm，环宽和缺口均为 1.5 mm（见图 2-5）。

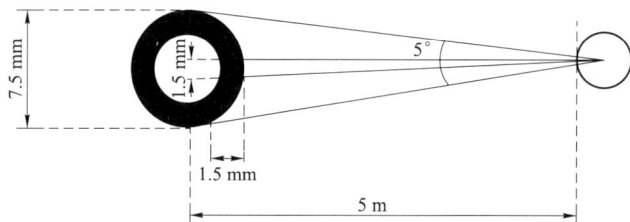

图 2-5　视力的国际测定方法

我国规定，对于驾驶人的视力要求是两眼均为 0.7 以上（可戴眼镜）。日本规定对于领取普通驾驶执照的驾驶人要求两眼视力在 0.7 以上，大型车辆及 3.5 t 以下的小型车辆和车速在

40 km/h 以上的机器脚踏车的驾驶人员则要求其两眼视力均在 0.8 以上（包括矫正视力）。

② 动视力。

动视力是指人或视标处于运动（一方运动或两方都运动）时检查所得的视力。驾驶人在行车过程中的视力为动视力。驾驶人的动视力随车辆行驶速度的变化而变化，速度提高则动视力降低（见图 2-6）。一般来说，动视力比静视力低 10%～20%，特殊情况下比静视力低 30%～40%。例如，以 60 km/h 的速度行驶的车辆，驾驶人可看清离车 240 m 处的交通标志；可是当速度提高到 80 km/h 时，交通标志可视距离降为 160 m。同时驾驶人的视野随着车速的提高而变窄。实验表明，车速为 40 km/h 时，视野低于 100°；车速为 70 km/h 时，视野低于 65°；当车速达到 100 km/h 时，视野低于 40°。因此，设计行驶速度较高的道路，道路两旁必须要有隔离措施，而且不许行人或自行车在车行道旁行进，以免发生危险。

驾驶人的动视力随着目标露出的时间长短而变化。当目标急速移动时，视力下降情况如图 2-7 所示。当照明亮度为 20 lx，目标露出时间为（1/10 s）时，视力为 1.0；当目标露出时间为（1/25 s）时，则视力下降为 0.5。

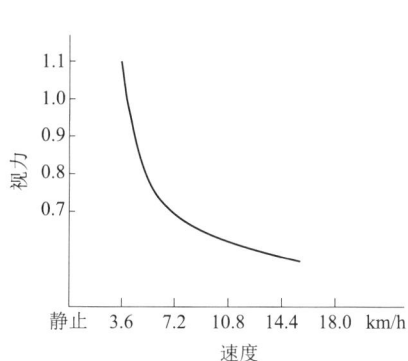

图 2-6　动视力与速度的关系

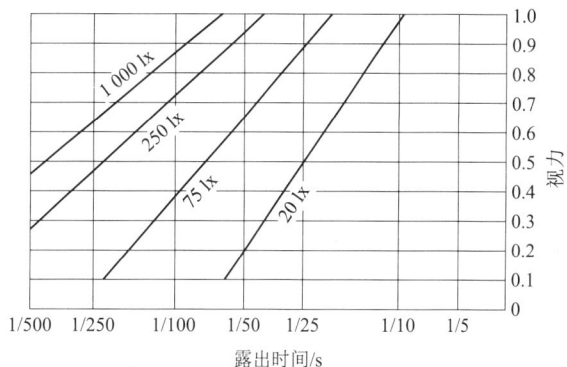

图 2-7　目标露出时间与视力关系

静视力好是动视力的前提，但静视力好的人不一定会有好的动视力。驾驶人的动视力与交通事故有密切关系。一项对 365 名驾驶人动视力与静视力相关性的研究结果表明：静视力为 1.0 的 276 人，动视力小于、等于 0.5 的有 170 人，占总人数的 61%。动视力还与年龄有关，年龄愈大，动视力与静视力之差愈大。

③ 夜视力。

夜视力指夜间行车时，在无外部照明，只用汽车前照灯照明的条件下，驾驶人能发现各种颜色的距离的能力。表 2-4 为夜间驾驶人能发现各种颜色的距离，图 2-8 为夜间驾驶人对行人的辨别距离。

表 2-4　夜间驾驶人能发现各种颜色的距离　　　　　单位：m

颜色	白	黑	乳白	红	灰	绿
发现颜色距离	82.5	48.2	76.6	67.8	66.3	67.6
确认物体距离	42.9	18.8	32.1	47.2	36.4	36.4
确认物体移动方向距离	19.0	9.6	13.2	24.0	17.0	17.8

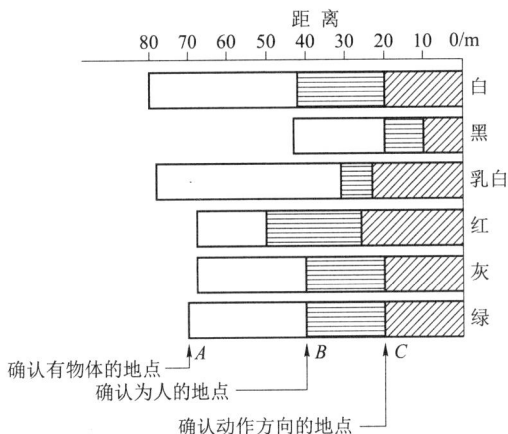

图 2-8　夜间驾驶人对行人的辨别距离

由图 2-8 可知，若辨认是否有物体存在，如为白色物体且使用近光灯，行驶的车辆距此物体距离在 80 m 左右时即可辨认；黑色物体，则需行至 43 m 才能辨认；确认为人时，距离更短，穿白衣服者为 42 m，穿黑衣服者为 20 m。若要由其动作姿势确认行为方向时，穿白衣服者为 20 m，穿黑衣服者为 10 m。因此夜间行人的衣服颜色不同，对辨认距离影响很大。

④ 光照适应。

人的眼睛对于光亮程度的突然变化，要经过一段时间才能适应。由明亮处进入暗处，眼睛习惯、视力恢复，称为暗适应；由暗处到明亮处，眼睛习惯、视力恢复，称为明适应。暗适应时间较长，通常要 3~6 min 才能基本适应，而明适应则可在 1 min 内达到完全适应。

图 2-9 为暗适应的时间变化过程，开始 5~6 min 内曲线下降比较平缓，这一段称为 A 段。经过 15 min 后，又开始缓慢下降，此段称为 B 段。该曲线表明人眼在暗适应过程中，有光感的照度随时间的增加逐渐降低。暗适应延续发展的时间很长，可达 1 h 左右。暗适应过程对安全行车影响最大，例如汽车在白天驶入隧道时，光线突然由明变暗，在进入隧道最初的几秒钟内，驾驶人可能感到视觉障碍。为了适应人眼的特性，隧道入口处应加强照明，汽车进入隧道后必须打开前照灯。暗适应过程因人而异，暗适应速度过慢、眼机能调节较差则易出现事故。

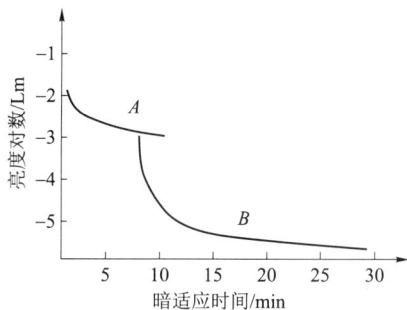

图 2-9　暗适应曲线

⑤ 炫目。

在暗淡光亮下的眼睛，受到强光刺激后，都会产生炫目现象。炫目一般分为生理性炫目和心理性炫目。生理性炫目是由于强光入射到眼球内，不仅在视网膜上形成亮度很高的辉点，而且在角膜和网膜之间的介质中发生散射，形成一种光幕，致使人的视觉感受到的亮度对比度大大降低，从而降低视觉功能。心理性炫目则是由于在视野内经常出现高亮度光源的刺激，使视觉产生不舒适或疲劳感。夜间行车，当受到对方车灯强烈照射时，驾驶员很容易产生炫目现象，而使视力下降。根据实验，炫目可使静视力下降至 0.4，如要恢复到 1.1则需要 20 s。

近年来，由于经济建设速度加快，夜间运输量骤增，夜间交通事故大幅度上升，而且夜间重特大车祸经常发生。因此为保证行车安全，必须根据夜间视觉特点采取适当措施。

（2）听觉

在交通活动中，听觉的重要性仅次于视觉，它对视觉起到重要的补充作用。在驾驶人收集信息已经大大"超载"的情况下，利用听觉收集信息无疑有助于减轻驾驶人视觉的负担，使其听觉也得到利用，可减少驾驶人的疲劳感，对保证行车安全有积极的意义。

驾驶人的听力在一定条件下会出现下降，如长期连续行车、体力消耗过大，外界噪声刺激过重，车辆部位松动而发出刺耳、颤抖声音过多等，都会使听觉器官出现疲劳。在这种情况下，驾驶人听觉能力下降，觉察不出有可能造成后果的危险声响。所以驾驶人一旦感觉疲劳，要适时休息。

2）反应特性

人由眼睛等感觉器官获得信息、传入大脑，经大脑处理后发出命令而产生动作，这一段时间称为反应时间，由神经对刺激的传递时间和大脑的处理过程时间两部分组成。在驾驶人制动操作过程中（见图 2-10），制动反应时间是由知觉-反应时间、抬脚时间和踏下时间 3 部分组成的；从开始踏制动踏板到出现最大制动力的时间（包括制动系统传递的延滞时间和制动力增长时间），称为制动器作用时间，相当于图中的过渡时间；从出现最大制动力到使车辆停住的时间，称为制动时间。制动反应时间的长短是减少车辆碰撞事故的关键因素。

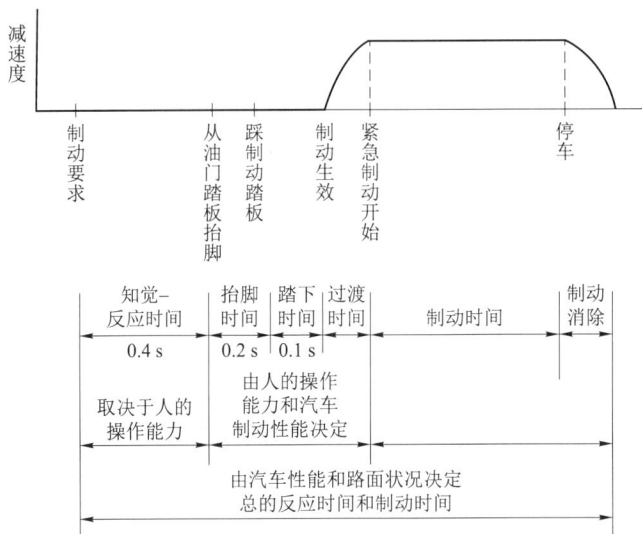

图 2-10　驾驶人制动操作过程图示

（1）反应特性分类

驾驶人的反应特性可以分为简单反应和复杂反应。简单反应是驾驶人对单一信号刺激，只需做一个动作即可作出反应，作出简单反应的时间称为简单反应时间。表 2-5 列出了人的几种主要感觉器官简单反应时间的范围。

表 2-5　不同感官的简单反应时间

感觉（刺激）	视觉	听觉	触觉	嗅觉
反应时间/s	0.15～2.00	0.12～0.16	0.11～0.16	0.20～0.80

复杂反应（选择反应）是指对于两种以上的刺激，需按既定方式，采取一个以上的动作才可作出反应。驾驶人的复杂反应的复杂程度取决于交通量的大小、周围车辆的行驶状态、行驶路线及道路环境情况的变化等多种因素。例如，驾驶人在超车过程中，既要知道自己车辆的行驶速度，又要估计前面被超越车辆的速度和超越后行驶前方的路况。因此，超越车辆的驾驶人必须有选择余地和预知准备余地，只有懂得这样的行驶规律，才能在复杂的行驶环境中安全行驶。

（2）反应特性的影响因素

① 刺激。

在各种感觉方式中，反应由快到慢的顺序依次为触觉、听觉、视觉、嗅觉，且刺激部位不同，反应时间不同。

在感觉界限范围内，对于同类刺激，刺激的强度越大，则反应时间越短。且当刺激强度增加到一定阈值时，反应时间的缩短便收到明显的效果。例如，如果是以光线作为刺激的话，就应该具有足够的亮度；如果以声音作为刺激的话，就应该比较响亮，才有利于缩短驾驶人的反应时间。

刺激物与背景也有一定的关系。如果刺激物与背景之间的对比度强，反应时间相对较短；反之，对比度弱，则反应时间长。例如，在寂静的环境中听到喇叭声所引起的反应时间，要比在喧闹的环境中听到同样响亮的喇叭声所引起的反应时间短。此外，在交通标志的颜色对比鲜明时，驾驶人的反应时间比较短；反之，如果交通标志的底色与文字或图案的颜色相接近，对比不够鲜明时，反应时间就较长。

② 驾驶人。

在行驶过程中，驾驶人是否有心理准备，也会影响到驾驶反应时间。当驾驶人有心理准备时，对出现的客观刺激（交通信息）的反应时间较短；如果没有心理准备，那么对突然出现的交通信息，反应时间就长。因此，在交通事故多发处及其他危险地段设置明显的警告标志，其目的就是为了引起驾驶人的注意和警觉，让驾驶人提前做好心理准备，可以缩短驾驶人的反应时间。

反应时间与年龄和性别也有着密切关系。一般来讲，在 30 岁之前，反应时间随年龄的增加而缩短，30 岁以后则逐渐增加（见图 2-11）。男性驾驶人反应时间短，女性驾驶人反应时间长，且男性和女性驾驶人在遇到紧急情况时所表现出的驾驶行为差别较大。一般情况下，年龄大的驾驶人（不超过 45 岁）事故少；在紧急情况下，年龄在 22～25 岁者事故少，年龄大者事故多。

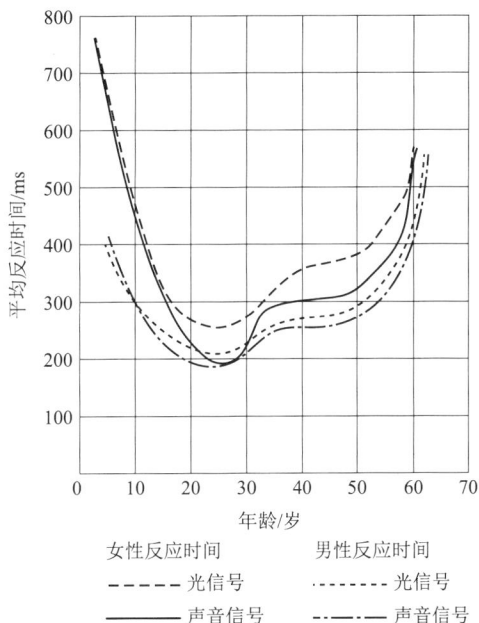

图 2-11 驾驶人的年龄、性别与反应时间的关系

③ 车速。

随着车辆运行速度的提高，驾驶人的脉搏和眼球运动都加快，感知和反应变慢，对各种信息的刺激感受变得相对迟钝，因此汽车速度越快，驾驶人的反应时间越长。从人的生理角度来看，车速越快，驾驶人的视野越窄，看不清视野之外的情况，情绪和中枢神经系统都处于相对紧张状态，导致反应时间变长。正常情况下，车速为 40 km/h 时，驾驶人的反应时间为 0.6 s 左右，当车速增加到 80 km/h 时，反应时间增加到 1.3 s 左右。

3. 心理特征

影响驾驶人行驶安全的心理条件很多，本书主要介绍注意、情绪与情感、性格等心理特征与交通安全的关系。

1）注意

注意是人们心理活动对一定事物对象的指向和集中，具有对象指向性和意识集中性两个特征。车辆在行驶的过程中，驾驶人心理活动有选择地指向和集中于一定的交通信息，经过大脑的识别、判断、抉择，然后采取正确的驾驶操作，保障行车安全，所以注意能力是影响行车安全的重要心理因素。

注意的指向性是指驾驶人在每一瞬间把心理活动有选择地指向于一定的对象，同时离开其余的对象。意识的集中性是指驾驶人把心理活动专注于某一事物对象，表现为全神贯注、聚精会神、凝视、倾听等。被注意到的事物，就被感知得比较清晰、完整、正确；未被注意到的事物，就被感知得模糊。由于注意的集中性，可以消耗较少的精力，使心理活动取得较大的效能。

驾驶人还应当有注意分配的能力，以便同时接受几个信号，同时完成几个动作。在动态情况下，由于车辆的高速行驶，为了能迅速、及时、清晰、深刻地获得汽车运行的一切必要信息，需要随时调整注意的水平。经验表明，人的感受性不能长时间地保持固定的状态，而是在间歇地加强和减弱。如在市区拥挤的道路上行车时，驾驶人投入的注意量是不同的，应根据道路状况和内部的动机提高或降低注意水平。注意力的灵活程度对驾驶人来说很重要，依靠注意力的灵活性，驾驶人能把注意力从一个目标转移到另一个目标，从各种现象的总体中，分辨出最本质、首要的现象。有时也要求降低注意力的水平以避免疲劳。

驾驶人在单一环境中行车，其紧张程度就会降低，注意力衰减幅度很大，从而增加了发生事故的可能性。因此需要驾驶人高度重视，调节注意力分配，以达到安全行车的目的。

2）情绪与情感

情绪和情感是人对客观事物是否符合自己的需要而产生的态度，如人的喜、怒、哀、乐是各种形式的情绪和情感。已形成的情感往往制约着情绪的变化，而人的情感又总是在各种变化的情绪中得到表现。

（1）情绪与交通安全

情绪根据其发生的速度、强度和延续时间的长短，可分为激情、应激和心境 3 种状态。

激情是一种猛烈而短暂的、爆发式的情绪状态，如狂喜、愤怒、恐怖、绝望等。处于激情状态下的人，其心理活动特点是：认识范围变得狭窄，理智分析能力受到抑制，意识控制作用大大减弱，往往不能约束自己的行为，不能正确评价自己行为的意义和后果。驾驶人在激情状态下，由于自制力显著降低，极易作出错误的判断，产生不正确的反应，导致事故发生。所以驾驶人必须尽量控制自己的情绪，掌握一些避免或延缓激情爆发的方法，如自我暗示、转移注意等。

应激是在出乎意料的紧急情况下所引起的情绪状态。驾驶人在行车途中，突然发现有人横穿马路，或车子正在急转弯时，突然间闯出一辆没有鸣笛的汽车，这些突然出现的情况面前，驾驶人有时来不及作出避让动作，有时会作出错误的反应。因此，在应激状态下，驾驶人必须头脑清醒、判断迅速、行为果断，才能处理好意外发生的情况。

心境是一种微弱而持久的情绪状态，对人的活动有很大影响。驾驶人在良好的心境下，判断敏捷、操纵准确，能轻松愉快地处理好行驶中遇到的各种复杂情况；在厌烦、消沉、压抑的心境下，会表现得烦躁易怒，容易开赌气车，这对安全驾驶是非常不利的。驾驶人应当努力培养积极的心境，克服消极心理，驾驶时始终保持良好的心境。

（2）情感与交通安全

情感可分为道德感、理智感和美感。

道德感是一个人对人们的行为和对自己本人行为的情绪态度。道德感在人们的共同活动中发生、发展，并受该社会实际占统治地位的道德标准所统领，其特点是具有积极性，是完成工作、作出高尚行为的内部动机。

理智感是人在认识事物和某种追求是否得到满足时所产生的情感。驾驶人在完成驾驶任务的活动中会引起一系列深刻的情感体验。例如寻找驾驶规律，驾驶人认识在各种路面上驾驶的规律，总结出安全行驶的方法、措施等，往往会产生喜悦的情感。这种情感会推动他进一步思考、总结规律，从而更有效地完成任务，保证交通安全。

美感是根据美的需要，按照个人所掌握的社会上美的标准，对客观事物进行评价时所产生的体验。驾驶人应该对给他提供交通方便的人产生尊敬感，也应当主动为别人让车、让路。

3）性格

性格是人对客观现实的态度，其行为方式上表现为习惯化、稳定化的心理特征，如刚强、懦弱、英勇、粗暴等。驾驶人由于性格不同，对安全行车的态度和行为方式也不同。

驾驶人的性格可按照个体心理活动的倾向性来划分，有外向型和内向型两种。外向型性格的驾驶人性格开朗、活泼且善于交际，但在行车过程中，自我控制能力、协调性相对较差，自我中心意识强；内向型驾驶人则相反，一般表现为沉静、反应相对缓慢，喜欢独处，重视安全教育，行车中不冒险。驾驶人要确保安全驾驶，必须了解自己性格类型的特点，自觉地进行自我调节，从而培养良好的性格。

2.2.2 其他参与者

2.2.2.1 行人

1. 行人交通特性参数

步行幅度和步行速度是行人交通的两个最基本的参数。

步行幅度（步幅）是指行人两脚同时着地时，前脚尖至后脚尖的距离。行人步幅的大小，与行人的年龄、性别、身体状况、心理状态、出行目的、行程距离、道路状况和天气等因素有关。其中，年龄和性别是两个最基本的因素。表 2-6 为步幅与年龄、性别之间的关系。

表 2-6 步幅与年龄、性别之间的关系

年龄段	青年人				老年人			
城市	北京		广州		北京		广州	
	男性	女性	男性	女性	男性	女性	男性	女性
步幅/cm	66.8	62.4	64.7	63.1	57.1	53.0	56.4	49.7

步行速度同样受性别、年龄及身体状况的制约。男性中、青年步行速度平均值为 75.2～77 m/min；女性中、青年为 58.6～61.6 m/min；女性老年的速度平均值为 47.2～50.8 m/min。

在人行横道上的步行速度要比在路侧人行道上行走的速度高。单独一个行人穿过人行横道时，其平均速度为 1.4～1.5 m/s，比一般道路上稍高；当两人并行时速度稍下降，同行人数越多则速度越慢。通过人行横道的后半段速度一般高于前半段 0.1～0.23 m/s，这是因为穿行者看到旁边有车辆停候，受快点离开危险区的心理所支配。

2. 行人交通心理特征

行人是交通参与者中的弱者，希望能舒适、迅速、方便地到达目的地，往往具有侥幸、贪利、集团和从众的心理特征。

侥幸心理是指行人往往过高地信赖机动车驾驶人遵守交通规则行驶，表现为即使听到鸣笛或者汽车驶进身边也不避让，当机动车躲避或刹车不及时，行人易受伤害。

贪利心理是指行人只要可能避开车辆碰撞就会不遵守交通规则，在人行横道外斜穿、快步强行，或者在机动车流中穿行，将自己置身于十分危险境地的同时，也会极大地干扰其他车辆通行。

集团心理是指行人单独过马路时一般都小心翼翼，而当多人同时穿越时，则会感到人多力量大，在心理上会产生一种盲目的安全感，尤其是走在人群中间的人，更少考虑躲避车辆的问题。

从众心理是指当行人横穿道路时，看到别人抄近路或闯红灯而没有人管，自己受到影响，也会不顾交通规则，与机动车抢行，这样极易造成交通秩序混乱，影响交通安全。

3. 行人过街行为分析

行人过街的方式主要有地面、地下和地上过街 3 种形式，其中最容易造成交通事故的是地面过街方式。行人地面过街行为方式一般有 3 种行为方式。第一是待机过街，即行人等待汽车停驻或车流中出现足以过街的空隙，再行过街；第二是抢行过街，即车流中空隙虽小，过街人冒险快步穿越；第三是适时过街，即行人走到人行横道端点，恰巧遇到车流中出现可以过街的空隙，不需等待，随即穿越。

1）影响行人过街的因素

（1）行人过街人数

人行横道上人多，容易引起驾驶人员的注意，故安全程度大；如当穿越道路行人为 1 人，路上有 1 辆汽车时，在穿越开始一侧，汽车停驻率为 17.2%；在对侧为 30.6%。当穿越人数增至 5 人时，穿越开始一侧为 55.5%，对侧为 66.7%。穿越行人增多，道路两侧汽车的停驻率也会增高。

（2）车速与车辆距离

行人横穿道路时，通常要利用车流的间隙安全通过，这主要以迎面驶来车辆的距离和速度为依据，预测出车辆到达自己附近需要多少时间，以判断自己是否通过。研究表明，汽车距行人处约 25 m 时，车速为 8～16 km/h 时，约有 90% 的行人敢于横穿；当车速为 32 km/h 时，有不到 40% 的行人敢于横穿；当车速超过 40 km/h 时，只有 10%～16% 的行人敢于横穿。

（3）行人过街等待时间

行人等待过街时间的长短取决于交通量、道路宽度和行人条件。交通量越大，可穿越间隙少，行人等待过街的时间就越长；道路越宽，则行人过街的等待时间就比较长；女性较男性的过街等待时间长，年岁大者过街等待时间长。同时在同一天的不同时刻，人们的过街等待时间也有差异。例如，上下班时间，行人过街等待时间短；非上下班时间，行人等待时间长。

研究表明，交通运行的混乱及造成行人过街不安全的因素都与行人的强行穿越有关，其中一个主要的原因是行人过街等待时间超出了行人可接受的程度。随着等候时间的延长，行人的焦虑也越来越严重，冒险穿越的欲望和可能性也逐渐增大。N.Rouphail 等人在《行人和自行车设施通行能力分析报告》中指出，强行穿越行人所占的比例，随着平均行人过街延误的增加而增加，且无信号控制路口行人所能承受的延误值普遍小于有信号控制路口。

2）行人过街安全心理距离

行人过街时造成的交通运行混乱及不安全因素都与行人的强行穿越有关。强行穿越现象普遍存在与行人的可接受的等待时间有关，行人的忍耐力是有限的，当行人等待过街安全心理距离的时间超出了行人所能忍耐的限度，行人就会从车间非安全空隙中强行穿越。

行人过街安全心理距离是指行人穿越某车道时，判断该车道上距自己最近的机动车到达人行横道时能够安全穿越的距离。该距离表达式为：

$$L_S = v_i \times (n \times L / v + t_R) + l_S \qquad (2-1)$$

式中：L_S——行人过街安全心理距离，m；

$\quad\quad v_i$——第 i 车道机动车平均速度，m/s；

$\quad\quad n$——行驶方向数，车辆双向行驶 $n=2$，车辆单向行驶 $n=1$；

$\quad\quad L$——人行横道长度，m；

$\quad\quad v$——行人个体平均过街步速，m/s；

$\quad\quad t_R$——行人反应时间，一般平均值取 1.8 s；

$\quad\quad l_S$——到达车辆距行人的安全距离，取 3 m。

3）人行横道的溢出现象

一般情况下，人行过街横道的设计宽度为 4～6 m，有时人行横道设计不合理，或过街行人流量过大，常常出现行人溢出人行横道的现象。同时行人主观因素也是造成人行横道溢出现象的原因。一般行人过街溢出现象可分为以下几种。

① 行人认为人行横道是行人合理使用的交通设施，靠近斑马线左右 1～2 m 的区域也是安全的，因此有些行人选择贴近人行横道几米外过街。

② 行人急于到达交通吸引源，但不敢远离人行横道，因此选择既靠近斑马线，又便于到达目的地的区域过街。

③ 过街流量较大时，会形成前后 1 m 左右间距几排过街。在中线等待二次过街时，由于道路无信号控制，机动车不断到达，部分行人为躲避身后的机动车，使自己更为安全，会把中线当作安全岛，沿中线向两端溢出。

④ 强行穿越机动车流时，多数行人从车尾处绕过障碍车辆，也会出现溢出。

溢出发生后，有些行人会回归到人行横道，有些则按原方向继续行进，人行横道附近危险度如表 2-7 所示。

表 2-7　行人过街地点相对危险程度

过街地点	危险程度
距人行横道 50 m	1.75
无人行横道标线和交通信号	1.00
有人行横道但无管理规则	0.89
有人行横道标线和交通信号控制	0.53
有人行横道标线、交通信号控制和安全岛	0.36

2.2.2.2 骑车人

在我国城市道路交通安全系统中，自行车交通事故相当严重，常见的自行车交通事故类型如表 2-8 所示。导致自行车交通事故的原因很多，如交通基础设施设计不合理、交通安全管理和控制设施设置不佳、交通组成复杂等，但骑车人的生理和心理特征是非常重要的影响因素。

表 2-8　城市交通自行车事故类型

事故类型	事故特征
正常行驶中的碰撞	在城区，大多数是自行车拥挤或是骑车人冒险进入机动车道时，多发生在自行车与机动车混行的道路上；在郊区，多发生在路面较窄，机动车会车时，由于驾驶人未注意避让引起的
横穿道路时的碰撞	骑车人横穿道路时的突然猛拐，导致驾驶人缺少思想准备，来不及采取相应的安全措施，可能与上、下行两个方向的机动车辆碰撞。这类事故多发生在中央无隔离设施的道路上
支干路交叉口的碰撞	在城市道路中的支干路交叉口，交通安全管理和控制设施不完善，同时由于城市建筑的遮挡，视野严重受限。当自行车突然从小路或胡同中冲出时，极可能与主路上的其他车辆相撞。这类事故比例在我国比较高，在美国、英国和丹麦，这类事故占自行车事故总数的 17%左右。同样，机动车如果突然从支路或胡同驶出进入干道，也极容易与自行车发生碰撞。在我国，由于机动车辆速度较低，而且一般驾驶人都有所警惕，所以这类事故较低。但在美国占自行车事故总数的 37.2%，英国占 26.9%
左转弯时的碰撞	自行车在路段上或交叉路口左转弯时，主要是与同方向直行或右转弯的机动车相撞。特别是在实行两相位信号控制或无信号控制的路口，由于双方不注意避让或抢行而造成相撞事故
公交车进出站的碰撞	在公交车进站或出站时，会与自行车多次交叉或交织，影响自行车的行驶路线。在相互躲闪、超越或争抢路线的过程中，常常发生事故
其他碰撞	自行车与自行车相撞，自行车与其他非机动车相撞，自行车与行人相撞，也是道路上常见的现象。特别是在没有自行车专用车道时，这种碰撞更加频繁

1. 骑车人生理和心理特征

自行车的驱动、速度、平衡等完全由人控制。人的年龄、性别、身高、重量、体力等生理特征都对骑行产生影响。例如老人、妇女、小孩蹬车能力、耐力、对自行车动态平衡的控制能力都不如青壮年男子。他们有时感到力不从心，骑车速度慢，可及距离短，平衡能力差，容易摔倒；长时间骑车容易产生生理疲劳，会引起身体机能下降、自感精神不足、产生厌倦情绪。此时大脑反应迟钝，动作缓慢不灵活，车速降低，判断容易失误，有产生交通事故的可能性。

骑车人的心理特征主要表现在以下几个方面。

1）求快心理

人们无论为何种目的骑自行车出行，省时、省力地到达目的地，是一种普遍的心理需要，特别是在上班、上学等时间紧迫的情况下，求快的心理更加明显。常见的交通表象为：① 冲抢、猛拐、疾驶等盲目行为表现；② 越线抢行红灯；③ 在车流中穿来穿去，走 S 形路线。

这些交通行为极易导致交通事故的发生。

2）畏惧心理

由于自行车的稳定性差和无防护设备，当骑车人看到快速驶过的汽车、来来往往的自行车和拥挤的人群时，往往会产生畏惧心理。机动车对骑车人的压力与机动车的车速及机动车与非机动车之间的距离有关。机动车的车速越大，对骑车人的压力越大；机动车与非机动车之间的距离越小，对骑车人的横向压力越大。因此，从道路设计和交通管理上，应尽可能加大自行车道与机动车道间的距离、增加隔离设施及降低车速，以保证骑车人的安全。

3）离散心理

自行车是个人交通工具，每个人都有自己的行为特点和骑行目的。通常，人们总是有一种行为倾向，就是喜欢选择比较平坦宽敞的路面和人、车稀少的地方骑行。这就使自行车在道路上的分布具有离散性，这是骑车人离散心理的表现。特别是在没有交通指挥人员管理的情况下，骑车人各自独行，互不相干，甚至几辆自行车也会横占整个道路。离散心理作用的结果，是使交通混乱，影响行人和机动车辆的行驶，易造成交通事故。

4）从众心理

人们一般认为，只有自己的行为与多数人一致时，心理上才感到安全踏实。根据研究，从众心理一般受群体数量、意见一致性和是否符合规范的影响。因此，加强管理，纠正为首的交通违法行为可以有效地减少后续者的从众行为。

5）随机心理

一般人骑自行车比较自如、从容、精神不太紧张、警觉性低，往往注意力不集中，经常东张西望，注意点不断变化，结伴并行，边走边聊，路线不固定，绕来绕去随意转弯改道而行，有的还逆行，遇热闹就停下来围观，遇障碍就绕行。这种随机心理引起的任意性，精神不集中，"不注意"会于无意之中酿成事故。

2. 骑车人交通违法行为

由于骑车人对自行车的行驶状态具有完全而主导的控制地位，所以骑车人的行为表现在自行车交通事故中起着决定性的作用。常见骑车人的交通违法行为包括以下几个方面。

① 危险骑行。这类违法行为主要表现是超速行驶、相互追逐、打闹嬉戏、双手离把、攀扶车辆和逆向行驶等。

② 违法转弯。主要包括提前转弯、不伸手示意、突然猛拐。

③ 违法乘载。主要是指骑车人乘载人员或者货物。特别是用自行车运载超宽、超重货物时，自行车重心偏高，造成了自行车蛇形轨迹宽度过大，很容易被行驶的车辆刮擦。

④ 侵占机动车道。

⑤ 酒后骑行。

⑥ 不符合骑行条件。如手脚不灵便、耳聋、色盲等身体有缺陷者；不满 12 岁的儿童骑车等。

2.2.2.3　乘客

城市交通的首要任务是保障乘客运输安全，但乘客在很大程度上扰乱了城市交通安全。纵观各类事故事件，乘客因素是运营秩序紊乱，一般安全事故的主要致因之一。乘客的不安全行为可以导致不安全事件的发生，乘客的安全意识淡薄还可能使事故得以发展或扩散。

1. 乘客不安全行为

目前乘客不安全行为主要有：不遵守轨道交通乘客守则、无应急技能或应急技能低、人为故意破坏。

1）不遵守轨道交通乘客守则

乘客携带危险品乘车、紧贴车门站立、乘车不讲秩序、挤车门、不拉扶手、擅拉紧急拉手、站台车厢打闹嬉戏、候车跨越安全线、跳轨自杀等行为是主要的不遵守乘客守则的不安全行为。仅 2012 年上海地铁就发生十多起乘客跳轨自杀事件；还有乘客因同伴没上车 1 小时内 2 次拉动紧急拉手，造成数千人延误 10 min 以上。

2）无应急技能或应急技能低

乘客无应急技能或应急技能低，突发情况不会自救、互救，不听从轨道交通工作人员安排，慌乱中胡乱行为。如不知晓自动扶梯"紧急停机"按钮，无按压"紧急停机"按钮的应急技能等；又如 2008 年上海地铁某列车因故障迫停区间，故障处置中虽然驾驶员不断广播安抚，但仍有 20 多扇车门紧急拉手被乘客拉下，一名乘客更是扒开车门进入隧道，步行至下一站。

3）人为故意破坏

恐怖袭击、蓄意破坏、纵火、偷盗等乘客行为是主要的人为故意破坏的不安全行为。1995年日本东京地铁毒气恐怖袭击事件，造成 12 人死亡、14 人终身残疾、5 500 多人受伤；2003年韩国大邱地铁乘客携带易燃物品乘车故意纵火，导致 198 人死亡。

2. 乘客不安全行为意识

心理决定人的行为，行为显示人的意识。乘客的不安全行为可分为无意识不安全行为和有意识不安全行为。

1）无意识不安全行为

乘客无意违反轨道交通安全保障制度，但由于某些原因，在轨道交通乘降过程中产生了不安全行为。主要原因有安全意识不高、安全知识不足、行为有限理性。

（1）安全意识不高

安全意识较强的乘客对安全隐患能够及时发现，果断应对，甚至通过有效措施化险为夷；而安全意识不高的乘客不能及时发现隐患或发现后措施不当，最终酿成事故，甚至可能使事故损失扩大。如 2004 年香港地铁人为纵火事故中，由于乘客安全意识高，及时发现有人蓄意纵火并果断采取阻止措施，虽然没能成功阻止肇事者，但一定程度上延缓了纵火行为实施；

同时，纵火现场的乘客及时向其他乘客传递纵火事故警示信息，得以让其他乘客及时了解情况并采取应对措施，这起事故只造成 14 人因吸入烟雾受轻伤。

（2）安全知识不足

乘客因安全知识不足导致行为不安全。从不遵守乘客守则中的部分不安全行为可以看出，乘客缺乏前后乱挤、强行上下、争抢座位、不拉扶手等行为会导致摔伤、踩踏等不安全事件的安全知识。源于安全知识不足，导致乘客只专注轨道交通的便捷、舒适，忽视了轨道交通的安全。

（3）行为有限理性

在不确定的环境下，乘客由于无法准确地认识和预测未来，从而无法按照结果理性的方式采取行动，只能依靠自身经验或跟随其他乘客等采取行为来减少不确定性，而这种有限理性行为往往只关注个人利益，而危害了整体利益。如突发情况下乘客只顾个人利益，争先恐后无序疏散，就可能导致现场混乱或产生踩踏事件；又如列车迫停区间时拉下"紧急拉手"和进入隧道的乘客，只考虑到节省自身时间，完全不顾及对整体运营造成的延误。

2）有意识不安全行为

乘客明白轨道交通安全的重要性，知晓相关安全保障制度，但在某些条件下，如受好奇、省能、侥幸、逆反等心理驱使，或追求经济效益，或其他动机，故意采取安全冒险行为或有意引发事故。产生这些有意识不安全行为的原因有安全习惯不佳、故意违规和有意破坏。

（1）安全习惯不佳

乘客主观上不愿意出现安全事件事故，在稳定的心理活动下基本能安全乘降。但在不利的心理状态主导下，乘客由于安全习惯不佳，表现出不安全动机，实施不安全行为。如受好奇心理驱使有意触碰消防、行车等安全设施设备；受省能心理驱使翻越安全护栏；受逆反心理驱使与安全检查人员发生对抗冲突等。

（2）故意违规

乘客安全道德水平低，只追求自身经济效益，为达到个人利益最优化，无视轨道交通安全保障制度，明知行为危险却故意违规。如为节省时间故意冲门；为等待同伴乘车故意吊门、卡门、拉下紧急拉手；为出行方便故意携带危险品乘车等。

（3）有意破坏

乘客为达到发泄自身不满情绪、引起公众关注等个人目的，或造成人员伤亡、公众恐慌等险恶目的，利用轨道交通人员密集、社会影响大等特性进行有意破坏。

2.3　车辆与交通安全

城市交通安全系统中的车辆包括汽车和列车两种。

2.3.1 汽车与交通安全

2.3.1.1 汽车性能

汽车性能与道路交通安全有密切的联系，主要包括汽车动力性、制动性、操稳性、通过性、平顺性等。

1. 汽车动力性

汽车的动力性能是指汽车在良好路面上直线行驶时受纵向外力决定的、所能达到的平均行驶速度。常用评定指标为最高车速、加速度或加速时间和最大爬坡能力。最高车速是指在水平、良好的路面上，汽车所能达到的最高行驶速度；加速时间是指汽车以最大的加速度达到某一预定车速所需要的时间；最大爬坡能力是指满载时汽车在良好路面上所能克服的最大爬坡度。

2. 汽车制动性

汽车的制动性是汽车的主要性能之一，直接关系到交通安全，是汽车安全行驶的重要保障。汽车制动性的评价指标，包括制动效能（制动距离、制动时间、制动减速度和制动力）、制动效能的稳定性和制动时汽车方向的稳定性。

1）制动效能

制动效能是汽车制动性最基本的评价指标。通常用制动距离、制动时间、制动时的减速度来评价汽车的制动效能。

制动距离是指汽车在平坦、干燥、良好的路面上以一定的初速度急踩制动时，从驾驶人脚接触制动踏板（或手触动制动手柄）时起至车辆停住时车辆所驶过的距离。制动距离（S）可按下式计算：

$$S = \frac{KV^2}{254 \times (\varphi \pm i)} \tag{2-2}$$

式中：V——汽车已经开始制动时的瞬间速度，km/h；

$\quad\ \varphi$——路面纵向摩擦系数；

$\quad\ i$——道路纵向坡度，%，上坡为"+"，下坡为"-"。

$\quad\ K$——制动使用系数，与车辆性能、车速、司机水平等因素有关，一般取 1.2～1.4。

2）制动效能的稳定性

制动效能的稳定性是指制动效能不因制动器摩擦条件改变而恶化的性能，包括热稳定性和水稳定性。其中热稳定性（抗热衰退性）是指因连续制动（如长下坡）使制动器温度升高后保持冷态制动效能的能力。它主要由制动器容量、结构和摩擦衬片的材质决定。水稳定性是指因制动器浸水而使制动效能衰退的性能。

3）制动时汽车的方向稳定性

制动时汽车的方向稳定性,是指汽车制动时保持按给定轨迹行驶的能力。汽车各轮上的制动力大小不均匀、比例不当,将导致跑偏、侧滑,使汽车失去控制。《机动车运行安全技术条件》对各种类型机动车制动时不能超出一定的车道宽度做了规定,这给衡量车辆制动时的方向稳定性提供了标准。

3. 汽车操稳性

汽车的操稳性包括汽车的操纵性和稳定性。

汽车的稳定性是指汽车在行驶过程中,经受各种外部干扰后尚能自行尽快恢复原行驶状态而不致发生失去控制、甚至侧翻和侧滑等现象的能力,包括汽车的纵向稳定性和横向稳定性两部分。其中纵向稳定性是指上(或下)坡时,汽车抵抗绕后(或前)轴翻车的能力;横向稳定性是指汽车抵抗侧翻和侧滑的能力。

汽车的操纵性是指汽车能正确地按照驾驶人的要求,维持或改变原行驶方向的能力。实际上,汽车的稳定性和操纵性是密切相关的,操纵性的丧失将导致汽车的侧滑或侧翻,稳定性的丧失往往使汽车失去操纵性而处于危险状态。

影响汽车操纵稳定性的因素有以下几个方面。

① 汽车本身结构参数,如汽车的轴距、轮距、重心位置、轮胎的特性、前后悬架的形式、前轮定位角及转向参数的影响。

② 使用因素的影响,驾驶人反应快、技术熟练、动作敏捷、体力好就能及时准确地采取措施,从而使汽车的运动状态趋于稳定;反之,如果驾驶人的反应迟钝,判断错误,就可能导致稳定性的破坏、操纵性的丧失。

③ 地面的不平度、坡度、车轮与地面的附着情况、风力、交通情况等外界条件。

4. 汽车通过性

在一定的载重下,汽车以足够高的平均车速通过各种坏路和无路地带(松软地面、沙漠、雪地、沼泽等)以克服各种障碍(陡坡、侧坡、台阶、壕沟等)的能力称为汽车的通过性。汽车通过性常用单位车重的挂钩牵引力来评价。另外,汽车的通过性还与汽车的几何参数有直接关系,包括最小离地间隙 c、接近角 γ_1、离去角 γ_2、纵向通过半径 P、最小转变半径 R 等,如图 2-12 所示。

① 最小离地间隙。它是指汽车除车轮以外底盘的最低点与地平面之间的距离,一般汽车底盘的最低点在后轴主减速器的下沿。

② 接近角与离去角。从汽车前面的突出最低部位引出一直线与前轮外圆相切,该切线与地平面构成的夹角,称为接近角。从汽车后面的突出最低部位引出一直线与后轮外圆相切,该切线与地面构成的夹角,称为离去角。接近角和离去角过小将导致通过性不良。

③ 纵向通过半径。它是指在汽车侧视图上作出的与前后轮及两轴间最低点相切的圆的半径。汽车的纵向通过半径越小,表明它能够无碰撞地越过小丘、拱桥的能力越强。

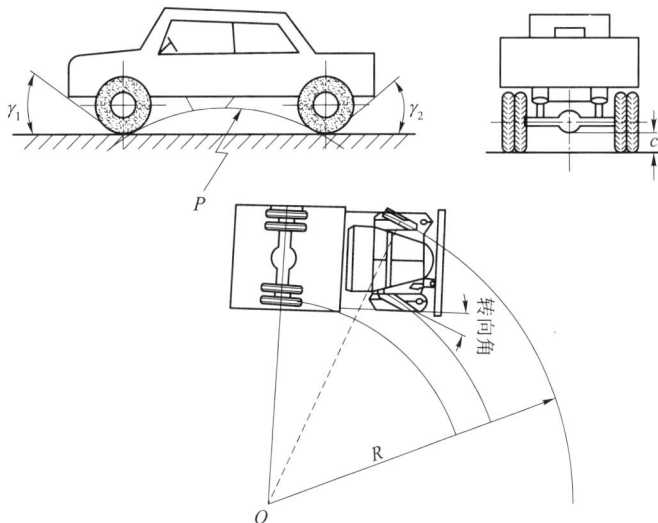

图 2-12 汽车通过性的几何参数

④ 最小转弯半径。它是指汽车转弯时，当转向盘转到最大极限时，外侧前轮所滚过的轮迹中心至转向中心的距离。汽车的最小转弯半径表明了汽车在最小面积内回转的能力。

5. 汽车平顺性

汽车平顺性是指汽车在不平道路上行驶时，汽车免受冲击和振动的能力。该特性对汽车平均技术车速、驾驶人和乘客的乘车舒适性、运货的完整性等有很大的影响。

平顺性良好的汽车，其车身振动的固有频率范围应为 1～1.6 Hz（相当于人步行时身体上下运动的频率），振动加速度不宜超过 0.2～0.3 g（g 为重力加速度，9.8 m/s^2）。目前许多国家都采用"人体承受全身振动的评价指南"作为振动评价标准，评价指南给出了在 1～80 Hz 振动频率范围内人体对振动反应的 3 种不同的感觉界限。

① 暴露极限。当人体承受的振动强度在这个极限之内时，可保证健康或安全。

② 疲劳降低动作效率界限。当驾驶人承受的振动强度在此极限内时，可保证能正常进行加速。

③ 舒适降低界限。当乘客承受的振动强度在此界限之内时，不会明显感到不舒适。

2.3.1.2 汽车结构、技术状况与交通安全

1. 汽车结构与交通安全

1）预防事故发生

预防事故发生的汽车结构如表 2-9 所示。

表 2-9　预防事故发生的汽车结构

名称	作用
前照灯	照亮汽车前方的道路，为安全快速行驶创造良好的照明条件；向其他车辆或行人等显示本车存在的作用，使其他车辆或行人可以提前做好避让的准备
尾灯与制动灯	当车辆行驶状态变化时，通过尾灯和制动灯提醒后续车辆注意本车的存在和行驶状态，为防止追尾撞车事故
挡风玻璃及后视镜	为驾驶人提供足够的前方视野，对挡风玻璃的要求是上部应具备防眩目装置，下部要有足够的前方视野
报警装置	向驾驶人报知本车的不安全状态，如气压报警或制动液面报警、超速报警、车门未关严报警等
仪表	向驾驶人表示汽车的行驶状态及主要构件的工作状态，如车速表及制动气压表等

2）减轻事故损失

（1）对行人的安全措施

在交通事故中汽车碰撞行人，使行人受到严重伤害的事故占有很大的比例。汽车与行人相撞是一个复杂的问题，相撞时行人的姿势、汽车与行人接触的部位等对伤害情况有很大影响。为了减轻被撞行人的伤害，在汽车上针对被撞行人的情况可采取一些结构措施。

① 使保险杠及发动机罩具有一定弹性，材料选用氨基甲酸乙酯。

② 在发动机罩上部及前挡风玻璃周围布置弹性材料。

③ 在车前部设置防止行人跌下路面的救护网等装置。

为了防止行人及自行车等卷入后车轮下，我国《机动运行安全技术条件》中规定全挂列车的牵引车和挂车之间应加装安全防护装置。全挂车和半挂车车厢底部至地面距离大于800 mm 时，应在车厢下部两侧装有防护装置；其车架最后端离地最小高度大于 800 mm 时，也应在车架后端下方设置防护装置。国外还有人在研究能将卷入车轮下的行人推出以免遭受碾压的一种救护装置。

（2）保护乘员生存空间

汽车在发生碰撞或翻车时，车身往往发生严重变形，使车内乘员受到挤压而遭到严重伤害。为了在小客车发生正面相撞事故或被后续车追尾相撞时保护乘员的生存，在汽车设计时，应使前部发动机室和后部行李仓的结构在变形时能吸收较多的能量，而将乘客室设计得比较坚固。

除了正面相撞和追尾相撞以外，当车身受到侧面撞击时，也会危及乘员的安全。在这种情况下所采取的措施主要是加强车门的强度，以减少变形量。当汽车翻车时，车顶受到巨大压力后可能会塌陷。对于小客车，防止车顶塌陷的方法主要是加强侧面窗框的强度或在车顶内加设支撑架等。对于载重汽车，可在驾驶室上方加设护板。

在汽车发生碰撞后如发生火灾，会造成极大的损失，同时对车内乘员的生命也是个巨大的威胁。发生火灾后，为了减缓火势蔓延使乘员有撤出的时间，车厢内部材料最好使用非易燃品,对于大客车,要设安全门。

(3)车内乘员的保护装置

汽车与其他车辆或固定物体发生正面碰撞时,车辆本身的运动在极短的时间内停止。而车内乘员受惯性力的作用却仍以事故前的速度相对车辆向前运动,结果撞在车内的装置上,使乘员受到巨大冲击,引起伤害。为了防止和减轻这种伤害,在现代汽车上采用了各种保护装置,主要有安全带、安全气囊和安全转向柱管等。

2. 技术状况与交通安全

1)转向装置

在转向装置中影响行车安全的主要障碍有转向沉重、汽车摆头、行驶偏向等。转向沉重是汽车在行驶中转动方向盘时感到费劲吃力,不能根据道路和交通变化的情况,灵活迅速地改变行驶方向,很容易使车辆失去控制而不能迅速地躲避障碍物,发生交通事故。汽车摆头是汽车行驶中在某种情况下出现的左右摆振现象,不仅方向控制困难,而且增加了汽车通过道路的宽度,容易发生刮碰现象,使汽车操纵条件恶化。行驶偏向指汽车直线行驶自动偏向一边的现象,这种情况在行车中带来的危险性就更大。因转向横、直拉杆等连接部分的脱落或方向盘脱出造成的转向失灵是比较少见的,然而一旦出现,就会发生重大事故。

2)制动装置

汽车运行中因制动问题所造成的事故,主要是由于驾驶人思想不集中及对道路交通情况和行人动态判断不正确或操作方法不妥当等,从而延长了反应时间或制动时间,使制动非安全区没有得到应有的缩小,导致事故的发生。在制动时最常见的异常现象是制动距离延长、制动跑偏和侧滑等现象。有人在北方某城市统计了400多起汽车事故,发现其中因制动距离延长、制动跑偏和侧滑问题所引起事故,约占总数的15%,而侧滑形成的事故又最多,约占一半以上。又如在某大城市统计250起重大事故记录中表明,有"制动距离太大""紧急制动汽车侧滑"的占40%,制动时"汽车掉头"的占6.4%。

3)行驶装置

行驶装置由车轮、车轿、车架和悬挂机构组成。它承受着汽车的全部重量,并传递牵引、制动等力或力矩,还接受路面对汽车的冲击,是汽车的基架。前桥在使用中,因磨损可引起机件损坏,有时还出现弯曲变形或个别部位的断裂现象。前桥零件的变形和磨损,常常会影响到前轮定位,从而使汽车的操纵性变差。转向节在行驶中突然折断,也会造成严重的事故。车架在长期使用中,往往发生弯曲、变形、铆钉松动甚至断裂。由于车架是整个汽车的基体骨架,所有的部件都直接或间接地安装在车架上,一旦出现不正常现象,就要改变各部件的相对位置,使汽车的正常工作遭到破坏,对行车安全带来一定影响。在行车中对车架影响最大的是高速、超载和装载不均匀,汽车紧急制动时使车架受力很大。如果发生撞车或翻车事故,则对车架的破坏性就更严重。

4）车轮与轮胎

为了保证车辆行驶的安全，必须经常检查车轮及轮胎的状况。如果在行车时轮胎爆裂，会发生严重交通事故，车速越高，其危险性越大。汽车超载造成轮胎过分变形或发热使轮胎寿命下降。汽车若超载 20%，其轮胎使用寿命就要减少 30%；如果汽车超载 40%，轮胎使用寿命则要减少 50%。表面磨损严重的轮胎，其花纹变得平而光滑，对路面的附着能力变差，行驶中容易出现滑动或侧滑，使稳定性变差。同时会延长制动距离，当轮胎保护层花纹完全磨掉时制动距离有的可延长 0.5～1 倍，扩大了汽车的制动非安全区。

2.3.2　汽车安全技术

汽车安全技术是车辆避免发生事故或发生事故后避免或减轻对人员、车辆等伤害程度的各种技术措施的统称，包括主动安全技术和被动安全技术。主动安全技术是汽车上避免发生交通事故的各种技术措施，目的是预防事故发生。被动安全技术是指发生意外的碰撞事故时，如何对驾驶人、乘员及货物进行保护，减轻人员受伤和货物受损程度。

2.3.2.1　汽车被动安全技术

1. 防抱死制动系统（anti-lock braking system，ABS）

在传统制动系统基础上，ABS 采用电子控制技术实现制动力的自动调节以期获得最有效的制动效果，并大大提高车辆主动安全性。ABS 能够利用轮胎和地面之间的峰值附着性能，提高汽车抗侧滑性能，充分发挥制动效能，同时增加汽车制动过程中的可控性，减少事故发生的可能性，是一种具有防滑、防锁死等优点的安全制动控制系统。

ABS 的基本工作原理：将车轮的滑移率控制在最大地面附着系数对应的滑移率附近，使汽车获得较高的纵向和侧向附着力，从而避免汽车在紧急制动时因车轮抱死出现制动效能下降、甩尾、转向失灵等不安全现象，减少事故的发生。

图 2–13 为某型轿车 ABS 装置，该装置为 4 个轮速传感器 4 通道布置形式。4 个轮速传感器分别将各车轮的信号传给电子控制器，经电子控制器运算得出各车轮的滑移率，并根据滑移率运算得出各轮缸的油压。当滑移率在 8%～35% 时，车辆的纵向附着力和侧向附着力都较高。将这一附着区域内的汽车制动的有关参数预先输入 ABS 的控制系统，电子控制器可随机地根据实际控制工况进行判断，给执行机构发出动作指令，使车轮的滑移率控制在这一最佳工作范围内，即各车轮制动到不抱死的极限状态，既不"跑偏"又不"甩尾"。

2. 电子制动力分配系统（electric brakeforce distribution，EBD）

汽车在制动时，4 只轮胎附着的地面条件往往不一样。根据汽车制动时产生的不同轴荷转移，EBD 自动调节前、后轴的制动力分配比例，提高制动效能，并配合 ABS 提高制动稳定性。

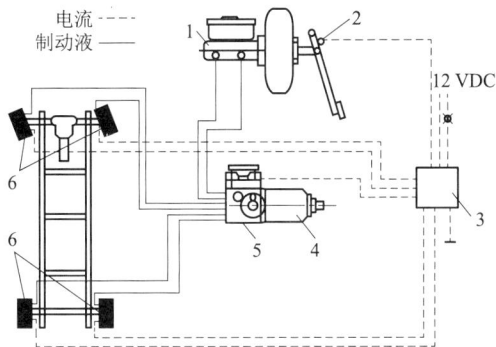

1—制动主缸；2—制动灯开关；3—电子控制装置 ECU；
4—电动机；5—液压控制装置；6—轮速传感器

图 2-13 某型轿车 ABS 的组成及布置

EBD 的基本工作原理：利用高速计算机在汽车制动的瞬间，分别对 4 只轮胎附着的不同地面进行感应和计算，得出不同的摩擦力数值，使 4 只轮胎的制动装置根据不同的情况用不同的方式和力量制动，并在运动中不断调整，使制动力与摩擦力相匹配，从而保证车辆的平稳。实际调整前、后轮时，可依据车辆的重量和路面条件来控制制动过程，自动以前轮为基准去比较后轮轮胎的滑动率（即车辆的实际车速和车轮的圆周线速度之差与车辆实际车速之比），如发觉前、后车轮有差异，而且差异程度必须被调整时，它就会调整汽车制动液压系统，使前、后轮的液压接近理想化制动力的分布。

在 ABS 动作启动之前，EBD 已经平衡了每一个轮的有效地面着地力，在紧急刹车车轮抱死的情况下防止出现后轮先抱死的情况，改善制动力的平衡并缩短汽车制动距离，防止出现甩尾和侧移。

3. 驱动防滑系统（acceleration slip regulation，ASR）

ASR 又称为牵引力控制系统（traction control system，TCS），是防止汽车加速过程中的打滑，特别防止汽车在非对称路面或在转弯时驱动轮的空转，保持方向稳定性、操纵性，维持最大驱动力的装置。而 ABS 是防止制动过程中的车轮抱死、保持方向稳定性和操纵性并能缩短制动距离的装置。由于 ASR 是 ABS 系统功能的延伸和补充，因此 ASR 与 ABS 之间有许多相同之处，主要部件可以通用或公用。

ASR 的基本工作原理：汽车行驶过程中，轮速传感器将车轮转速转变为电信号传输给 ASR 电子控制器 ECU，ECU 根据车轮转速计算驱动车轮的滑转率，如果滑转率超出了目标范围，ECU 综合参考节气门开度信号、发动机转速信号及转向信号等确定其控制方式，并向相应的执行机构发出指令使其动作，将驱动车轮的滑转率控制在最佳范围内（10%～30%），从而获得较大的附着系数，使路面能提供较大的附着力，车轮的驱动力能够得到充分利用。

汽车纵向附着系数对滑转率有很大影响。实验证明，在地面附着条件差（例如，在冰雪路面上驱动）的情况下，由于道路附着力很小，使可以得到的最大地面驱动力减小。车轮滑移率、滑转率与纵向附着系数的关系如图 2-14 所示。

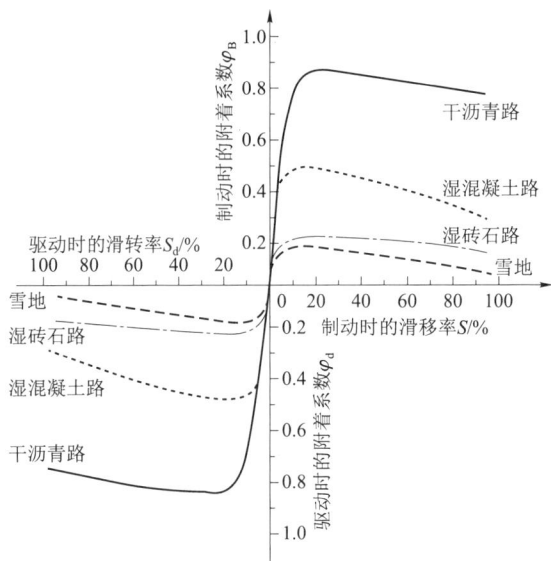

图 2-14　车轮滑移率、滑转率与附着系数的关系

由图 2-14 可知：

① 附着系数随路面性质的不同而发生大幅度的变化；

② 在各种路面上，附着系数均随滑转率或滑移率的变化而变化，且在各种路面上当滑转率或滑移率为 20%左右时，附着系数达到最大值，若滑转率或滑移率继续增大，则附着系数逐渐减小。

4. 电子稳定系统（electronic stability program，ESP）

ESP 是 ABS 和 ASR 两种系统的功能延伸，是当前汽车防滑装置的最高形式。差别在于 ABS 或 ASR 只能被动地作出反应，而 ESP 则能感知和分析车况并纠正驾驶的错误，防患于未然。

ESP 的基本工作原理：在汽车行驶过程中，ESP 通过不同传感器实时监控驾驶人转弯方向、车速、油门开度、制动力及车身倾斜度和侧倾速度，并以此判断汽车正常安全行驶和驾驶人操作汽车意图的差距；然后通过调整发动机的转速和车轮上的制动力分布，修正过度转向或转向不足，提高汽车行驶稳定性。

ESP 具有以下几方面的优点。

① 实时监控。ESP 能够实时监控驾驶人的操控动作、路面反应、汽车运动状态，并不断向发动机和制动系统发出指令。

② 主动干预。ABS 等安全技术主要对驾驶人的动作起干预作用，但不能调控发动机，而 ESP 则可以通过主动调控发动机的转速，并调整每个车轮的驱动力和制动力，来修正汽车的

过度转向或转向不足。

③ 事先预警。当驾驶人操作不当或路面异常时，ESP 会用警告灯警示驾驶人。

5. 安全气囊

安全气囊是一种辅助可充气约束系统（supplemental inflatable restraint system，SRS)，在发生碰撞时，安全气囊充气大约需要 0.03 s，主要由传感器、气体发生器、气囊系统等 3 部分组成，如图 2–15 所示。

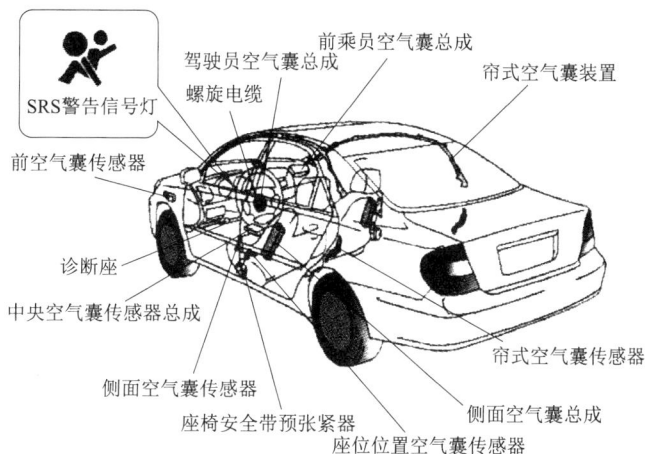

图 2–15　安全气囊系统组成

传感器的功能是检测、判断车体所经受的撞击信号，决定是否启动安全气囊；气体发生器的功能是在传感器的控制下根据信号指示产生点火动作，点燃固态燃料并产生气体向气囊充气，使气囊迅速膨胀展开保护乘员；气囊一般容量约 50～90 L，气囊的材料要求具有很高的抗拉强度，同时气囊设有安全阀，当充气过量或囊内压力超过一定值时会自动释放部分气体，避免乘客挤压受伤。

安全气囊的基本工作原理：汽车行驶过程中，传感器系统不断向控制装置发送速度变化（或加速度）信息，由控制装置（中央控制器）对这些信息加以分析判断，如果所测的加速度、速度变化量或其他指标超过预定值（即真正发生了碰撞），则控制装置向气体发生器发出点火命令或传感器直接控制点火，点火后发生爆炸反应，产生氮气（N_2）或将储气罐中的压缩氮气释放出来充满碰撞气囊。乘员与气囊接触时，通过气囊上排气孔的阻尼吸收碰撞能量，达到保护乘员的目的。

2.3.2.2　汽车主动安全技术

1. 车辆巡航控制系统

车辆巡航控制是指汽车的定速控制。在汽车中采用巡航控制系统，可使汽车在发动机功率允许范围内，不用调整加速踏板的位置便可按照驾驶人的要求，自动地适应外界阻力的变化，保持一定速度的行车状态。

图 2-16 是一种典型的闭环汽车电子巡航控制系统原理图。当巡航控制系统开始工作时，控制器 ECU 可接收两个信号：一个是车速传感器测得的实际车速信号 2，一个是驾驶人所选定的设定车速信号 1。ECU 对两个信号进行比较，将误差信号经放大、处理后作为油门控制信号，传送给节气门执行器，节气门执行器根据指令调节节气门开度，使实际车速和设定车速的误差减少，从而使实际车速很快恢复到驾驶人设定的车速，并保持车速恒定行驶。

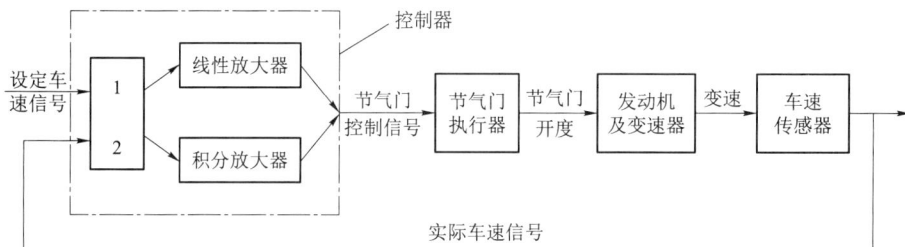

图 2-16 闭环汽车电子巡航控制系统原理图

2. 汽车自动防撞系统

在汽车高速行驶的情况下，驾驶人的反应稍不及时，就会造成交通事故，其中以追尾事故所占比例最大，严重危及驾驶人和乘客的安全。自动防撞系统一般应具备 3 种功能：环境监测、防撞判断和车辆控制。

汽车防撞系统将雷达等传感器安装在车辆前端中央位置，将测得的车距和前面车辆方位信号送入防撞系统。根据路面干湿情况、后车车速及相对车速计算出临界安全车距，然后比较实测车距和临界安全车距，判断是否发布报警信息。当实测车距小于或等于临界安全车距时，防撞系统自动开启对车辆实施控制。

3. 安全辅助驾驶系统

车辆安全辅助驾驶系统目的是使车辆在较差的环境中能够识别路况信息，并能够辅助驾驶人安全行车。从车辆安全辅助驾驶系统当前的发展状况来看，基于视觉的环境感知、多传感器的融合和自动驾驶等技术是今后的发展基础。

1）驾驶人注意力监视

长途行驶或在高速公路上行驶时，驾驶人往往由于疲劳或所见目标单调而造成注意力不集中或打瞌睡，导致车辆偏离行驶路线，甚至引发交通事故。应用注意力监测可有效解决此类问题，例如可利用摄像机等传感器来监测驾驶人面部表情、眼睛的睁开程度、眼皮眨动的频率等，并用声光报警。

2）车辆技术状况监测

及时检测汽车自身各系统的技术状况，将安全隐患消灭在萌芽状态。例如，对发动机运转状况、轮胎气压、转向机构、制动系统等进行实时监测。

3）驾驶人视觉增强

现今的视觉感知技术已能够实现特殊天气或环境条件下使驾驶人具有良好的"视野"。红外传感器在这方面具有很强的优势，其最大的特点就是能够在夜间和各种能见度低的恶劣天气下探测到路况信息。目前，红外传感器已广泛应用于多种车辆的夜视和后视报警系统。

4）防撞安全预警

全面检测车辆当前状态及周边其他车辆等障碍物的情况，如有碰撞等安全隐患，则警告驾驶人。例如，当车道前方有其他车辆或障碍物时，该系统将自动监测并及时发出警告，以便驾驶人提前作出相应的处理。

2.3.3　城市轨道交通行车安全技术

城市轨道交通行车安全是指列车在运送乘客的过程中对行车人员、行车设备及乘客产生作用和影响的安全，一般包括行车调度安全、列车驾驶安全、车站作业安全、接发列车作业安全和调车作业安全等，其中列车安全驾驶是整个城市轨道交通行车安全工作的关键环节之一。城市轨道交通行车安全是一个复杂而有规律的动态过程，受到人、设备和环境等多种不利因素的影响。常见的保证城市轨道交通列车安全运行的技术包括地铁行车自动化系统、列车自动控制系统、ATP 系统、ATO 系统、ATS 系统等。如图 2-17 所示。

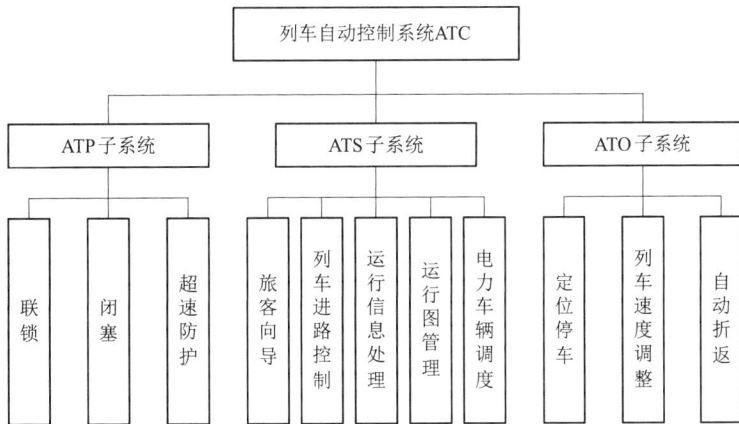

图 2-17　城市轨道交通列车安全运行技术

2.3.3.1　地铁行车自动化系统

地铁行车自动化系统（traffic automation system in the subway）是在地铁行车调度控制中，

应用电子计算机通过信息传输通道实时地收集有关行车的各种信息，经计算机应用程序进行处理，最后向区间和车站的各列车及地面信号发出控制指令（包括安排列车进路，控制列车速度，监视定点停车和调整列车运行），并在调度控制室内同时显示行车实际情况，自动记录行车实际的运行控制系统。

地铁运行自动化系统的功能包括低级阶段功能和高级阶段功能：低级阶段的基本功能是自动闭塞、自动停车、车站联锁和调度集中控制；高级阶段的基本功能则叠加行车指挥自动化和列车运行自动化中的列车自动运行系统及若干自动检测设备。为了保证地铁行车安全，在行车自动化系统中还配置列车无线调度电话，使地铁行车调度员与驾驶员之间可随时进行通话。

在确保安全的前提下，为了实现列车快速和高密度运行，要缩短列车运行时间的间隔，将自动运行和运行管理有机结合起来，进一步提高运输能力和服务质量，关键在于发展列车自动控制技术。列车自动控制技术将现代工业自动控制技术、计算机技术、信号、数据、通信、传感及信息传输技术有机结合起来，应用于列车智能化控制。该系统是在机车信号和列车自动停车装置的基础上发展起来的，其基本原理是通过列车及其后续列车之间的距离和进路条件，在后续车站不间断地显示容许的速度（信号），并利用该信号显示自动控制后续列车的运行。该系统由于取消了传统的地面信号，将机车信号提升为主体信号指示和控制列车运行的速度，因此能可靠地防止因驾驶员失误而冒进信号或追尾等事故的发生。

2.3.3.2　列车自动控制系统的构成

列车自动控制系统是列车自动运行全过程的控制系统，它由列车自动保护系统、列车自动运行系统及列车自动监控系统 3 个子系统组成。列车自动保护系统（automatic train protection，ATP），主要作用是根据故障–安全原则（故障导向安全），通过列车 ATP 系统和地面 ATP 系统间的信息传输，来实现列车间安全间距的监控、速度控制、列车的超速防护、安全开关门的监督和进路的安全监控等功能，确保列车和乘客的安全；列车自动运行系统（automatic train operation，ATO），主要通过车载 ATO 系统完成站间自动运行、列车速度调节和进站定点停车，并接收控制中心（OCC）的运行调度命令，实现列车的运行自动调整；列车自动监控系统（automatic train supervisor，ATS），主要功能是监督列车状态、产生列车时刻表、自动调整列车运行时刻和保证列车按时刻表正点运行、生成运行报告和统计报告、向旅客导向系统提供信息等。采用软件方法实现联网、通信及列车运行管理自动化，ATP、ATO、ATS 这 3 个子系统既相互独立又相互联系，组成完整的 ATC 系统，确保列车安全、快速、短间隔时间和有序地运行。ATC 系统设备分布于控制中心（OCC）、车站、轨旁及车上。ATC 列车自动系统框图如图 2–18 所示。

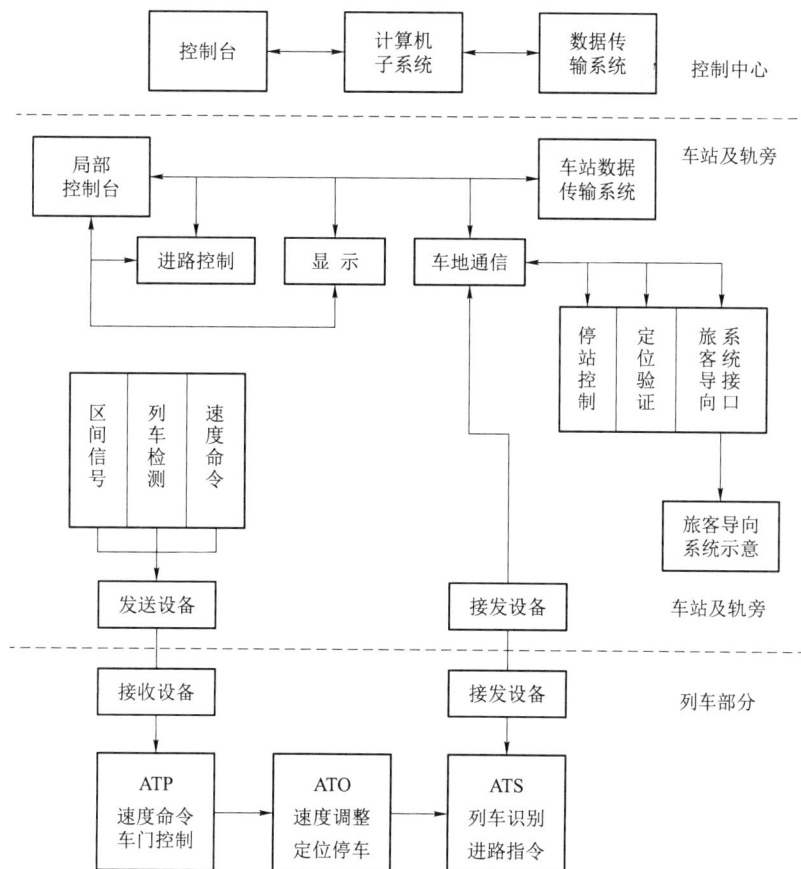

图 2-18 ATC 系统框架图

2.3.3.3 ATP 子系统

ATP 是一种带速度控制的列车自动防护系统，是线路上信号设备的补充，它是由地面信号和车载设备共同组成的闭环高安全系统，是地面联锁向车载设备的延伸而实现的行车方式，以故障-安全原则作为最重要的技术条件。列车通过 ATP 设备接收运行该区段的最高速度指示，并保证列车不超过此速度运行，从而保证了后续列车与先行列车之间的安全间隔距离。

1. 工作原理

ATP 系统在城市轨道交通中承担确保列车行车安全的重要职任，它是 ATC 系统中最重要的一环。

在 ATP 计算机内，存储了必要的线路固定工程数据，如区间的线路布置、坡度、轨道电路长度、限速等。ATP 计算机根据已有的数据和当时的线路运行状况，按照一定的算法计算列车的最大允许速度，如图 2-19 所示。

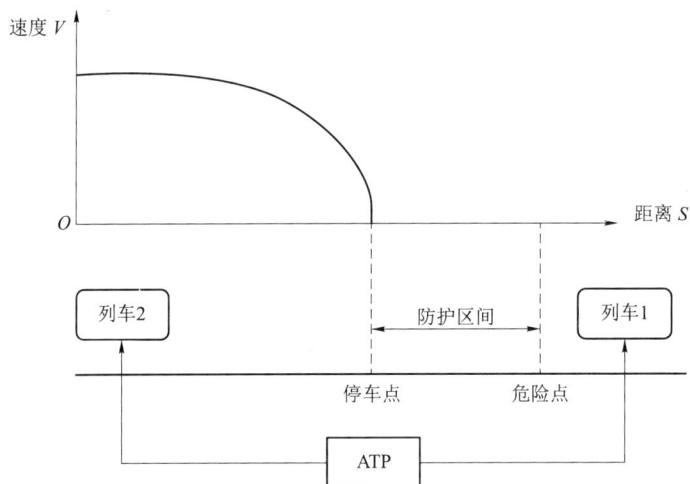

图 2-19　ATP 工作原理

前行列车 1 的位置或危险点经轨道电路传递给运行在线路区间的后续列车 2，对列车 2 而言，列车 1 的位置就是危险点，列车 2 可计算出到危险点的最大允许速度。列车 1 向前运行，则列车 2 的安全停车点（车站停车点不属于安全停车点）也随之变化，列车 2 实时计算到停车点的速度-距离曲线，如果列车实际速度高于最大允许速度，那么系统就应先报警，若在规定时间内未将速度降到允许速度以下，则实施紧急制动。

2. ATP 系统功能

1）安全性停车点防护

安全停车点是基于危险点定义的，如图 2-19 所示。危险点是丝毫不能超越的点，如果超越，就可能发生危险，如列车追尾。因此，对危险点有必要定义一个防护区段，该防护区段的长度由区段的运行条件和前后列车性能决定，必须保证后续列车最迟能够在防护区段的末段（危险点之前）停下来。图中的停车点是防护区段的起始点，由 ATP 负责监督并计算出到安全性停车点的速度-距离曲线，以使列车在该点能够停下，在防护区内的停车可以保证前后列车的安全。

2）速度监督和超速防护

ATP 的速度限制分为两种：一种是固定速度限制，如取决于线路参数的区间最大允许速度、根据线路设计的停车点及由列车自身性能决定的最大允许速度；另一种是临时限制速度，如线路施工、维修时的临时限制速度和由运行环境或突发事件所造成的临时限速等。这两种限速值可由设备运行环境实时通过报文发送给车载 ATP，ATP 一直监督列车不得超越这些限制速度。ATP 超速的触发点一般比 ATP 限速值高 3 km/h，例如，某个区间 ATP 限速为 30 km/h，则其超速触发点为 33 km/h，一旦超速，列车会自动发出警告。如果在规定时间内列车未将速度降到限制速度允许的速度以下，ATP 便会实施紧急制动，并加以记录。

3）测速与测距

为了保证列车能够准确地停在目标停车点处，ATP 系统必须能够计算出从当前位置到目标距离点的最大安全容许速度。此外，通过连续地测定行驶距离，ATP 系统能够随时准确地确定列车的位置。ATP 系统利用装在轮轴上的测距脉冲发生器进行距离和速度测量，ATP 系统根据轨道电路和同步环线进行距离同步。列车每通过一个轨道电路的分界，距离测量值就被粗略同步，在车站和折返线，通过同步环线，可使列车的停车精度达到 ±0.5 m。

4）车门控制

列车的车门控制是 ATP 重要的安全措施之一。车载 ATP 设备能防止列车在站外开门和站内开错门，另外，它还防止列车在开门状态下启动。只有在下列条件同时满足时，车载 ATP 才给出开门命令：① 列车是静止的；② 列车停在车站的可停车范围内；③ 轨旁 ATP 设备允许开门。只有在 ATP 系统检查了所有安全条件且确认均已满足时，才允许车门开启并发出指示命令。

5）紧急制动功能

在特殊的紧急情况下，如 TWC 出现异常或通信中断时，按压车站的紧急停车按钮，就可通过轨道电路将停车信息传递给在区间行驶的列车，启动紧急制动，使列车停止运行。一旦启用紧急制动，不能中途释放制动，一定要在列车停稳后才能重新启动，系统同时会将情况记录下来，以备事故分析和查验。

以上是 ATP 系统的主要功能，除此之外，它还具有一些其他功能，如基本的通信功能、向列车司机显示信息、向 ATO 系统传输数据。还有如无人自动折返，ATP 可以负责监督和操作列车自动折返，并在此过程中保证安全等。

2.3.3.4　ATO 子系统

1. ATO 子系统结构

ATO 作为列车自动控制系统的一个重要子系统，利用车载固化信息和地面信息实现对列车牵引、制动的控制，使列车经常处于最佳运行状态，提高乘客的舒适度、列车准点率，节约能源。ATO 是提高城市轨道交通列车运行水平（准点、舒适、节能）的重要技术，但其功能要依靠 ATC 各子系统协调工作共同完成。ATO 并不是故障–安全系统，它的运行速度始终低于 ATP 的防护速度，且它的运行任务是由 ATS 根据需求实时给出的，缺少 ATP 和 ATS 子系统，ATO 将无法正常工作。

2. ATO 子系统主要功能

ATO 有站间运行控制、列车自动调整、定位停车控制等主要功能。

1）站间运行控制

这是 ATO 系统的最主要功能。它可生成牵引速度调节功能和制动控制信号，其模块调速器以渐进和恒定的速率加速列车达到由限速设定的运行速度，列车达到限定速度后，ATO 根据站间距离和站间运行时间自动计算出速度–距离曲线，通过连续比较实际速度和限速以控制列车的牵引和制动系统，应用闭环控制技术达到速度调节的目的。它控制列车速度到 ATP 速度命令、ATS 运行等级或车站停车曲线所决定的最低参考速度，列车行驶速度一般被保持在上述参考速度 0～5 km/h 的范围内。在高峰期间，按照最大允许速度驾驶列车，在低峰期间，按照最节能的方式驾驶列车。

2）列车自动调整

列车运行期间，ATO 列车自动调整装置通过对列车实际运行时分与计划时刻表内运行时分的比较，用报文的形式把相应的信息（运行时分计算值）通过轨道电路传给车载 ATO。与此同时，ATS 通过控制运营停车点的释放时间，来控制列车的发车时刻，从而调整列车在站内的停留时间，使列车按照时刻表规定的时间运行。列车自动调整的原则是列车按时刻表和最大可能的节能原则运行。

3）定位停车控制

对运行的列车而言最重要的作业之一便是在车站的定位停车，通常驾驶员在制动时全凭直觉估计到停车点的距离，然后根据当时的速度来推算减速度，也即完全按"记忆模式"来操作制动阀。要做到定位停车是相当困难的，所以必须研究列车自动定位停车，这对设置站台屏蔽门的城市轨道交通尤为重要。

定位停车控制一般较多采用距离控制方式。所谓距离控制方式，是根据制动开始点到定位停车点之间的距离及列车速度、列车重量、天气情况、空走时间、线路条件算出制动模式。在定位停车点的附近进行阶段缓解，以不断修正停车位置的误差来保证定点停车。为了保证列车能在车站定位停车，一般应在车站内设地面标志器，如图 2-20 所示。当列车接近车站时，它首先检出离停车点 350 m 的最外方标志器对（110 kHz，140 kHz），从而启动车站制动曲线并点亮驾驶员操作台上的程序停车表示灯，列车通过离停车点 150 m 的中间标志器对（120 kHz，150 kHz）和离停车点 25 m 的内方标志器（160 kHz）时分别更新制动曲线，而当列车对位天线检出 8 m 标志（14.4 kHz）时，再次更新制动曲线。一旦车辆对位天线直接位于地面对位线圈，控制列车精确定位停车，这时地面向列车发送对位信息（13.2 kHz），车辆检出此信号时，ATO 将设定常用全制动并启动开门程序，当车门打开时，程序停车表示灯将熄灭。如果跳停生效，说明列车在该站不停，所以跳停表示灯点亮，程序停车表示灯不亮而且标志器的输入不起作用，列车根据 ATP/ATS 速度命令运行。当程序停车正在作用时，车站停车功能还可以通过驾驶员按下跳停按钮来取消，即在列车对位信号生成前，在任何时间都可以人工取消一次程序停车。跳停的输入，不论由 ATS 还是由人工输入，只能取消一个车站停车。

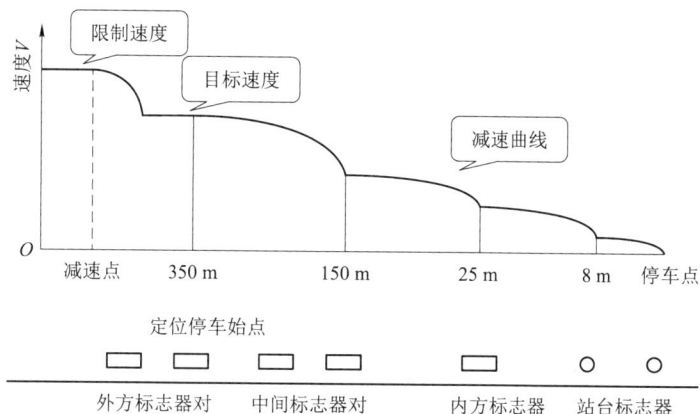

图 2-20 定位停车示意图

4）车门控制及站台屏蔽门的开启

当列车停于定位停车的允许精度范围内时，列车的定位天线联向站台定位发送器和接收器，站台定位发送器向车辆定位接收器发送列车停站信号，ATO 子系统确认列车到达指定的定位区域后，将该信号传给 ATP 子系统，以保证列车制动。当 ATP 子系统检查完开门条件，允许车辆开门并给出命令后，ATO 自动打开车门。

有了车门打开信号后，车辆定位发送器改为发送屏蔽门信号。当站台定位接收器收到此信号时，通过调节屏蔽门继电器将与列车车门位置与数量都相对的屏蔽门打开，屏蔽门和车门的开门时间应在小于 1 s 时间内同步启动，关闭时间应大致相同。

5）自动折返

列车自动折返可以由 ATO 控制并受 ATP 的监督。无人驾驶的列车自动地从站台线驶入折返线并停下，在换端之后列车转回车站进入另一站台线。

2.3.3.5 ATS 子系统

1. ATS 子系统介绍

ATS 系统是整个城市轨道交通系统的运营核心，在 ATP（列车自动防护）、ATO（列车自动运行）系统的支持下完成对列车运行的自动监控，负责监视和控制线路中所有列车的运行状态。ATS 由一个位于控制中心（OCC）的远程监控系统及每个车站的现地设备（现地 ATS）组成。在通常情况下，城市轨道交通系统提供一个列车和地面之间的双向数据交换，供停站、出发、排列进路和中央控制设备监督使用。ATS 系统的数据交换媒介便是车-地通信（TWC）信息交换系统。ATS 系统自动负责运行列车的进路控制、列车跟踪、运行图编制及列车运行状态的调整，只有在系统或设备故障时才需要监控人员的人工介入，因此可极大地降低工作人员的劳动强度，并提高系统运行的效率和自动化程度。

2. ATS 子系统主要功能

ATS 系统的核心业务主要包括进路控制、列车移动监督、运行图管理、运行调整、旅客向导、仿真与培训和系统数据库管理等。

1）进路控制

系统可根据列车运行的目的地，由系统自动建立进路；系统也可根据实际运营需求、系统运行状态及最大限度地提高系统的运行效率原则采取不同的进路选择方式。即由系统根据运行图、列车识别号或者列车接近条件自动设置，也可通过控制中心（OCC）或车站值班员手动设置。

2）列车移动监督

列车移动监督实际上是用计算机再现列车的运行，系统通过跟踪列车对轨道区间的占用情况和区间内道岔的实际位置自动完成对控制区段内的列车身份确认，并对由现场传来的列车识别号进行校核。相应列车的识别号将显示在占用轨道旁的识别号显示窗口，以将所有运营列车的实际位置通知监控人员。

3）运行图管理

系统可根据当日的运营需求自动排出每日的运行计划。系统应具有 10 种以上基本运行图，通过调用这些基本运行图并在进行必要的参数设置以后，监控人员可很方便地获得当天的实施运行图。列车运行后获得的实际运行图由机器实时记录保存，需要时可输出查看。所有基本运行图和实施运行图均可由监控人员进行离线修改和维护。

4）运行调整

当列车运行偏离运行图时，系统可自动调整列车的停站时间。当偏离误差较大时，可由调度员人工介入，指定列车的停站时间和区间走行时间，或对系统实施运行图进行调整。运行调整可手动或自动完成，具体调整策略包括：改变运行等级，改变停站时间，增减车次，时刻表偏移等。

列车自动运行调整可根据列车偏离时刻表的程度大小自动决定所采用的调整策略。由于车辆性能、线路条件和站停时间等的约束，当这种误差较大时，往往不可能一次性调整到位。因此，系统需要采取弹性的调整策略，通过改变前后多辆列车的运行状态，逐步消除当前列车的运行偏差对系统总体的影响。

当调度人员人工介入时，可采用在车站设置扣车命令或设置列车跳停命令，使下一列车不停站通过等方式进行调整，当偏差较大时，调度人员甚至可以关闭列车的自动调整功能，在系统限定的最大值与最小值范围内，人工设置列车的区间运行和停站时分，或者使列车不停站通过任选的一些车站等。

5）旅客向导

系统可根据现行时刻表设定的信息和运行中的列车交通状况，通过乘客信息系统向乘客提供自动、实时、可视或广播告示。例如，在每个车站的旅客信息显示牌中显示相关列车的到、发站时间和行驶目标，并能根据需要显示特定的警告信息。

6）仿真与培训

仿真系统通过提供仿真的列车控制环境，为列车模拟提供各种站场、列车基本数据及一系列信号状态数据和列车移动数据，并针对操作人员对各种不同情况下的列车运行方式和系统运行状态进行的操作作出响应，也可对所编制的运行计划和控制算法进行测试。该系统可用于培训行车调度人员的正常操作和事故演习，提高运行人员的实际操作技能，积累运行经验，提高运行分析和意外突发事故处理能力。

7）系统数据库管理

ATS 系统数据库管理将 ATP 终端图形显示、逻辑计算和数据维护有机地结合在一起，形成一个完整的系统。它包含全部的站场数据、时刻表数据、全部车辆的信息和不断变化的列车信息、交通状况信息及信号点状态等数据。数据库管理可提供以下报告或记录：列车信息管理，车辆运行时间和运营里程，正点率统计，交通状态记录，操作人员操作记录，重大、突发事件记录，设备故障等。

2.4　城市交通基础设施与交通安全

城市交通基础设施（urban transport infrastructure）是城市区域范围内所拥有的或能控制的，且需要先行由政府有效供给的，对社会经济效益起着基础作用的重要的公共资源。包括道路设施、公共交通设施、停车与枢纽设施，其中道路设施包括城市道路和公路，公共交通设施包括地面常规公交、轨道交通和快速公交系统。与城市交通基础设施有关的因素主要涉及道路线形、交叉口、路面及交通安全设施等。

2.4.1　线形与交通安全

线形是指交通基础设施中心线的空间立体形状，一般由横断面线形、平面线形和纵断面线形组成。平面线形为中心线在水平面上的投影形状，纵断面线形为沿中心线竖直剖切再投影到纵断面上的投影形状，横断面线形为中线上任意一点的法向切面。如果交通基础设施的线形设计不合理，不仅造成道路使用者时间和经济上的损失，减低通行能力，而且可能诱发交通事故。

2.4.1.1　道路交通线形与交通安全

线形的协调问题对道路上的交通安全和畅通有很大影响。线形综合协调就是要考虑驾驶人行车特性及环境与线形之间的关系，使道路线形能够顺畅、平缓，为车辆行驶创造良好的条件。在进行线形设计时应做好以下几点。

（1）技术标准应相互协调

全线的各项技术标准最好能够一致。即全线均可满足同一最大的行车速度值，车辆在道路上行驶就比较安全可靠，易于操作。如果必须变更标准，应该在两种标准之间设置过渡地段，使驾驶人能够逐渐适应。

（2）线形连接应协调

线形连接与驾驶人行车心理、生理特性和视觉及反应有密切关系。如果行车速度变化幅度大，对于驾驶人来说，易于发生交通事故。根据驾驶人行车特性，线形连接应协调以下几点。

① 在高填方的曲线路段，由于驾驶人对曲线大小难以判断准确，行车会偏离车道，冲到路下，酿成车祸，因此应沿曲线外侧加设护栏、路警桩来诱导视线。

② 曲线之间插入一个短直线时，这种线形行车条件差，容易使驾驶人产生错觉而导致发生事故，因此应注意曲线之间所夹短直线设计。

③ 直线不宜过长。直线过长会使行车单调，容易使驾驶人思想不集中，反应迟钝，不利于安全行车。

④ 应避免采用由很多短坡路段连在一起的线形。因为在这种线形的道路上行驶，驾驶人只能看见凸出的部分，看不见凹下隐藏的地方，视线断断续续，行车不畅通，超车视距不好，发生事故的可能性大。

（3）平纵线形组合应协调

平纵线形组合不良，即使两者都分别符合设计规定，也常常会成为道路交通安全的隐患。根据实际经验，应注意避免以下几种组合形式。

① 避免在凸形竖曲线顶部或凹形竖曲线底部设小半径平曲线起点。前者会使驾驶人视线失去引导，驾驶人爬上坡顶才发现转变，来不及采取措施；后者会造成视觉误差，形成不必要的加速行驶，很不安全。

② 避免在凸形竖曲线顶部和凹形竖曲线底部设反向平曲线拐点。

③ 避免在长直线路段上采用凹形竖曲线。驾驶人沿凹形竖直线行车，因视线错觉，会造成不必要的加速。

④ 在一个平曲线内的几个变坡点，或一个竖曲线内的几个平曲线时，会使视线不平衡，驾驶人易发生判断错误。

1. 平面线形与交通安全

平面线形可分为直线、平曲线、缓和曲线 3 种线形。图 2–21 为美国道路交通事故次数与平曲线半径的关系。当平曲线半径较小时，交通安全状况恶化；随着平曲线半径的增大，交通安全状况趋于良好。

缓和曲线是设置在直线与平曲线之间的一种曲率连续变化的曲线。在道路中增加缓和曲线，会使车辆在正常转弯行驶时减少对道路摩擦力的需求，增强道路交通的安全性。另外，在路线的曲线部分要设一定的超高或加宽时，都应在缓和段上进行。这种情况下，设计超高，要在缓和曲线段的全长内逐渐过渡，使超高慢慢变化，缓和曲线长度还应大于超高过渡段长度。

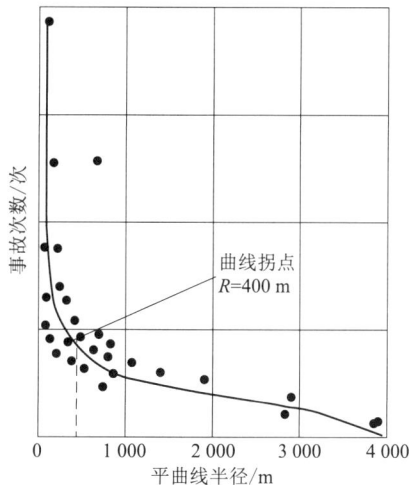

图 2-21　美国道路交通事故次数与平曲线半径的关系

图 2-22 为美国双车道道路的交通事故率在不同曲线半径设置缓和曲线前后的变化情况。由图可见，当曲线半径小于 200 m 时，在直线与平曲线之间添加缓和曲线，道路安全性会大大提高，交通事故率会大幅降低；而对于曲线半径大于 200 m 路段，缓和曲线的设置与否对道路交通安全的影响不明显。

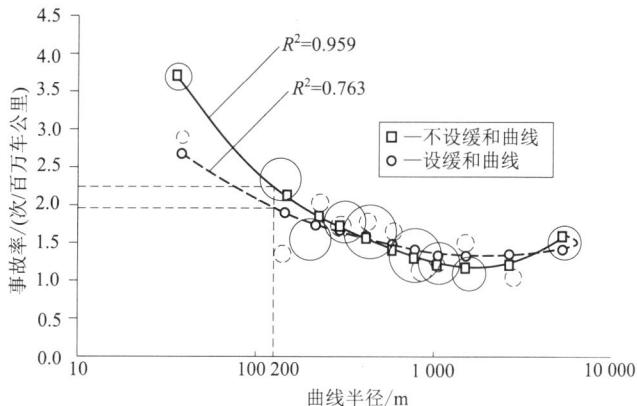

图 2-22　美国双车道道路设置缓和曲线前后交通事故率的变化

行车视距是驾驶人在道路上能够清楚看到的前方道路的距离，作为线形几何设计的重要因素，对行车安全、行驶速度及通过能力都有很大的影响。图 2-23 为美国道路交通事故率与行车视距的关系，图中事故率随视距的增加而降低。当视距小于 100 m 时，事故率随视距减小而显著增加；当视距大于 200 m 时，事故率随视距增加而缓慢降低；当视距大于 600 m 时，事故率基本不再变化。

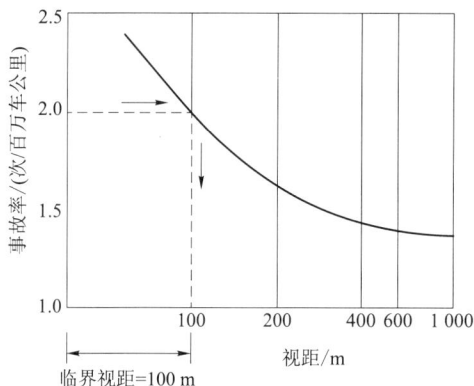

图 2-23　美国道路交通事故率与视距的关系

2. 纵断面线形与交通安全

纵断面线形影响交通安全的因素主要包括纵坡坡度、纵坡长度和竖曲线。

1）纵坡坡度

纵向坡度过大，车辆上坡时易造成行车视距不佳，下坡时可能导致车速过快而造成交通事故。我国《城市道路工程设计规范》（CJJ 37—2012）对机动车道最大纵坡应符合表 2-10 的规定。

表 2-10　城市道路机动车最大纵坡规定

设计速度/（km/h）		100	80	60	50	40	30	20
最大纵坡/%	一般值	3	4	5	5.5	6	7	8
	极限值	4	5	6		7	8	

2）纵坡长度

在翻山越岭连续上坡的路段，机动车在较长的坡道上行驶，发动机容易过热，引起故障。在连续下坡时，车速越来越快，不安全，特别在雨天或有冰雪时，更有滑溜的危险。我国《城市道路工程设计规范》（CJJ 37—2012）对机动车最大坡长的限制应符合表 2-11 的规定。

表 2-11　机动车最大坡长的限制

设计速度/（km/h）	100	80	60			50			40		
纵坡/%	4	5	6	6.5	7	6	6.5	7	6.5	7	8
最大坡长/m	700	600	400	350	300	350	300	250	300	250	200

3）竖曲线

汽车在纵坡发生转折的地方行驶时，为了缓冲汽车在转为凹曲线时的冲击，在凸曲线的地方要保证一定的视距，必须在两个坡段之间插入一段曲线作为竖曲线，通常采用二次抛物线，如图 2-24 所示。

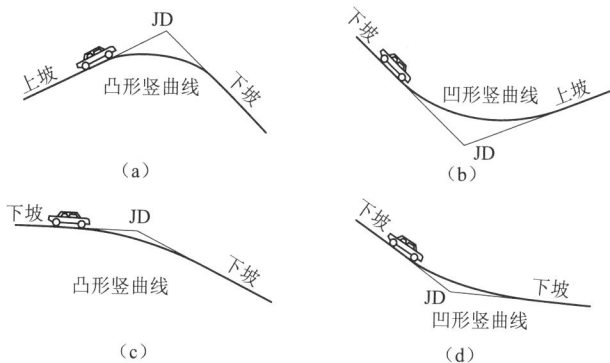

图 2-24　竖曲线

一般说来，凸曲线的交通事故率要比水平路段高，小半径凸曲线的事故率要比经过改善设计后的竖曲线路段事故率高很多。竖曲线的频繁变换会影响行车视距，严重降低道路安全性能，尤其在凸曲线路段，视距受限会大大增加交通事故，如在凸曲线后面存在一个急弯，由于凸曲线遮挡视线，驾驶人来不及反应，极易造成交通事故。

在白天或夜晚照明充足的情况下，凹曲线的视距并不是影响交通安全的关键因素，但是在夜晚没有照明的道路上，凹曲线必须考虑视距问题，因为道路线形的水平曲率会使车头灯光不能沿路线线形的前进方向，仅能侧向照射路面，这种情况即使将凹曲线展平也不会有明显改善。

3. 横断面与交通安全

城市道路横断面的组成包括道路建筑红线范围内的各种人工结构物，如行车道、人行道、分隔带、绿化带等。横断面设计对于满足交通需要，保证交通运输的通畅和安全，适应各项设施的要求，及时排除地面积水，以及合理安排地上杆线和地下管线，都具有十分重要的意义。根据我国北方某城市 76 条道路的事故调查资料，该市城市道路对应不同横断面形式的事故率如表 2-12 所示。

表 2-12　某市城市道路不同横断面形式的事故率

横断面形式	事故数/次	事故率/（次/亿车公里）	道路数/条	评价事故率/（次/亿车公里）
一幅路	1 191	10 011	61	164
二幅路	111	520	4	130

续表

横断面形式	事故数/次	事故率/（次/亿车公里）	道路数/条	评价事故率/（次/亿车公里）
三幅路	273	1 341	10	134
四幅路	220	415	4	104

道路横断面形式、车道、路肩及路基设置的正确是否直接影响到交通安全状况。

1）车道数

图 2-25 为美国道路种类与交通量及事故次数的关系。由图 2-25 可知，事故次数随着日平均交通量的增加而增加，而且交通事故次数与车道数有关，相同的平均日交通量条件下，8 车道公路比 6 车道公路事故率低，6 车道公路比 4 车道公路事故率低。

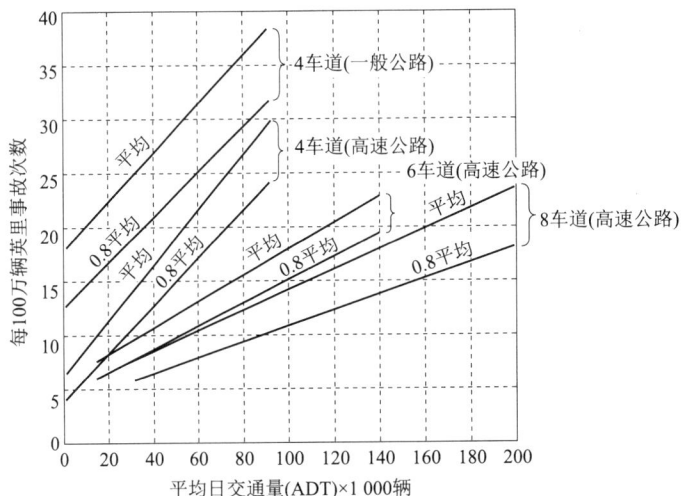

图 2-25　美国道路种类与交通量及事故次数的关系

城市道路交通量大，交通组成复杂，因此交通事故的规律性不如公路上明显。但从宏观分析可知，车道数越多，通行能力越大，行车越畅通安全。根据某市城市道路的事故调查资料，得到该市城市道路对应不同车道数的事故率，如表 2-13 所示。

表 2-13　某市城市道路不同车道数的事故率

车道数类型	事故数/次	事故率/（次/亿车公里）	道路数/条	平均事故率/（次/亿车公里）	不同车道数事故率/（次/亿车公里）
双车道	169	1 584	18	88	88
4 车道	511	2 075	25	83	86
4 车道有中央分隔带	4	150	2	75	
4 车道有机非分隔带	59	404	4	101	

续表

车道数类型	事故数/次	事故率/（次/亿车公里）	道路数/条	平均事故率/（次/亿车公里）	不同车道数事故率/（次/亿车公里）
6 车道	357	1 078	11	98	
6 车道有中央分隔带	20	76	1	76	83
6 车道有机非分隔带	214	450	6	75	
8 车道	109	273	3	91	
8 车道有中央分隔带	75	162	2	81	81
8 车道有中央分隔带和机非分隔带	220	284	4	71	

由表 2-13 可知，事故率随车道数的增加而降低。双车道一块板形式事故率最高。当车道数为 4 车道时，增加中央分隔带将对向车流分离，事故率明显降低；增加机非分隔带后，虽然可以将机动车与非机动车分离，但对向车流问题没有得到解决，在我国机动车与非机动车的事故一般较轻，而对向车辆发生的交通事故往往相对更为严重。当车道数为 6 车道时，增加中央分隔带或增加机非分隔带后，事故率均有所降低，但两者之间的区别并不明显。总体来说，8 车道事故率最低，安全状况最好。

2）车道宽度

根据美国和英国研究的结果，车道较宽时则事故较少。机动车双车道路面宽度大于 6 m，其事故率较路面宽度为 5.5 m 要低得多。目前美国的标准车道宽度规定为 3.65 m，我国则规定大型车道为 3.75 m，小型车道为 3.5 m（公共汽车停靠站或路口渠化段车道宽度可为 3.0～3.2 m）。但如果车道过宽，例如大于 4.5 m，则由于有些车辆试图利用富余的宽度超车，反而会增加事故。

一些调查研究表明随着道路宽度的增加，昼夜事故次数减少，但由于道路宽度增加、车速高、车流增大，所以平均每公里事故发生次数增加，特别在 13 m 以上宽度的道路上，事故发生的可能性更高。除此以外，交通事故也与道路性质相关，也因路肩、中央分隔带、路面状况而异。

3）分车带

分车带是道路行车上纵向分离不同类型、不同车速或不同行驶方向车辆的设施，以保证行车速度和行车安全。分车带按其在横断面上的不同位置和功能，分为中央分车带及两侧分车带。分车带由分隔带及路线带组成，常用水泥混凝土路缘石围砌，也可用水泥混凝土隔离墩或铁栅栏，还可以在路面上画出白色或黄色标线，以分隔行驶车辆。

分车带对解决机动车与机动车和机动车与非机动车的分离，提高道路通行能力，保证交通安全具有十分重要的作用。但如果设计不科学，也会导致交通事故的发生。如有的道路单向有两条机动车道，中央设置了分车带，在分车带上设置了路灯杆。但由于分车带没有设置路缘带，经常发生大型车挤上了中央分车带，小型车又撞在路灯杆上，致使车毁人亡、路灯杆折断的重大交通事故；如三幅路道路尽管有许多优越性，但若其隔离带断口太多，自行车和行人会任意横穿，同时由于道路条件好，机动车车速很高，往往来不及采取措施而发生交通事故。

中央分车带和两侧分车带设计时，其宽度一般情况下应保持等宽度。当宽度发生变化时应设置过渡段，中央分车带过渡段设在回旋线范围内为宜，其长度应与回旋线长度相等；中央分车带宽度较宽时，过渡段设在半径较大的圆曲线范围内为宜。当行车道与中央分隔带均用水泥混凝土修筑时，分隔带应用彩色路面以示区别。城市道路采用狭窄分隔带时，常在其上嵌以路钮与猫眼。

2.4.1.2 城市轨道交通线形与交通安全

1. 平面设计与交通安全

城市轨道交通的线路平面由直线和曲线组成。直线段的安全设置要求包括以下几个方面。

1）直线

（1）轨距

轨距为两股钢轨头部内侧与轨道中线相垂直的距离。因为钢轨不是水平放置的缘故，所以规定轨距应在钢轨头部内侧面下 16 mm 处量取。轨道的轨距必须略大于轮对宽度，有一定的游间，以便列车顺利通过轨道。但同时游间不能过大，否则会使车辆行驶时的蛇形运动幅度加大，横向加速度、轮缘对钢轨的冲击及作用于钢轨上的横向力也随之增大。

（2）水平

水平是指两股钢轨的顶面在直线地段应保持在同一水平面上，使两股钢轨受力均匀，保证列车平稳通过。

实践中，有两种性质不同的钢轨水平误差，对行车的危害程度也不一样。一种水平误差是在一段相当长的距离内，一股钢轨的轨顶比另一股钢轨的轨顶高，只是水平误差保持在容许范围内；另一种称为三角坑或轨道竖向扭曲，它是指在一段不太长的距离内，先是左轨轨高，后是右轨较高，或者与此相反。轨道上存在三角坑会出现车轮不能全部正常压紧钢轨的现象，在最不利的情况下甚至可以爬上轨道，造成脱轨。

（3）前高后低

轨道纵向平顺情况，称为前高后低。控制纵向不平顺的大小，对降低轮轨间的动力作用，减小对轨道的破坏是非常重要的。

（4）方向

方向又称为轨向，指的是轨道中线位置应与它的设计位置一致。轨道方向不良，对行车安全和平稳具有特别重要的意义。在无缝线路地段，若轨道方向不良，则到了高温季节，在一定条件下，还会引起涨轨跑道，严重威胁行车安全。

（5）轨底坡

轨底坡是指轨道底面对轨枕顶面的倾斜度。设置轨底坡的目的是为了使车轮压力集中于钢轨的中轴线上，减小荷载偏心距，降低轨腰应力，避免轨头与轨腰连接处发生纵裂。

2）曲线

曲线可以分为圆曲线和缓和曲线两种。线路平面设计的主要技术要素有圆曲线半径、圆曲线长度、缓和曲线线形和长度、夹直线长度等。

（1）圆曲线半径

当列车在小的半径曲线上运行时，由于视距短、瞭望条件差，对行车安全不利，并且半径越小，滑动摩擦造成的钢轨磨耗越大，因此曲线半径宜从大到小合理选择，最小曲线半径应尽量少用。

车站站台段的线路应尽量设在直线上，因为站台上有大量的乘客活动，直线站台瞭望条件好，有利于行车安全。当站台设在曲线上时，由于曲线半径过小，列车停靠曲线站台时，车辆与车站间隙过大，不利于乘客上下车和乘车安全。

（2）圆曲线长度

线路的圆曲线长度最短不能小于车辆的全轴距，否则就会出现一节车辆同时位于 3 个不同线形上的情况，对行车的稳定性和旅客舒适度产生不利的影响。

（3）缓和曲线

在正线的圆曲线和直线间应加设三次抛物线型的缓和曲线，实现曲率半径的逐渐过渡，减少列车在突变点处的轮轨冲击。

（4）曲线轨距

为使具有固定轴距的轨道交通车辆能顺利通过曲线，在半径很小的曲线上，轨距要适当地扩大，这种扩大称为轨距加宽。

（5）曲线超高设计

轨道交通车辆通过曲线部分时，由于离心力的作用，有向外侧抛出的趋势。为了防止这种趋势的发生，平衡这个离心力，需使外侧钢轨比内侧钢轨高，这种设置称为超高。这种设计可以提高线路横向的稳定性，保证行车的安全。

2. 线路纵断面设计与交通安全

城市轨道交通的线路纵断面是由坡段和连接相邻坡段的竖曲线组成的。轨道交通线路纵断面设计的主要技术要素包括坡度、坡段长度和坡段连接。

1）坡度

轨道交通线路坡度太多不利于列车启停，坡度太小又不利于排水，因此线路坡度限制分为最大限制坡度和最小限制坡度。轨道交通由于高密度行车和大运量，为保证列车行车安全和准时，设计原则要求列车在失去部分牵引力条件下，仍能用另一部分牵引力在最大坡度上启动，因此最大坡度阻力及各种阻力之和，不宜大于列车牵引动力的一半。线路坡度在满足标高控制要求的前提下应尽可能平缓，一般宜在25‰以下。

　　2）坡段长度

　　两个坡段的连接点，即坡段变化点，称为变坡点。一个坡段两端变坡点之间的距离称为坡段长度。如果坡段长度小于列车长度，那么列车就会同时跨越两个或两个以上的变坡点，各个变坡点所产生的附加力和局部加速度会因叠加而加剧，影响列车的平稳运行和旅客的舒适度。因此，线路坡段长度不宜小于远期列车计算长度。

　　3）坡段连接

　　在变坡点处设置竖曲线，把折线断面平顺地连接起来，以保证行车的安全平稳。

2.4.2　路基路面与交通安全

2.4.2.1　道路路基路面与交通安全

1. 路基与交通安全

　　路基高度和边坡坡度与交通安全有直接的关系。由于路基较高，容易发生翻车事故，翻车事故所造成的死亡率高于道路交通事故的平均死亡率，因为事故一旦发生均较为严重。尤其设计车速较大，当采用高路基时，道路上行驶车速非常快，因此一旦车辆失控，冲出路侧护栏，翻至高路基底部，就会造成车毁人亡的严重事故。

　　路基边坡是为了保证路基稳定，在路基两侧做成的具有一定坡度的坡面。路基边坡过陡是导致事故急剧增加的另一因素。车辆在坡度大的陡坡上发生意外时，事故类型接近于坠车。如果减小坡度，使路基边坡变缓，发生事故的车辆可以沿缓坡行驶一段距离，减小冲撞程度，从而减轻事故的严重性。如果采用矮路基或缓边坡，失去控制的车辆一般不会因驶出路外而翻车，事故的严重性大大降低。

2. 路面与交通安全

　　路面平整度对车辆的行驶性能和交通安全有较大的影响。路面坎坷不平，则行车阻力大，车辆颠簸振动，机件、轮胎磨损就会加快，行车安全性和舒适性就会降低，甚至造成交通事故。例如，汽车在凸路行驶，由于行驶中出现垂直向上的离心力，会与汽车垂直向下的重力部分全部抵消，地面对车辆垂直反力大大减小甚至变为零，汽车出现失重现象，转向操纵失灵，容易引起交通事故。若凸形高度太大，会对汽车底部突出部件造成损害。汽车通过凹形地段，由于垂直向下的离心力很大，加上汽车的重力，使汽车钢板、轮胎的承受力加大。凹形竖曲线很小时，极易损坏钢板弹簧或轮胎的机件，从而发生故障，导致交通事故。

　　路面抗滑性反映的是路面交通安全方面的使用性能，影响因素有路面表面特征、路面潮湿程度和行车速度。当道路表面的抗滑能力小于要求的最小限度时（纵向摩擦系数），车辆行驶中稍一制动就可能产生侧滑而失去控制。特别是道路表面潮湿或覆盖冰雪时，发生侧滑的危险性增大，在弯道、坡路和环形交叉处，尤其容易发生滑溜事故。路面的表面结构对抗滑能力也有一定的影响，如果路面在车辆行驶下已磨得非常光滑，道路抗滑能力降低，即使在干燥路面上，也会出现滑溜现象。另外，渣油路面不仅淋湿后会很滑，气温高时路面变软，也会很滑，在这种情况下，可采用压力预涂沥青石屑、路面打槽、设置合适的排水系统、限制车速、设置警告标志等方法保障交通安全。

路面摩擦系数又称路面抗滑系数。汽车在水平路面上行驶或制动时，路面对轮胎滑移的阻力与轮载的比值称为路面摩擦系数，即：

$$f = \frac{F}{P} \tag{2-3}$$

式中：f——路面摩擦系数；

F——路面对轮胎滑移的阻力；

P——车轮的载荷。

路面摩擦系数是衡量路面抗滑性的重要指标。为保证汽车安全行驶，路面必须有较大的摩擦系数。我国采用一定车速下的纵向摩擦系数或制动距离作为路面抗滑能力的指标。

考察事故原因，单纯因路滑造成的仅占一定比率，加大路面的摩擦系数虽可减少事故与损害程度，却不能根除事故。反之，如摩擦系数过大，则行驶阻力大、耗油量大、车速降低且舒适性差。因此，路面防滑也要综合地从安全、迅速、经济上考虑。

2.4.2.2 轨道结构与交通安全

轨道结构是列车行驶的基础，列车必须沿着轨道行驶，轨道给行驶的列车提供了导向作用和承载作用。一般的轨道结构由钢轨、轨枕、连接零件、道床、道岔和防爬器、轨距拉杆及其他附属设备等组成。为保证列车行驶安全，轨道结构应具有足够强度和稳定性、耐久性、绝缘性和弹性，且便于养护维修，以确保列车安全运行和乘客舒适。

1. 钢轨与连接零件

钢轨是轨道的主要部件，用于引导机车车辆的行驶，并将承受的荷载传布于轨枕、道床及路基。同时，为车轮的滚动提供阻力最小的接触面。

钢轨必须为车轮提供连续、平顺和阻力最小的滚动表面，以引导轨道交通车辆前进。对车辆来说，要求钢轨有一个光滑的滚动面，以获得最小的滚动阻力，但对于动车来说，又要求钢轨顶面适当粗糙，使车轮与钢轨之间产生足够的摩擦力来牵引列车前进。

为保证列车安全运行，钢轨要有足够的强度和韧性来承受复杂的应力作用；要有足够的刚度来抵御弯曲和扭转的形变；要有足够的硬度来抵抗磨耗。此外，为了减轻车辆对钢轨的动力冲击作用，防止轨道交通车辆走行部分及钢轨的折损，还要求钢轨具有必要的弹性。

在电气化铁路上，钢轨要有良好的导电性，作为供电回路和通信线路的良好导体。

2. 轨枕

轨枕是轨下基础的重要部分。它的功能是支撑钢轨，保持轨距和方向，并将钢轨对它的各向压力传递到道床上，使用扣件把轨枕和钢轨连在一起形成"轨道框架"，增加了轨道结构的横向刚度。

3. 扣件

钢轨与轨枕的连接是通过中间连接零件实现的。中间连接零件又称为扣件，其作用是把钢轨固定在钢轨上，即具有一定的扣压力，以保持轨距并阻止钢轨相对于轨枕的纵、横向移动。在钢筋混凝土轨枕轨道和混凝土整体道床中，弹性远小于木枕轨道，扣件还必须提供足够的弹性。为此，扣件必须具有足够的强度、耐久性和良好的弹性，有效地保持钢轨和轨枕的可靠连接；结构力求简单，便于安装及拆卸；应具有良好的绝缘性能，以减少迷流。

4. 道渣道床

道床是轨排的基础。用作道床的材料，应满足质地坚韧，吸水度低，排水性好，耐冻性强，不易风化，不宜压碎、捣毁和磨碎，不易被风吹动和被水冲走的要求。可以用作道床的材料有碎石、熔炉矿渣，筛选卵石，有 50% 以上卵石含量的天然砂卵石以及粗砂和中砂等。

5. 道岔

列车由一条线路转向或越过另一条线路时的设备称为道岔。道岔由引导列车的轮对沿原线行进或转入另一条线路运行的转辙部分、为使轮对能顺利地通过两线钢轨的连接点而形成的辙叉部分、将转辙部分和辙叉连接的连接部分，以及岔枕和连接零件等组成。

辙叉是使车轮从一股轨道越过另一股轨道的设备，由心轨、翼轨、护轨和连接零件组成。翼轨和心轨形成必要的轮缘槽使车轮轮缘能顺利通过。两翼轨工作边相距最近处称为辙叉咽喉，从辙叉咽喉至心轨实际尖端之间的轨线中断的距离称为有害空间。道岔号越大，辙叉角越小，这个有害空间就越大。车轮通过有害空间时，叉心容易受到撞击，为保证车轮安全通过有害空间，在辙叉两侧相对位置的基本轨内侧设置了护轨，借以引导车轮的行驶方向。

连接转辙器和辙叉的轨道为道岔的连接部分。为防止导曲线钢轨在动荷载作用下的外倾和轨距扩张，可设置一定数量的轨撑或轨距拉杆，也可以在导曲线范围内设置一定数量的防爬行木撑，以减小钢轨的爬行。

2.4.3　交叉与交通安全

由于相交道路上的各种车辆和行人均需汇集于交叉口，才能转向其他的道路，此时车辆和车辆之间、车辆和横过道路的行人之间相互干扰，降低行车速度、造成交通阻滞，容易发生交通事故。据 1976 年日本的交通事故统计，交通事故中的人身事故与路口有关的占 58%，其中城市占 60%，乡村占 40%。

2.4.3.1　平面交叉与交通安全

交叉口由于交通量大、冲突点多及视线盲区大，所发生的交通事故也多。在平面交叉口处，由于多个方向的交通流汇入，致使交通量大幅度增加，而且各方向行驶的车辆存在许多可能导致事故发生的潜在冲突点，在平面交叉口处，观察相交道路时视线因建筑物遮挡等原因而受到影响，形成视线盲区；同样相交道路上的车辆视线也受到阻碍，因此行车视距较低，这些原因都可能导致道路交通事故的增加。表 2-14 为某市市区各类型交叉口的道路交通事故数据。

表 2-14　某市市区交叉口类型与事故率

交叉口类型	事故数/次	事故数总数/次	所占比例/%	交叉口数/个	交叉口事故率/%
三路交叉口	261		47.89	52	5.02
四路交叉口	214		39.27	99	2.16
多路交叉口	28	545	5.14	11	2.55
环形交叉	37		6.79	5	7.40
立体交叉	5		0.92	13	0.38

从表 2-14 中可以看出，环形交叉口事故率最高，危险性也最大，之后依次为三路交叉口、多路交叉口、四路交叉口、立体交叉。由于环形交叉口存在交织段、车流汇流和分流的机会多，冲突点最多，因此行车危险性最高；畸形交叉口不良的几何设计也会造成视距不足，行车轨迹冲突点多等诸多安全隐患；立体交叉的分流量、分流向的几何设计，可以消除车辆间的大多数冲突点，行车最安全。

平面交叉的相交道路宜为 4 条，不宜超过 5~6 条。因交通流的冲突点、合流点、分流点会随道路条数增加而显著增加。如表 2-15 的四路交叉，有冲突点 16 个，合流、分流点各 8 个，计 32 个。在未设交通信号或无交通警察指挥的交叉口，车辆相撞的危险性大。

表 2-15　交叉路口道路条数与冲突、合流、分流点数

交叉道路条数	冲突点	合流点	分流点	合计
三路交叉	3	3	3	9
四路交叉	16	8	8	32
五路交叉	49	15	15	79
六路交叉	124	24	24	172

产生冲突点最多的是左转弯车辆，如四路交叉口，如无左转车则冲突点可从 16 个减到 4 个。因此，为保证交叉口安全、畅通，应尽可能设置左转弯车道，同时，交通信号灯设左转相位。左转车道如不与直行车道兼用，可减少左转弯事故，并增加交叉口的通行能力。在设计小时交通量 200 辆/h 以下，且左转弯率在 20%以下的情况下可不设。

2.4.3.2 立体交叉与交通安全

立体交叉是两条道路在不同平面上的交叉，通过空间分离的方法，两条道路交通可互不干扰，各自保持原有的行车速度通过交叉口。立体交叉减少甚至消除了交通流的冲突点，对交通安全是有利的。单从实际情况看，在一些互通式立体交叉口附近，交通死亡事故也是比较多的，其主要原因包括以下几个方面。

① 驾驶人不熟悉立体交叉的路线和行驶方法而发生交通事故，或一遇立体交叉总想抄近路走，违反交通法规而发生交通事故。

② 互通式立体交叉的右转弯道匝道往往是交通事故多发点，特别是机动车与非机动车混行的苜蓿叶形立体交叉的匝道事故多。机动车与非机动车混行的环形立体交叉的环岛，也易发生交通事故。

③ 机动车通过立交桥时，一般速度很快，当驶过立交桥后，若行人、自行车横穿道路，机动车刹车不及，就容易发生交通事故。

道路交通事故与立体交叉出入口有密切关系，表 2–16 列出了美国城市道路交通事故与立体交叉出入口匝道的关系。从表 2–16 中可看出，城市道路事故率随着立体交叉进出口匝道间距的减少而增加，而且驶出匝道的交通事故明显多于驶入匝道。由于城市道路交通量大，车辆类型多，加上又有非机动车和行人的干扰，交通运行情况复杂，因此城市道路立体交叉的交通事故明显多于公路立体交叉。当出入口匝道从 0.2 km 增加到 8 km 时，城市道路立体交叉出口一侧的交通事故率（次/百万车公里）会降低 90%，入口一侧降低 60%。

表 2–16 美国城市交通事故与立体交叉出入口匝道的关系

出入口匝道间距 d/km	出口		入口	
	事故数/次	事故率/（次/百万车公里）	事故数/次	事故率/（次/百万车公里）
$d<0.2$	722	131	426	122
$0.2 \leqslant d < 0.5$	1 209	127	1 156	125
$0.5 \leqslant d < 1.0$	786	110	655	105
$1.0 \leqslant d < 2.0$	280	75	278	84
$2.0 \leqslant d < 4.0$	166	63	151	59
$4.0 \leqslant d < 8.0$	19	69	69	75
$d \geqslant 8.0$	—	—	—	—

2.4.4　交通安全设施与交通安全

1. 交通标志

道路交通标志是用图形、符号和文字向驾驶人及行人传递法定信息，用于管制及引导交通的安全设施。

1）疏导交通流量

道路交通标志是组织交通、调节交通流量并被广泛采用且具有成效的一种交通设施。根据道路交通情况，设置必要的交通标志，对于各种车辆的流量和流向，能起到调节、疏导和控制作用；有利于维护交通秩序，保障交通安全，减少交通阻塞，提高通信能力。

2）提供道路信息

道路交通标志能够预告车辆驾驶人和行人前方某一路段、某一地点的地理或环境状况，如预告前方是急转、岔道、窄路、学校、村镇等；警告人们注意危险，提前采取安全措施，掌握道路交通信息，做到心中有底。

3）引导行驶方向

道路交通标志可以明确地表示道路通达的方向、地名，沿途主要的村镇、名胜古迹及其位置和距离，解除驾驶人因路线不明而产生的犹豫、疑虑、烦恼，减少不必要的减速或停车。

4）提供法律依据

交通标志既是参与交通活动的人们遵章守法的依据，又是执行法规人员纠正交通违法、处理交通事故、判定事故责任的依据。

2. 交通标线

道路交通标线是引导驾驶人视线、管制驾驶人驾驶车辆行为的重要手段。它可以限定车辆分道行驶，引导交通行驶方向，指引车辆汇合或分流前进入合适的车道，加强车辆行驶秩序管理。正确设置交通标线能合理地利用道路有效面积，改善车流行驶条件，增加道路通行能力，减少交通事故。

道路交通标线的主要作用是为了保障交通安全与畅通，同时也是为了交通参与者的便利舒适。此外，交通标线也是处理交通事故的主要依据。

3. 交通信号灯

交通信号灯是一种交通信号，在道路上用来传递具有法定意义、指挥交通的光、声、手势等信号。《道路交通安全法》第 25 条规定："全国实行统一的道路交通信号。交通信号包括交通信号、交通标志、交通标线和交通警察的指挥。"

交通信号灯由红、黄、绿 3 种颜色的信号灯组成，每种颜色代表不同的含义。它主要通过灯色的变化来实现对交叉路口车辆、行人通行的控制。利用信号灯指挥交通形象直观、时间分明、指挥效果好，不易产生误解，可以有效地减少交通冲突和交通延误，减低交通事故的发生率。

4. 交通管制

在一般道路上，平面交叉路口占绝大多数，立体交叉路口占少数。这些平面交叉路口成为道路的咽喉，关系到车流的速度与畅通。因此，应从时间上将交叉路口的交通冲突点分开，按不同情况采取不同的管制措施，使车流安全、迅速地通过交叉口。我国现行管制交叉口交通的办法主要有两种：交通量小时，不设人或信号灯管制；交通量大时，设人或信号灯管制。国外对交叉口交通管制的办法较多，有信号灯法、多路停车法、二路停车法、让路表示法和不设管制等。

对交通管制类型可按交通量与事故情况选择，如表 2-17 所示。其中交通量以小汽车计，若以其他车辆计算，需进行换算。

表 2-17　按交通量和事故情况选择管制类型

<table>
<tr><th colspan="2" rowspan="2">项目</th><th colspan="5">管制类型</th></tr>
<tr><th>不设管制</th><th>让路</th><th>二路停车</th><th>多路停车</th><th>信号</th></tr>
<tr><td rowspan="5">交通量</td><td>道路类型　单位</td><td></td><td></td><td></td><td></td><td></td></tr>
<tr><td>主要道路　辆/h</td><td></td><td></td><td></td><td>300</td><td>600</td></tr>
<tr><td>次要道路　辆/h</td><td></td><td></td><td>300</td><td>200</td><td>200</td></tr>
<tr><td>合计　辆/h</td><td>100</td><td>100～300</td><td>≥</td><td>500</td><td>800</td></tr>
<tr><td>辆/d</td><td>≤1 000</td><td>＜3 000</td><td>3 000</td><td>5 000</td><td>8 000</td></tr>
<tr><td colspan="2">每年直角碰撞事故次数</td><td>＜3</td><td>≥3</td><td>≥3</td><td>≥5</td><td>≥5</td></tr>
</table>

5. 其他

除上述因素影响交通安全外，道路安全净空、护栏、路障、道路照明、道路绿化等因素都会影响驾驶人的驾驶行为，设置不当易引起交通事故。

2.4.5　轨道交通车站设备与交通安全

城市轨道交通的众多设备分布于全部线路，其中车站既是供乘客上下车、换乘和候车的场所，又是地铁运营设备设置的中心和办理运营业务的地方，无疑是设备最重要的集中地。

1. 工务系统

工务系统是轨道交通运营的基础，包含轨道、路基、桥隧、房建及其他附属设备等，该系统状态异常，会对运营安全带来严重隐患。

2. 车辆系统

车辆是轨道交通系统中的运载工具，车辆故障通常是影响线路运营的主要原因，其中以车门故障、主回路故障居多，此外还有列车制动故障、电气故障、列车出轨及列车追尾等。

3. 信号系统

信号系统是轨道交通系统运营的行车指挥系统，信号系统的异常，会对轨道交通系统运营安全带来严重影响。由信号引起的故障以车载故障（ATC/ATP）最为频繁，此外还有 SECEM 故障、列车收不到速度码、发车表示器不亮、中央 ATS 故障导致进路不自动触发等。

4. 通信系统

通信系统是轨道交通运营的信息收发系统，其电源发生故障或通信设备本身发生故障时，不能保证各种行车信息及控制信息不间断地可靠传输，从而引起事故的发生。

5. 供电系统

供电系统是轨道交通运营提供电能的设备，供电系统故障对轨道交通运营的打击往往是致命的。供电系统包括电气元件及其线路连接，轨道交通的各设施设备都要依靠电来运行，因此电气系统对安全运营有着重要影响。

6. 通风/排烟系统

城市轨道交通系统中，如果存在通风系统管理上的缺陷，会妨碍通风系统的正常工作。排烟系统对轨道交通系统的安全运营也相当重要，如地下隧道内发生火灾，不仅火势蔓延快，而且积聚的高温浓烟很难自然排除，严重威胁乘客、员工和抢险救援人员的生命安全。

7. 给/排水系统

城市轨道交通车站内部或者轨道沿线给/排水管道的防腐、绝缘效果不佳会发生泄漏；隧道内排水系统不完善，隧道防水设计等级过低，会导致涝灾或地表水侵入；地面车站的地坪高度低于洪水设防要求，排水系统设置不完善；污水乱排及污水、垃圾的排放会影响运营环境卫生。

8. 服务设施

城市轨道交通系统的其他设备出现故障，同样会对整个系统的运营及服务造成较大影响。例如，车站地面材料防滑效果不明显会存在安全事故隐患；在自动扶梯运行中，可能发生梯级下陷，驱动链断裂、梯级下滑，扶手带断裂等故障，并对乘客造成伤害。

2.5 城市交通环境与交通安全

道路交通环境涉及两方面：一方面是道路交通正常运行所接触的自然环境；另一方面是使交通更好地运行而人为创造出的景观。

2.5.1 交通条件与交通安全

1. 交通量

交通量大小与交通事故的发生有着非常密切的关系，交通量与交通流饱和度直接相关，而交通流饱和度影响交通事故的频率和严重程度。一般认为，交通量越小，事故率越低；交通量越大，事故率越高。但实际情况并不完全符合这种规律，图 2-26 为交通事故率与饱和度的关系。如图 2-26 所示，交通量对事故率的影响分为以下几种情况。

a 点表示交通量很小时，车辆之间的间距较大，驾驶人基本上不受同向行驶车辆的干扰，可以根据个人习惯选择行车速度。绝大多数驾驶人能够保持符合车辆动力性、经济性、制动性和安全性的行驶车速，只有当个别驾驶人忽视行驶安全而冒险高速行车，遇到视距不足、车道狭窄或其他紧急情况时，来不及采取措施才会发生交通事故。

$a \rightarrow b$ 表示当道路上的交通量逐渐增加时，驾驶人不再单凭自己的习惯驾车，必须同时考虑与其他车辆的关系。而且由于对向来车增多，使得驾驶行为更加谨慎，因而交通事故相对数量有所下降。

$b \rightarrow c$ 表示当道路上的交通量继续增大时，在道路上行驶的车辆大部分尾随前车行驶，形成稳定流。在这种情况下，超车变得比较困难，因而与超车有关的事故也有所增加。

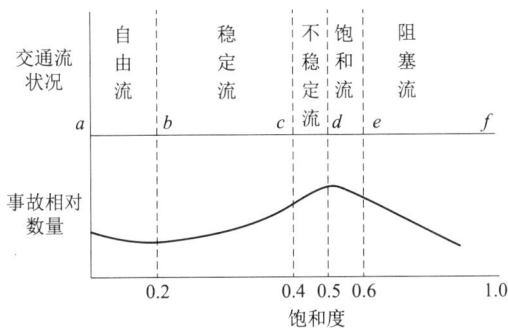

图 2-26　交通事故率与交通饱和度的关系

$c \rightarrow d$ 表示当交通量进一步增大，形成不稳定流。此时，超车的危险越来越大，交通事故相对数量也随交通量的增加而增大。

$d \rightarrow e$ 表示当交通量增加到使超车成为不可能时，车辆间距已大大减小，交通流密度增大，形成饱和交通流。由于饱和交通流的平均车速低，因此事故相对数量也降低。

$e \rightarrow f$ 表示如果交通量进一步增加，则产生交通阻塞。此时车辆只能尾随前车缓慢行驶，使道路的服务水平大幅度下降的同时，交通事故大为减少。

2. 交通组成

城市道路交通组成是指构成城市道路交通流的类型，包括轿车、客车、货车、摩托车、电瓶自行车、普通自行车和行人等。客车、货车按运载能力的不同进一步可分为大、中和小等车型，摩托车分为两轮摩托、三轮摩托车等。除一些城市主干道实行了人车分离、机非分离外，其余绝大部分城市道路上人车分离、机非分离水平较低，使得我国城市道路的交通组成比较复杂。混合交通是指车辆与行人或机动车与非机动车在同一车行道上混合通行的交通状态。混合交通是我国城市道路交通的重要特点之一。混合交通的突出表现是：混合车辆速度差别大，相互干扰严重，城市道路总体表现为行驶速度低，交通秩序混乱，交通安全状况差，交通事故多发。

城市道路交通实际表明，道路交通流的类型构成越复杂，对交通安全越不利。对城市道路交通事故数据的统计分析表明：大型车辆、货车、摩托车和电瓶自行车是影响交通安全的主要因素，随着这些车辆比例增大，事故率也随之增加。通过道路实际调查数据，分析得知在城市路段交通组成中，大型车、货车、摩托车、电瓶自行车的比例对道路交通安全的影响呈二次函数关系。

正常情况下，城市道路交通流中一般是小型车居多。当一个城市的道路构成不能对过境车辆进行有效分离时，将使市内交通流中大型车辆及货车比例明显增大。

（1）城市道路交通流中大型车辆比例增大导致事故率增加的原因

① 大型车辆对紧随其后行驶的小型车的视距产生影响。

② 大型车辆对原本有序的交通流产生明显干扰。

（2）城市道路交通流中货车比例增大导致事故率增加的原因

由于客车的动力性能明显优于货车，使得客车行驶过程中的车速整体上要高于货车，从而导致车速分布的离散性增大。

（3）城市道路交通流中摩托车比例增大导致事故率增加的原因

① 摩托车行驶过程中见缝就钻的灵活性特点，导致其他车辆常常措手不及。

② 摩托车行车速度较客车、货车的差异性导致车速分布更离散。

（4）城市道路交通流中电瓶自行车比例增大导致事故率增加的原因

① 电瓶自行车是近几年刚刚流行的一种交通工具，车辆自身的稳定性差。

② 与其他机动车辆相比，使用电瓶自行车可以"无证驾驶"，此类交通工具使用者相对而言交通安全意识薄弱，所以在城市道路上与电瓶自行车相关的交通事故很多。

③ 与自行车相比，其车速高；与机动车辆相比，行驶中无噪声，不够引人注意。

3. 车速

车速与交通事故有着密切的关系。随着车速的提高，驾驶人可以支配的时间明显减少，驾驶人作出错误决定的可能性就会相应增加，从而导致交通事故发生的可能性变大。而且，车速的提高会缩短驾驶人采取避让措施的时间和距离，汽车发生碰撞时的速度通常也比较高，事故要更为严重。

（1）车速控制与事故关系

据德国的事故数据统计，车速限制从 100 km/h 降至 80 km/h，交通死亡事故下降了200%；当车速限制恢复到 100 km/h，交通死亡事故上升了 12%。英国限制车速从 104 km/h 降至 80 km/h 时，交通受伤事故减少了 10%，车速限制从 80 km/h 提高到 104 km/h 时，死亡和重伤事故增加了 7%。芬兰、瑞典等国也有类似统计。目前国内外交通研究者对事故与速度的关系进行了大量、广泛的分析研究，取得了比较一致的共识。

（2）车速差与事故关系

事故的严重程度取决于碰撞时车速的瞬时变化 dv（尤其在 0.1～0.2 s 的范围内），当 dv 超过 20～30 km/h 时，发生严重事故的可能性开始增加；当 dv 超过 80～100 km/h 时，事故中便会有人员死亡。如果车辆发生正面碰撞，由于两辆车的制动距离都有限，行驶车速对 dv 和事故严重性的影响是最大的。在有行人的事故当中，当车辆与行人发生碰撞时的车速从 40 km/h 增加到 50 km/h 时，行人死亡的概率会增加 2.5 倍。即使驾驶人在发生碰撞之前采取制动措施，dv 也会随着碰撞速度的增加而增加，而碰撞速度是随着初始速度的增加而增加的。因此，随着车速的提高，事故率和事故的严重程度一般都会提高。

图 2-27 为车速的离散型（即个体行驶速度与平均车速的差值分布情况）对交通事故的影响。个别车辆与车流的平均车速相差越大，其发生交通事故的概率就越大。事故率随着车速标准差的增大而呈指数增长，即车速分布得越离散，事故率越高。对于行车管理而言，对车辆进行高速和低速进行限制，而且使二者的差值尽可能小，降低车速分布的离散性，可降低事故的发生率。

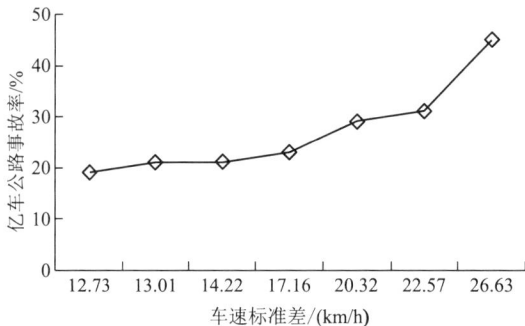

图 2-27　车速的离散型对交通事故的影响

2.5.2　交通危害与交通安全

交通危害是指由交通行为所引起的对自然环境、资源、人类的危害。其由 3 方面组成：一是交通事故；二是噪声、振动和汽车排出的有害有毒气体；三是能源和土地资源的大量消耗。

1. 有害气体

机动车辆在行驶时排放有毒有害气体对空气环境造成了污染，其主要污染物有一氧化碳（CO）、碳氢化合物（HC）、氮氧化物（NO_x）、二氧化硫（SO_2）、颗粒物质（铅化合物、碳烟、油焦物）及恶臭物质，它们大部分是有害有毒物质。有些还带有强烈刺激性，甚至有致癌作用。

1）一氧化碳（CO）

CO 是无色、无刺激的有毒气体，经呼吸道进入肺部被血液吸收后，能与血红蛋白结合成 CO—COHb（血红蛋白）。CO 与 COHb 的亲和力比氧大 250 倍，一经形成离解很慢，使血液失去传送氧的功能，发生低氧血症，因而导致人体内各组织缺氧。当人体内 CO—COHb 含量为 20%左右时就会引起中毒，当含量达 60%时可因窒息而死亡。

2）碳氢化合物（HC）

机动车辆排气中所含的碳氢化合物有百余种，其中大部分对人体健康的直接影响并不明显，但它是产生化学烟雾的重要物质。排气中对人体健康危害较大的碳氢化合物主要是类（甲醛、丙烯醛）和多环芳烃（苯并芘等）。甲醛、丙烯醛对鼻、眼和呼吸道黏膜有刺激作用，可引起结膜炎、鼻炎、支气管炎等症状，它们还有难闻的臭味。甲醛刺激阈的主观指标 2.4 mg/m³，当空气中甲醛浓度为 52.4 mg/m³ 时，接触的人立即出现血压降低倾向。甲醛还有致敏作用，使人发生变态反应疾病。此外，苯并芘是一种强致癌物质。

3）氮氧化合物（NO_x）

氮的氧化物较多，机动车排出的氮氧化物主要是 NO 和 NO_2，统称氮氧化合物（NO_x）。

NO 是一种无色、无臭的气体。它和血红蛋白的结合力比氧高 30 万倍，如果 NO 侵入人体与血红蛋白相结合，就会造成体内缺氧，严重时可引起意识丧失，甚至死亡。NO 本身对呼吸道亦有影响。因此，NO 对健康的影响是不容忽视的。

NO_2 是棕色气体，有特殊的刺激性臭味。NO_2 被吸入肺部后，能与肺部的水分结合生成可溶性硝酸，严重时会引起肺气肿。

4）二氧化硫（SO_2）

SO_2 是一种无色气体。空气中 SO_2 浓度达 1～3 mg/m³ 时，大多数人都会有感觉，当浓度再高一些时便感觉有刺鼻的气味。由于 SO_2 的高度可溶性，大部分可被鼻腔和呼吸道吸收，很少达到肺部。

5）颗粒物

机动车排气中的颗粒物主要有铅化物微粒和燃料不完全燃烧而生成的碳烟粒等。铅进入人体后主要损害骨髓造血系统和神经系统，对男性的生殖器也有一定的损害，如果采用无铅汽油，铅化物微粒影响便可基本消失。碳烟主要危害人体的呼吸系统。

2. 噪声

交通噪声主要源于汽车发动机声音、喇叭声音、轮胎与路面摩擦的声音，与交通量、车速、道路坡度、路面平整度和交通管理有关。在我国，小汽车、吉普车喇叭噪声为 82～85 dB；

载重车、公共汽车的噪声为 89~92 dB；汽车喇叭声高达 105 dB。交通噪声危害主要是造成人的听力疲劳或听力损伤，噪声会影响人们的睡眠质量和时间，严重干扰人们的生活。另外，噪声还会对人的生理和心理造成影响。

研究表明，一个人如果每天受到 80 dB 以上噪声的影响，久而久之，他的听力会明显下降；如果短时间受到 100~125 dB 噪声的影响，耳朵会暂时变聋；如果受到 150 dB 以上噪声的冲击，耳朵会永远失去听力。研究还表明，当受到 95~110 dB 噪声的刺激时，会导致血管收缩、心率改变、眼球扩张，噪声停止后，血管收缩还会持续一段时间，影响血液正常循环。

3. 振动

振动是因汽车行驶时针对路面的冲击面引起的，振动通过人体各部位与其接触而产生作用。根据振动作用范围的不同，对人体的影响可分为全身振动和局部振动两种。振动对人体的影响主要取决于振动的强度，其次与振动的暴露时间有关，当振动达到一定程度人就会感到不舒适，当振动继续增强，人对振动产生心理反应的同时会产生生理反应，人的神经系统及其功能受到不良影响。

4. 能源和土地资源消耗

大量汽油、柴油的使用，造成不可再生资源的大量消耗，给人类发展带来影响。各工业发达国家汽车运输的能源消耗占各种运输方式能源消耗的 70%~80%，占石油消耗量的 40%~70%。我国用于汽车运输的汽油消耗量约占总量的 90%，柴油消耗量占总量的 10%~15%。大量用地被道路、汽车占用，引起土资源消耗。据统计，四车道高速公路及一级公路的建设，每千米占用土地 5 hm^2 左右，其中一般耕地占 70%~90%，六车道高速公路占地则更多。

2.5.3　交通景观与交通安全

交通景观是一种带状的人文和自然相结合的大地风景，由城市交通附属设施、周边自然环境及人的活动等因素所构成的一个总的空间概念，反映了路域环境特征，是人文与自然环境相结合的建筑艺术。

1. 景观对交通安全的促进作用

1）延缓驾驶人疲劳和紧张

从生理机能上讲，优美而富有变化的道路景观能使人体各个系统器官，特别是中枢神经系统、血液循环系统和内分泌系统的功能活动全部处于稳定的平衡状态之中，有利于安全稳定地驾驶。和谐的道路景观有助于缓解紧张情绪，增加驾驶安全感。因此，对可能引起驾驶人恐惧或紧张的场景和场所利用景观进行装点和遮蔽，可以消除或减轻驾驶人的恐惧和紧张心理，促进交通安全。

2）视线引导

在车辆行驶过程中，驾驶人的视野是随着道路前方情况而变化的，植物在立面上所形成的竖线条可作为视觉参考，引导驾驶人的视线。尤其在黑暗、有雾或下雪时，可以使驾驶人识别道路线形和侧向界限，提高交通安全性。在驾驶人视线方向，景观在空间范围内形成的类似引导线的视觉效果，这种效果比路面和路线本身给予驾驶人的引导要强烈和有效得多。因此，合理的中央分隔带绿化和路侧具有视线诱导性植物能够显著地提高驾驶人行驶的安全性。

3）使线形走向更加明确

安全的重要方面是道路的线形走向要与驾驶人的心理预期一致。景观是提示线形的重要因素之一，特别是利用树木高度和位置来表示道路位置和线形的变化是很合理的方式，能够有效地避免驾驶人因变化反应不及而发生事故。在景观设计中，如果能考虑在驾驶人 10 s 行程范围内，通过路侧植物和景观要素对道路线形进行提示或强调，就能够使驾驶人更有效地判断前方的走向，这对于安全具有十分明显的提升作用。

4）缓解自然环境的明暗变化

在明亮的日光下，环境亮度可高达 8 000 cd/m^2，虽然隧道内设有隧道照明，但与自然环境亮度相比，仍然存在巨大反差，由此形成的黑洞效应或白洞效应往往成为事故多发的促成原因。而通过洞外景观设计则可以有效降低洞外的环境亮度，具体的景观设计手法包括洞外尽量采用绿化植树减少环境光线的发射，在隧道口道路两侧设遮阳篷、遮光篷或种植高大的遮光树木等。通过这些措施可以在营造优美的道路景观的同时，有效地实现照度的过渡，提升隧道洞口处的安全性。

5）改善交通环境

以绿色植物材料为主的道路景观绿化设施在道路环境保护中起着不可替代的作用，同时对于改善道路交通环境、促进交通安全也起着显著的作用。如受大风和沙暴影响严重的城市，通过植物固沙不但能改善路容路貌，防护路堤，而且还能提升交通安全水平。

2. 景观对交通安全的制约作用

1）分散驾驶人的注意力

与环境不和谐的、视觉冲击力强的道路景观会更多地吸引驾驶人的注意力，导致驾驶人驾驶时不够专注，从而增大发生交通意外的风险。如大面积生硬的浆砌护面墙和隧道洞门上加贴浮雕装饰，易刺激驾驶人的眼球，分散其注意力。

2）遮挡视线

路侧或中央分隔带内的绿化植物或景观设施影响驾驶人的视线，使安全行车需要的视距得不到保障是最常见的不利于交通安全的典型问题。

① 弯道内侧，行道树距行车道过近，影响到驾驶人的视距和车辆安全行驶所需的横净距，就存在较高的事故危险。

② 路侧行道树过于靠近平交路口时，会遮挡相交道路，使驾驶人忽略平交路口尤其是小平交路口的存在。即使在交叉口设置了警告标志，行道树的栽植也不利于驾驶人观察相交道路的交通状况，若支路上有车辆突然驶入主线，就极有可能导致严重的交通冲突，甚至引发

事故。在有绿化的中央分隔带的道路上，如果中央分隔带绿化带设置过于靠近平交路口或距离中央分隔带开口过近，遮挡驾驶人的视线，也容易诱发交通事故。

3）增加碰撞风险

车辆行驶时需要一个安全的路侧宽度，如果景观绿化的高大树木种植在路侧净区范围内，则会增加车辆碰撞树干的可能性，在树干直径大于 10 cm 时，则会加重事故的严重程度。

4）视觉误导

景观绿化时，不当的路侧和中央分隔带绿化树的栽植容易误导驾驶人，尤其在平面曲线和凸形曲线相结合的路段。如竖曲线后方的绿化树有明显的开口，则容易给驾驶人造成前方直行的错觉。

2.5.4　轨道交通车站的环境影响因素

对于城市轨道交通而言，环境因素主要是指影响人体健康、工作效率、设备性能的自然的和人为的各种条件因素的组合。城市轨道交通系统的管理者必须采取相应措施对车站的环境进行控制，以满足安全运行的需要。

城市轨道交通系统的环境影响因素，可分为内部小环境和外部大环境两个方面，前者包括作业环境和由管理行为营造的内部社会环境，后者则包括自然环境和外部社会环境。在众多的影响因素中，作业环境和内部社会环境是可控的，而外部社会环境和自然环境是不可控的，通过改善可控的内部小环境来适应不可控的外部大环境，从而保证系统的运营安全。影响城市轨道交通系统安全的环境因素如图 2-28 所示。

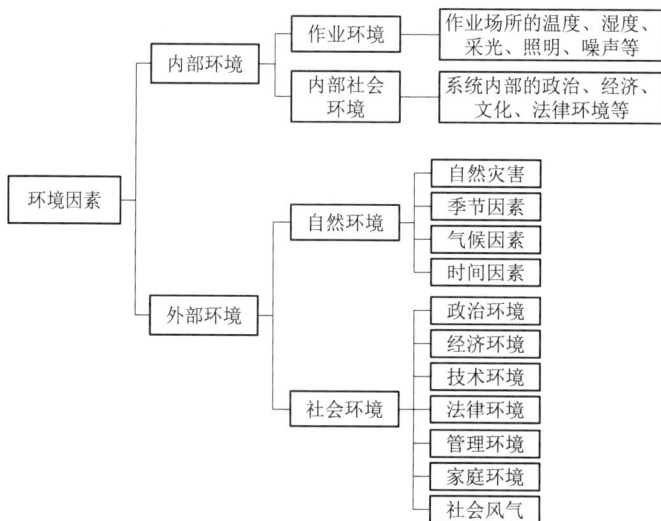

图 2-28　影响城市轨道交通系统安全的环境因素

对于自然环境，城市轨道交通车站一般设置在离地面 7～10 m 的浅层地表中，由于其与地面的大气环境有一定的隔离，以及车站本身人流密度高的特点，使得城市轨道交通车站的环境具有其特殊性。但是地铁有时也会有部分线路在地面上运行，一般的自然灾害如雨雪、迷雾、台风、水灾、地震等也会对其运营安全产生一定的影响。

社会环境包括社会的政治环境、经济环境、技术环境、管理环境、法律环境及社会风气、家庭环境等，都对轨道运营安全有不同程度的影响。

■ 复习思考题

1. 简述驾驶人的信息处理过程。
2. 简述影响交通安全的汽车性能指标。
3. 结合实际，分析常见的车辆主动、被动安全技术的工作原理。
4. 平曲线与竖曲线组合设计中应避免哪些因素以确保交通安全？
5. 简述交叉口的交通安全影响因素。
6. 从交通环境角度，综合分析城市道路交通安全的影响因素。
7. 简述人—机—环境系统的含义。
8. 影响驾驶人反应时间的因素有哪些？简述其影响规律。
9. 骑车人的心理特征主要表现在几个方面？
10. 影响汽车操纵稳定性的因素有哪些？
11. 车辆安全辅助驾驶系统有哪些功能？
12. 地铁列车自动控制系统由哪几个子系统组成？简述各子系统功能。
13. 我国道路车道宽度标准是什么？车道宽度对交通安全有什么影响？
14. 为什么轨道交通车站站台段的线路要设在直线上？
15. 交通组成是如何影响交通安全的？
16. 交通景观对交通安全有哪些引导作用？

第 3 章

城市交通事故统计分析

交通事故统计的目的是查明交通事故的分布状况、各种影响因素的相互关系，以便定量地认识事故本质和内在的规律。它对于准确、及时、全面、系统地反映交通事故的基本情况和发展情况，评价交通安全管理工作的质量和效果，加强群众的交通安全宣传和教育，强化交通参与者的交通安全意识等方面都起着非常重要的作用。本章介绍了城市交通事故统计的概念和作用、我国城市交通事故统计的若干规定，并详细介绍了各类交通事故统计指标的含义和特点，对常用的事故统计分析方法进行了分析，包括统计图表法和回归统计分析法。从城市道路交通、轨道交通两方面，重点分析了城市交通事故的分布规律。

3.1 概　　述

3.1.1 交通事故统计的概念和作用

1. 交通事故统计概念

交通事故是一种随机现象，具有偶然性。"在表面上是偶然性，但这种偶然性始终是受内部隐藏着的规律支配的，而问题只是在于发现这些规律。"只有认识和掌握交通事故的规律性，才能有的放矢地采取有效的预防措施。道路交通事故具有统计规律。统计规律是从大量的同类现象中归纳出来的，反映总体性质的规律性。认识交通事故规律性离不开对交通事故总体数量的研究。只有掌握交通事故的客观规律，才能使我们在交通管理工作中减少盲目性和失误，增强科学性和主动性，所以交通事故统计工作并不是可有可无、枯燥无味的数字游戏，而是科学管理的一项很重要的基础工作。科学的交通安全管理离不开交通事故的统计。

交通事故统计的目的是查明交通事故总体的分布状况、发展动向及各种影响因素对事故总体的作用和相互关系，以便从宏观上定量地认识事故现象的本质和内在的规律性。

本书对交通事故统计的定义是：应用交通事故统计资料，透过大量的交通事故现象，去探索交通事故的本质性内容及其发生、发展变化的规律。通过对大量交通事故现象及其特点的具体分析，找出其共性的方面，再经过分析与综合，找出规律性的倾向，进而从宏观上去认识、把握交通事故的发展趋势，并从具体的情况入手，逐个地采取有效的方法和措施，去改善交通安全状况，预防和减少交通事故。

交通事故统计资料主要按分类统计方法进行汇总，其方法主要有以下4种常见的形式。

（1）按行政区域分类

按交通事故的发生区域进行分组统计和汇总。

（2）按时间分类

按交通事故的发生时间进行分组统计和汇总。从按时间分类的统计结果中，可看出交通事故随时间而变化的情况。

（3）按质别分类

按交通事故统计对象的属性不同进行分组统计和汇总，如按车辆类型、事故原因、伤亡人员类型、道路状况、天气条件、事故动态等分组统计和汇总。

（4）按量别分类

按统计对象的数值大小进行分组统计和汇总，如按交通事故直接损失的数额、肇事驾驶人的年龄、车速等分组。

城市轨道交通事故的统计还可以按轨道交通线路进行分类。除以上的统计汇总方法外，在实际应用中经常采用复合分类汇总方法，常见的形式有：时间与地区的复合（如不同月份的事故统计）、质别与地区的复合（不同地面路面上的事故统计）、量别与行政区域的复合（不同区域的不同年龄驾驶人事故统计）等。

为了更全面地反映交通事故的本质和规律，解释各种不同影响因素对交通事故的作用及其相互关系，还应从相关部门（如统计部门和交通部门等）收集人口、交通工具拥有状况、道路交通状况等的大量相关资料。

2. 交通事故统计作用

交通事故的统计信息对交通基础设施的规划和设计、交通安全管理、交通安全系统的分析和评价产生重要的影响，并对综合治理交通和保证道路交通安全有着重要的作用，主要包括以下几个方面。

（1）在交通基础设施的规划和设计方面

① 可以证实道路几何设计、车行道设计、交叉口设计、交通控制装置的设置及参数选择的合理性；

② 发现和识别事故高发区域、交叉口和路段；

③ 检验道路交通规划的合理性；

④ 证实交通建设投资的合理性。

（2）在交通安全管理方面

① 准确、及时、全面、系统地反映交通事故的基本情况和发展情况，并进行统计分析和预测，为相关部门制定政策、指导社会发展提供依据。例如，交通事故统计可以检验交通法规中所规定的款项的合理性，了解哪些款项应进一步完善和补充。

② 交通事故处理和预防工作是交通安全管理的重要部分。交通事故的规模、水平和发展速度反映出该地区交通安全管理工作的质量和效果，可以鉴定交通管理方法的实际效果，可以提供交通管理机构设置的合理性论证资料。所以，交通事故的基本情况可以作为评价交通安全管理工作的指标之一。

③ 将交通事故统计结果，通过广播、电视、报刊和宣传牌等新闻宣传媒介公布于众，对广大群众进行交通安全宣传教育，引起全社会对交通安全的重视，强化交通参与者的交通安全意识。

④ 交通事故统计结果可以作为制定培训交通系统专业人员资格认证的基础，例如在机动车驾驶员资格考试中可以根据交通事故统计分析结果制定相应的规则。

（3）在交通安全系统分析和评价方面

① 通过统计，研究交通事故发生的时间、空间及人、车、路、环境等因素与事故之间的关系，从中找出交通事故发生的成因、特征、规律及交通安全工作中的薄弱环节，预测交通事故的发展趋势，为制定有效的预防措施和评价预防措施的效果提供依据。

② 提高交通安全管理的科学水平，离不开交通安全科学研究，交通事故统计可以为交通安全科学研究提供资料。

总之，对城市道路交通事故进行统计分析，可以让我们更好地认识事故发生的规律及原因，对影响交通安全的诸要素与交通事故之间的关系有更深的了解，从而帮助我们从中发现事故未来发生的趋势，对交通管理部门和轨道交通运营部门做好事故预防与救援工作都有很好的指导意义。

必须指出的是，交通事故统计的基本要求是准确、真实，只有保证交通事故统计结果的真实性，才能充分发挥其作用。如何保证交通事故统计的真实性，如何充分发挥交通事故统计的作用，是一个具有现实意义的重要研究课题。

3.1.2 城市交通事故统计规定

1. 城市道路交通事故统计规定

2004 年 5 月 20 日，交通部发布了《交通事故统计暂行规定》，对统计依据、范围、内容、周期、上报规则和监督等做了详细的规定，具体体现在以下几条。

① 道路交通事故统计以《中华人民共和国道路交通安全法》《中华人民共和国统计法》

《公安统计工作规则》为依据进行统计。

② 省、地、县各级公安机关交通管理部门为道路交通事故统计的主体机构，应当如实、准确、完整地统计辖区内的交通事故，并定期全面分析并向社会公布。

③ "全国道路交通事故信息系统"是道路交通事故统计分析系统，由"月报系统"和"快报系统"两个子系统组成。各级公安机关交通管理部门应当按照《"全国道路交通事故信息系统"运行管理暂行规定》定期维护系统，保障系统的正常运行。

④ 道路交通事故统计范围包括：

- 造成人员死亡的事故；
- 造成人员重伤或者轻伤的事故；
- 适用一般程序处理的财产损失事故。

⑤ 统计内容包括：交通事故起数、死伤人数和直接财产损失数额。

因抢救治疗过程中发生医疗事故导致交通事故受伤人员死亡的；以及载运易燃易爆、剧毒、放射性等危险化学品的车辆发生交通事故后，因燃烧、爆炸及危险化学品泄漏导致人员伤亡的，不列入交通事故伤亡人数统计范围。

⑥ 不属于交通事故统计范围包括：

- 渡口内发生的事故及铁道路口内车辆或行人与火车发生的事故；
- 军事演习、体育竞赛时车辆发生的事故；
- 利用交通工具故意伤害他人或者伤害自身的事件。

⑦ 道路交通事故月度统计起止日期为上月 21 日至本月 20 日。交通事故受伤人员于事故发生 7 天以后死亡的，不列入死亡人数统计范围。

⑧ 道路交通事故信息采集应如实、准确、完整地采集各项交通事故信息，填写《道路交通事故信息采集表》。

⑨ 道路交通事故信息的上报按逐级上报原则进行。县级或地级公安机关交通管理部门应当在每月 25 日前录入"月报系统"并报送地级公安机关交通管理部门；地级公安机关交通管理部门应当在每月 27 日前对当月交通事故进行汇总，并将电子数据上传至省级公安机关交通管理部门；省级公安机关交通管理部门应当在每月最后一日之前对当月交通事故进行汇总，并将电子数据上传至公安部交通管理局。

⑩ 省、地、县级公安机关交通管理部门应当设置交通事故统计员岗位。统计员岗位配备正岗统计人员和副岗统计人员各 1 名，并定期对统计人员进行培训。

⑪ 各级公安机关交通管理部门应如实上报本辖区交通事故数据，不得瞒报、漏报和迟报。

⑫ 分管交通事故处理的省、地、县级公安机关交通管理部门负责人是本级公安机关交通管理部门交通事故统计工作的第一责任人，对本部门、本单位所报送的统计数据的真实性、准确性负有领导责任。

⑬ 地级公安机关交通管理部门应当把采集、录入交通事故数据的质量作为考核大队和民警工作的内容之一，建立信息采集、录入错情倒查机制，定期检查。凡因人为因素错误采集、

录入信息，造成工作重大失误的，应对相关单位和个人进行处罚。

⑭ 凡不按本规定采集、上传本辖区道路交通事故，或不按期对本辖区内道路交通事故进行统计分析的省、地、县级公安机关交通管理部门，不能参加预防道路交通事故先进单位的评选。作为交通事故统计工作第一责任人的省、地、县级公安机关交通管理部门负责人，不能参加预防道路交通事故先进个人的评选。

2. 城市轨道交通事故统计规定

我国目前还未见国家层面关于城市轨道交通事故统计的相关规定，参考我国一些城市轨道交通运营安全管理规范，简单介绍一下相关知识。

1）事故报告

① 发生运营事故时，运营企业在事故发生 30 min 内向行业主管部门报告。

② 运营事故的报告内容：

- 时间、地点及事故现场情况；

- 事故简要经过；

- 已经造成或者可能造成的伤亡人数（包括下落不明的人数）和初步估计的直接经济损失；

- 已经采取的措施；

- 其他应当报告的情况。

③ 在事故报告时，报告人应认真检查确认现场情况，及时提供信息。对一时难以判断清楚的现场情况，可先简报而后继续了解确认，随时续报。如发现内容有误，应立即更正报告内容。

2）安全事故指标

（1）行车无事故天数

统计期内，车站或运行线上连续安全行车未发生事故的天数。单位：天。

（2）行车事故次数

统计期内，列车在运行过程中意外发生的财产损失、人员伤亡的事故次数。单位：次。

（3）行车责任事故次数

统计期内，由于运营企业组织管理和处置不当，造成乘客伤亡、车辆和设备损坏、中断行车及其他危及运营安全的事故次数。单位：次。

（4）行车责任事故伤亡人数

统计期内，行车责任事故造成受伤和死亡的人数。单位：人。

（5）事故发生率

定义：统计期内，运营线路发生运营事故间的平均运营里程。

计算公式：事故发生率=运营线路总运营里程/运营事故次数。

本指标主要是用事故发生的频繁程度来衡量地铁的可靠性。对特别重大、重大、较大、险性、一般事故，事故发生率分别计算。

（6）事故死亡率

定义：统计期内，由于运营企业失职导致死亡的人数占总客运量的比率。

计算公式：事故死亡率=运营责任事故死亡人数/客运量（百万人次）

（7）事故误工率

定义：统计期内，由于运营责任事故引发的员工误工工时占企业员工总工时的比率。

计算方法：事故误工率=事故引发员工误工工时/总工时。

（8）行车责任事故频率

统计期内，列车每发生一次行车责任事故平均行驶的万车公里数。单位：万车公里/次。

行车责任事故频率=（列车运营公里/Σ行车责任事故频率行车责任事故次数）$\times 10^{-4}$

（9）5 min 以上延误事件间平均车公里

定义：统计期内，运营线路发生两次 5 min 以上延误事件间平均行驶距离（百万车公里）。

计算方法：5 min 以上延误事件间平均车公里=总运营车公里/5 min 以上延误事件件数。

（10）5 min 以上延误事件间平均车小时

定义：统计期内，运营线路发生两次 5 min 以上延误事件间平均行驶时间（车小时）。

计算方法：5 min 以上延误事件间平均车小时=总运营车小时/5 min 以上延误事件件数。

3.2　交通事故统计分析方法

统计分析法是依靠相应的交通安全数据资料（例如交通事故次数、死亡、伤人、损失、原因、地点、时间、道路、车辆、驾驶人、行人等）来客观地反映交通安全事实的方法。通过适当的统计分析，可以对交通运输系统安全作出科学的推理、判断，从而将包含在数据中的事故规律性揭示出来，以便及时采取预防措施，解决问题。

3.2.1　交通事故统计指标

道路交通事故由于产生原因不同，要求用一系列的事故表征指标来对其进行统计，分析不同类型事故所反映的总体数量特征，揭示事故总体的内在规律。统计分析指标应具有实用性、相对性和可比性，能明确反映出交通事故发生的频率和严重程度。另外，所建立的指标和计算模式应该简单、明了，便于使用时收集数据资料，计算也应简单、方便。常用的交通事故分析指标主要有绝对指标、相对指标、平均指标和动态指标。

1. 绝对指标

绝对指标是反映某一地区某一时期交通事故的规模、总量和水平的绝对数量，即对符合一定统计条件的交通事故数据进行简单的累加。它是人们总体认识道路交通安全状况的起点，也是分析计算其他相对指标的基础，是反映交通事故状况的基本指标。绝对指标一般按照统计分析目的的不同，而相应设定不同的统计条件，常用的有交通事故 4 项指标：事故次数、死亡人数、受伤人数、直接经济损失等。绝对指标逐年逐月的累计还可以简单、清晰地反映出交通事故的发展趋势，是其他评价指标的计量基础。4 项指标一般在事故记录中可直接获得。但是绝对指标总是静止的、孤立的，无法反映实际道路、交通条件的差异对事故的影响。

2. 相对指标

相对指标是通过对交通事故统计数据中的有关数值进行分类对比，揭示交通事故内部规律性的指标。分析这些指标可更加深入地认识交通事故的发展变化过程、内部作用关系、事故强度等，还可对绝对指标在统一标准下进行分析。相对指标可分为结构相对数、比较相对数、强度相对数和动态相对数 4 种。

1）结构相对数

结构相对数是指交通事故总体数据中部分数与总数之间的比值，通常用于计算各种交通事故分类在交通事故总数中的比重，例如碰撞、刮擦、辗压、翻车等各种形态交通事故在所有交通事故中所占的比例。结构相对数是分析交通事故的结构、特点和发展规律最常用的统计指标之一。

$$结构相对数 = \frac{总体中某部分的数值}{总体全部数值} \times 100\% \qquad (3-1)$$

2）比较相对数

比较相对数是两个同类指标之比。例如，不同路段所发生的某种类型交通事故数的比值，同一时期两地区交通事故次数、死亡人数、受伤人数、财产损失金额等的比值，可以比较两个不同地区交通事故的发生情况。

$$比较相对数 = \frac{A地某种指标数}{B地某种指标数} \times 100\% \qquad (3-2)$$

3）强度相对数

强度相对数是两个性质不同，但又有某种联系的绝对数之间的比值，常用的相关因素主要有车辆保有量、交通量、人口、区域面积等，它能够反映不同现象之间的相互联系性和影响力。

$$强度相对数 = \frac{某一绝对指标数}{另一有联系而性质不同的绝对指标数} \times 100\% \qquad (3-3)$$

常用的强度相对数包括以下几个方面。

（1）公里事故率

公里事故率即平均每公里的事故数，也称为事故频数，是仅次于事故次数的基础指标。

$$R_L = \frac{A}{L} \qquad (3-4)$$

式中：R_L——公里事故率次/km；

　　　A——路段的统计事故起数，次；

　　　L——路段的长度，km。

公里事故率消除了公路长度对事故数量的影响，使不同长度的公路上的事故数有了可比性，因而成为最常用的指标之一，但它仍不能反映公路之间等级、交通量等方面的不同。

将事故数量 A 换成其他绝对值指标，如死亡人数、受伤人数、直接经济损失，那么公里事故率还可表示成公里死亡率、公里受伤率、公里损失率等。

（2）车辆事故率

车辆事故率表示在一定区域内按单位机动车保有量所平均的交通事故数，最常用的是万车事故率。

$$R_V = \frac{A}{V} \times 10^4 \qquad (3-5)$$

式中：R_V——每万车交通事故率，次/万车；

　　　A——事故起数，次；

　　　V——机动车保有量，辆。

机动车保有量较大时，可用百万车或亿车来计量该事故率，在过境车辆数较大的地区就不用该指标。

（3）人口事故率

人口事故率表示在一定区域内按人口所平均的交通事故数（死亡人数、受伤人数、直接经济损失）。

$$R_P = \frac{A}{P} \times 10^4 \qquad (3-6)$$

式中：R_P——万人交通事故率，次/万人；

　　　A——事故起数，次；

　　　P——区域内人口总数，人。

车辆事故率和人口事故率通常适用于区域的事故状况评价，其区域可大可小，但它无法用来对一个路段进行事故评价。

（4）车公里事故率

车公里事故率是指在一定区域内，按所有机动车行驶一年的公里数总和所平均的交通事故数（或伤亡人数），通常以百万车公里事故率或亿车公里事故率来表示。

$$R_K = \frac{A}{K} \times 10^8 \qquad (3-7)$$

式中：R_K——一年间每亿车公里事故率，次/（亿车·km）；

　　　A——区域内一年总运行车公里事故数，次；

K——区域内一年总运行车公里数，km。

K值是一个宏观的平均值，可以有几种方法估算：

① K = 区域内每辆车的年平均运行公里数×区域内车辆总数；

② K = 各分段公路长度×各分段公路上统计年内的统计交通量；

③ K = 区域内全年总的燃料消耗量（L）/单车每公里平均燃料消耗（L/车·km^{-1}）。

（5）综合事故率

综合事故率是万车事故率与万人事故率的几何平均值。

$$R_{PV} = \frac{A}{\sqrt{V \times P}} \times 10^4 \qquad (3-8)$$

式中：R_{PV}——综合事故率，当 A 采用死亡人数时，也称死亡系数；

　　　 A ——事故数量，次；

　　　 V ——机动车保有量，辆；

　　　 P ——区域内人口总数，人。

（6）当量事故数与当量事故率

相对指标虽然考虑了相关因素，但大多是对某一单一的相关因素单独考虑、计算的，每一种事故率只反映了事故的一个侧面，而对综合因素的反映却不够。既然事故是多因素综合作用的结果，则应采用一些综合指标。当量事故数与当量事故率是反映多指标综合作用的结果，可以作为事故发生水平的评定指标。当量事故率及车公里当量事故率，用 R_{KEQ} 表示。由下式计算得到：

$$R_{KEQ} = \frac{A_{EQ}}{L \times 365 \times AADT \times t} \qquad (3-9)$$

式中：A_{EQ}——所考察道路在计量时段内的当量事故数，次；

　　　 L ——所考察道路路段的长度，km；

　　 AADT——所考察道路路段的年平均日交通量；

　　　 t ——计量时间，年。

确定 A_{EQ} 应依据公安交通管理部门的道路交通事故 4 项指标（事故次数、死亡人数、受伤人数和直接经济损失）。在这 4 项指标中，表达事故严重程度的指标有死亡人数、受伤人数和直接经济损失。由于直接经济损失的算法缺乏具体标准，而且仅事故直接经济损失难以真实反映事故的严重程度，故而在当量事故率中不考虑这一指标，只考虑死亡人数和受伤人数，具体表示如下：

$$A_{EQ} = k_1 S + k_2 W + q \qquad (3-10)$$

式中：A_{EQ}——计量时间内道路当量事故数，次；

　　　 k_1 ——受伤人事故权数，次；

　　　 k_2 ——死亡人事故权数，次；

S ——计量时间内统计受伤人数，人；

W ——计量时间内统计死亡人数，人；

q ——计量时间内统计事故起数，次。

k_1、k_2 的确定，考虑到我国现在的 4 项指标，如 2009 年事故 23.8 万起，死亡人数 67 759 人，受伤人数 275 125 人，结合死伤对社会和个人的影响程度，建议 k_1=0.5，k_2=1。这里必须说明的是，由于当量事故率作为评价指标仅适于普通公路的多发段（点）的鉴别，对于高速公路，根据其特殊的道路状况，实践中以相撞事故车辆数作为评价指标。

（7）事故致死率

交通事故致死率是一项评价事故伤害程度和抢救水平的指标，同时也能反映各类交通事故的严重程度。致死率通过死亡人数占伤亡人数的比例来表征事故的严重水平。

$$d = \frac{D}{W + D} \times 100\% \qquad (3\text{--}11)$$

式中：d ——事故致死率或死亡率，%；

D ——死亡人数，人；

W ——受伤人数，人。

（8）交通事故危险性系数

交通事故危险性系数是指交通事故死亡人数与交通事故次数之比或它们的相应比重之比。交通事故危险性系数反映各类交通事故造成人员死亡的比例大小，它可用于衡量在某种特定条件下发生交通事故后交通事故当事人死亡的概率。

$$V = \frac{W}{A} \qquad (3\text{--}12)$$

式中：V ——事故危险性系数，人/次；

W ——事故死亡人数，人；

A ——事故次数，次。

4）动态相对数

动态相对数是指同一事物在不同时期的两个数据值之比。它反映了事物发展变化的规模、速度和趋势，是研究事物发展特点和发展规律的重要指标。动态相对数分为发展率和增长率两种。

（1）发展率

发展率是指报告期指标数与基期指标数之比，反映了同类型事物在不同时期的发展程度。事故发展率可分为定基发展率和环比发展率。

定基发展率是本期的统计数与基期统计数的比值。

$$定基发展率 = \frac{本期统计数}{基期统计数} \times 100\% \qquad (3\text{--}13)$$

环比发展率是本期统计数与前期统计数的比值。

$$环比发展率 = \frac{本期统计数}{前期统计数} \times 100\% \qquad (3-14)$$

（2）增长率

增长率是指报告期指标数以基期指标数为基础的增长比率。它反映了同类型事物的报告期指标数比基期指标数增长了多少。事故增长率可分为定基增长率和环比增长率两种。

定基增长率是定基增减量与基期统计数的比值。

$$定基增长率 = \frac{本期统计数 - 基期统计数}{基期统计数} \times 100\% \qquad (3-15)$$

环比增长率是环比增减量与前期统计数的比值。

$$环比增长率 = \frac{本期统计数 - 前期统计数}{前期统计数} \times 100\% \qquad (3-16)$$

3. 平均指标

平均指标可分为算术平均数和几何平均数。通过计算交通事故的平均指标，可使总体状况中各单位之间的同类指标数的差异抽象化，将共同性因素显现出来，以便于考察总体状况的一般水平。

1）简单算术平均值

$$\overline{x} = \frac{\sum_{i=1}^{n} x_i}{n} \qquad (3-17)$$

式中：$\overline{x}$ ——简单算术平均数；

x_i ——总体中第 i 个单位的某种指标值；

n ——总体中单位总数。

2）加权算术平均值

$$\overline{x}_w = \frac{\sum_{i=1}^{n} x_i f_i}{\sum_{i=1}^{n} f_i} \qquad (3-18)$$

式中：$\overline{x}_w$ ——加权算术平均数；

f_i ——总体中第 i 个单位的权重。

3）几何平均值

$$\overline{x}_g = \sqrt[n]{\prod_{i=1}^{n} x_i} \qquad (3-19)$$

式中： $\bar{x}_g$ ——几何平均数。

4. 动态数列

动态数列是把间隔一定时间的统计指标，按时间顺序排列而成的数列。由于用以排列的统计指标不同，动态数列的种类与意义也不同。交通事故动态数列一般分为绝对数动态数列（即把同一种绝对数按间隔时间排列起来）、相对数动态数列（即把同一指标的相对数按间隔时间排列起来）、平均数动态数列（即把同平均数按间隔时间排列起来）。在编制动态数列时应注意，用以排列的必须是同性质的统计指标，各具体指标值必须具有统一的计算范围、计算方法和计量单位，并且排列的间隔时间也必须一致。

虽然动态数列可以在一定程度上反映交通事故发展变化的过程和趋势。但是要深入分析交通事故的变化特点和规律，仅有动态数列是不够的，还必须计算动态数列的有关动态分析指标，例如计算平均水平、增长量、发展率、增长率、平均发展率和平均增长率等。

3.2.2 统计图表法

交通事故统计分析的方法主要有统计表法和统计图法。

根据不同的分析目的，将统计分析的结果编成各种表格，即为统计表，其内容包括各种必要的绝对指标和相对指标，是交通事故统计中常用的一种方法。按照统计数字或统计指标的不同特点，统计表可分为静态统计表和动态统计表。仅列出同一时期事故统计数的表格称为静态统计表，可用于对不同地区或不同性质条件的事故现象进行相互对比。将不同时间事故统计数字列成的表格称为动态统计表，可用于反映交通事故随时间变化或分布的情况。

统计图法是利用一些几何图形将统计数字或计算出的统计指标形象化，从而反映事故现象的数量关系和发展变化趋势。统计图法的主要作用是：
① 表明现象之间的对比关系；
② 反映事故现象的发展变化趋势；
③ 表明事故总体的内部结构；
④ 表明事故的分布情况；
⑤ 揭示事故现象之间的相互依存关系。

1. 比重图法

比重图是一种表示事物构成情况的平面图形，可以在平面图上形象、直观地反映事物的各种构成所占的比例。利用比重图可方便地对各类交通事故进行统计分析，图 3-1 为我国某年各种驾驶人类型的事故死亡构成。

2. 趋势图

趋势图是按一定的时间间隔统计数据，利用曲线的连续变化来反映事物动态变化的图形。趋势图借助于连续曲线的升降变化来反映事物的动态变化过程，可以帮助我们掌握交通事故

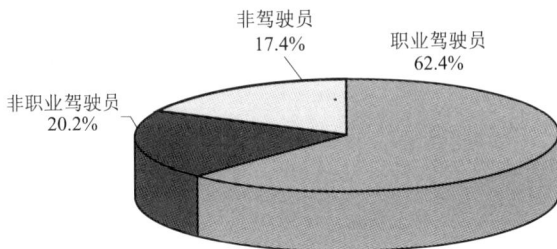

图 3-1 我国各种驾驶人类型的事故死亡构成

发生规律，预测其未来的变化趋势，以便采取预防措施，降低事故损失。

趋势图通常用直角坐标系表示，横坐标表示时间间隔，纵坐标表示事物数量尺度，根据事物动态数列资料，在直角坐标系上确定各图示点，然后将各点连接起来，即为趋势图。例如，2004—2011 年我国道路交通事故次数、死亡人数、受伤人数、直接经济损失统计数据，用趋势图表示如图 3-2 所示。

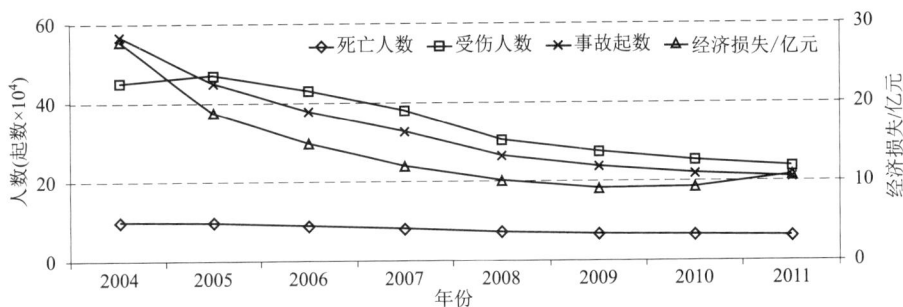

图 3-2 2004—2011 年我国道路交通事故发生情况

在绘制趋势图的过程中，如果事物的历史数据变化范围较大，可以用纵坐标轴表示事物数据的对数，即以对数数列为尺度。由于对数数列与数列本身的变化趋势是一样的，这就保证了所作的对数趋势图与原趋势图的总趋势是相同的，由此可解决作图的技术难题。

3. 直方图

直方图是交通安全分析中较为常用的统计图表。它是由建立在直角坐标系上的一系列高度不等的柱状图形组成的，因而也被称为柱状图，如图 3-3 所示。直角坐标系的横坐标表示需要分析的各种因素，柱状图形的高度则代表了对应于横坐标的某一指标的数值。采用直方图进行交通事故统计分析，可以直观、形象地表示出各种因素对交通事故的影响程度。

4. 圆图法

圆图法是把要分析的项目，按比例画在一个圆内。即整个圆 360° 为 100%，180° 为 50%，90° 为 25%，1° 为 1/360，这样画在一个圆内便可以比较直观地看出各个因素所占的比例。其形式如图 3-4 所示。

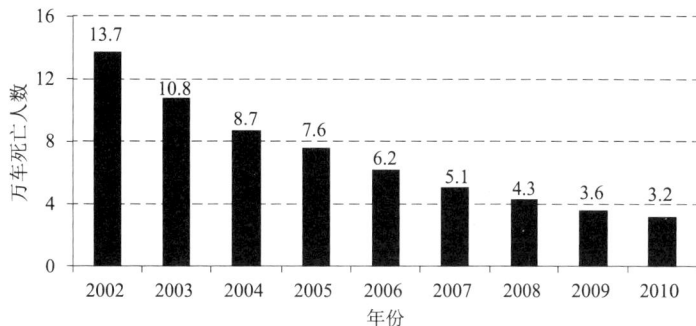

图 3-3 我国 2002—2010 道路交通事故万车死亡人数

图 3-4 道路交通事故原因分析图

5. 排列图法

排列图全称为主次因素排列图,也称为巴雷特图,可用于确定影响交通安全的关键因素,以便明确主攻方向和工作重点所在。

排列图(如图 3-5 所示)由两个纵坐标,一个横坐标,几个直方图和一条曲线组成。左边纵坐标表示事故次数,右边纵坐标表示累积频率(0~100%)。横坐标表示事故原因或事故分类,一般按影响因素的主次从左向右排列。直方图的高低表示某个因素影响的大小,曲线表示各因素影响大小的累计百分数。按主次因素的排列,可分为 3 类:累积频率在 0~80% 的因素,称 A 类因素,显然是主要因素;累积频率在 80%~90% 的因素称 B 类次主要因素;累积频率在 90%~100% 的因素称 C 类次要因素。

这种排列图可根据分析目的的不同而改变横坐标中的因素。例如,分析机动车驾驶人事故原因时,可以把横坐标设为酒后开车、超速行驶、无证驾驶、违章超车、违章会车等项目;分析道路交通事故现象时,可以把横坐标设为汽车与自行车相撞、汽车与行人相撞、汽车与拖拉机相撞、汽车自身事故等项目。但分析时所采用的因素不宜过多,要列出主要因素,去掉从属因素,以便突出主要矛盾。

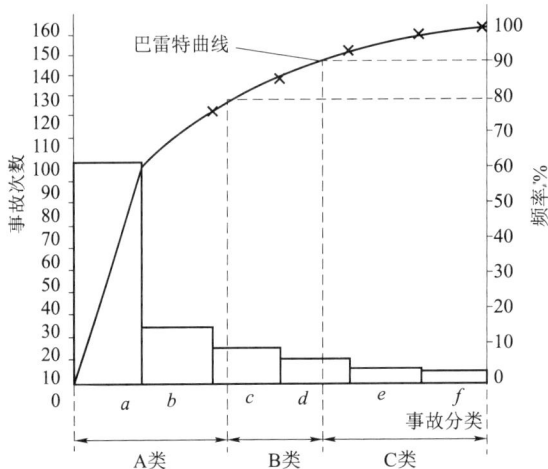

图 3-5　排列图法

3.2.3　回归统计分析法

1. 回归统计分析的概念

回归分析（regression analysis)是一种运用十分广泛的数学模型，是确定两种或两种以上变量间相互依赖的定量关系的一种统计分析方法。假设研究因变量 Y_i（$i=1,2,\cdots,n$）与自变量 X_j（$j=1,2,\cdots,k$）之间的关系，影响 Y_i 和 X_j 关系的因素包括：自变量的个数多少；因变量和自变量的关系类型。因此回归分析按照涉及的自变量的多少，可分为一元回归分析和多元回归分析；按照自变量和因变量之间的关系是否是线性的，可分为线性回归分析和非线性回归分析。

① 一元线性回归：这是一种最简单的回归形式，包含一个自变量和一个因变量，且它们大体上成线性关系，即模型为 $Y=a+bX+\varepsilon$，这里 X 是自变量，Y 是因变量，ε 是随机误差，通常假定随机误差的均值为 0，方差为 σ^2（σ^2 大于 0），σ^2 与 X 的值无关。

② 一元非线性回归：包含一个自变量和一个因变量，它们之间成非线性关系。

③ 多元线性回归分析：包括两个或两个以上的自变量，且因变量和自变量之间是线性关系。

④ 多元非线性回归分析：包括两个或两个以上的自变量，且因变量和自变量之间是非线性关系。

2. 回归分析的主要内容

① 从一组数据出发，确定某些变量之间的定量关系式，即建立数学模型并估计其中的未知参数。估计参数的常用方法是最小二乘法。

② 对这些关系式的可信程度进行检验。

③ 在许多自变量共同影响着一个因变量的关系中，判断哪个（或哪些）自变量的影响是显著的，哪些自变量的影响是不显著的，将影响显著的自变量放入模型中，而剔除影响不显著的变量，通常用逐步回归、向前回归和向后回归等方法。

④ 利用所求的关系式对某一生产过程进行预测或控制。回归分析的应用是非常广泛的，统计软件包使各种回归方法的计算十分方便。

3. 回归分析在交通安全统计中的应用

从研究成果来看，国外多采用统计回归方式来研究交通事故发生模型。基于回归的交通安全统计模型包括以下几个。

（1）英国伦敦大学斯密德公式

斯密德教授于 1949 年根据他对欧洲 20 个国家的 10 余年交通事故调查结果，用回归分析的方法，得出交通死亡人数的非线性回归模型。

$$D = 0.000\ 3\ (NP^2)^{1/3} \tag{3-20}$$

式中：D——当年交通事故死亡人数；

　　　N——当年汽车拥有量；

　　　P——当年人口数。

该预测模型以一个国家的汽车保有量、人口数作为因素。但现已经为客观事实所否定，因为它未能预测人类对维护交通安全、防止事故而采取的措施。

（2）美国的伊·阿拉加尔公式

伊·阿拉加尔通过对美国 48 个州的道路交通死亡人数的 30 多个相关因素的分析，选出其中影响较大的 6 个因素，然后用回归方程预测"百万辆汽车的事故死亡率"，经实践检验，其预测值与实际值基本相符。

$$Y = 0.521\ 5X_1 + 0.854\ 2X_2 - 0.283\ 1X_3 - 0.259\ 7X_4 + 0.144\ 7X_5 - 0.139\ 6X_6 \tag{3-21}$$

式中：Y——死亡数/百万辆汽车；

　　　X_1——公里通车里程/总里程；

　　　X_2——汽车经检验的数量；

　　　X_3——道路面积/地区面积；

　　　X_4——年平均温度；

　　　X_5——地区内人均收入；

　　　X_6——其他因素。

（3）Koornstra 模型

Koornstra 强调社会的逐渐学习过程，将道路交通死亡总数或道路交通安全的变化视为风险和外出量的函数，其中风险为每年车公里死亡数，外出量为每年的车公里数。Koornstra 模型为

$$F_t = aV_t^b V_{t-k}^c \left[\left(\frac{V_{\max}}{V_{t-k}} \right)^d - 1 \right]^e \qquad (3-22)$$

式中： F_t ——第 t 年的死亡数；

　　　 V_t ——第 t 年的车公里数；

　　　 k ——以年为单位的时间间隔；

　　　 $V_{\max}$ ——车公里数的饱和值；

　　　 a、b、c、d、e ——回归常数。

从方法本身讲，统计回归方式用于交通事故统计分析，存在以下不足：

① 要求大量样本；

② 要求样本有很好的分布规律；

③ 计划工作量大；

④ 可能出现量化结果与分析结果不符的情况；

⑤ 基于统计回归的交通安全事故模型缺乏对交通事故安全结构和事故发生机理的描述，而且不同自变量的回归模型掩盖了交通系统与社会经济发展等社会环境的关系。

3.3　城市交通事故的分布规律

3.3.1　城市道路交通事故分布规律

3.3.1.1　时空分布规律

1. 时间分布规律

城市交通事故的时间分布是指城市交通事故在不同时间段、时间点的分布情况。图 3-6 为哈尔滨、广州、西安三城市的交通事故时间分布情况。

从图 3-6 中可以看出，城市道路交通事故的时间分布明显地呈现出 3 个高峰时段，即 9:00—11:00（约占 12.06%）、14:00—17:00（约占 17.49%）、20:00—22:00（约占 10.91%），此 3 个时间段共占全天交通事故发生总量的 40.45%。深夜 23:00—1:00 和凌晨 5:00—7:00 两个时间段内所发生的交通事故次数虽不多（分别约占 7.05% 和 4.77%），但死伤情况严重。其原因主要在于：凌晨和深夜由于车辆较少，导致车速过快，夜间照明设施不全，使驾驶人视线不清，或驾驶人疲劳、疏忽等原因导致事故发生。

图 3-7 为西安市居民出行与交通事故时间分布关系，通过对比发现：图 3-7 所示的 3 个交通事故"高峰"期，并非发生在交通出行的"高峰"期，而是处于城市交通由拥挤到消散的时期（称为高峰消散期）。其原因主要是：① 由于中国大部分城市存在道路供给不足，城市交

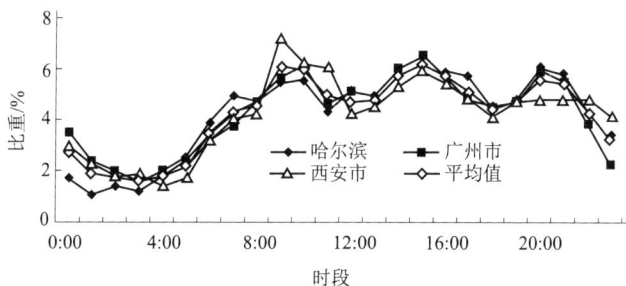

图 3-6　3 个城市道路交通事故时间分布

通在高峰时期基本上处于拥堵状态，车速较慢，驾驶人驾驶谨慎，高峰过后，车速由慢变快的突变过程易引发事故的发生；② 驾驶人在拥塞期等待通行的时间内所引起的烦躁情绪；③ 对于非机动车出行者，高峰消散期内大多处于匆忙状态，容易忽略交通安全问题。

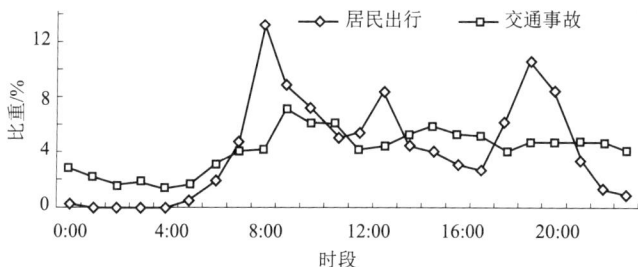

图 3-7　西安市居民出行与交通事故时间分布关系

2. 空间分布规律

城市交通事故的空间分布是指交通事故在城市不同路段、地点的分布情况。图 3-8 和图 3-9 为 2002 年昆明市的交通事故统计结果，可以看出以下几点。

① 路口是城市道路的事故多发地区，尤其是三、四路交叉口，其事故的发生数占总事故数的比例最高，分别为 7.74% 和 15.32%。在城郊结合处的路口，由于道路条件较差，缺乏必要的交通标志、信号或其他交通信号控制设施，事故隐患很多。

② 正常路段往往也是事故的多发区。这主要是因为此处的交通条件良好，车速较快，与交通条件不良的窄路段相比，驾驶人的注意力不太集中，故而当异常情况出现时，容易发生交通事故。

③ 事故的高发点与严重事故的发生点基本吻合。正常路段上的事故发生率虽然不是最高值，低于路口的事故发生率，但事故的死亡率却最高，这主要是由于路段车速高于路口车速，故而造成的伤害相对要大。

表 3-1 为某城市不同等级道路的事故空间分布情况。从表 3-1 中可以看出，主干路上发生的事故比例最高，其他依次为次干路、快速路、支路等。

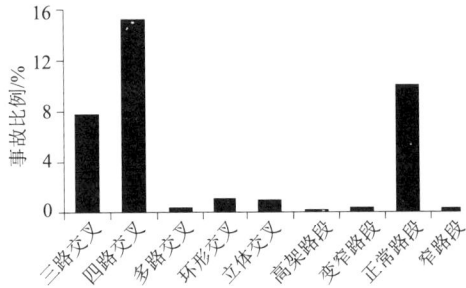

图 3-8 昆明市路口路段交通事故分布

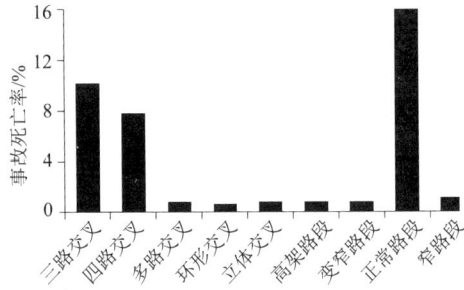

图 3-9 昆明市路口路段事故死亡率分布

表 3-1 某城市不同等级道路的事故空间分布情况

城市道路类型	交通事故数量/次	比例/%
快速路	17 757	9.85
主干路	114 802	63.68
次干路	32 519	18.04
支路	13 949	7.74
单位小区自建路	1 256	0.69

大量的交通事故集中在城市主干路上，其主要原因表现在以下几个方面。

① 城市主干路上交通繁忙，机动车、非机动车流量都比较大，因此发生交通事故的概率也远高于其他等级道路。

② 道路交通工程设施不健全。中国大部分城市主干路交通渠化不够或未加渠化，而使机非、机行之间侧向干扰大；主干路通常既具有交通性功能，又具有商业性功能，造成主干路上行人穿越需求较大，由于缺乏必要的行人过街设施，使得行人违章穿越行车道，增加了主干路上的交通安全隐患。

③ 交通视距不足。在城市道路的有些地方，过高的、过密的绿化树及广告牌的设置阻挡了驾驶人的视线，造成不能及时掌握交通状况。

3.3.1.2 形态分布规律

按照我国道路交通管理的有关规定，道路交通事故主要分为碰撞、碾压、刮擦、翻车、坠车、失火和其他事故形态。

对昆明市 2001—2002 年发生的交通事故进行统计，得到各种事故形态分布表，如表 3-2 所示，从中可以得出以下结论。

① 常见的事故形态是正面相撞、侧面相撞、尾随相撞、同向刮擦和撞固定物。

② 在各种事故形态中，正面相撞、侧面相撞和尾随相撞构成交通事故的主体，这主要是因为城市道路交通量大、车流密集、行人及非机动车较多所致。侧面相撞主要是因为车辆随

意变换车道、抢行所致；尾随碰撞则是因为行人和自行车随意穿越街道，造成车辆紧急制动，而后车跟车太近，来不及避让所致。因此，有必要对道路设施加大改善力度，如设置行人安全岛，增加中央分隔带，避免车辆对向行驶，并严格要求车辆在转弯、超车及变更车道时遵章守纪。

表 3-2　昆明市城市道路交通事故形态分布表 　　　　　单位：起

城市道路	事故形态										
	正面相撞	侧面相撞	尾随相撞	对向刮擦	同向刮擦	碾压	翻车	坠车	失火	撞固定物	其他
快速路	22	56	64	1	7	0	6	0	0	13	4
主干路	395	1 457	1 321	11	95	21	20	0	0	238	54
次干路	70	206	93	5	15	4	5	1	0	29	15
支路	45	65	25	3	5	2	3	0	0	12	3
其他	23	68	8	3	6	2	11	1	0	5	5
合计	555	1 852	1 511	23	128	29	45	2	0	297	81

3.3.1.3　交通方式分布规律

交通流中车辆的类型对交通事故也有一定的影响，与各种车辆的动力性能、车速、外形尺寸、爬坡能力、负载程度有关。在交通流的特征方面，车辆类型越多，其速度差别的范围越大，则超车就越多，发生交通事故的可能性就越大。

从图 3-10 可以反映出，在各种交通方式下的肇事责任人中，小客车驾驶人所占的比例最高，达到了 53.95%，这主要是因为在城市道路中小客车的拥有量最大，所以客观上交通事故责任人的比率也就高，同时又由于小客车的行驶速度一般较其他车辆高，在复杂的城市道路上，驾驶人稍有违章行为或注意力分散，即有可能造成交通事故。此外，目前学习小客车驾驶资格的人远远高于其他学习者，其中有相当一部分人，未经过严格的驾驶培训就获取了驾驶资格，这样一来，在一定程度上就增加了肇事概率。

从图 3-11 可以看出，对于驾驶人裸露在车辆以外的交通方式，其伤亡程度也很大，这是符合一般规律的。因此，本着"以人为本"的原则，一方面交通管理部门应该加大交通安全设施建设力度，在同一交通层面上合理分离机动车和非机动车；另一方面控制市区内运行摩托车的数量，采取一切措施避免非机动车随意行驶的状况出现，在源头上抑制交通事故的发生，否则一旦发生交通事故，伤亡程度最严重的就是行人和非机动车驾驶人。

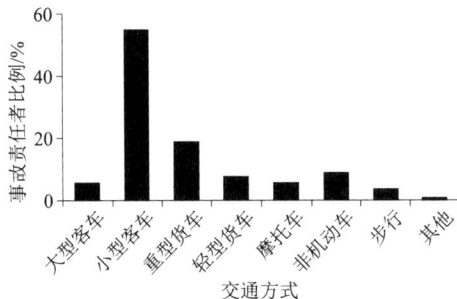

图 3-10 2002 年上海市各种交通方式下的责任者肇事情况

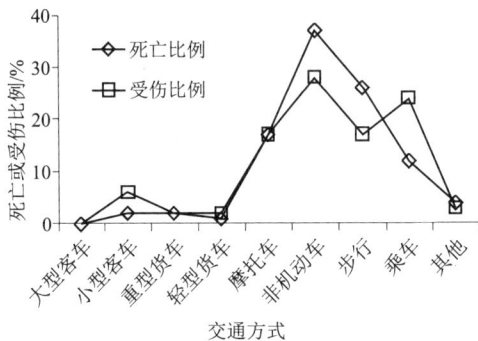

图 3-11 2002 年上海市伤亡人员交通方式统计表

3.3.1.4 受害者分布规律

交通事故在不同年龄人员的发生概率在一定的环境条件下，从统计角度看也有一定规律性。一般来讲，交通事故中死亡者的年龄以 18～45 岁的青壮年居多，其他年龄段的人较少。这主要是因为青壮年出行次数多，在交通者中占的比例大的缘故。宁夏 2000—2005 年交通事故死亡人员分布也印证了这一规律。由图 3-12 可见，死亡人数最多的年龄段集中在 21～40 岁之间，其中每个年龄段死亡人数都超过 600 人，尤以 26～30 岁这一年龄段最突出。4 个年龄段累计死亡人数为 2 514 人，占总数的 49.49%。

由图 3-13 可见，死亡人员中占有比例较大的是其他不在业人员、农林牧渔业、农工和个体 4 类，都占到死亡总人数的 10% 以上。其中，其他不在业人员的死亡人数是最多的，为 1 185 人，占总数的 22%。大体规律是文化素质高的类型死亡人数较少，文化素质低的类型死亡人数较多，可见交通事故数量跟人口素质有一定的关系。

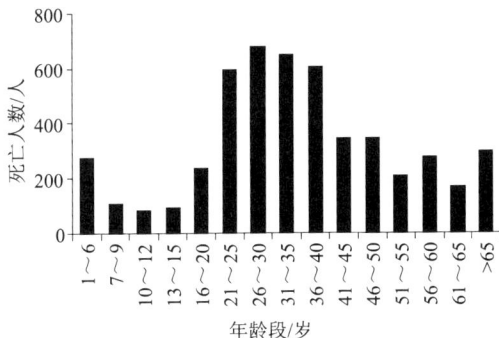

图 3–12 死亡人员年龄分布图（2000—2005 年）

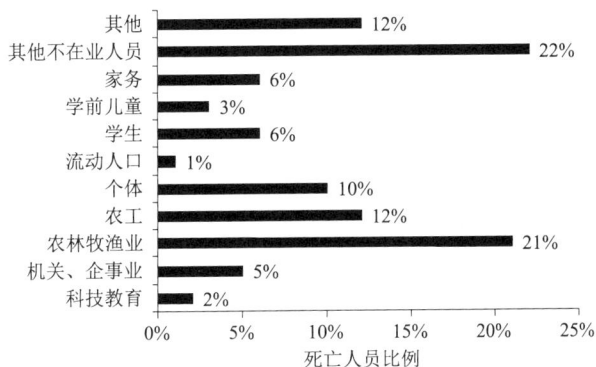

图 3–13 死亡人员类型分布图（2000—2005 年）

3.3.1.5 事故成因分布规律

道路交通事故成因是指在一定范围内、一定程度上和社会发展进步没有太大关系的那些人、车、路和环境因素。影响道路交通事故的微观因素主要有人的因素、车的因素、路的因素、环境因素 4 类。我国道路交通事故统计对事故成因分为机动车、机动车驾驶人、非机动车驾驶人、行人和乘车人、道路和其他等 6 大类。例如，根据对某一级道路的事故数的统计，机动车驾驶人所占比例最高，所有事故中属机动车驾驶人原因的占 90%，这一方面说明机动车驾驶人是事故多发的主要原因，另一方面，这里统计的事故原因仅仅是根据公安交警的事故统计原始资料，与公安交警部门现场记录有关，存在一个责任认定的问题，因此还需要对事故成因进一步分析，如表 3–3 所示。

表 3–3　某一级道路事故原因分类

事故原因	事故数	所占比例/%
机动车	201	2.99

续表

事故原因	事故数	所占比例/%
机动车驾驶人	6 096	90.75
非机动车驾驶人	218	3.25
行人、乘车人	126	1.88
道路	7	0.10

1. 人的因素

人是影响交通安全最活跃的因素。在人—车—路—交通环境构成的体系中，车辆由人驾驶，道路由人使用，交通环境由人管理。因此，对交通安全的研究应对人以足够的重视。

1）机动车驾驶人

据公安部统计数据显示，2008 年、2009 年全国发生的道路交通事故中，机动车驾驶人违法行为是交通事故的主要原因，其中超速行驶、占道行驶、无证驾驶、酒后驾驶、违法超车、疲劳驾驶等原因造成的人员死亡比较突出。统计数据同时表明，超速行驶、违章驾驶、无证低龄驾驶、夜间行驶成为马路四大"杀手"。交通事故死亡人数有一半以上系因无证驾驶人、低驾龄驾驶人交通肇事所致。2008 年和 2009 年交通事故主要原因统计分析如表 3–4 和表 3–5 所示。

表 3–4　2008 年交通事故主要原因统计分析

事故原因	超速行驶	未按规定让行	无证驾驶	逆向行驶	违法会车	违法占道行驶	酒后驾驶
死亡人数/人	10 584	9 102	5 533	3 877	2 999	2 984	3 060
受伤人数/人	26 966	48 420	16 481	11 959	11 121	10 259	7 518

表 3–5　2009 年交通事故主要原因统计分析

事故原因	超速行驶	未按规定让行	无证驾驶	逆向行驶	违法会车	违法占道行驶	酒后驾驶
死亡人数/人	9 504	8 192	5 166	3 506	2 585	2 425	2 665
受伤人数/人	23 990	41 867	15 114	10 572	9 753	7 692	5 969

2）其他交通参与者

非机动车骑乘人员和行人缺乏交通安全意识，自我防范意识差，无视交通规则。如在非人行横道横穿公路、与机动车辆抢行、贪图方便而破坏护栏等现象时有发生，乘客在车辆行驶过程中向窗外乱抛废弃物、在非公交站点拦截车辆、与驾驶人争论是非等，从而引发的交通事故也为数不少。2009 年因非机动车驾驶人、行人、乘车人及其他人员过错导致的交通事故 12 267 起，2 767 人死亡，11 894 人受伤，分别占总数的 5.14%、4.09%、4.32%。所以，人的安全意识和安全行为的改善是提高交通安全水平、减少交通事故的决定性因素。

2. 车辆因素

车辆是现代道路交通的主要运行工具。车辆技术性能的好坏，是影响道路交通安全的重要因素。2009 年在各种形态的交通事故中，单车事故占有一定比例，这类事故的起因通常是由于肇事车辆安全技术状况不良引起的。如车辆制动失灵、制动不良、机件失灵、灯光失效和车辆装载超高、超宽、超载、货物绑扎不牢固所致。另外，由于车辆在行驶过程中，各种机件承受的反复交变载荷，当超过一定数值也会突然发生疲劳而酿成交通事故。

对客货运输企业而言，由于单位维修制度不完善、不落实，车辆检验方法落后，致使一些车辆常常因带病行驶而肇事，这也是车辆本身造成事故的原因。从我国交通事故的统计资料可知，制动系和转向系故障是车辆因素造成事故的主要原因，现有运行车辆中有 50% 左右属于机构失调、带病运行，特别是个体车辆和挂靠车辆更为严重。这些都构成了交通事故的机械隐患。

3. 道路因素

道路的设计与施工质量对交通安全有较大的影响。具体表现在以下两个方面。

第一，道路的线形设计和线形组合设计对交通安全的影响非常大。常见的设计缺陷有以下几方面。

1）道路几何线形

道路几何线形要素的构成是否合理，线形组合是否协调是影响交通安全的重要因素。

① 直线路段过长，容易使驾驶人因单调而产生疲劳，注意力分散，反应迟缓。

② 线形组合。交通安全的可靠性不仅与平线形、纵坡有关，而且与线形组合是否协调有密切的关系，虽然线形标准都符合规范，但组合不好仍然会导致事故增加。

③ 竖曲线。道路竖曲线半径过小时，易造成驾驶人视野变小，视距变短，发生事故，随着视距减小，事故率增多。

④ 坡度。据调查资料，平原、丘陵与山地 3 类道路交通事故率分别为 7%，18.5% 和 25%，主要原因是下坡来不及制动或制动失灵，当坡度大于 4% 时，事故率剧增。

⑤ 道路平面曲线的曲率越大，转弯半径越小，机动车所受的横向离心力越大，越容易发生侧滑，同时驾驶人的视距也越小，视野盲区也越大。

表 3-6 和 3-7 分别为 2008 年和 2009 年不同道路线形的事故统计数据，从中可看出不同道路线形对交通安全的影响。

表 3-6　2008 年不同道路线形的事故统计数据

道路线形	事故起数		死亡人数	
	数量	占总数/%	数量	占总数/%
合计	265 204	100	73 484	100

续表

道路线形	事故起数		死亡人数	
	数量	占总数/%	数量	占总数/%
平直	231 608	87.33	61 606	83.83
一般弯	16 427	6.19	5 246	7.14
一般坡	6 444	2.43	2 365	3.22
急弯	1 496	0.56	552	0.75
陡坡	387	0.15	132	0.18
连续下坡	473	0.18	321	0.44
一般弯坡	6 626	2.50	2 404	3.27
急弯陡坡	601	0.23	380	0.52
一般坡急弯	724	0.27	325	0.44
一般弯陡坡	418	0.16	153	0.21

表 3-7 2009 年不同道路线形的事故统计数据

道路线形	事故起数		死亡人数	
	数量	占总数/%	数量	占总数/%
合计	23 835	100	67 759	100
平直	206 820	86.77	56 487	83.37
一般弯	15 771	6.62	5 166	7.63
一般坡	5 654	2.37	2 033	3.00
急弯	1 362	0.57	534	0.79
陡坡	318	0.13	138	0.20
连续下坡	413	0.17	279	0.41
一般弯坡	6 345	2.66	2 332	3.44
急弯陡坡	542	0.23	272	0.40
一般坡急弯	710	0.30	340	0.50
一般弯陡坡	416	0.18	178	0.26

2）道路平面渠化

道路渠化是在道路上采取各种物体分离的措施和方法，使不同方向、不同类型或不同速度的交通流按所划分的道路各行其道，互不干扰。道路渠化作为一种从空间分离交通流的手段，是一种投资少、工期短、效果好的交通组织方式。如有的城市道路交叉口处没有渠化或是渠化方法不对，致使"空间路权"分配不明确，驾驶人为了及时找到自己的出路，往往不遵守规则行驶，常在交叉口内与其他方向的车流冲突，造成交通事故，也使事故发生后很难查出事故的责任人。

第二，道路施工质量的好坏，对安全行车也有密切关系。如施工时路基压实度不足，会造成路基的不均匀沉降，从而破坏路面，影响交通安全。

因道路因素引发的交通安全问题应该引起道路规划、设计、养护、管理等部门的足够重视，从中总结出规律性的东西，尽可能地减少不良道路引发事故的隐患。

3.3.2　轨道交通事故分布情况

3.3.2.1　事故时空分布

虽然城市轨道交通运营事故的发生具有随机性，看似没有规律可循，但通过对国内一定数量运营事故统计分析，发现在不同年份、季节及工作日、双休日、早晚高峰对运营事故产生的影响还是有一定规律可循的。

图 3-14 为全国地铁每月运营事故数量统计。由图可知，全国地铁各月发生运营事故基本以 42 件为基准上下波动，其中 1—5 月发生的地铁运营事故次数呈现"W 形"规律，6—9 月呈现"M 形"规律，七月份左右为事故的高发期，二月份是运营事故发生的最低点。

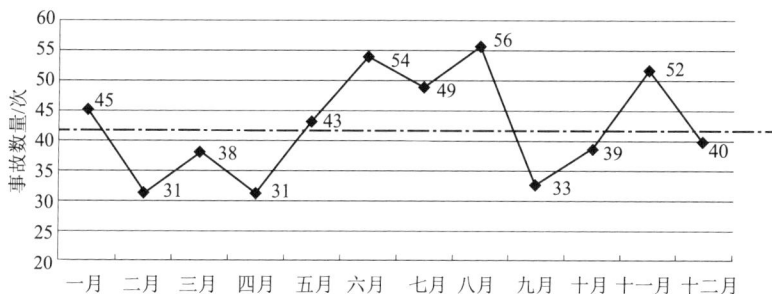

图 3-14　全国地铁每月运营事故数量

图 3-15 为以周为单位对全国地铁运营事故进行统计分析。由图可知，周一、周五发生的运营事故数量最多，而周六、周日最少，周二、周三、周四比较接近。

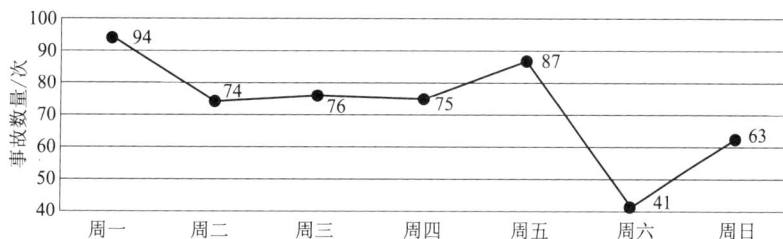

图 3-15　全国地铁每周运营事故数量

图 3-16 为以日为单位全国地铁运营事故发生规律。由图可知，清晨通勤早高峰是地铁运

营事故发生的高峰时间，中午又出现另一个运营事故高峰发生时间，总体来说从早到晚，事故发生趋势是下降的。

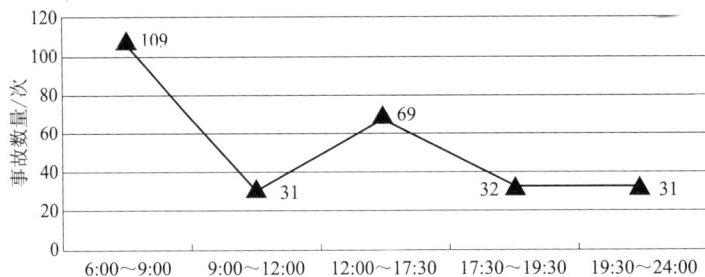

图 3-16　全国地铁每日运营事故发生规律

地铁事故发生的地点一般为车站、区间及车辆段。根据资料统计，发生在车站上的运营事故共 380 起，占总事故数的 74.51%，而发生在车辆段的事故较少，仅 28 起，只占总数的5.49%，运营事故发生地点分布如图 3-17 所示。

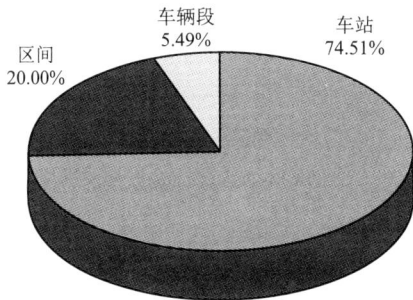

图 3-17　运营事故空间分布

3.3.2.2　运营安全影响因素

轨道交通事故影响因素是指造成轨道交通事故的各种原因和因素。造成轨道交通事故的原因是多方面的，既有人的因素、设备的因素，又有环境的因素和管理因素的影响。

1. 人的因素

人是影响地铁安全的最直接因素，包括列车司机、技术和管理人员等运营方工作人员的因素和乘客的因素。

1）列车司机等技术人员

列车司机等技术人员需要具备良好的安全素质和技术业务熟练度。安全素质是安全意识、安全知识和安全技能的总和。随着城市轨道交通路网运营自动化程度的加强，要求系统中列车司机等技术人员具备较高的安全素质，以保证城市轨道交通路网安全运营。此外，要对业务非常熟练，对相关设施设备熟悉掌握，熟悉操作技能及灵活处理各种非正常情况的作业能力等。

2）乘客

地铁和轻轨的容量比较大，是常规公交运量的几倍甚至十几倍。地铁单向高峰每小时可载运 30 000 至 60 000 人次，轻轨单向高峰平均每小时客运量也有 20 000 至 30 000 人次，而公共汽车的运量仅为 2 000 至 5 000 人次，小汽车为 1 000 至 2 000 人次。目前国外许多大城市已将轨道交通作为城市骨干交通方式，承担了整个城市 50% 以上，有的甚至超过 80% 的客运量。

地铁乘客是地铁运营的一个重要组成部分，也是造成地铁运营事故的一个重要的不确定危险因素。地铁的早晚高峰、突发大客流、可疑乘客、乘客冲突等现象，均有可能造成事故的发生。因此，对地铁乘客客流的预警可以有效降低乘客带来的事故。例如北京轨道交通地铁客流，以早晚高峰呈现客流最大化现象，为了缓解早晚高峰的大客流给地铁运营带来的压力，减少潜在的危险因素，运营公司采取了很多措施来限制客流。

2. 设备设施因素

城市轨道交通运营系统主要包括以下几大系统：电扶梯系统、车辆系统、供电系统、环控及给排水系统、通风空调系统、乘客信息系统、信号系统、通信系统、综合监控系统及火灾报警系统。

目前，各个设备设施系统均接入线路 OCC 中。每个设备设施系统都对接入系统的设备进行实时监察，并在终端显示每个设备的运行状态。当设备设施出现故障时，也会同时检查到，显示在终端上并提示报警信息。

1）电扶梯系统

电扶梯是现在城市轨道交通建设车站的必备设施，自动扶梯和垂直升降梯的运行状况直接影响运营安全，而运量会间接影响运营安全。电扶梯运行不稳定、突发故障等都很容易造成事故，直接导致乘客伤亡。

2）车辆系统

列车是城市轨道交通的运输载体及主要技术装备，是实现城市轨道交通路网功能的关键。列车的速度、运量都会间接影响到运营安全。经常发生的车辆故障有车门故障、牵引无流故障、制动机故障、空压机故障、基础制动故障等。

3）供电系统

供电是行车的必备条件，目前部分线路通过弓网（受电弓—接触网）相互作用向机车和车辆提供电力供应。弓网性能的好坏是列车能否实现快速、安全、高效运行的关键。一旦列车速度运行过快，接触网的动态变化显著增大，弓网之间会出现离线现象；另外，自然灾害及外界侵入物也会严重影响弓网的性能，危及列车的运行。例如，2011 年北京夏天经常出现的雷雨天气，就导致 13 号线上一棵树断裂倒在轨道上引发供电中断，影响列车运行的情况。

4）环控及给排水系统

环控及给排水系统故障次数最多的是屏蔽门。屏蔽门是现在地铁建设的必备设施。北京轨道交通路网除 1 号线、2 号线、13 号线、八通线外，其余各条线路都安装有屏蔽门。而屏蔽门由于使用频繁，经常会发生故障，影响乘客的正常上下车。2011 年北京轨道交通路网屏蔽门故障次数达到 63 次，平均每 5 天就发生一次。

5）通风空调系统

通风空调系统使地铁环境与外界相通，能有效地改善由于列车运行过程中产生的大量热量。若该设备发生故障，易干扰车站的气流组织，影响车站的负荷，造成火灾、乘客不良反应等影响。

6）乘客信息系统

乘客信息系统又称作 PIS 系统，主要功能是车站 PIS 信息的发布管理，包括乘客的引导信息、车站信息的发布等。该系统一般不会对运营造成较大影响。

7）信号系统

信号系统是保障列车运行安全、提高运输效率的关键技术装备。在城市轨道交通路网运营大密度的情况下，信号对控制列车运行速度、追踪间隔距离和超速防护具有极其重要的作用。经常发生的信号故障有道岔故障、计轴故障、区域控制器故障、红光带、车载故障等。

8）通信系统

通信系统用于列车与地面的各种信息（运行命令、列车状态信息）自动交换、实时传输，是实现列车运行自动化、集中统一指挥和调度的关键。

9）综合监控系统及火灾报警系统

综合监控系统及火灾报警系统又称为 FAS 系统，每个车站都有 FAS 系统，它主要对车站的各个位置进行实时的环境监控，当系统判别有危险情况发生时（烟、热度等），及时发出警报。

3. 环境因素

轨道交通一般处于封闭或半封闭状态，比起路面交通，不容易受到雨水、风雪等自然天气的干扰，且运行更为安全。但是不能忽视恶劣环境对地铁运营带来的影响。恶劣的环境严重影响了地铁的运营，甚至造成地铁运营事故。

1）强风

随着路网规模的扩大，城市轨道交通路网运营环境已不仅仅在地下，更多在高架桥上。强风对城市轨道交通路网运营安全的影响主要表现在输电线路和弓网的振动与摆动，以及大跨度桥梁的"风振"，此外侧风对高架桥上运行的列车也构成威胁。

2）洪水

洪水对路基的影响在许多方面占据着主导地位，是事故产生的主要原因。2011 年 6 月 23 日，北京突降暴雨，北京地铁 1 号线古城车辆段与运营正线的联络线洞口积水猛涨，雨水进入正线，影响正常运营。

3）雷电

雷电是伴有闪电和雷鸣的一种雄伟壮观而又有点令人生畏的放电现象。雷电主要是对电力设施造成影响。雷暴天气容易造成轨道短路、异物侵入轨道等情况，影响正常运营。

4）地震

地震是破坏力极大的自然现象，会导致轨道产生强烈的振动以致毁路断桥，造成列车脱轨、倾覆等事故。

5）环境温度

通风不畅、隧道散热不良等原因导致温度过高，不但会令乘客感到不适，更有可能造成电气设备、线路绝缘性能下降，造成电气设备短路从而引起火灾。

6）雪灾

当积雪凝结在车体走行部会降低车轮和轨道的摩擦系数，从而影响行车安全。2003年11月，北京城铁13号线因大雪导致列车在行驶中无法运营。

7）异物入侵

当列车运行速度快时，列车惯性力大，增加了紧急制动的难度，列车容易脱轨；另外，外界异物入侵也会影响弓网的安全性。2011年6月23日，北京突降暴雨，北京地铁亦庄线旧宫至肖村站区间有块金属板被大风刮入，造成接触轨短路跳闸，该区间被迫停电。

4. 管理因素

轨道交通运营管理一般由地铁运营公司管理，在拥有较多线路的大城市，运营公司又会下分为地铁运营分公司，以便于管理。地铁的安全管理是减少地铁事故的直接有效手段，可以通过以下3方面加强安全管理。

1）建立完善的监测、检测和维修体系

城市轨道交通路网大密度的运营条件，必须建立一套新的、合理的、适用的综合监测、检测、维修体系，从而确保城市轨道交通路网基础设施和关键设备得以及时维修，保障良好的运营状态网。

2）加强安全教育培训

安全教育培训是安全管理的重要组成部分，是提高信号人员、控制人员、管理人员、列车司机、轨道和设备检测维修养护人员安全知识水平和安全意识的有效手段，也是提高城市轨道交通路网整体安全水平的最直接途径。

3）建立安全规章制度

完善的专门规章制度，能够明确运营单位工作人员应当履行的安全管理职责，对危害城市轨道交通路网运营安全的行为进行有效遏制。

3.3.2.3 事故类型分布

1. 国外地铁事故类型

根据国外 102 起地铁事故的统计资料，国外地铁事故类型主要有 12 种类型，分别为爆炸事故、火灾事故、毒气事故、供电事故、恐怖袭击、列车脱轨、列车相撞、列车故障、跳下站台、踩踏事故、地震、异物侵入等，如图 3-18 所示。

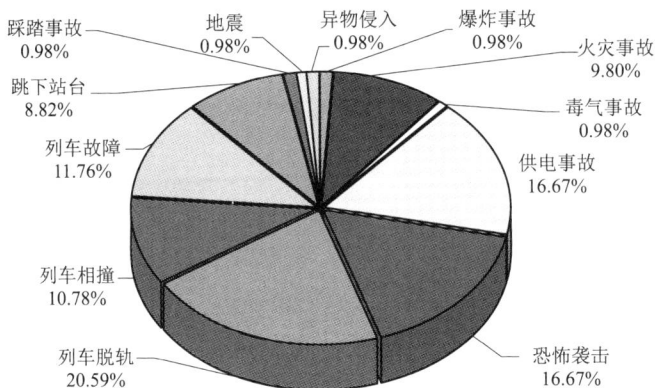

图 3-18　国外地铁事故类型分布

2. 国内地铁事故类型

根据国内城市轨道交通故障与事故统计，从大类上来看，发生事故次数排在前三的依次为通号事故（145 起）、车辆事故（142 起）和乘客事故（97 起），三者合计达到总运营事故数的 70.85%。从小类上看，排在前五位的具体事故类型主要有信号故障（77 起）、乘客跳下站台（52 起）、道岔故障（43 起）、车门故障（41 起）、列车故障（40 起）等，占总数的 49.61%，如表 3-8 所示。

表 3-8　国内地铁故障与事故类型分布

序号	大类	小类	事故总数	所占大类比例/%	所占总事故比例/%	总排序
1		车门故障	41	28.87	8.04	4
2		制动故障	30	21.13	5.88	6
3		牵引故障	21	14.79	4.12	8
4	车辆原因（27.84%）	车辆故障	40	28.17	7.84	5
5		蓄电池故障	3	2.11	0.59	23
6		电磁接触箱烧损	1	0.70	0.20	42
7		车体玻璃破碎	1	0.70	0.20	42

续表

序号	大类	小类	事故总数	所占大类比例/%	所占总事故比例/%	总排序
8	车辆原因（27.84%）	列车脱轨	2	1.41	0.39	35
9		列车追尾	3	2.11	0.59	23
10	通号原因（28.43%）	车载 ATP 故障	13	8.97	2.55	11
11		ATS 系统故障	3	2.07	0.59	23
12		ZC 故障	2	1.38	0.39	35
13		道岔故障	43	29.66	8.43	3
14		计轴故障	4	2.76	0.78	19
15		车站控制台故障	2	1.38	0.39	35
16		波导管脱落	1	0.69	0.20	42
17		信号故障	77	53.10	15.10	1
18	供电原因（10.00%）	接触网无电	13	25.49	2.55	11
19		接触网网压不稳	1	1.96	0.20	42
20		接触轨跳闸	4	7.84	0.78	19
21		电缆故障	1	1.96	0.20	42
22		电气故障	3	5.88	0.59	23
23		停电	6	11.76	1.18	17
24		供电故障	23	45.10	4.51	7
25	机电原因（3.92%）	屏蔽门故障	11	55.00	2.16	13
26		电梯故障	8	40.00	1.57	15
27		售票机故障	1	5.00	0.20	42
28	乘客原因（19.02%）	跳下站台	52	53.61	10.20	2
29		乘客拥挤	3	3.09	0.59	23
30		乘客扒门	3	3.09	0.59	23
31		乘客打架	3	3.09	0.59	23
32		自身疾病	17	17.53	3.33	9
33		乘客酗酒	2	2.06	0.39	35
34		乘客自身原因	7	7.22	1.37	16
35		乘客进入区间	10	10.31	1.96	14
36	环境原因（6.67%）	大雨	5	14.71	0.98	18
37		大雪	4	11.76	0.78	19
38		大雾	3	8.82	0.59	23

续表

序号	大类	小类	事故总数	所占大类比例/%	所占总事故比例%/	总排序
39	环境原因 （6.67%）	雷击	1	2.94	0.20	42
40		外部施工	3	8.82	0.59	23
41		异物侵入	15	44.12	2.94	10
42		外部影响	3	8.82	0.59	23
43	工作人员失误 （2.16%）	冒进	1	9.09	0.20	42
44		溜车	1	9.09	0.20	42
45		挤道岔	3	27.27	0.59	23
46		操作失误	4	36.36	0.78	19
47		违章操作	2	18.18	0.39	35
48	土建设施 （1.37%）	设施脱落	1	14.29	0.20	42
49		设施原因	3	42.86	0.59	23
50		渗水	2	28.57	0.39	35
51		桥墩损坏	1	14.29	0.20	42
52	线路影响 （0.68%）	轨道故障	1	33.33	0.20	42

3. 北京市地铁运营事故

图 3-19 中 2011 年北京市轨道交通行车运营的故障共计 1 447 次，按照种类不同分别为：

① 信号故障 619 次，占 42.78%；

② 车辆故障 530 次，占 36.63%；

③ 屏蔽门故障 63 次，占 4.35%；

④ 供电故障 11 次，占 0.76%；

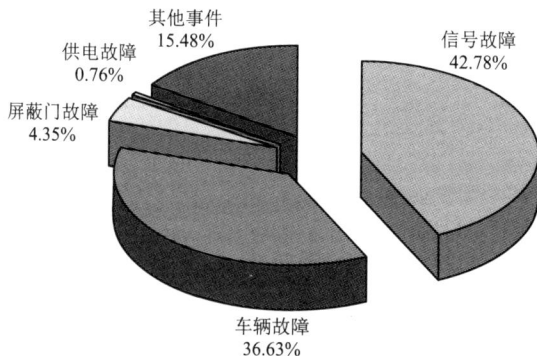

图 3-19　2011 年北京市轨道交通影响行车运营故障比例

⑤ 其他事件（主要为上人、车门夹人夹物及天气影响等非车辆设备故障原因）224 次，占 15.48%。

2011 年北京市轨道交通路网发生达到上报市交通委等级突发事件 117 例。上报市交通委等级突发事件中未影响列车运行的突发事件 61 例，如图 3-20 所示。按事件原因分析分别为：

① 因乘客原因造成的突发事件 18 例（乘客因病意外死亡 3 例，乘客安检携带违禁物品 3 例，乘客跳下站台 3 例，乘客宣传反动标语 4 例，其他乘客原因 5 例）；

② 因下雨导致车站封闭出入口 15 例；

③ 因大型活动导致车站封闭出入口 10 例；

④ 因群众上访导致的突发事件 7 例；

⑤ 因外部原因导致的突发事件 7 例；

⑥ 因运营企业原因导致的突发事件 3 例；

⑦ 因上人导致的突发事件 1 例。

上报市交通委等级突发事件中影响列车运行的突发事件 56 例，占突发事件总数的 47.86%，如图 3-21 所示。按事件原因分析分别为：

① 信号故障导致的突发事件 12 例；

② 车辆故障导致的突发事件 14 例；

③ 供电故障导致的突发事件 2 例；

④ 屏蔽门故障导致的突发事件 1 例；

⑤ 其他原因导致的突发事件 27 例（运营企业原因 7 例，乘客跳下站台 5 例，恶劣天气 4 例，区间进人 3 例，外部原因 3 例，地铁伤害 2 例，上人 1 例，乘客打架 1 例，大型活动 1 例）。

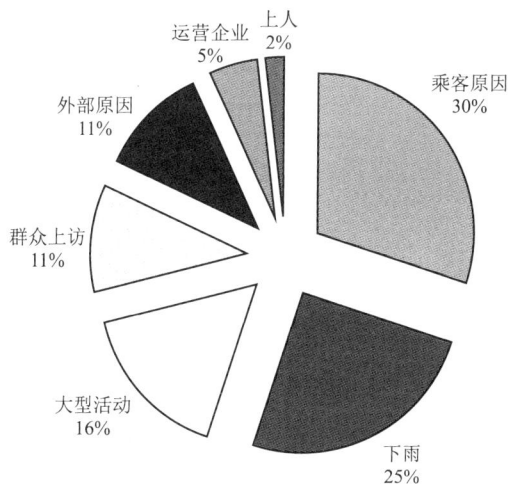

图 3-20　2011 年北京市轨道交通未影响
行车突发事件比例

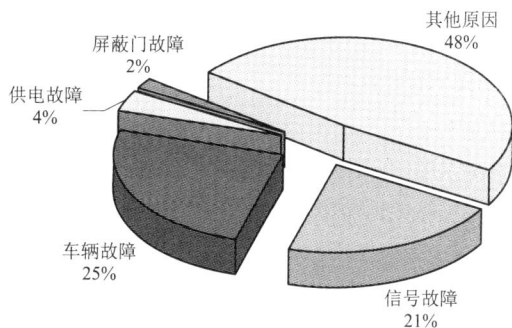

图 3-21　2011 年北京市轨道交通影响
行车突发事件比例

4. 设备设施故障事故

设备设施是城市轨道交通系统最重要的组成部分，包括车辆、信号、供电、机电、线路、土建设施等系统。通过对上海地铁 2011 年造成列车延误 5 分钟以上运营事故进行统计分析，发现各系统造成运营事故数量所占的比例如图 3-22 所示。

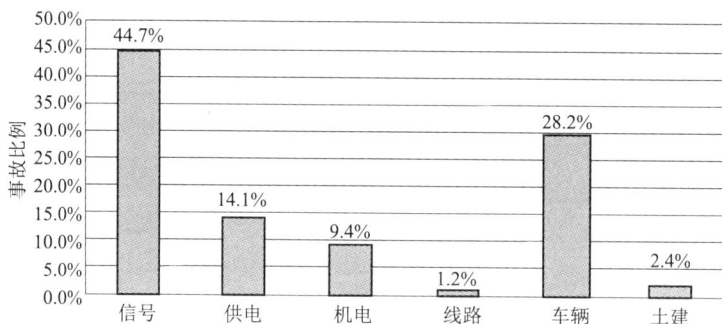

图 3-22　上海地铁 2011 年设备设施事故统计

城市轨道交通车辆是一个复杂的系统，主要包括牵引、制动、风源、辅助电源、机械走行部、车体、监控、空调、通风及采暖、列车广播等系统，车辆是否正常运行直接反映了运营是否处于安全状态。图 3-23 为 2011 年上海地铁运营车辆故障统计。

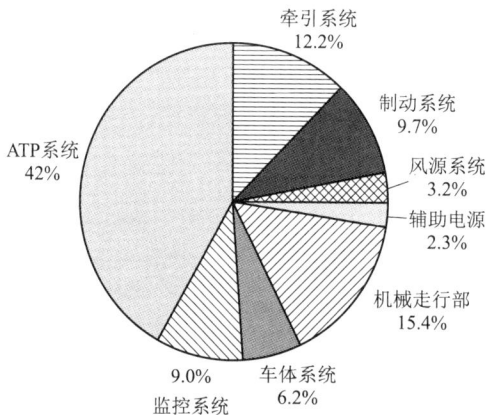

图 3-23　2011 年上海地铁运营车辆故障统计

图 3-24 和图 3-25 分别为城市轨道交通信号、供电故障类型统计。

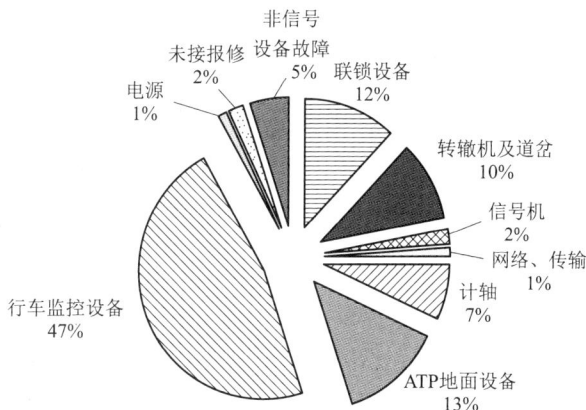

图 3-24　城市轨道交通信号故障类型统计

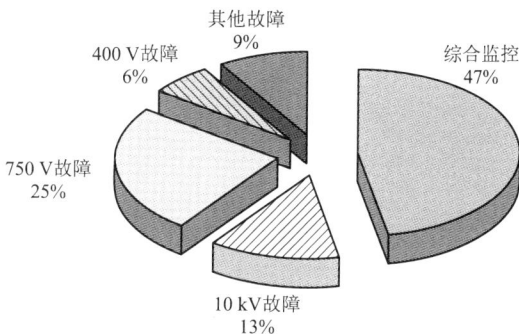

图 3-25　城市轨道交通供电故障类型统计

复习思考题

1. 简述城市道路交通事故统计分析概念。
2. 事故统计在交通基础设施的规划和设计方面有哪些作用？
3. 道路交通事故统计的范围和内容有哪些？
4. 道路交通运营事故的报告内容包括什么？
5. 城市轨道交通运营事故分为哪几类？简述其分类依据。
6. 2014 年，北京市民用机动车保有量为 532.4 万辆，常住人口 2 151.6 万人，道路总里程为 21 892 km，全年共发生交通死亡事故 864 起。计算 2014 年北京市死亡事故率。
7. 简述城市道路交通事故统计分析的指标。
8. 城市道路交通事故统计方法有哪些？
9. 使用图表法进行交通事故统计有哪些作用？

10. 简述回归分析的主要内容。

11. 从时空角度，结合调查数据综合分析城市交通事故的分布规律。

12. 按照我国道路交通管理的有关规定，道路交通事故形态包括哪几种？在实际运行中比较常见的有哪些？

13. 车辆是轨道交通安全的重要影响因素，列车在运营过程中可能存在的危险有害因素有哪些？

14. 依据系统理论，影响地铁运营安全的有关因素有哪几类？

15. 地铁运营中，人员管理的风险因素主要表现在哪些方面？

16. 简述环境因素是如何影响城市轨道交通安全的。

第4章

交通安全分析和评价

城市交通安全管理的目的是预防和控制交通事故，为此城市交通管理者应该以"系统管理，预防为主"的方针为指导，在事故发生前制定系统、全面、有效的安全管理措施，控制和消除危险隐患，应用系统安全分析和安全评价的基本原理，对城市交通系统存在的危险进行分析、预测和评价，以便找出危险发生的内在机制和外在条件，并据此对其加以消除和控制。本章主要介绍城市交通安全分析和评价的基本概念、评价指标和评价标准，并重点介绍交通冲突技术、事故树、事故多发位置、安全审计、安全聚类分析法、交通安全综合评价的基本原理和方法。重点在于掌握各种交通安全分析和评价方法，并在实践中可以合理应用这些方法对城市交通安全系统进行分析和评价。

4.1 概　　述

4.1.1 交通安全分析和评价的概念

交通安全分析和评价是交通运输安全系统工程的重要组成部分，是以实现系统安全为目的，为了保证系统安全运行，查明系统中的危险因素，以便采取相应措施控制危险。

在一定条件下，如果对交通运输系统中的危险失去控制或防范不周，就会发生事故，造成人员伤亡、财产损失及环境污染。为了抑制危险性，使其不发展为事故或减少事故造成的损失，就必须对它有充分的认识。掌握危险性发展为事故的规律，也就是要充分揭示系统存在的所有危险性，及其形成事故的可能性和发生事故的损失大小，从而衡量系统客观存在的风险大小。据此确定是否需要改进技术路线和防范措施，变更后危险性将得到怎样的抑制和消除，技术上是否可行，经济上是否合理及系统是否最终达到了社会所公认的安全指标。这就是交通安全分析和评价的基本内容和过程。

交通安全分析是使用系统工程的原理和方法，辨别、分析交通系统中存在的危险因素，并根据实际需要对其进行定性、定量描述的技术方法。

交通安全分析的分析对象是系统存在的不安全因素及其这些因素之间的相互关系，并对这些不安全因素进行调查、定性和定量分析。其分析对象的内容包括：① 可能出现的、初始的、直接引起事故的，以及与系统有关的环境、设备、人员的各种危险因素及其相互关系；② 控制或根除某种危险因素的措施及实施这些措施的方法；③ 不能根除的危险因素可能出现的后果及为防止伤害和损害的安全防护措施。

交通安全评价（危险性评价或风险评价）是基于交通安全分析对系统中固有或潜在的危险因素进行定性和定量分析结果，得出系统发生危险的可能性及其后果严重程度的评价。通过与评价标准的比较得出系统的危险程度，提出改进措施，以寻求最低事故率、最少的损失和最优的安全投资。

交通安全评价的基础是系统存在的不安全因素进行定性和定量分析，包括交通安全测定、检查和分析。在此基础上，交通安全评价的含义包括：① 通过与评价标准的比较得出系统发生危险的可能性或程度的评价；② 提出改进措施，以寻求最低的事故率，达到安全评价的最终目的。

交通安全的评价结果的好坏与评价标准有直接的关系。评价标准（安全标准）是指经定量化的风险或危害性是否达到要求的（期盼的）安全程度，需要有一个界限、目标或标准进行比较，这个标准就是安全评价标准。

一个国家、行业或部门的政治、经济、技术和安全科学发展的水平会直接影响安全标准的确定，安全标准也会随着生产力水平的提高而改变。随着生产技术的发展，新工艺、新技术、新材料、新能源的出现，又会产生新的危险；同时对已经认识到的危险，由于技术、资金等因素的制约，也不可能完全杜绝。因此安全标准的确定，实际上就是确定一个社会各方面可允许的、可接受的危险程度。

例如，美国根据交通事故的统计资料，得出小汽车交通事故死亡率为 2.5 人／（万人·年），这就意味着每年每 10 万美国人中有 25 人因乘坐小汽车死亡的风险，但是美国人没有因害怕这个风险而放弃使用小汽车，说明这个风险能够被美国社会所接受，所以这个风险率就可以作为美国人使用小汽车做交通工具的安全评价标准。

4.1.2　交通安全分析和评价的意义

1. 交通安全分析和评价体现了"安全第一，预防为主"的方针

为了保障安全生产，必须从预防事故这一根本目的出发，预先或超前对系统在计划、设计、施工、验收、投产和运行等各阶段的安全性进行科学的预测和评估，防止和减少在安全上的欠债并加强安全的投入。安全评价从预防事故的观点出发，对系统可能产生的损失和伤害进行预测和评价，采取有效的手段以实现系统安全的总目标。因此，安全评价是一门控制系统总损失的技术，评价过程提高了安全管理水平，体现了从被动到主动、从事后处理到事前预防、从经验到科学的安全管理方法。

2. 交通安全分析和评价有助于国家各级安全监察部门对企业安全生产的宏观控制

通过对企业安全状况系统地、科学地、客观地评价，既可能衡量企业固有危险性的大小，又可得出企业安全现状的结论。国家各级监察部门可以以此为依据，按照不同的危险等级和安全现状配备相应的监察力量，使监察工作能够有目的有重点地进行，实现重点和一般相结合，全面控制企业安全生产的目的。

实行国家监察的目的，是要对企业安全生产实现宏观控制。通过监察发现问题并依法进行处理，以求改变企业的不安全状况，提高安全生产水平。安全评价可以依据标准对企业安全管理、安全技术、安全教育等诸方面的问题作出综合评价，既能了解企业存在的问题，又能客观地对企业安全水平给出结论。安全监察机关就可以以此为依据，对企业依法进行处置，例如依法追究刑事责任、责令停产整顿或采取相应安全措施。而且，一般安全评价标准都附有根据国家科技发展水平能够实现的措施，使企业不仅了解危险的存在，而且明确改进安全状况的措施，达到监察的目的，实现控制的目标。

3. 交通安全分析和评价有助于保险部门加强对企业灾害实行风险管理

保险部门对企业事故引起的人身伤亡、职业病和财产损失所承担的保障义务是保险业的一项重要内容。随着我国保险业的发展，企业投保也逐渐增多，对企业事故的风险管理必然要纳入议事日程。风险管理应该包括以下内容：保险费的合理收取；风险的控制和事故后的合理赔偿。

保险部门为企业承担灾害事故保险，就要收取保险费，保险费的收取是由企业事故风险的大小决定的。所谓事故风险，就是单位时间内的事故损失。严格来讲，保险费的计算应以风险为基准，但目前还不具备这样的条件。因此，可以考虑采用安全评价的结果来计算费率，即综合考虑企业生产过程中危险程度大小和企业对危险的控制能力的高低。

至于风险控制，就是在保险过程中尽量减少灾害事故的发生和减轻灾害事故发生的损失。保险部门为投保户提供灾害风险保险，并不是所有事故都负责赔偿，而是仅在投保户遵守保险部门规定的防灾防损条例、条令、规程、规定的前提下才履行该项义务的。保险公司不仅为此制定若干法规、标准，而且拥有完善的监察投保户执行情况的组织机构。由于我国保险业尚未建立健全这套体制，不能严格控制企业灾害事故的发生。但是，目前完全可借用企业安全评价标准作为企业防灾防损必须遵守的准则（国外的保险条例也有许多等效采用其他安全法规、标准的情况）。另一方面，保险部门还要根据企业对条例的遵守情况和事故的减少幅度，定期返还企业部分保险费，以资鼓励，提高企业防灾防损的自觉性。如果投保企业发生了事故，就存在一个是否应该赔偿及赔偿多少的问题。解决这个问题的关键也是以企业是否遵守保险条例为基础的。因此，一个较完善的企业安全评价标准完全可以作为保险部门事故赔偿的准则。总之，安全评价的标准和结果为保险部门对企业实行风险管理提供了经验和数据，对加强风险管理有其现实指导意义。

4. 交通安全分析和评价变盲目管理为目标管理，使企业安全工作逐步标准化

以往的安全管理缺乏统一的标准，安全人员仅凭自己的经验、主观意志和思想觉悟办事。往往是不出事故就认为安全工作出色，出了事故就惊慌失措、对安全工作全盘否定，缺乏衡量企业安全的客观指标和标准。通过按评价标准进行安全评价，使安全技术干部和全体职工明确各项工作的规范要求，达到什么地步就可称为安全及采取什么手段可以达到指标。有了标准，就可以使安全工作有明确的追求目标，从而使日常安全管理工作纳入标准轨道。

5. 交通安全分析和评价可以为企业领导的安全决策提供必要的科学依据

要改变企业的安全状况，提高企业的安全生产水平，就必须采取相应的安全措施，这就涉及安全投资的问题。对所有安全工程项目，不仅要考虑改善工作条件，保护职工健康与安全，也要考虑项目的经济效益。因为安全工作也是企业经济活动的一部分，因此要认真对待安全投资的经济性和合理性问题。安全评价不仅系统地确认危险性，还要进一步考虑危险性发展为事故的可能性大小和事故损失的严重程度，进而计算单位时间事故造成的损失（即风险）。以此说明系统危险可能造成的负效益的大小，以便合理地选择控制事故的措施，措施投资的多少，使投资和可能减少的负效益达到平衡，正确选择技术路线和工艺路线，为领导决策提供科学依据，使系统达到社会认可的安全指标。

4.1.3 典型的交通安全分析和评价方法

目前可应用于城市交通安全系统的安全分析和评价方法有许多种，各种安全分析和评价方法都是根据危险性的分析、预测及特定的评价需要而研究开发的，因此各种方法都有各自的特点和一定的适用范围。

1. 统计图表法（statistic figure analysis，SFA）

利用统计图表对交通事故数据进行整理并进行粗略的原因分析，是一种定量分析方法，也是在交通安全管理工作中的常用方法。该方法适用于对系统发生事故情况进行统计分析，便于找出事故发生规律。

2. 因果分析图法（cause consequence analysis，CCA）

当分析发生交通事故的原因时，可以将各种可能的事故原因进行归纳分析，用简明的文字和线条表现出来，将引发事故的重要因素分层（支）加以分析，分层（支）的多少取决于安全分析的广度和深度要求，分析结果可供编制安全检查表和事故树用。此方法简单、用途广泛，但难以揭示各因素之间的组合关系。

3. 安全检查表分析和评价法（safety check list，SCL）

按照一定方式（检查表）检查设计、系统和工艺过程，把评价项目自身及周围环境的潜在危险集中起来，列成检查项目的清单，并根据安全检查表的分析结果，依照清单进行评价，逐项检查和评定，是城市交通系统安全分析和评价中一种常用方法。安全检查表是进行系统安全检查、预防事故、改善劳动条件的一种重要手段。此方法简单、用途广泛，没有任何限制，分析和评价效果很好。

4. 预先危险性分析（preliminary hazard analysis，PHA）

它是一种定性分析系统危险因素和危险程度的方法，主要用于交通线路、港、站、枢纽等新系统设计、已有系统改造之前的方案设计、选址、选线阶段，在人们还没有掌握该系统详细资料的时候，对系统存在的危险类型、来源、出现条件、事故后果及有关措施等，做一概略分析，并尽可能在系统付诸实施之前找出预防、纠正、补救措施，消除或控制危险因素。其特点是把分析工作做在行动之前，避免由于考虑不周而造成损失，当然在系统运转周期的其他阶段，如检修后开车、制定操作规程、技术改造之后、使用新工艺等情况，都可以采用这种方法。

5. 故障模式和影响分析（failure model and effects analysis，FMEA）

分析系统中各子系统及元件可能发生的各种故障模式，查明各种类型故障对邻近子系统或元件的影响及最终对系统的影响，提出可能采取的预防改进措施，以提高系统的可靠性和安全性。本方法易于理解，是广泛采用的标准化方法。但一般用于考虑非危险性失效，费时较多，而且一般不能考虑人、环境和部件之间相互关系等因素。该方法主要用于设计阶段的安全分析。

6. 事件树分析（event tree analysis，ETA）

它从一个初始事件开始，按顺序分析事件向前发展中各个环节成功与失败的过程和结果。本方法广泛用于各种系统，能够分析出各种事件发展的可能结果，是一种动态的宏观分析方法。

7. 事故树分析（fault tree analysis，FTA）

把系统可能发生的某种事故与导致事故发生的各种原因之间的逻辑关系用一种称为事故树的树形图表示，通过对事故树的定性与定量分析，找出事故发生的主要原因，为确定安全对策提供可靠依据，以达到预测与预防事故发生的目的。本方法可包含人、环境和部件之间相互关系等因素，加上简明、形象化的特点，已成为安全系统工程的主要分析方法。

8. 作业条件危险性评价法（operation condition risk assessment，LEC）

以与系统风险率有关的 3 种因素指标值之积（发生事故的可能性大小、人体暴露在这种危险环境中的频繁程度、一旦发生事故可能会造成的损失后果）来评价系统人员伤亡风险的大小，并将所得作业条件危险性数值与规定的作业条件危险性等级相比较，从而确定作业条件的危险程度。这种方法是一种简便易行的衡量人们在某种具有潜在危险的环境中作业的危险性的半定量评价方法。

9. 概率安全评价（probabillty safety assessment，PSA）

先求出系统发生事故的概率，然后结合事故后果严重度的估计进一步计算风险，以风险大小确定系统的安全程度，以此衡量系统的危险程度是否超过可接受的安全标准，以便决定是否需要采取相应的安全措施，使其达到社会所公认的安全水平。这种方法是一种定量安全评价方法。

10. 安全综合评价法（comprehensive safety assessment，CSA）

安全综合评价法也叫多指标安全综合评价法，把多个描述被评价对象不同方面且量纲不同的定性和定量指标，转化为无量纲的评价值，并综合这些评价值以得出对该评价对象的一个整体评价。这种方法具有多指标、多层次特性，能较好地处理大型复杂系统的安全评价问题。

11. 主成分分析法（principal component analysis，PCA）

这是研究如何将多指标问题转化为较少的综合指标的一种重要分析方法，它能将高维空间的问题转化到低维空间去处理，使问题变得比较简单、直观，而且这些较少的综合指标之间互不相关，又能提供原有指标的绝大部分信息。

12. 模糊聚类分析（fuzzy cluster analysis，FCA）

这是数理统计中的一种多元分析方法，它是用数学方法定量地确定样本的亲疏关系，从而客观地划分类型。当聚类涉及事物之间的模糊界限时，需运用模糊聚类分析方法。因此，模糊聚类分析是根据客观事物间的特征、亲疏程度、相似性，通过建立模糊相似关系对客观事物进行聚类的分析方法。

13. 交通冲突技术（traffic conflict technology，TCT）

交通冲突技术是按照一定的标准，对冲突发生过程及严重程度进行定量测量与判别，并应用于安全评价的技术方法。交通冲突技术是一种典型的非事故统计间接评价法，以"近似事故"的间接观测为基础，依照一定的标准，对冲突发生过程及严重程度进行定量测量和判别，是一种较为有效的交通安全评价方法。目前交通冲突技术在世界许多国家得到广泛应用，成为国际上用于定量研究多种交通安全（特别是地点安全）问题及其对策的重要方法。

14. 道路安全审计（road safety audit，RSA）

道路安全审计是改善道路安全状况的一种有效方法,应用系统方法，将道路安全的知识,应用到道路的规划和设计等各个阶段，以预防交通事故。道路安全审计是对道路项目由独立的合格审核人员进行的正式审核。这个方法可应用于现有道路、新建道路及现有道路的改善,适用于公路项目也适用于城市道路项目的安全审计。

15. 事故多发位置（accident-prone locations）

它是指在所定的统计周期内，特定的路网范围（点、段、区域）对应某种算法得到的交通事故发生水平评定指标明显高于类似地点、类似交通状态下区域路网上的平均指标。合理地确定统计时间周期、特定的路网范围、评定指标和鉴别方法等，是鉴别事故多发位置的关键。

4.1.4 交通安全分析和评价方法的选择

由于工艺、设备设施不同及事故类型、事故模式等不同，因而所采用的分析和评价方法是不同的。选用合理的分析和评价方法是一项关键性工作，关系到研究对象的分析和评价结论是否合理、正确和可靠。交通安全分析和评价方法很多，几乎每种方法都有较强的针对性。对具体的评价对象，必须选用合适的方法才能取得良好的评价效果，因此在选择分析和评价方法时，应根据实际情况，考虑下述几个因素。

1. 分析和评价的目的

安全分析方法的选择应该能够满足对分析的要求，即对辨识危险源的要求。辨识危险源要做到以下几点要求：① 查明系统中所有危险源；② 掌握危险源可能导致的事故；③ 列出降低危险性的措施；④ 将所有危险源按危险大小排序；⑤ 为安全评价提供数据。

在选用安全评价方法之前，必须考虑评价结果是否能达到评价的目的和动机。

2. 资料的影响

交通安全分析和评价需要收集的资料的种类非常多，如生产水平和方式、研究对象的复杂程度和规模大小、固有危险的性质、可能发生的事故类型等。这些资料收集的数量和质量、详细程度、内容的新旧等都会对选择安全分析和评价方法有着至关重要的影响。

一般来说，资料的获取与被研究系统所处的阶段有直接关系。例如，在方案设计阶段，难以获取详细的资料。随着系统的发展，可获得的资料越来越多、越详细。为了能够正确分析，应该收集最新的、高质量的资料。

3. 系统的特点

分析和评价系统复杂程度、危险性、事故历史情况、设备新旧情况、运行状况、使用年限、管理的现状等对于安全分析和评价方法的选择起着非常重要的作用。

例如，对于复杂和规模大的系统，由于需要的工作量和时间较多，应先用较简捷的方法进行筛选，然后根据分析的详细程度选择相应的分析和评价方法；当系统的危险性较高时，通常采用系统、严格、预测性的方法，如事件树、事故树、综合安全评价等方法；当危险性较低时，一般采用经验的、不太详细的分析方法，如安全检查表法等。

4. 需要的分析和评价结果表现形式

如危险性一览表、潜在事故情景一览表、危险控制措施一览表、危险分级、定量危险分析数值等。

5. 可投入分析和评价的技术人员及其素质、费用、完成期限、专家和管理人员的知识结构及水平等

在选择分析和评价方法时，除考虑上述的因素外，还要对分析和评价方法可提供的评价结果及其适应范围做进一步分析。实践表明，不同的分析和评价方法适应于对系统寿命期内的不同阶段进行危险评价。表 4–1 和表 4–2 分别给出了几种常用分析和评价方法可以提供的评价结果及其适用情况。

表 4–1　典型安全分析和评价方法提供的评价结果

评价方法	事故情况	事故频率	事故后果	危险分级
安全检查表分析和评价法	不能	不能	不能	不能
预先危险性分析	不能	不能	提供	提供
故障模式和影响分析	提供	提供	提供	事故后果分级
事故树分析	提供	提供	不能	事故频率分级
事件树分析	提供	提供	提供	提供
概率安全评价	提供	提供	提供	提供
作业条件危险性评价法	提供	提供	提供	提供
安全综合评价法	不能	不能	不能	提供
交通冲突技术	不能	提供	不能	提供
道路安全审计	不能	不能	不能	不能
事故多发位置	提供	提供	提供	提供
模糊聚类分析	不能	不能	不能	提供

表 4–2　典型安全分析和评价方法适用情况

评价方法	方案设计	详细设计	工程施工	日常运营	改建扩建	事故调查	拆除退役
安全检查表分析和评价法	√	√	√	√	√		√
预先危险性分析	√	√	√	√	√	√	
故障模式和影响分析			√	√	√	√	
事故树分析	√	√	√	√	√	√	
事件树分析			√	√	√	√	
概率安全评价	√	√	√	√	√	√	

评价方法	方案设计	详细设计	工程施工	日常运营	改建扩建	事故调查	拆除退役
作业条件危险性评价法				√			
安全综合评价法			√	√	√		
事故多发位置				√		√	
交通冲突技术				√		√	
道路安全审计	√	√	√	√	√		√

这里需要指出的是，在使用安全分析和评价方法时应注意：

① 使用现有方法不能生搬硬套，必要时应进行改造或简化；

② 不能局限于已有方法的应用，而应从系统原理出发，开发新的交通安全分析和评价方法。

4.2 安全检查表法

安全检查表是交通系统安全分析中的一种常用分析方法。其基本任务是发现和查明系统的各种危险和隐患，监督各项安全法规、制度、标准的实施，制止违章行为，预防事故，消除危险，保障安全。在交通安全管理中，对安全大检查是十分重视的。一般在年初（或年底）、每逢节假日到来之前，都要进行安全大检查，但进行安全检查时由于缺乏细致的检查方法，易流于形式，出现疏忽和漏检。为了使安全检查工作能够正确、及时地发现问题和解决问题，需要一种按系统工程思想进行检查的方法。安全检查表就是为此目的而编制的。实践表明，安全检查表是进行系统安全检查、预防事故、改善劳动条件的一种重要手段。

4.2.1 安全检查表的基本概念

1. 安全检查

安全检查是运营常规、例行的安全管理工作及时发现不安全状态及不安全行为的有效途径，也是消除事故隐患、防止事故发生的重要手段。开展安全检查工作，要做到有计划、有组织、目标明确、内容要求具体，并且必须由领导负责、有关人员参加的安全生产检查组进行实施。安全检查自始至终应贯彻领导与群众相结合的原则，做到边检查、边整改。

2. 安全检查表

安全检查表是为系统地发现运输工具、运输线路、港、站、车间、班组、工序或机器、设备、装置、环境及各种操作管理和组织措施中的不安全因素而事先拟好的问题清单。它根据系统工程分解和综合的原理，事先把检查对象加以剖析，把大系统分割成若干个小的子系统，然后确定检查项目，查出不安全因素所在，以正面提问的方式，将检查项目按系统或子系统的顺序编制成表，以便进行检查和避免漏检查，这种表就叫安全检查表。其基本格式如表 4-3 所示。

表 4-3　安全检查表的基本格式

检查时间	检查单位	检查人	检查部位	整改负责人

序号	检查项目	检查结果		整改措施
		是	否	

安全检查表的类型繁多，分类的方式不一。一般可按其用途分类，包括：设计审查用安全检查表、运输设备和设施定期安全检查表、车间和岗位用安全检查表、消防用安全检查表和专业性安全检查表等。

安全检查表不是检查项目的一本流水账，也不是所有问题的罗列，而是通过分析、筛选、简化，能发现问题、查找问题的一种工具。其针对性强，富有实效，对分析系统的安全状况有较好的指导作用，因而得到了广泛应用。

3. 安全检查表的内容及要求

（1）安全检查表的项目及要求

安全检查表的检查项目，应列出所有可能导致事故发生的因素或状态，即要求所列检查项目系统、全面、完善。检查的项目越全面，检查的地方越彻底，漏掉的不安全隐患就越少，系统的安全性就越高。

（2）安全检查表采用的方式

安全检查表一般采用正面提问的方式，要求发问明确，回答清楚，并以"是"或"否"来回答。例如，"对喝酒上岗和身体不适的职工是否采取了有效措施？"如果采取了有效措施，检查结果以"是"回答；如果没有则以"否"回答。"是"表示符合要求；"否"表示还存在问题，有待进一步改进。所以，在每个提问后面也可以设整改措施栏，将整改措施简要填写在此栏内。每个检查表均需注明检查时间、检查者、直接负责人等，以便分清责任。

（3）检查依据

为了使提出的问题有依据，可以收集有关此项问题的规章制度、规范标准中所规定的要求，分别简要列出它们的名称和所在章节，附于每项提问后面，以便查对。

4. 安全检查表的特点

安全检查表是进行系统安全分析的基础，也是安全检查中行之有效的基本方法，具有以下特点：

① 通过预先对检查对象进行详细调查研究和全面分析，所制定出来的安全检查表比较系统、完整，能包括导致事故发生的各种因素，可避免检查过程中的走过场和盲目性，从而提高安全检查工作的效果和质量；

② 安全检查表是根据有关法规、安全规程和标准制定的，因此检查目的明确，内容具体，易于实现安全要求；

③ 对所拟定的检查项目进行逐项检查的过程，也是对系统危险因素辨识、评价和制定措施的过程，既能准确地查出隐患，又能得出确切的结论，从而保证了有关法规的全面落实；

④ 检查表是与有关责任人紧密相联系的，所以易于推行安全生产责任制，检查后能够做到事故清、责任明、整改措施落实快；

⑤ 安全检查表是通过问答的形式进行检查的过程，所以使用起来简单易行，易于安全管理人员和广大职工掌握和接受，可经常自我检查。

4.2.2 安全检查表的编制

1. 安全检查表的编制方法

安全检查表的编制一般采用经验法和分析法。

① 经验法。找熟悉被检查对象的人员和具有实践经验的人员，以三结合的方式（工人、工程技术人员、管理人员）组成一个小组。依据人、物、环境的具体情况，根据以往积累的实践经验及有关统计数据，按照规程、规章制度等文件的要求，编制安全检查表。

② 分析法。根据已编制的事故树、事件树的分析、评价结果来编制安全检查表。

经验法编制的安全检查表，检查项目十分冗长、繁杂，既费人力，又花时间，工作效率低，加上检查的方式、方法落后，使用效果不如分析法。

分析法编制的安全检查表，经过事故树、事件树的定性、定量分析来确定检查项目，因而检查表较为精练和完善。虽然检查项目可能不多，但每一检查项目都是保证系统安全的关键环节，所以分析法是发展的方向。

2. 安全检查表的编制步骤

① 确定被检查对象，组织有关人员；

② 熟悉被分析的系统；

③ 调查不安全因素；

④ 搜集与系统有关的规范、标准、制度等；

⑤ 明确规定的安全要求；

⑥ 根据具体情况和要求确定编制方法，编制安全检查表；

⑦ 通过反复使用，不断修改、补充完善。

3. 编制时应注意的问题

① 检查表中所列项目，应简明扼要，突出重点，抓住要害；

② 各类安全检查表都有其适用对象，不宜通用；

③ 各级安全检查项目应各有侧重；

④ 对危险部位应详细检查，确保一切隐患在可能造成严重后果之前就被发现；

⑤ 要落实安全检查实施人员；

⑥ 检查中发现问题要及时处理或向上级反映。

4.2.3　安全检查表评价法

安全检查表评价法是根据经验或系统分析的结果，把评价项目自身及周围环境的潜在危险集中起来，列成检查项目的清单，评价时依照清单，逐项检查和评定。该方法虽然简单，效果却很好，目前已被国内外广泛采用，各国都颇为重视。用安全检查表进行安全评价，为了使评价工作得到关于系统安全程度方面量的概念，开发了许多行之有效的评价计值方法，根据评价计值方法的不同，安全检查表评价法又分为逐项赋值法、加权平均法、单项定性加权记分法等。

1. 逐项赋值法

逐项赋值法针对安全检查表的每一项检查内容，按其重要程度不同，由专家讨论赋予一定的分值。评价时，单项检查完全合格者给满分，部分合格者按规定标准给分，完全不合格者记零分。这样逐项逐条检查评分，最后累计所有各项得分，就得到系统评价总分。根据实际评价得分多少，按标准规定评价系统总体安全等级的高低。

$$m = \sum_{i=1}^{n} m_i \qquad (4-1)$$

式中：m —— 企业安全评价的结果值；

$\quad m_i$ —— 安全检查表项目评分值；

$\quad n$ —— 评价项目个数。

2. 加权平均法

加权平均法是把安全评价表按专业分成若干评价表，所有评价表不管评价条款多少，均按统一记分体系分别评价记分，如 10 分制或 100 分制等，并按照各评价表的内容对总体安全评价的重要程度，分别赋予权重系数（各评价表权重系数之和为 1）。按各评价表评价所得的分值，分别乘以各自的权重系数并求和，就可得到企业安全评价的结果值，即：

$$m = \sum_{i=1}^{n} k_i m_i \quad 且 \sum_{i=1}^{n} k_i = 1 \qquad (4-2)$$

式中：m ——安全评价的结果值；

m_i ——按某一评价表评价的实际测量值；

k_i ——按某一评价表实际测量值的相应权重系数；

n ——评价表个数。

按照标准规定的分数界限，就可确定评价对象在安全评价中取得的安全等级。

例如，某地铁车站劳动安全检查表按评价范围给出 5 个检查表，分别是：车间安全生产管理检查表、安全教育与宣传检查表、安全工作应知应会检查表、作业场所情况检查表、安全生产检查和推广安全生产管理新技术检查表，标准规定 80 分以上为安全级。5 个检查表均采用 100 分制计分，各检查表得分的权重系数分别为：0.25，0.15，0.35，0.15，0.1。即

$$k_1=0.25,\ k_2=0.15,\ k_3=0.35,\ k_4=0.15,\ k_5=0.1$$

如按以上 5 个检查表评价该车站的实际得分分别为：85，90，75，65，80，即

$$m_1=85,\ m_2=90,\ m_3=75,\ m_4=65,\ m_5=80$$

则该地铁车站劳动安全评价值为

$$m = \sum_{i=1}^{n} k_i m_i = 78.75$$

则可知该地铁车站的安全状况并不令人满意，需要进行整改。

3. 单项定性加权计分法

单项定性加权计分法是把安全检查表的所有检查评价项目都视为同等重要。评价时，对检查表中的几个检查项目分别给以"优""良""可""差"或"可靠""基本可靠""基本不可靠""不可靠"等定性等级的评价，同时赋予不同定性等级以相应的权重值，累计求和，得实际评价值。即

$$S = \sum_{i=1}^{n} w_i k_i \qquad\qquad （4\text{–}3）$$

式中：S——实际评价值；

n——评价等级数；

w_i——评价等级的权重；

k_i——取得某一评价等级的项数和。

例如，评价地铁公司安全状况所用的安全检查表共 120 项，按"优""良""可""差"评价各项。4 种等级的权重分别为

$$w_1=4,\ w_2=3,\ w_3=2,\ w_4=1$$

评价结果为：56 项为"优"，30 项为"良"，24 项为"可"，10 项为"差"，即

$$k_1=56,\ k_2=30,\ k_3=24,\ k_4=10$$

因此该地铁公司的安全评价值为

$$S = \sum_{i=1}^{n} w_i k_i = 372$$

将实际评价值除以评价项数和，就可以得到评价平均值，即

$$372/120 = 3.1$$

因为评价平均值介于 3（良）和 4（优）的界限值之间，可知评价结果为"良"。

4.3 事故树分析

4.3.1 事故树分析的基本概念

事故树分析首先由美国贝尔电话研究所于 1961 为研究民兵式导弹发射控制系统时提出来，1974 年美国原子能委员会运用 FTA 对核电站事故进行了风险评价。目前，事故树分析法可用于电子、电力、化工、机械、交通等领域，进行故障诊断、分析系统的薄弱环节，指定系统的安全运行和维修，实现系统的优化设计。

事故树分析（FTA）把系统可能发生的某种事故与导致事故发生的各种原因之间的逻辑关系用一种称为事故树的树形图表示，通过对事故树的定性与定量分析，找出事故发生的主要原因，为确定安全对策提供可靠依据，以达到预测与预防事故发生的目的，是一种演绎推理法。

1. 事故树的符号

事故树符号包括事件符号、逻辑门符号和转移符号三大类，如表 4-4 所示。其中，在事故树分析中各种非正常状态或不正常情况皆称事故事件，各种完好状态或正常情况皆称为成功事件，两者均简称为事件，事故树中的每个节点都表示一个事件。当事故树的规模很大或整个事故树中多处包含有相同的部分树图时，为了简化整个事故树图，便可用转移符号以标出向何处转出和从何处转入。

表 4-4 事故树符号及其含义

	符 号 类 型		图形表示
事件符号	结果事件：由其他事件或事件组合所导致的事件，它总是位于某个逻辑门的输出端	顶事件：是事故树分析中所关心的结果事件，位于事故树的顶端，它总是所讨论事故树中逻辑门的输出事件而不是输入事件，即系统可能发生的或实际已经发生的事故结果	
		中间事件：是位于事故树顶事件和底事件之间的结果事件。它既是某个逻辑门的输出事件，又是其他逻辑门的输入事件	
	底事件：导致其他事件的原因事件，位于事故树的底部，它总是某个逻辑门的输入事件而不是输出事件	基本原因事件：表示导致顶事件发生的最基本的或不能再向下分析的原因或缺陷事件	
		省略事件：表示没有必要进一步向下分析或其原因不明确的原因事件。另外，省略事件还表示二次事件，即不是本系统的原因事件，而是来自系统之外的原因事件	

续表

符 号 类 型			图形表示
事件符号	特殊事件：在事故树分析中需要表明其特殊性或引起注意的事件	开关事件：在正常工作条件下必然发生或必然不发生的事件	
		条件事件：是限制逻辑门开启的事件	
逻辑门		与门：连接数个输入事件和一个输出事件，表示仅当所有输入事件都发生时，输出事件才发生的逻辑关系	
		或门：可以连接多个输入事件和一个输出事件，至少一个输入事件发生时，输出事件就发生	
		非门：输出事件是输入事件的对立事件	
	特殊门	表决门：表示仅当输入事件有 $m(m \leqslant n)$ 个或 m 个以上事件同时发生时，输出事件才发生。或门和与门都是表决门的特例，$m=1$ 时是或门，$m=n$ 时是与门	
		异或门：表示仅当单个输入事件发生时，输出事件才发生	
		禁门：仅当条件事件发生时，输入事件的发生方导致输出事件的发生	
		条件与门：输入事件不仅同时发生，而且还必须满足条件 A，才会有输出事件发生	
		条件或门：输入事件中至少有一个发生，在满足条件 A 的情况下，输出事件才发生	
转移符号		转出符号：表示向其他部分转出，△内记入向何处转出的标记	
		转入符号：表示从其他部分转入，△内记入从何处转入的标记	

2. 事故树分析步骤

事故树分析是根据系统可能发生的事故或已经发生的事故所提供的信息，去寻找同事故发生有关的原因，从而采取有效的防范措施，防止事故发生，其分析步骤如表 4—5 所示。

表 4-5　事故树分析步骤

准备阶段	（1）确定所要分析的系统：合理地处理好所要分析系统与外界环境及其边界条件，确定所要分析系统的范围，明确影响系统安全的主要因素
	（2）熟悉系统：对已经确定的系统进行深入的调查研究，收集系统的有关资料与数据，如系统的结构、性能、工艺流程、运行条件、事故类型、维修情况、环境因素等，是事故树分析的基础和依据
	（3）调查系统发生的事故：收集、调查所分析系统曾经发生过的事故和将来有可能发生的事故，同时还要收集、调查本单位与外单位、国内与国外同类系统曾发生的所有事故
事故树的编制	（1）确定事故树的顶事件：确定所要分析的对象事件。可以根据事故调查报告分析其损失大小和事故频率，选择易于发生且后果严重的事故作为事故树的顶事件
	（2）调查与顶事件有关的所有原因事件：从人、机、环境和信息等方面调查与事故树顶事件有关的所有事故原因，确定事故原因并进行影响分析
	（3）编制事故树：采用事故树分析符号，按照一定的逻辑关系，把事故树顶事件与引起顶事件的原因事件，绘制成反映因果关系的树形图
事故树定性分析	（1）按照事故树结构，求取事故树的最小割集或最小径集 （2）进行基本原因事件的结构重要度分析 （3）根据定性分析的结果，确定预防事故的安全保障措施
事故树定量及重要度分析	（1）根据各基本事件的发生概率，计算顶事件发生概率 （2）基本事件的重要度分析 （3）根据定量分析的结果及事故发生以后可能造成的危害，对系统进行风险分析，以确定安全投资方向
结果总结与应用	及时对事故树分析的结果进行评价、总结，提出改进建议，整理、存储事故树定性和定量分析的全部资料与数据，并注重综合利用各种安全分析的资料，为系统安全性评价与安全性设计提供依据

3. 事故树的编制原则

编制事故树是 FTA 中最基本、最关键的环节，一般由系统设计人员、操作人员和可靠性分析人员组成的编制小组来完成。事故树的编制是否完善直接影响到事故树定性和定量分析的结果是否正确，关系到运用 FTA 的成败。通过编制过程能使小组人员深入了解系统，发现系统中的薄弱环节，这是编制事故树的首要目的。事故树的编制过程是一个严密的逻辑推理过程，应遵循以下规则。

① 顶事件的确定：能否正确选择顶事件，直接关系到分析结果，是事故树分析的关键。在系统危险分析的结果中，不希望发生的事件远不止一个。应当把发生频率高且后果严重的事件优先作为顶事件；其次也可以把发生频率不高但后果很严重，或者后果虽不严重但发生非常频繁的事故作为顶事件。

② 顶事件的确切描述：应明确给出顶事件的定义，确切描述出事故的状态，何时或在何种条件下发生。

③ 系统边界条件的合理确定：为了不使事故树过于烦琐、庞大，应明确规定被分析系统与其他系统的界面，并做一些必要的合理的假设。

④ 保持逻辑门的完整性，不允许门与门直接相连：事故树编制时应逐级进行，任何一个

逻辑门的输出都必须有一个结果事件，不允许不经过结果事件而将门与门直接相连。

⑤ 编制过程中及编成后，需及时进行合理的简化。

4. 事故树分析的特点

① 事故树分析是一种图形演绎方法，是事故事件在一定条件下的逻辑推理方法。可以围绕某特定的事故进行层层深入的分析，因而在清晰的事故树图形下，表达了系统内各事件间的内在联系，并指出单元故障与系统事故之间的逻辑关系，便于找出系统的薄弱环节。

② 事故树分析具有很大的灵活性，不仅可以分析某些单元故障对系统的影响，还可以对导致系统事故的特殊原因如人的因素、环境影响进行分析。

③ 进行事故树分析的过程，是一个对系统更深入认识的过程。它要求分析人员把握系统内各要素间的内在联系，弄清各种潜在因素对事故发生影响的途径和程度，因而许多问题在分析的过程中就被发现和解决了，从而提高了系统的安全性。

④ 利用事故树模型可以定量计算复杂系统发生事故的概率，为改善和评价系统安全性提供了定量依据。

4.3.2 事故树定性分析

1. 最小割集和最小径集

事故树顶事件发生与否是由构成事故树的各种基本事件的状态决定的，当所有基本事件都发生时，顶事件肯定发生。但是在大多数情况下，并不是所有基本事件都发生时顶事件才发生，而只要某些基本事件发生就可导致顶事件发生。在事故树分析中，把引起顶事件发生的基本事件的集合称为割集，也称截集或截止集。一个事故树中的割集一般不止一个，在这些割集中，凡不包含其他割集的，称为最小割集，最小割集是引起顶事件发生的充分必要条件。

当所有基本事件都不发生时，事故树顶事件肯定不会发生。然而，顶事件不发生常常并不要求所有基本事件都不发生，而只要某些基本事件不发生顶事件就不会发生。这些不发生的基本事件的集合称为径集，也称通集或路集。在同一事故树中，不包含其他径集的径集称为最小径集，最小径集是保证顶事件不发生的充分必要条件。

2. 最小割集的求法

最小割集的求法有多种，但常用的有布尔代数化简法、行列法和结构法 3 种，本书以布尔代数化简法为例进行介绍。

1）布尔代数标准式

布尔代数化简法（逻辑化简法）：任何一个事故树都可以用布尔函数来描述，其最简析取标准式中每个最小项所属变元构成的集合，便是最小割集。若最简析取标准式中含有 m 个最小项，则该事故树有 m 个最小割集。根据布尔代数性质，可把任何布尔代数化为析取标准式

（式4-4）和合取标准式（式4-5）。

$$f = A_1 + A_2 + \cdots + A_n = \sum_{i=1}^{n} A_i \tag{4-4}$$

$$f = B_1 \cdot B_2 \cdots B_n = \prod_{i=1}^{n} B_i \tag{4-5}$$

可以证明，A_i 和 B_i 分别是事故树的割集和径集。当析取标准式的布尔项之和 A_i 中各项之间不存在包含关系，则该析取标准式为最简析取标准式，则 A_i 为事故树的最小割集。当合取标准式的布尔项之积 B_i 中各项之间不存在包含关系，则该合取标准式为最简合取标准式，则 B_i 为事故树的最小径集。

2）布尔代数运算法则

定理1：$\overline{\overline{A}} = A$ （对合律）

定理2：$A + B = B + A$，$AB = BA$ （交换律）

定理3：$A + (B + C) = (A + B) + C$，$A(BC) = (AB)C$ （结合律）

定理4：$A + BC = (A + B)(A + C)$，$A(B + C) = AB + AC$ （分配律）

定理5：$A + A = A$，$A \cdot A = A$ （等幂律）

定理6：$A + AB = A$，$A \cdot (A + B) = A$ （吸收律）

3）最小割集的简法步骤

（1）建立事故树的布尔表达式

从事故树的顶事件开始，用下一层事件代替上一层事件，直至顶事件被所有基本事件代替为止。

（2）将布尔表达式化为析取标准式

运用布尔代数的逻辑运算法则简化析取标准式为最简析取标准式。

【例4-1】用布尔代数法求图4-1所示事故树的最小割集。

解： ① 写出事故树的布尔表达式

$$T = A_1 + A_2 = X_1 \cdot X_2 \cdot B_1 + X_4 \cdot B_2$$
$$= X_1 \cdot X_2 \cdot (X_1 + X_3) + X_4 \cdot (C + X_6)$$
$$= X_1 \cdot X_2 \cdot (X_1 + X_3) + X_4 \cdot [(X_4 \cdot X_5) + X_6]$$

② 化布尔表达式为析取标准式

$$T = X_1 \cdot X_2 \cdot X_1 + X_1 \cdot X_2 \cdot X_3 + X_4 \cdot X_4 \cdot X_5 + X_4 \cdot X_6$$

③ 求最简析取标准式

$$T = X_1 \cdot X_2 + X_4 \cdot X_5 + X_4 \cdot X_6$$

即该事故树有3个最小割集：$\{X_1, X_2\}, \{X_4, X_5\}, \{X_4, X_6\}$，从而原事故树可以化简为一个新的等效事故树,如图 4-2 所示。

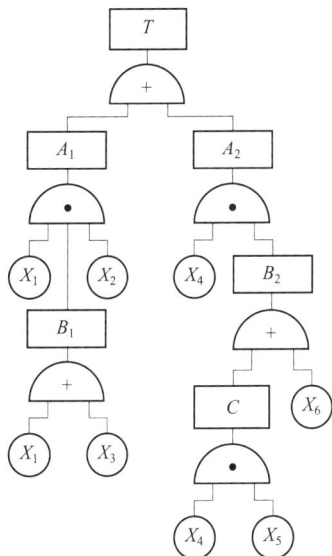

图 4-1 事故树示意图   图 4-2 事故树的等效树

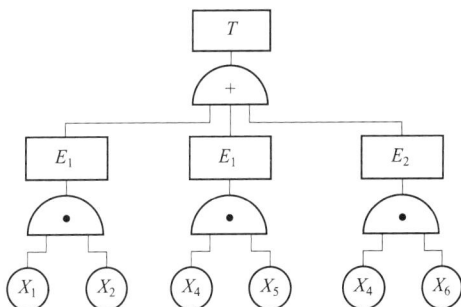

3. 最小径集的求法

成功树顶事件发生表明其对偶树(事故树)顶事件不发生。因此最小径集的求法是根据对偶原理,将事故树对偶称为成功树,然后求出成功树的最小割集,即是事故树的最小径集。

将事故树变为成功树的方法,就是将原来事故树中的逻辑与门改成逻辑或门,将逻辑或门改为逻辑与门,并将全部事件符号加上"′",变成事件补的形式(见图 4-3)。

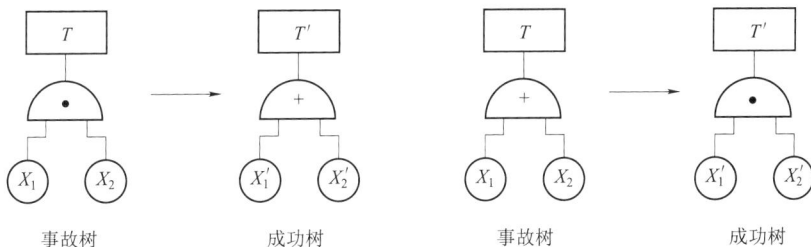

事故树   成功树   事故树   成功树

图 4-3 事故树对偶的成功树的转换关系

【例 4-2】求图 4-1 所示事故树的最小径集。

解:

① 将图 4-1 的事故树变为如图 4-4 所示的成功树。

② 用布尔代数化简法求图 4-4 成功树的最小割集:

$$T'=A_1' \cdot A_2'$$
$$=(X_1'+B_1'+X_2') \cdot (X_4'+B_2')$$
$$=(X_1'+X_1' \cdot X_3'+X_2') \cdot (X_4'+C' \cdot X_6')$$
$$=(X_1'+X_2') \cdot [X_4'+(X_4'+X_5') \cdot X_6']$$
$$=(X_1'+X_2') \cdot (X_4'+X_4' \cdot X_6'+X_5' \cdot X_6')$$
$$=(X_1'+X_2') \cdot (X_4'+X_5' \cdot X_6')$$
$$=X_1' \cdot X_4'+X_1' \cdot X_5' \cdot X_6'+X_2' \cdot X_4'+X_2' \cdot X_5' \cdot X_6'$$

得到成功树的 4 个最小割集为：$\{X_1',X_4'\},\{X_1',X_5',X_6'\},\{X_2',X_4'\},\{X_2',X_5',X_6'\}$，经对偶变换就得到图 4-4 所示事故树的 4 个最小径集为：

$$\{X_1,X_4\},\{X_1,X_5,X_6\},\{X_2,X_4\},\{X_2,X_5,X_6\}$$

同样，也可以用最小径集表示事故树，如图 4-5 所示，其中 P_1,P_2,P_3,P_4 分别表示 4 个最小径集。

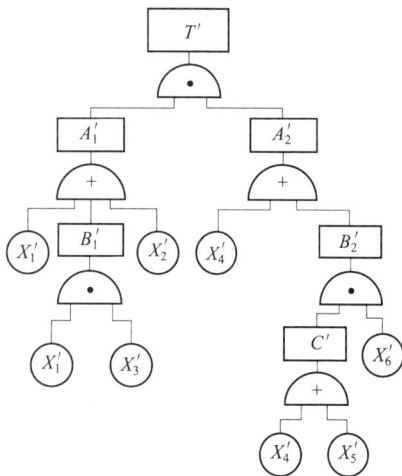

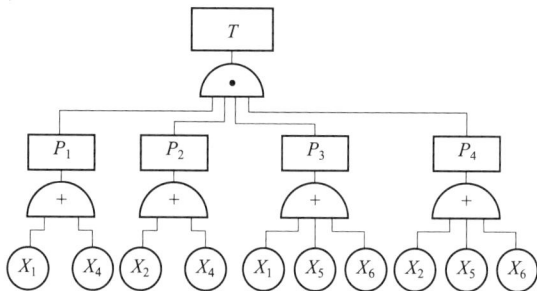

图 4-4　成功树　　　　图 4-5　用最小径集等效表示的图 4-1 的事故树

4. 最小割集和最小径集的作用（见表 4-6）

表 4-6　最小割集和最小径集的作用

最小割集的作用	（1）表示系统的危险性 　　每个最小割集都表示顶事件发生的一种可能，事故树中有几个最小割集，顶事件发生就有几种可能。因此最小割集越多，说明系统的危险性越大
	（2）表示顶事件发生的原因组合 　　事故树顶事件发生，是某个最小割集中基本事件同时发生的结果，因此可以知道所有可能发生事故的途径。在调查事故发生的原因时，查出本次事故的最小割集，就是导致本次事故的基本事件的组合，便于掌握事故的发生规律

最小割集的作用	（3）为降低系统的危险性提出控制方向和预防措施 　　每个最小割集都代表了一种事故模式，由事故树的最小割集可以直观地判断哪种事故模式最危险，哪种次之，哪种可以忽略，以及如何采取措施使事故发生概率下降。 　　如果不考虑每个基本事件发生的概率，少事件的最小割集比多事件的最小割集容易发生。因此为了降低系统的危险性，对含基本事件少的最小割集应优先考虑采取安全措施
	（4）利用最小割集可以进行基本事件的重要度分析，计算顶事件发生概率
最小径集的作用	（1）表示系统的安全性 　　每个最小径集都是保证事故树顶事件不发生的条件，是采取预防措施，防止发生事故的一种途径
	（2）选取确保系统安全的最佳方案 　　根据最小径集中所包含的基本事件个数的多少、技术上的难易程度、耗费的时间及投入的资金数量，来选择最经济、最有效的事故控制方案
	（3）利用最小径集可以进行基本事件的重要度分析，计算顶事件发生的概率
系统薄弱环节预测	最小割集的个数越少越安全，越多越危险；最小割集中的基本事件越多越有利，基本事件少的割集就是系统的薄弱环节。最小径集的个数越多越安全，基本事件多的径集是系统的薄弱环节。 　　可以从以下4条途径来改善系统的安全性： 　　（1）减少最小割集数，首先应消除那些含基本事件最少的割集； 　　（2）增加割集中的基本事件数，首先应给含基本事件少、又不能清除的割集增加基本事件； 　　（3）增加新的最小径集，或将原有含基本事件较多的径集分成两个或多个径集； 　　（4）减少径集中的基本事件数，首先应减少含基本事件多的径集。 　　总之，最小割集与最小径集在事故预测中的作用是不同的：最小割集可以预示出系统发生事故的途径；而最小径集却可以提供控制顶事件最经济、最省事的方案

需要指出的是，应用最小割集和最小径集进行事故树定性分析和对某一事故树做薄弱环节预测时，要区别不同情况，采取不同做法。

① 事故树中或门越多，得到的最小割集就越多，这个系统也就越不安全。对于这样的事故树最好从求最小径集着手，找出包含基本事件较多的最小径集，然后设法减少其基本事件树，或者增加最小径集数，以提高系统的安全程度。

② 事故树中与门越多，得到的最小割集的个数就较少，这个系统的安全性就越高。对于这样的事故树最好从求最小割集着手，找出少事件的最小割集，消除它或者设法增加它的基本事件树，以提高系统的安全性。

4.3.3　事故树的定量分析

事故树的定量分析是在确定基本事件发生概率的基础上，求出顶事件的发生概率。其目的是将顶事件发生概率与系统安全目标值进行比较和评价，当顶事件发生概率超过目标值时，就需要采取防范措施，使其降至安全目标值以下。

顶事件发生概率计算是基于：

① 基本事件之间相互独立；

② 基本事件和顶事件都只考虑发生和不发生两种状态；

③ 故障分布为指数函数分布等假设的基础上进行的。

计算顶事件发生概率的方法有若干种，如状态枚举法、最小割集法、最小径集法等，本书以最小割集法为例进行介绍。

设某事故树有 k 个最小割集：$E_1, E_2, \cdots E_r, \cdots, E_k$，则有：

$$T = \bigcup_{r=1}^{k} E_r \qquad (4-6)$$

顶事件的发生概率为：

$$P(T) = P\left\{ \bigcup_{r=1}^{k} E_r \right\} \qquad (4-7)$$

根据容斥定理得并事件的概率公式：

$$P\left\{ \bigcup_{r=1}^{k} E_r \right\} = \sum_{r=1}^{k} P\{E_r\} - \sum_{1 \leqslant r < s \leqslant k} P\{E_r \cap E_s\} + \sum P\{E_r \cap E_s \cap E_t\} + \cdots + (-1)^{k-1} P\left\{ \bigcap_{r=1}^{k} E_r \right\}$$
$$(4-8)$$

设各基本事件的发生概率为：$q_1, q_2, \cdots, q_n$，则有：

$$P\{E_r\} = \prod_{X_i \in E_r} q_i, \quad P\{E_r \cap E_s\} = \prod_{X_i \in E_r \cup E_s} q_i, \quad P\left\{ \bigcap_{r=1}^{k} E_r \right\} = \prod_{\substack{r=1 \\ X_i \in E_i}}^{k} q_i$$

故顶事件的发生概率为：

$$P\{T\} = \sum_{r=1}^{k} \prod_{X_i \in E_r} q_i - \sum_{1 \leqslant r < s \leqslant k} \prod_{X_i \in E_r \cup E_s} q_i + \cdots + (-1)^{k-1} \prod_{\substack{r=1 \\ X_i \in E_i}}^{k} q_i \qquad (4-9)$$

式中：r, s, t——最小割集的序数，$r < s < t$；

　　　i——基本事件的序号，$X_i \in E_r$；

　　　k——事故树的最小割集数；

$1 \leqslant r < s \leqslant k$——$k$ 个最小割集中第 r, s 两个最小割集的组合顺序；

　　$X_i \in E_r$——属于最小割集 E_r 的第 i 个基本事件；

$X_i \in E_r \cup E_s$——属于最小割集 E_r 或 E_s 的第 i 个基本事件。

【例 4-3】某用最小割集表示的事故树如图 4-6 所示，假设每个基本原因事件的发生概率均为 0.1，求其顶事件的发生概率。

$$P(T) = P(E_1 \cup E_2)$$
$$= 1 - [1 - P(E_1)][1 - P(E_2)]$$
$$= P(E_1) + P(E_2) - P(E_1) \times P(E_2)$$
$$= q_1 q_2 + q_1 q_3 - q_1 q_2 q_1 q_3$$
$$= q_1 q_2 + q_1 q_3 - q_1 q_2 q_3$$
$$= 0.019$$

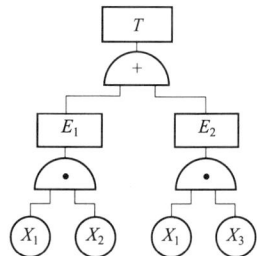

图 4-6　等效事故树

4.3.4　基本事件的重要度分析

重要度分析是确定一个基本事件对顶事件发生的影响大小，其在系统的事故预防、事故评价和安全性设计等方面有着重要的作用。为了明确最易导致顶事件发生的事件，以便分出轻重缓急采取有效措施，控制事故的发生，必须对基本事件进行重要度分析。

各基本事件对顶事件影响的重要程度主要取决于：

① 各基本事件发生概率的大小；

② 各基本事件在事故树模型结构中处于何种位置。

1. 基本事件的结构重要度

假设不考虑各基本事件发生概率或各基本事件的发生概率相等，仅从事故树的结构上研究各基本事件对顶事件的影响程度，称为结构重要度分析。结构重要度可以用结构重要度系数、割集重要度系数和径集重要度系数的大小进行表示。本节主要以割集重要度系数进行介绍。

设某一事故树有 k 个最小割集，n 个基本事件，每个最小割集记作 $E_r(r=1,2,\cdots,k)$，则 $1/k$ 表示单位最小割集的重要度系数；第 r 个最小割集 E_r 中含有 $m_r(X_i \in E_r)$ 个基本事件，则 $\dfrac{1}{m_r(X_i \in E_r)}(i=1,2,\cdots,n)$ 表示基本事件 X_i 的单位割集重要度系数。

设基本事件 X_i 的割集重要度系数为 $I_k(i)$，则：

$$I_k(i) = \frac{1}{k}\sum_{r=1}^{k}\frac{1}{m_r(X_i \in E_r)} \qquad (i=1,2,\cdots,n) \tag{4-10}$$

2. 基本事件的概率重要度

如果进一步考虑基本事件发生概率的变化会给顶事件发生概率以多大影响，就要分析基本事件的概率重要度。事故树的概率重要度分析主要依靠各基本事件的概率重要度系数大小进行定量分析。所谓基本事件的概率重要度系数，是指某基本事件发生概率的变化引起顶事件发生概率变化的程度。

由于顶事件发生概率函数是 n 个基本事件发生概率的多重线性函数，所以，对自变量 q_i 求一次偏导，即可得到该基本事件的概率重要度系数 $I_g(i)$ 为：

$$I_g(i) = \frac{\partial P(T)}{\partial q_i} \qquad (i=1,2,\cdots,n) \tag{4-11}$$

式中：$P(T)$——顶事件发生概率；

　　　　q_i——第 i 个基本事件 X_i 的发生概率。

由概率重要度系数算法可知：一个基本事件的概率重要度如何，并不取决于它本身概率值的大小，而取决于它所在最小割集中其他基本事件概率积的大小。

3. 基本事件的临界重要度

当各基本事件发生概率不等时，一般情况下，改变概率大的基本事件比改变概率小的基本事件容易，但概率重要度系数并未反映这一事实，因而它不能从本质上反映各基本事件在事故树中的重要程度。

事故树的临界重要度分析是依靠各基本事件的临界重要度系数大小进行定量分析。所谓临界重要度系数，是指某个基本事件发生概率的变化率引起顶事件发生概率的变化率，它是从敏感度和概率双重角度衡量各基本事件的重要程度。因此，它比概率重要度更合理、更具有实际意义。其表达式为：

$$I_g^c(i) = \lim_{\Delta q_i \to 0} \frac{\Delta P(T) / P(T)}{\Delta q_i / q_i} = \frac{q_i}{P(T)} \cdot \lim_{\Delta q_i \to 0} \frac{\Delta P(T)}{\Delta q_i} = \frac{q_i}{P(T)} \cdot I_g(i) \qquad (4\text{--}12)$$

式中： $I_g^c(i)$ ——第 i 个基本事件 X_i 的临界重要度系数；

$\quad\quad$ $I_g(i)$ ——第 i 个基本事件 X_i 的概率重要度系数；

$\quad\quad$ $P(T)$ ——顶事件发生概率；

$\quad\quad$ q_i ——第 i 个基本事件 X_i 的发生概率。

在 3 种重要度分析中，结构重要度从事故树结构上反映基本事件的重要程度，反映了某一基本事件在事故树结构中所占的地位；概率重要度反映基本事件概率的增减对顶事件发生概率影响的敏感度，起着一种过渡作用，是计算临界重要度系数的基础；临界重要度从敏感度和自身发生概率大小双重角度反映基本事件的重要程度，从结构及概率上反映了改善某一基本事件的难易程度。

4.4　模糊聚类分析

城市交通系统的安全与否直接关系到社会的安定与和谐，因此减少和尽量避免交通事故的发生，提高城市交通系统的安全性具有重要的现实意义。但是在交通安全系统中有很多研究对象并没有严格的属性，它们在形态和类属方面存在着中介性、模糊性，适合对其进行软划分。例如各个城市的交通安全状况好坏，并没有严格的评定界限，具有模糊不确定性。模糊聚类分析为这种软划分提供了有力的理论研究依据。

聚类分析是用数学的方法研究和处理给定对象的分类，从数据集中寻找出数据之间的关系，使得同一类别的对象之间尽可能相似，不同类别的对象最大可能相异，从而发现数据之间隐藏的有规律的信息。聚类分析不依赖带类标记的训练实例或预先定义的类，而是由聚类分析算法自动确定标记。

聚类分析是数理统计中的一种多元分析方法，它是用数学方法定量地确定样本的亲疏关系，从而客观地划分类型。但是事物之间的界限，有些是确切的，有些则是模糊的。例如，人群中的面貌相像程度之间的界限是模糊的，天气阴、晴之间的界限也是模糊的。当聚类涉及事物之间的模糊界限时，需运用模糊聚类分析方法。因此模糊聚类分析是根据客观事物间的特征、亲疏程度、相似性，通过建立模糊相似关系对客观事物进行聚类的分析方法。

如何运用模糊聚类分析法（fuzzy cluster analysis）合理分析城市交通安全系统的交通安全状况，挖掘城市交通安全的隐藏规律及不同类之间的差异信息，应注意以下 3 个问题。

① 交通安全聚类指标的选取及重要性区分。交通安全受多种因素的影响，应选取代表性的影响指标并确定指标在分类中的不同贡献是合理聚类的基础。

② 聚类的类数。聚类的类数选择不同，会得到不同的聚类结果。如何确定聚类的类数，得到较合理的聚类结果是聚类的有效性。

③ 各类之间界限的确定。城市交通安全状况所属类别并没有严格的界限，其在类属方面存在中介性。

4.4.1　模糊理论基础

模糊理论是建立在模糊集合基础之上的，是描述和处理人类语言中特有的模糊信息理论。

1. 模糊集合

模糊集合 A 可以表示为：

$$A = \left\{ (\mu_A(x_i),\ x_i) \middle| x_i \in X \right\} \tag{4-13}$$

式中：$\mu_A(x)$ ——隶属函数，表示一个对象 x 隶属模糊集合 A 的程度，在实轴的闭区间 [0，1] 上取值；

x ——论域 X 中的某个元素。在普通集合中，元素间的分类具有分明的边界，即 x 要么完全属于集合 A，$\mu_A(x)=1$；要么完全不属于 A，$\mu_A(x)=0$。

2. 模糊关系

从集合 X 到集合 Y 的模糊关系 R 可以表示为：

$$R = X \times Y = \left\{ (x_i,\ y_i) \middle| x_i \in X,\ y_i \in Y \right\}$$

模糊子集 R 的隶属函数为：$\mu_R(x_i,\ y_i)$

若 X 和 Y 都是有限集合时，模糊关系也可以用矩阵来表示，即 $\boldsymbol{R} = (r_{ij})_{m \times n}$。其中 $r_{ij} = \mu_R(x_i,\ y_i)$ 为模糊矩阵。

模糊关系具有自反性、对称性和传递性等性质。

① 自反性：$R(x, y) = 1(\forall x \in X)$

② 对称性：$R(x, y) = R(y, x)$

③ 传递性：$R^2 \subseteq R$

基于模糊子集 R 所包含的模糊关系性质类型，可以将模糊子集 R 定义为模糊相似关系和模糊等价关系。

① 如果 R 是 X 中的模糊关系同时具有自反性和对称性，则称 R 为模糊相似关系；

② 如果 R 是 X 中的模糊关系同时具有自反性、对称性和传递性，则称 R 为模糊等价关系。

3. 传递闭包

传递闭包运算就是对矩阵 R 进行褶积运算：

$$R^2 = R \cdot R = \bigvee_{k=1}^{n} (r_{ik} \wedge r_{kj}), \quad R^4 = R^2 \cdot R^2, \quad R^8 = R^4 \cdot R^4, \quad \cdots$$

直到存在一个数 k，使得 $R^{2k} = R^k \cdot R^k$，算法停止，令 $R^k = R_e$。

4.4.2 模糊聚类分析的步骤

将模糊集合理论应用于聚类分析就称为模糊聚类分析。确定聚类把对象集合划分成不相交的子集，其中一个对象最多只属于一个聚类。但是在聚类分析中，有时认为对象只属于一个聚类而不属于其他聚类是不合理的。由于事物本身常带有一定的模糊性，事物之间的界限也往往不清楚，引入模糊数学的方法进行聚类分析，能使聚类的结果更切合实际，成为聚类分析研究的主流。

随着模糊集合理论的形成和发展，先后提出了很多模糊聚类算法，典型的模糊聚类分析方法包括：

① 基于等价关系的模糊聚类方法；

② 基于模糊图论的聚类方法；

③ 基于目标函数的模糊聚类方法；

④ 谱系聚类方法。

典型的模糊聚类方法的优缺点如表 4-7 所示。

表 4-7 典型的模糊聚类方法的优缺点

模糊聚类算法	优 势	局 限
基于等价关系的聚类方法	对初始数据不敏感，算法设计简单，不复杂	适合数据集比较小的情况，依照不同的置信度划分结果，与问题把握有关
基于图论的聚类方法	离群点和噪声对结果影响较小，对高维数据处理效果良好	数据集合分类依赖阈值，容易陷入局部最优解
基于目标函数的聚类方法	设计比较简单，效率较高，实用性强，可以发现不明显的分离类簇	对初始化敏感，计算前需确定聚类数及初始聚类中心，容易陷入局部最优解
谱系聚类方法	聚类分析能力较高，速度较快，可以处理各种形状的数据	不适合处理海量数据，对离群点和噪声敏感

从表 4-7 中可以看出，基于等价关系的模糊聚类算法具有设计简单、对初始化不敏感、解决问题的范围广、易在计算机上实现等优点，本书主要以基于等价关系的模糊聚类方法进行介绍。

基于等价关系的模糊聚类方法是依据客观事物间的亲疏、特征和相似性，通过建立模糊等价关系对客观事物进行分类的数学方法，其聚类流程如图4-7所示。

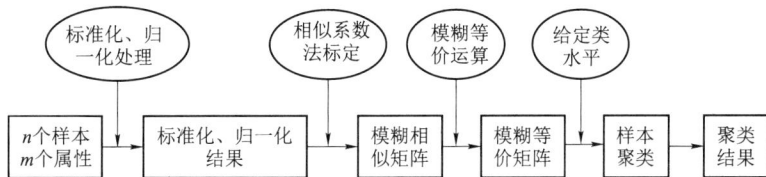

图4-7　基于等价关系的模糊聚类算法流程

1. 数据标准化

（1）数据矩阵

设论域 $U = \{x_1, x_2, \cdots, x_n\}$ 为被分类对象，每个对象又有 m 个指标表示其性状，即：

$$x_i = \{x_{i1}, x_{i2}, \cdots, x_{im}\} \qquad (i = 1, 2, \cdots, n)$$

则原始数据矩阵为：

$$x_{nm} = \begin{pmatrix} x_{11} & x_{12} & \cdots & x_{1m} \\ x_{21} & x_{22} & \cdots & x_{2m} \\ \vdots & \vdots & & \vdots \\ x_{n1} & x_{n2} & \cdots & x_{nm} \end{pmatrix} \qquad (4-14)$$

其中，x_{nm} 表示第 n 个分类对象的第 m 个指标的原始数据。

（2）数据标准化

在实际问题中，不同的数据一般有不同的量纲，为了使不同的量纲也能进行比较，通常需要对数据做适当的变换。但是，即使这样，得到的数据也不一定在区间[0,1]上。因此，这里说的数据标准化，就是要根据模糊矩阵的要求，将数据压缩到区间[0,1]上。通常有以下几种变换。

① 平移——标准差变换。

$$x'_{ik} = \frac{x_{ik} - \overline{x}_k}{s_k} \qquad (i = 1, 2, \cdots, n;\ k = 1, 2, \cdots, m) \qquad (4-15)$$

其中，$\overline{x}_k = \dfrac{1}{n} \sum_{i=1}^{n} x_{ik}$，$s_k = \sqrt{\dfrac{1}{n} \sum_{i=1}^{n} (x_{ik} - \overline{x}_k)^2}$。

经过变换后，每个变量的均值为 0，标准差为 1，且消除了量纲的影响。但是，再用得到的 x'_{ik} 还不一定在区间[0,1]上。

② 平移——极差变换。

$$x''_{ik} = \frac{x'_{ik} - \min_{1 \leqslant i \leqslant n} \{x'_{ik}\}}{\max_{1 \leqslant i \leqslant n} \{x'_{ik}\} - \min_{1 \leqslant i \leqslant n} \{x'_{ik}\}} \qquad (k = 1, 2, \cdots, m) \qquad (4-16)$$

显然有 $0 \leqslant x''_{ik} \leqslant 1$，而且也消除了量纲的影响。

③ 对数变换。

$$x'_{ik} = \lg x_{ik} \quad (i = 1, 2, \cdots, n; \ k = 1, 2, \cdots, m) \tag{4-17}$$

取对数以缩小变量间的数量级。

2. 标定（建立模糊相似矩阵）

设论域 $\boldsymbol{U} = \{\boldsymbol{x}_1, \boldsymbol{x}_2, \cdots, \boldsymbol{x}_n\}$，$\boldsymbol{x}_i = \{x_{i1}, x_{i2}, \cdots, x_{im}\}$，依照传统聚类方法确定相似系数，建立模糊相似矩阵，$\boldsymbol{x}_i$ 与 $\boldsymbol{x}_j$ 的相似程度 $r_{ij} = R(\boldsymbol{x}_i, \boldsymbol{x}_j)$。确定 $r_{ij} = R(\boldsymbol{x}_i, \boldsymbol{x}_j)$ 的方法可采用传统聚类的相似系数法、距离法等方法。

（1）相似系数法

① 夹角余弦法：

$$r_{ij} = \frac{\sum\limits_{k=1}^{m} x_{ik} \cdot x_{jk}}{\sqrt{\sum\limits_{k=1}^{m} x_{ik}^2} \cdot \sqrt{\sum\limits_{k=1}^{m} x_{jk}^2}} \tag{4-18}$$

② 最大最小法：

$$r_{ij} = \frac{\sum\limits_{k=1}^{m} (x_{ik} \wedge x_{jk})}{\sum\limits_{k=1}^{m} (x_{ik} \vee x_{jk})} \tag{4-19}$$

③ 算术平均最小法：

$$r_{ij} = \frac{2\sum\limits_{k=1}^{m} (x_{ik} \wedge x_{jk})}{\sum\limits_{k=1}^{m} (x_{ik} + x_{jk})} \tag{4-20}$$

④ 几何平均最小法：

$$r_{ij} = \frac{2\sum\limits_{k=1}^{m} (x_{ik} \wedge x_{jk})}{\sum\limits_{k=1}^{m} \sqrt{x_{ik} \cdot x_{jk}}} \tag{4-21}$$

⑤ 数量积法：

$$r_{ij} = \begin{cases} 1, & i = j \\ \dfrac{1}{M} \sum\limits_{k=1}^{m} x_{ik} \cdot x_{jk}, & i \neq j \end{cases} \tag{4-22}$$

其中，$M = \max\limits_{i \neq j} (\sum\limits_{k=1}^{m} x_{ik} x_{jk})$。

⑥ 相关系数法：

$$r_{ij} = \frac{\sum\limits_{k=1}^{m} |x_{ik} - \overline{x}_i| |x_{jk} - \overline{x}_j|}{\sqrt{\sum\limits_{k=1}^{m} (x_{ik} - \overline{x}_i)^2} \cdot \sqrt{\sum\limits_{k=1}^{m} (x_{jk} - \overline{x}_j)^2}} \tag{4-23}$$

其中，$\overline{x}_i = \dfrac{1}{m} \sum\limits_{k=1}^{m} x_{ik}$ ，$\overline{x}_j = \dfrac{1}{m} \sum\limits_{k=1}^{m} x_{jk}$ 。

⑦ 指数相似系数法：
$$r_{ij} = \frac{1}{m} \sum_{k=1}^{m} \exp\left[-\frac{3}{4} \cdot \frac{(x_{ik} - x_{jk})^2}{s_k^2} \right] \tag{4-24}$$

其中，$s_k = \dfrac{1}{n} \sum\limits_{i=1}^{n} (x_{ik} - \overline{x}_{ik})^2$ ，$\overline{x}_k = \dfrac{1}{n} \sum\limits_{i=1}^{n} x_{ik}$ $(k = 1, 2, \cdots, m)$ 。

（2）距离法

① 直接距离法：
$$r_{ij} = 1 - cd(x_i, x_j) \tag{4-25}$$

其中，c 为适当选取的参数，使得 $0 \leqslant r_{ij} \leqslant 1$ ；

$d(\boldsymbol{x}_i, \boldsymbol{x}_j)$ 表示它们之间的距离。经常用的距离有

● 海明距离：
$$d(\boldsymbol{x}_i, \boldsymbol{x}_j) = \sum_{k=1}^{m} \left| x_{ik} - x_{jk} \right| \tag{4-26}$$

● 欧几里得距离：
$$d(\boldsymbol{x}_i, \boldsymbol{x}_j) = \sqrt{\sum_{k=1}^{m} (x_{ik} - x_{jk})^2} \tag{4-27}$$

● 切比雪夫距离：
$$d(\boldsymbol{x}_i, \boldsymbol{x}_j) = \bigvee_{k=1}^{m} \left| x_{ik} - x_{jk} \right| \tag{4-28}$$

② 倒数距离法：
$$r_{ij} = \begin{cases} 1, & i = j \\ \dfrac{M}{d(\boldsymbol{x}_i, \boldsymbol{x}_j)}, & i \neq j \end{cases} \tag{4-29}$$

其中，M 为适当选取的参数，使得 $0 \leqslant r_{ij} \leqslant 1$ 。

③ 指数距离法：
$$r_{ij} = \exp[-d(\boldsymbol{x}_i, \boldsymbol{x}_j)] \tag{4-30}$$

3. 聚类（求动态聚类图）

1）基于模糊等价矩阵聚类方法

（1）传递闭包法

根据标定所得的模糊矩阵 $\boldsymbol{R}$，还要将其改造成模糊等价矩阵 $\boldsymbol{R}^*$。用二次方法求 $\boldsymbol{R}$ 的传递闭包，即 $t(\boldsymbol{R}) = \boldsymbol{R}^*$。再让阈值 λ 由大变小，就可形成动态聚类图。

（2）布尔矩阵法

布尔矩阵法的理论依据为定理 4-1：设 $\boldsymbol{R}$ 是 $\boldsymbol{U} = \{\boldsymbol{x}_1, \boldsymbol{x}_2, \cdots, \boldsymbol{x}_n\}$ 上的一个相似的布尔矩阵，则 $\boldsymbol{R}$ 具有传递性（当 $\boldsymbol{R}$ 是等价布尔矩阵时）$\Leftrightarrow$ 矩阵 $\boldsymbol{R}$ 在任一排列下的矩阵都没有形如 $\begin{pmatrix} 1 & 1 \\ 1 & 0 \end{pmatrix}, \begin{pmatrix} 1 & 1 \\ 0 & 1 \end{pmatrix}, \begin{pmatrix} 1 & 0 \\ 1 & 1 \end{pmatrix}, \begin{pmatrix} 0 & 1 \\ 1 & 1 \end{pmatrix}$ 的特殊子矩阵。

布尔矩阵法的具体步骤如下：

① 求模糊相似矩阵的 λ – 截矩阵 $\boldsymbol{R}_\lambda$；

② 若 $\boldsymbol{R}_\lambda$ 按定理 4–1 判定为等价的，则由 $\boldsymbol{R}_\lambda$ 可得 $\boldsymbol{U}$ 在 λ 水平上的分类；若 $\boldsymbol{R}_\lambda$ 判定为不等价，则 $\boldsymbol{R}_\lambda$ 在某一列下有上述形式的特殊子矩阵，此时只要将其中特殊子矩阵的 0 一律改成 1 直到不再产生上述形式的子矩阵即可，如此得到的 $\boldsymbol{R}_\lambda^*$ 为等价矩阵，因此，由 $\boldsymbol{R}_\lambda^*$ 可得 λ 水平上的分类。

2）直接聚类法

直接聚类法是指在建立模糊相似矩阵之后，不去求传递闭包 $t(\boldsymbol{R})$，也不用布尔矩阵法，而是直接从模糊相似矩阵出发求得聚类图。其步骤如下。

① 取 $\lambda_1 = 1$（最大值），对每个 $\boldsymbol{x}_i$ 作相似类 $[\boldsymbol{x}_i]_R$，且 $[\boldsymbol{x}_i]_R = \{\boldsymbol{x}_j \mid r_{ij} = 1\}$，即将满足 $r_{ij} = 1$ 的 $\boldsymbol{x}_i$ 与 $\boldsymbol{x}_j$ 放在一类，构成相似类。相似类与等价类的不同之处是，不同的相似类可能有公共元素，即可出现：$[\boldsymbol{x}_i]_R = \{\boldsymbol{x}_i, \boldsymbol{x}_k\}$，$[\boldsymbol{x}_i]_R = \{\boldsymbol{x}_j, \boldsymbol{x}_k\}$，$[\boldsymbol{x}_i] \cap [\boldsymbol{x}_j] \neq \varnothing$。此时只要将有公共元素的相似类合并，即可得 $\lambda_1 = 1$ 水平上的等价分类。

② 取 λ_2 为次大值，从 $\boldsymbol{R}$ 中直接找出相似度为 λ_2 的元素对 $(\boldsymbol{x}_i, \boldsymbol{x}_j)$（即 $r_{ij} = \lambda_2$），将对应于 $\lambda_1 = 1$ 的等价分类中 $\boldsymbol{x}_i$ 所在的类与 $\boldsymbol{x}_j$ 所在的类合并，将所有的这些情况合并后，即得到对应于 λ_2 的等价分类。

③ 取 λ_3 为第三大值，从 $\boldsymbol{R}$ 中直接找出相似度为 λ_3 的元素对 $(\boldsymbol{x}_i, \boldsymbol{x}_j)$（即 $r_{ij} = \lambda_3$），将对应于 λ_2 的等价分类中 $\boldsymbol{x}_i$ 所在的类与 $\boldsymbol{x}_j$ 所在的类合并，将所有的这些情况合并后，即得到对应于 λ_3 的等价分类。

④ 以此类推，直到合并到 $\boldsymbol{U}$ 成为一类为止。

3）最佳阈值 λ 的确定

在模糊聚类分析中，对于各个不同的 $\lambda \in [0,1]$，可得到不同的分类，许多实际问题需要选择某个阈值 λ 确定样本的一个具体分类，这就提出了如何确定最佳阈值 λ 的问题。一般有以下两种方法。

① 按实际需要，在动态聚类图中，调整 λ 的值以得到适当的分类，而不需要事先准确地估计好样本应分成几类。当然，也可由具有丰富经验的专家结合专业知识确定阈值 λ，从而得出在 λ 水平上的等价分类。

② 用 F 统计量确定 λ 最佳值。

设论域 $\boldsymbol{U} = \{\boldsymbol{x}_1, \boldsymbol{x}_2, \cdots, \boldsymbol{x}_n\}$ 为样本空间（样本总数为 n），而每个样本 $\boldsymbol{x}_i$ 有 m 个特征 $\boldsymbol{x}_i = \{x_{i1}, x_{i2}, \cdots, x_{im}\}$ $(i = 1, 2, \cdots, n)$，则可得到如表 4–8 所示的原始数据矩阵，其中 $\bar{x}_k = \dfrac{1}{n}\sum\limits_{i=1}^{n} x_{ik}$ $(k = 1, 2, \cdots, m)$，$\bar{x}$ 称为总体样本的中心向量。

表4-8 原始数据矩阵

样本	指 标					
	1	2	$\cdots$	k	$\cdots$	m
$\boldsymbol{x}_1$	x_{11}	x_{12}	$\cdots$	x_{1k}	$\cdots$	x_{1m}
$\boldsymbol{x}_2$	x_{21}	x_{22}	$\cdots$	x_{2k}	$\cdots$	x_{2m}
$\vdots$	$\vdots$	$\vdots$		$\vdots$		$\vdots$
$\boldsymbol{x}_i$	x_{i1}	x_{i2}	$\cdots$	x_{ik}	$\cdots$	x_{im}
$\vdots$	$\vdots$	$\vdots$		$\vdots$		$\vdots$
$\boldsymbol{x}_n$	x_{n1}	x_{n2}	$\cdots$	x_{nk}	$\cdots$	x_{nm}
$\bar{\boldsymbol{x}}$	$(\bar{x}_1$	$\bar{x}_2$	$\cdots$	$\bar{x}_k$	$\cdots$	$\bar{x}_m)$

设对应于 λ 值的分类数为 r，第 j 类的样本数为 n_j，第 j 类的样本记为 $x_1^{(j)},x_2^{(j)},\cdots,x_{n_j}^{(j)}$，第 j 类的聚类中心为向量 $\bar{\boldsymbol{x}}^{(j)}=(\bar{x}_1^{(j)},\bar{x}_2^{(j)},\cdots,\bar{x}_m^{(j)})$，其中 $\bar{x}_k^{(j)}$ 为第 k 个特征的平均值，即

$$\bar{x}_k^{(j)}=\frac{1}{n_j}\sum_{i=1}^{n_j}x_{ik}^{(j)}\ (k=1,2,\cdots,m) \tag{4-31}$$

作 F 统计量

$$F=\frac{\sum_{j=1}^{r}n_j\left\|\bar{\boldsymbol{x}}^{(j)}-\bar{\boldsymbol{x}}\right\|\Big/(r-1)}{\sum_{j=1}^{r}\sum_{i=1}^{n_j}\left\|x_i^{(j)}-\bar{\boldsymbol{x}}^{(j)}\right\|\Big/(n-r)} \tag{4-32}$$

其中，$\left\|\bar{\boldsymbol{x}}^{(j)}-\bar{\boldsymbol{x}}\right\|=\sqrt{\sum_{k=1}^{m}(\bar{x}_k^{(j)}-\bar{x}_k)^2}$ 为 $\bar{\boldsymbol{x}}^{(j)}$ 与 $\bar{\boldsymbol{x}}$ 间的距离。

$\left\|x_i^{(j)}-\bar{\boldsymbol{x}}^{(j)}\right\|$ 为第 j 类中第 i 个样本 $\boldsymbol{x}_i^{(j)}$ 与其中心 $\bar{\boldsymbol{x}}^{(j)}$ 间的距离，称为 F 统计量。它是遵从自由度为（$r-1$，$n-r$）的 F 分布。它的分子表征类与类之间的距离，分母表征类内样本间的距离。因此，F 值越大，说明类与类之间的距离越大；类与类之间的差异越大，分类就越好。

4.5 交通安全审计

4.5.1 概述

1. 道路安全审计的概念

道路安全审计（road safety audit，RSA）是改善道路安全状况的一种有效方法，20世纪80年代出现于英国，之后传入澳大利亚、新西兰、加拿大、美国等许多国家，目前已经基本

形成了一套完整的体系。

美国联邦公路局（FHWA）对道路安全审计的定义是：道路安全审计是由一个独立的审计小组所实施的，针对现有或未来的道路、交叉口的正式安全性能测试。而美国道路工程师学会 4S–7 技术委员会（ITE Technical Council Committee 4S–7）在 1995 年 2 月所做的报告中，将道路安全审计进一步描述为："安全审计是对已有或拟建的道路建设项目、交通工程项目及其他任何将与用路者发生相互影响的工程的项目方案所进行的正式的安全性能测试。在该测试中，将由一组独立的、训练有素的安全专家对工程项目的规划（设计）方案中的事故隐患作出鉴别，并评估项目方案的安全特性，从而修正方案中的安全瑕疵，或推荐具有较佳安全性能的项目方案。"

澳大利亚道路安全审计指南（Austroads，2002）对道路安全审计的定义为：道路安全审计是对现有道路、规划道路、交通工程及与道路使用者有关的任何工程的一个正式的审查，以评价道路发生交通事故的潜在危险性及安全性能，它通常由一个或一组独立的、有资格的检验者来进行，并对项目的事故隐患和安全性能提交一份审查报告。从定义中可以看出，它是一个正式的检查而不是一个非正式的检查；是一个独立的不受业主或设计单位影响的过程；由具有丰富经验和受过专业训练的人执行，且仅限于安全问题。

世界道路协会（PIARC）道路安全委员会对道路安全审计的定义为：道路安全审计是应用系统方法，将道路安全的知识应用到道路的规划和设计等各个阶段，以预防交通事故。道路安全审计是对道路项目由独立的合格审核人员进行的正式审核。这个方法可应用于现有道路、新建道路及现有道路的改善，适用于公路项目，也适用于城市道路项目的安全审计。

我国的《公路项目安全性评价指南》将公路安全性评价（highway safety audit，HSA）定义为：从公路使用者行车安全的角度对公路设施的研究、规划、设计成果或现有公路路况影响行车安全的潜在因素进行评价。

综上所述，各国根据具体情况，都对交通安全审计给出了适合自身国情的合理定义。但作为一种道路安全管理方法，RSA 定义中的几个基本要素都是不变的：① 交通安全审计要由一支独立的、有丰富经验的专家审计小组进行实地调研；② 交通安全审计所考虑的道路使用者为目标道路所有的潜在的使用者；③ 交通安全审计要提供正式的安全审计报告和报告回应。另外，我国城市道路安全的严峻形势促使城市交通安全审计的出现。应针对我国当前城市道路在安全方面存在的问题，结合城市道路的特点，探索城市交通安全审计的重要技术问题，以便采取应对措施，减少交通事故。

2. 交通安全审计的目的和意义

交通安全审计是为道路用户和其他受道路项目影响的人发现潜在的安全问题，进而采取措施加以消除或减轻潜在的危险。其具体目标如下：

① 使道路交通项目及其周边环境影响而产生的事故降低到最低限度；

② 为所有的道路使用者识别潜在的安全隐患，即从道路使用者的角度识别那些可能造成

误导的错误问题和特征；

③ 将已建成道路的后续事故整治费用降低到最低限度，全面考虑到确保消除或减轻所识别出的安全隐患的方法；

④ 减少项目在包括设计、建设和养护的整个使用寿命期内的费用，使道路维修的整个过程和路网的运营收益最优化；

⑤ 提高设计人员的安全意识和安全维护的实践经验，增加设计者、管理者和其他所有有关人员在规划、设计、建设和养护工作方面的安全意识。

道路安全审计通过两种途径去实现上述目标：一是在规划和设计阶段发现并消除可能产生事故的因素（如不适当的交叉口布设）；二是对现有道路通过采取适当的手段（如防滑路面、防撞护栏），减轻已有问题的影响。

实践证明，在传统的设计与建造规程之外，附加交通安全审计程序具有非常重要的现实意义。

（1）能够有针对性地消除安全隐患

现有的道路，除极为特殊的案例以外，绝大多数都符合规范与技术标准的要求，但当运营一段时间之后，往往会出现交通事故记录的显著偏差，最典型的是出现了一些交通事故明显集中的"事故多发段和事故多发点（事故黑点）"，这是各国共同存在的一个现实问题。事故多发点的存在证明了一个基本的事实：即道路规范或技术标准不能界定道路交通系统所有的安全问题，如果不进行安全的专项分析，有些路段将出现安全隐患。这是实施交通安全审计的基本意义所在。

（2）能够更全面地分析安全影响因素

在传统的道路设计之中，采用平、纵、横设计步骤，虽然今天有三维辅助设计技术，但其根基仍是二维平面设计。而车辆在行驶过程中，完全处于三维立体空间之中，它随时会因为道路沿线的设施、土地利用、道路路面状况等而产生行车状态波动，这在道路设计过程中是无法全部纳入考虑范畴的。

因此，附加交通安全审计就能专门针对道路安全进行深入的探讨与研究。其优势在于能够设想各种车辆运营中可能出现的安全隐患，并且考虑道路各种设施之间的适配性及其在运营中呈现出的动态特性。

（3）能够有效地扩展道路的安全空间和"宽容度"

交通事故大多是由碰撞造成的。统计资料表明，尽管交通事故绝大多数是由驾驶人或用路者的过失引发的，但这些过失许多都是偶发、瞬时的失误，并非"不可饶恕"的罪过，其中相当比例的过失是与道路交通环境共同发挥作用而形成的。道路设计、建造与管理者的职责是尽可能地扩展道路的安全空间，并且通过对路网的调节和合理设计，使道路环境更加"宽容"，具备一定的"容错"能力。也就是说，即便有驾驶错误产生，道路条件仍应保持行车的安全需要，并对危险起到消除或减缓作用，以避免交通事故的发生或减轻交通事故的后果。

交通安全审计通过对道路技术指标的回溯，能够发现碰撞风险较高的区段，然后有针对性地采用一些补救措施，其结果是降低了碰撞发生的概率，或者是减弱了可能碰撞的严重程度。

3. 道路安全审计的流程

任何工程项目在施工图设计阶段末都必须执行道路安全审计，对于复杂的项目，涉及高交通流量的，在项目的全过程中，至少要执行 2 次道路安全审计。目前国际上普遍采用的道路安全审计的流程是八步评价法（见表 4–9）。

表 4–9　道路安全审计的流程

1. 业主选择道路安全审计组	组建审计小组要重点考虑以下方面： ① 独立性和公正性； ② 是否具有安全审计工作经验； ③ 知识结构是否全面合理； ④ 是否具有能力从各类道路用户的角度出发考虑安全问题
2. 业主与设计单位准备有关材料	① 工程背景方面的资料：项目建设的目的和目标、有关要求、设计应遵守的规范，道路两侧的经济发展情况等； ② 项目勘测设计资料：设计图纸和说明文件、地址资料、周围环境、交通量、开发区的交通源等
3. 召开第一次审计工作协调会	审计小组初步熟悉资料，制定审计计划，召开由业主、设计单位参加的审计工作协调会。在审计工作协调会上的主要工作包括： ① 设计单位向审计小组介绍设计思路、规范标准、安全方面的考虑及可能存在的问题等； ② 审计小组向业主和设计者介绍审计流程、方法、工作计划、预期的审计报告内容等，并就初步阅读设计图纸和文件中遇到的疑问请设计单位给予解释； ③ 会议应对审计小组提出的道路安全审计内容达成一致，以会议纪要形式予以确认
4. 室内审计	① 全面熟悉项目的建设目的、设计图纸等文件。制定详细的审计方法，并按项目的类别将设计内容按与道路安全的关系分类。 ② 审查设计图纸和文件，并与现场勘查并行进行。 ③ 审查图纸时，在检查设计是否符合有关标准的基础上，应综合考虑影响道路安全的各方面的因素，检查设计在道路安全方面考虑的不足之处，发现问题并尽可能突出处理措施。 ④ 初步提出问题或疑问，以便在下一步现场勘查时证实存在的问题或解决疑问
5. 现场勘查	现场勘查和调研项目本身、项目环境等与道路安全性有关的野外情况，勘查要点如下。 ① 核实设计是否能与周围环境相协调，如几何线形和交通标志信号等是否与实际环境相协调，是否周全地考虑了所有道路服务对象；道路两侧区域安全问题，是否会影响现有路网的安全等。 ② 重点考虑道路各类用户的安全，特别是交通弱者的安全。 ③ 应分别在白天和夜间等不同的环境条件下勘查道路
6. 撰写审计报告	① 安全审计的结果以审计报告的形式提交，其主要内容是列举所发现的安全问题和提出相应改进措施建议。 ② 审计报告只对存在的安全问题提出改进措施，并不对解决安全问题的详细方案做设计。业主和设计单位应针对审计报告指出的问题和提出的建议作出书面答复，决定是否采纳审计的意见。 ③ 对审计道路中不同严重程度的安全问题，审计报告中应对各类问题予以解释，表明问题的严重性
7. 召开审计结果讨论会	审计结果讨论会应在道路安全审计完成后进行，审计讨论会的内容包括： ① 审计小组应向业主和设计单位介绍审计过程和通过审计发现的安全性问题、原因和解决问题的建议； ② 业主和设计单位可以根据掌握的资料和了解的情况，对审计报告提出自己的意见或对某些问题做一些解释，指出审计的疏忽之处； ③ 审计小组根据业主和设计单位的意见对某些问题做进一步的调查和考虑，但审计结论不能受业主和设计单位意见的影响，更不能为符合业主和设计的要求而失去公正性去修改审计报告

| 8. 提交审计报告并等待业主的书面答复 | ① 报告修改完毕，审计小组将正式的审计报告交给业主；
② 业主或其他接受审计报告的人审查审计报告，并以书面形式对审计报告中所指出的问题及所提改进建议予以答复 |

4.5.2 规划与可行性研究的交通安全审计

规划与可行性研究环节是安全审计介入的第一个阶段，此时安全审计的实施是在宏观层面，其对象是道路网络、路线与网络的适配性、路线技术标准的选取、新改建项目对现有路网的安全影响、路线连接、起终点与进出口设置，以及道路建设对环境等的宏观影响。

1. 路网规划中的安全审计

路网规划阶段的安全审计是所有安全审计中的"顶层任务"，其目标除了被动的项目安全评估与弥补外，应使规划方案达到"认知安全的规划（safety conscious planning）"的程度。这是一种主动型的道路安全审计，即在规划之前就奠定一个路网安全效能目标，并将其渗透到规划各环节中的安全维护与保障进程，确保道路网拥有更高的宏观安全性能。

在进行路网规划时，为实现安全性能的优化，首先应对规划的目标体系进行调整，使其拥有"认知安全"，并且"安全优先"的特性。基于安全的道路规划目标应当遵循"安全—机动性—促进社会经济发展—维护社会与自然环境—保障国家安全"的顺序。

"安全"是指通过减轻与交通事故相关的伤亡与财产损失，达到促进公共安全的目标。在道路网的规划中，应该基于这个首要目标，调整规划方案与控制性目标。

"机动性"是指确保交通网络的建设与发展有利于提高通达性（accessibility）、有效性、多交通方式的一体化，以及为出行者提供选择的灵活性。

"促进社会经济发展"是指道路网络的建设除满足现有社会需求外，还应该通过提高效率与灵活性确保该地区经济增长的活力及竞争力。

"维护社会与自然环境"是指在制定道路发展规划时，要以维护和加强社会与自然环境为目标，应注重其可能派生的对于社会居住与工作环境、地区自然环境的安全影响等负面效应。

"保障国家安全"是指在道路建设中应有意识地加强国防活动的使用效能，并将边界稳定、监控与限制，和以道路系统为载体的破坏国家安全的活动，纳入道路网络规划的视野。

2. 工程可行性研究阶段的安全审计

在工程可行性研究阶段，由于路线技术参数的精度不高，因此不必进行定量化的安全性能指标预测，而应将审计的重心放在定性分析与方案优选上，充分发挥在这一阶段道路方案可调空间较大的优势，分析对比各种可能方案的安全性能。

现阶段我国实施建设项目的可行性研究，主要内容是确认项目建设的必要性，并且探讨路线可能的交通走廊及方向，明确技术标准、建设规模，并初步制订项目的技术方案，还包括确认起终点、确定道路各区段的技术参数、选择主要控制点、制订与节点的衔接方案等内容。在这个阶段安全审计要点如下。

1）技术标准

（1）技术等级的选择中的安全审计要点

公路的安全审计不能替代公路等级划分标准，在实际的工程中，应该根据预测交通量的规模，参照《公路工程技术标准》（JTG B01—2014）确定道路的技术等级，但在审计中应对其等级的选用进行评估和必要的校正。

当采用预测交通量确定技术等级后，应对交通量的预测结果进行敏感性分析，评估当未来交通量高于预测值，或提前达到目标年预测值水平时，现有的技术等级是否能够满足要求，是否可能发生交通拥堵点，以及由此引发的对交通量的干扰。当交通量接近某一等级的适应交通量的上限值时，应系统分析其不同区段的交通量的差异，考虑各分段采用不同技术标准的必要性。

当山区高速公路连续下坡达到 4～5 km 时，有可能由于大型车辆、重载车辆的持续刹车造成车辆制动性能下降，从而引发交通事故的危险。必要时应同步修建迂回道路，专供大型重载车辆通行。

当需要在同一道路的各分段采用不同的技术等级时，应重点考虑过渡段的平顺衔接，使设计速度、道路横断面形式等指标均遵循"平滑渐变"的原则。

如果道路上非机动车交通量预测值偏大，而又采用高速公路等封闭型的等级，则需审计其辅道的等级与宽度的适应性，以及辅道的起始端点、主要节点是否会造成非机动车交通的断头现象。

与以上网络规划阶段的安全审计原则相同，当同一道路的不同区段采用不同的技术等级时，相互衔接的区段只能相差一个等级，而不能跳跃两个等级。

（2）设计速度的安全审计原则与要点

除了《公路工程技术标准》（JTG B01—2014）中已有的对设计速度选用的安全认知外，在本环节的安全审计中，还应关注以下原则及要点。

检查设计车速与路线各区段技术指标的取值，考察该处能否适应高出设计速度一定限额的车辆的基本稳定行驶需要。在平原微丘区，以小汽车高出设计速度 30% 的运行速度来考察道路方案各区段的技术指标，检查车辆在平曲线区段是否能保持正常的横向稳定，并且从汽车动力学角度分析不会驶出行车道之外，同时在纵坡坡段不致发生车辆纵向滑溜。这是安全审计可接受的下限。

平纵线形指标应与设计速度要求的一般值相适应，并至少在 15 km 长的范围内保持连续性和均匀性。

相邻路段的设计速度差不宜大于 20 km/h，并应在不同速度设计标准的相邻路段间设置过渡路段。过渡路段不仅要求具有足够长度来进行线形标准的过渡，同时应设置必要的交通控制措施来引导驾驶人调整运行速度。

（3）横断面宽度

同一道路的不同区段，由于交通量或环境条件而改变横断面宽度时，应设置过渡段。城市道路宽度应考虑行人横穿的要求，当行车道宽度大于 9 m 时，应设置中央分隔带，以供行人停留。

2）路线节点及进出口

（1）起点、终点的选择

起点终点的选择是在工程可行性研究阶段需要解决的重点问题之一。如果起终点为已有道路的端点，应避免在起点终点处造成错位交叉，如果形成了平面交叉口，也应尽量保证垂直交叉。起终点与其他道路相接时，应避免出现设计速度高于 20 km/h 的落差，如果不能满足这一要求，要设置过渡段，使设计速度呈现"阶梯形"的变化形态，并且在未来的运营中加强速度管理。

（2）中间节点

城市道路中的主干道尽量不切割一个完整的居住社区，必要时应设置行人立体过街设施。图 4-8 为城市道路行人过街设施的选择标准，其中横轴代表道路的机动车流量，纵轴代表行人横穿道路的流量。根据这两个流量的关系，将图中区域划分出了 I 、 II 、 III 三个部分。其中， I 区表示可设置无行人信号灯的人行横道线； II 区表示应设置有行人信号灯的人行横道线； III 区表示必须设置人行横道、过街天桥等立体过街设施。

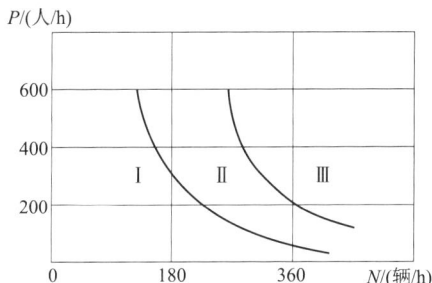

图 4-8　城市道路行人过街设施的选择标准

平面交叉点的密度，最基本的控制要素是不能在基本路段上形成交织区。具体密度应以是否满足转弯交通量的需求为基准，但应考虑将来路网规划中可能新建的相交道路，考虑预留或分期修建的必要。主要道路上 T 形或 Y 形的支路进出口，应设置在距离四路交叉口 50 m 以外的地方。

4.5.3　设计阶段的交通安全审计

设计阶段的安全审计是道路安全审计项目的核心环节，绝大多数的数量化模型及应用程序也都针对这一阶段。该阶段安全审计的基本思路是根据路线设计方案，预期车辆在方案实施后的动态运行状况，根据多年的统计研究、机理研究、实验研究的成果对道路几何线性的安全性能进行预测和评估，并且指出安全隐患的位置与形式，然后有针对性地消除隐患或推荐更好的方案。

1. 横断面设计安全审计

横断面设计方案中的安全审计项目有：行车道宽度（包括直线段，以及带有加宽的平曲线段的行车道宽度）、辅助车道宽度（包括爬坡车道、超车车道、左转车道、右转车道）、路肩宽度、路肩类型、标准行车道横坡度（审计对象为直线段的行车道横坡坡度）、标准路肩横坡度等。

城市道路横断面的安全审计必须根据道路的性能加以区分。针对城市主干道，审计内容与高等级公路相似。针对生活型道路，如穿越社区的道路，需要根据机动车、行人、非机动车的共同安全利益进行审计，审计重点为对混合交通安全的考虑。道路横断面宽度发生改变的区段，对于各等级道路都是安全审计的重点。图 4-9 显示了道路横断面宽度发生变化所引发的行车不适。

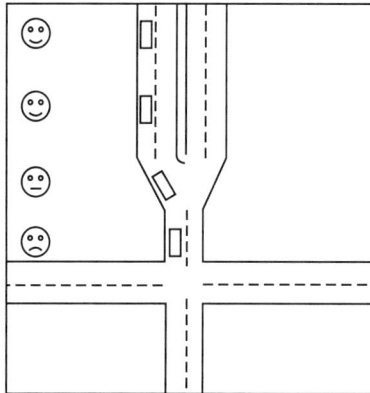

图 4-9　道路横断面宽度变化所引发的行车不适

（1）行车道宽度的事故修正系数

此处的事故修正系数只针对单车驶出路外的事故、多车同向侧撞的事故、多车反向碰撞的事故，因此需要将它调整为区段的整体事故。计算公式为：

$$AMF = (AMF_{ra} - 1.0)P_{ra} + 1.0 \qquad (4-33)$$

式中：AMF——针对整体交通事故的事故修正系数；

　　　AMF_{ra}——针对相应事故的事故修正系数；

　　　P_{ra}——这些事故在整体事故中的比例，%。

（2）路肩宽度与路肩形式的修正形式

相应于路肩宽度和形式，并针对整体交通事故的 AMF 计算公式为：

$$AMF = (AMF_{wra}AMF_{tra} - 1.0)P_{ra} + 1.0 \qquad (4-34)$$

式中：AMF_{wra}——基于路肩宽度，针对相关交通事故的 AMF；

$\quad\quad AMF_{tra}$——基于路肩类型，针对相关交通事故的 AMF；

$\quad\quad P_{ra}$——相关交通事故数在整体交通事故数中的比例，%。

2. 平面线形设计安全审计

平面线形指标的审计项目包括：直线长度、平曲线半径、偏角、超高、超高渐变段、平曲线长度及合成坡度等。在平面曲线中，还应审计相互衔接的直线、曲线的组合区段的安全性能，这是一致性分析的议题。

（1）直线长度

对于城市道路，直线长度的安全审计应以相邻交叉口间距是否过小为准。

（2）平曲线段

城市快速干道，以前后区段的平曲线半径的顺势性作为审计要点。另外，注意其超高渐变段的设置，尤其是存在突变点的位置需重点分析，看其是否存在安全隐患。

① 平曲线几何指标的修正系数。

平曲线段的事故修正系数，建议采用 Zeeger 等人建立的模型确定。Zeeger 模型的参数包括曲线半径、曲线长度及有无缓和曲线等，其计算公式为：

$$AMF = \frac{1.55 \cdot L_e + \dfrac{80.2}{R} - 0.012 \cdot S}{1.55 \cdot L_e} \qquad (4-35)$$

式中：L_e——平曲线长度，mile，当有缓和曲线时，此处的曲线长度只计量圆曲线部分的长度；

$\quad\quad R$——平曲线半径，mile；

$\quad\quad S$——缓和曲线差别参数，有缓和曲线时为 1，无缓合曲线时为 0。

② 超高的修正系数。

超高的 AMF 以实际超高值与规范相比的不足程度来计量。相关算法的界定标准是：如果实际超高值相对于规范值没有超过 0.01，则应计算 AMF，其计算模型为：

$$AMF = 1.00，当 SD < 0.01 时$$
$$AMF = 1.00 + 6（SD - 0.01），当 0.01 \leqslant SD < 0.02 时 \qquad (4-36)$$
$$AMF = 1.06 + 3（SD - 0.02），当 SD \geqslant 0.02 时$$

式中：SD——超高的不足程度，SD 为实际超高–规范推荐值。

3. 纵断面线形设计安全审计

纵断面线形的审计项目包括纵坡坡度、纵坡坡长、竖曲线设计。

注意：纵坡坡长与坡度的联合作用，避免出现坡度与坡长均未超标，但组合后形成"超级"坡道的现象，同时城市道路的纵坡坡度评估应考虑非机动车的行车需要。

研究表明，双车道公路纵坡坡度每增大 1%，事故率约上升 1.6%。基于此，建立了纵坡坡度的 AMF 推荐值，如表 4–10 所示。

表 4–10　纵坡坡度的 AMF 推荐值

纵坡坡度/%				
0	2	4	6	8
1.00	1.03	1.07	1.10	1.14

4. 线形组合设计安全审计

设计阶段的安全审计重点考虑的是路段及立交匝道的技术标准采用，平、纵面线性及其组合、视距、交叉口设置，车道和路肩宽度、路面横坡和超高、超车车道采用、紧急停车带或港湾式停车位的设置，自行车和行人交通的安排，出入口设置，立交及出入口的变速车道等方面。在该阶段的安全审计中，应特别注意由于交通组织设计、交通标志标线方案、出入口车道平衡等引起的安全隐患。

4.5.4　施工阶段的交通安全审计

在城市道路新建、改建、扩建及维修养护项目中，施工阶段是一个十分重要的环节。对于新建道路工程，由于线路拟通过之处原本没有道路，其施工阶段的安全问题主要发生在施工作业区范围以内。但是，对于其他性质的施工项目而言，在多数情况下，施工过程并不中断原有道路的交通，施工作业区本身即成为该路段的交通障碍和事故危险源。这时，施工阶段的交通安全问题就不仅局限于施工作业区内，还会扩展到其周边区域。道路施工安全审计的内容如下。

1. 施工组织与管理

工程开工前，施工单位必须详细核对设计文件，根据施工地段的地形、地质、水文、气象等资料，在编制施工组织设计的同时，制定相应的安全管理措施。其中不仅指自身的施工安全，更重要的是，必须保证其影响范围内的交通安全。因此，在安全审计时应首先检查施工组织设计中是否有详细的施工安全管理组织方案及预防措施。

在施工项目的竞标与审批过程中，将申请者的既往安全记录作为预评的指标。在施工合同的审批环节中，增加安全管理的力度。应用合同的约束力，对完成施工后没有移除施工标志的，或施工时放置了错误标志的人员，需给予一定的处罚。

2. 施工准备

检查以往类似项目并确定在其整个项目施工期间发生过什么问题（如交通延误、伤亡事故等）。通过对历史数据的分析，明确事故原因，寻找正确解决施工安全问题的办法。将以往类似项目的经验和正确解决问题的方法应用于现有施工项目中。

调查施工项目所在位置的历史资料，对事故多发区域进行专门分析并确定对策。检查道路上影响施工的区域（如凸曲线、复曲线等），确定专门的安全措施。

3. 施工现场

检查施工作业区内以前设置的永久性道路标志要求与当前施工的道路标志要求是否相抵触，如果相抵触，应该先行去除原有道路标志并设置与施工要求相一致的道路标志，待施工工作结束后重新恢复原有道路标志。

为了施工人员的安全，必须为施工人员提供合适的缓冲距离或车辆动量衰减设施。施工作业区内排水设计应以雨季不影响施工并且不会出现由于排水不利而产生安全隐患的情况为准。施工作业区内如果存在不良地质路段，或有落石对施工安全和运营车的安全构成威胁，则必须做好防护设施并设立警告标志。

4. 施工便道

检查是否需要专门供施工设备和施工人员进出施工现场的路线，如果需要，应确保该路线的安全，并且不影响车辆运行和正常行驶。

施工现场内的道路必须维护好且必须保持畅通。施工现场内载重车辆经常通过道路的最小转弯半径必须大于15 m，极特殊情况其半径也必须大于10 m，在急弯及陡坡地段应设置明显的交通标志。

5. 施工环境

在费用效益合理的情况下，土石方工程应尽量保持填挖平衡。

土石方运输过程不得产生遗撒现象，尤其是集料的运输，应当避免遗撒在运输道路上，这会对行车安全产生极大的影响。

检查项目施工对于施工作业区附近的重要交通源（如工厂、学校、居民区等）产生的不良影响。对于这些重要的交通源，应提前做好交通组织和交通安全宣传工作，避免由于组织不力影响施工导致交通事故的发生。

4.5.5　运营阶段的交通安全审计

道路运营阶段的审计至关重要，审计者可以为改善提高项目的安全提供最重要的帮助。该阶段审计结果提出的改善意见可以以最小的成本去实施，并且几乎可以涵盖所有重要的问题。总的来讲，运营中的道路安全审计是跟踪检测开放交通后的新路和对已有道路进行的系统分析。通过事故数据分析和现状路况（包括周围环境）的现场勘查，审计其他潜在的事故风险，鉴别事故多发位置，为降低以后的事故可能性提供一个有效的预估系统方法。

1. 道路技术指标安全性能的监控与审计

1）路面平整度安全审计

路面平整度与行车质量和安全性直接相关。若路面平整度差，车体会不断地颠簸，使车辆行驶处于紊乱状态，并易导致驾驶人疲劳，成为诱发事故的因素。检查路面平整度，可以用路面平整度测量仪进行测量，并通过计算得到平整度指标 IRI，用以衡量路面平整性的优劣。具体的取值范围与所对应的路面质量如表 4-11 所示。

表 4-11　路面平整度安全监控

路面平整度指标 IRI/（cm/km）	路面平整特性	相应措施
3～16	优质	
17～85	合格	加强日常维护质量
>85	低劣	采取路面改造措施，或利用限速标志等手段确保行车安全

2）沥青混凝土路面的安全缺陷

① 翻浆。路面、路基湿软出现弹簧、破裂、翻浆等现象，对行车安全危害较大，在冬末夏初时应特别注意。

② 波浪与搓板。路面纵向产生连续起伏，峰谷高差大于 1.5 cm 的变形，将使车辆产生颠簸，这种颠簸随着车辆前行而叠加、加剧，最终可能导致车辆失控。

③ 沉陷。路基、路面的竖向变形，路面下凹，深度 3 cm 以上。这是跳车的诱因，严重危及行车安全。在坡度、桥头、雨天等特定情况下影响更为严重。

3）水泥混凝土路面的缺陷

① 沉降。软土地基是产生沉降较为严重的地点，可考虑改用沥青混凝土。

② 裂缝。路面板内长于 1 m 的开裂，不同程度影响着行车安全。

③ 错台。接缝处相邻两块板垂直高差 8 mm 以上，造成车辆侧向颠簸。

4）道路抗滑处理

采用不同类型的沥青表面处理，可提高路面防滑力。尤其是急弯、陡坡处，每隔一定时间建议将适当粒料重新罩面，以减少事故。

已被磨光的沥青混凝土路面，用压路机适量地压入预涂沥青的石屑，可增强抗滑性。

已被磨光的水泥混凝土路面，可用凿毛机横向、纵向拉毛，可提高抗滑效能。

降雨、降雪天气对路面造成滑溜，易引发事故。针对一般道路，可简单地采用撒粗砂以增加路面摩擦力。对于高等级公路和重要路段，降雪时应撒融雪剂，促使冰雪迅速融化。

2. 安全设施的维护

1）设置位置

指路标志与所指地点间的距离，称为先行距离，其值影响着标志效用的发挥。先行距离必须取值合理，不合理时应予以调整。例如，平面交叉口指示标志一般超前约 30 m，预告地名一般约 300 m。

安全标志立柱位置与行车道横向距离过近，易引发碰撞立柱事故，应将标志位置适当外移。当收费站等处标志杆频繁受撞时，可尝试采用"摆脱式"标志柱（柱体下部交接，车辆撞后标志上部脱离，可减轻事故后果）。

2）支撑类型

标志的支柱种类有单柱、双柱、悬臂式、门式和附着式 5 种。

采用门式支撑，标志位于行车道上方，识认性较强，适用于重要的指示信息。因此，识认性差的标志，可改用门式支撑。

附着式支撑，即利用支撑物如灯杆等作为标志柱，不增加里侧支柱个数，对于行车安全比较有利。建议在易发生碰撞支柱事故处采用适宜的附着式支撑。

4.6 交通安全综合评价法

交通安全综合评价法（多指标安全综合评价法）是把多个描述被评价对象不同方面且量纲不同的定性和定量指标，转化为无量纲的评价值，并综合这些评价值以得出对该评价对象的一个整体评价。构成综合评价要素一般包括：被评价对象、评价指标及指标体系、权重系数和综合评价模型。

安全综合评价的一般步骤包括：

① 明确评价目的；

② 确定被评价对象；

③ 建立评价指标体系（包括收集评价指标的原始值、评价指标的若干预处理等）；

④ 确立与各项评价指标相对应的权重系数；

⑤ 选择或构造综合评价模型；

⑥ 计算各系统（评价对象）的综合评价值并进行排序、分类或比较；

⑦ 根据评价过程得到的信息，进行系统分析和决策。

其中，最为关键的问题是指标体系的建立、指标评价值和权重系数及评价模型的确定。只有解决好上述问题，才能得到较为切合实际的安全评价结果。

4.6.1 被评价对象

交通安全综合评价的对象可以是铁路系统、城市道路交通系统、航空运输系统、城市轨道交通系统，也可以是某种运输方式的子系统，如铁路车站、航空机场、城市轨道交通车站、城市公交等。

4.6.2 评价指标体系的建立

1. 评价指标体系建立的原则

安全评价的核心问题是确定评价指标体系。指标体系是否科学、合理，直接关系到安全评价的质量。因此，指标体系必须科学、客观、合理、尽可能全面地反映影响系统安全的所有因素，这就必须按照一定的原则去分析和判断。

（1）目的性原则

指标体系要紧紧围绕改进系统安全这一目标来设计，并由代表系统安全各组成部分的典型指标构成，多方位、多角度地反映系统的安全水平。

（2）科学性原则

指标体系结构的拟订、指标的取舍、公式的推导等都要有科学的依据。只有坚持科学性的原则，获取的信息才具有可靠性和客观性，评价的结果才具有可信性。

（3）系统性原则

指标体系要包括系统安全所涉及的众多方面，使其成为一个系统：

相关性——要运用系统论的相关性原理不断分析，而后组合设计安全评价指标体系；

层次性——指标体系要形成阶层性的功能群，层次之间要相互适应并具有一致性，要具有与其相适应的导向作用，即每项上层指标都要有相应的下层指标与其相适应；

整体性——不仅要注意指标体系整体的内在联系，而且要注意整体的功能和目标；

综合性——指标体系的设计不仅要有反映事故状况的指标，更重要的是要有反映隐患的指标，事前与事后综合，不同时期（历史、现状、将来）综合才能更为客观和全面。

（4）可操作性原则

指标的设计要求概念明确、定义清楚，能方便地采集数据与收集情况，要考虑现行科技水平，并且有利于系统安全的改进。而且，指标的内容不应太繁太细，过于庞杂和冗长，否则会给评价工作带来不必要的麻烦。

（5）时效性原则

指标体系不仅要反映一定时期系统安全的实际情况，而且要跟踪其变化情况，以便及时发现问题，防患于未然。此外，指标体系应随着社会价值观念的变化不断调整，否则，可能会因不合时宜而导致决策失误。

（6）政令性原则

指标体系的设计要体现我国安全生产的法律、方针和政策，以便通过评价，引导运输企业贯彻执行"安全第一，预防为主"的方针及部门安全生产的规章制度。

（7）突出性原则

指标的选择要全面，但应该区别主次、轻重，要突出当前带全局性而又极为关键的安全问题，以保证重点和集中力量控制住那些发生频率高、后果严重的事件。

（8）可比性原则

指标体系中同一层次的指标，应该满足可比性的原则，即具有相同的计量范围、计量口径和计量方法，指标取值宜采用相对值，尽可能不采用绝对值。这样使得指标既能反映实际情况，又便于比较优劣，查明安全薄弱环节。

（9）定性与定量相结合的原则

指标体系的设计应当满足定性与定量相结合的原则，亦即在定性分析的基础上，还要进行量化处理。只有通过量化，才能较为准确地揭示事物的本质。对于缺乏统计数据的定性指标，可采用评分法，利用专家意见近似实现其量化。

2. 评价指标的筛选

在实际的安全综合评价活动中，所选择的评价指标对于评价结果起着至关重要的作用。初选评价指标时应将事故指标与隐患指标相结合，既考察了系统在一定时期内实际安全绩效，又考察了系统要素及其组合中的安全隐患，可以避免单用一类指标评价的片面性，能够较为全面正确地反映系统的安全状况。

同时应是以尽可能少的"主要"评价指标用于实际评价，这就需要对初选的评价指标集合按某种方法进行筛选，分清主次，合理组成评价指标集。目前，常用的评价指标的筛选方法包括专家调研法和极小极大离差法。

（1）专家调研法

评价者可根据评价目标及评价对象的特征，在所设计的调查表中列出一系列的评价指标，分别征询专家对评价指标的意见，然后进行统计处理，并反馈咨询结果，经几轮咨询后，如果专家意见趋于集中，则由最后一次咨询确定出具体的评价指标。

（2）极小极大离差法

先求出各评价指标 x_j 的最大离差 r_j，即

$$r_j = \max_{1 \leqslant i, j \leqslant n} \left\{ \left| x_{ij} - x_{kj} \right| \right\}$$

再求出 r_j 的最小值，即

$$r_0 = \min_{1 \leqslant j \leqslant m} \left\{ r_j \right\}$$

当 r_0 接近于零时，则可删除掉与 r_0 相应的评价指标。

在所选定的评价指标的基础上，建立人—机—环境系统安全综合评价指标体系（见图 4-10），各类指标均应满足如图 4-11 所示的递阶层次结构模型。

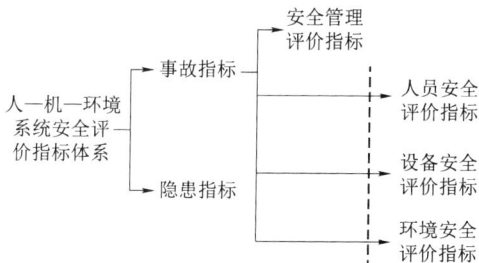

图 4-10　人—机—环境系统安全评价指标体系

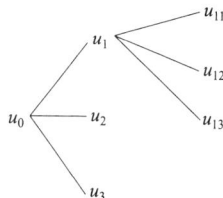

图 4-11　安全指标体系递阶层次结构

例如，根据上述建立指标体系的 9 条原则，可以建立事故与隐患指标相结合的铁路运输安全保障系统安全评价指标体系，图 4-12 和图 4-13 分别为人员安全保障评价指标体系和设备安全保障评价指标体系。

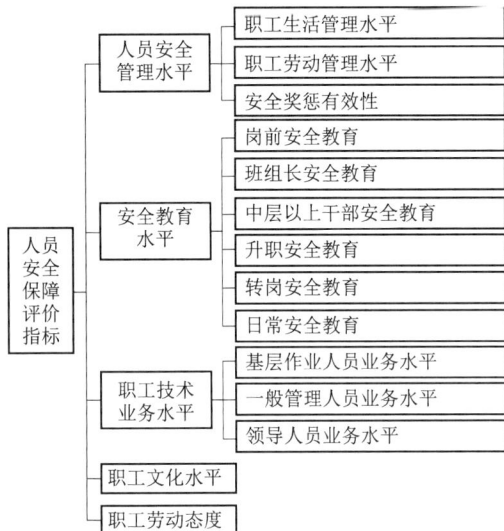

图 4-12　人员安全保障评价指标体系

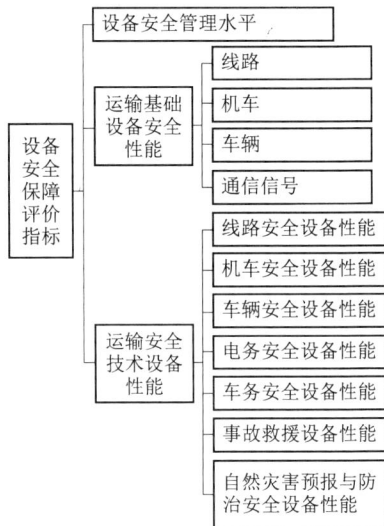

图 4-13　设备安全保障评价指标体系

3. 基础指标评价值的确定

基础评价指标即评价指标体系中不能再进一步分解的指标，可分为定性基础评价指标和定量基础评价指标，简称定性指标和定量指标。因此，基础指标评价值的确定可分为两部分，即定性指标评价值的确定和定量指标评价值的确定。

1）定性指标评价值的确定

定性指标评价值具有模糊和非定量化的特点，很难用精确的数字来表示，可采用模糊数学的方法对模糊信息进行量化处理，目前比较常用的方法是专家评分法和集值统计法。

（1）专家评分法

请 m 个专家对取定的一组指标 $x_1, x_2, \cdots, x_n$ 分别给出隶属度 $A(x_i)(i=1, 2, \cdots, n)$ 的估计值 $r_{ij}(i=1, 2, \cdots, n; j=1, 2, \cdots, m)$，则指标 x_i 的隶属度 r_i 可由下式估计：

$$r_i = \frac{1}{m}\sum_{j=1}^{m} r_{ij} (i = 1, 2, \cdots, n) \tag{4-37}$$

式中：r_{ij}——第 j 位专家对第 i 个指标的评价值。

由专家评分法得出的评判矩阵为一列向量：

$$R = \begin{bmatrix} r_1 \\ r_2 \\ \vdots \\ r_n \end{bmatrix} \quad\quad （4-38）$$

利用专家评分法得出的评分结果的精确性主要依赖于评价对象的复杂性、信息全面性及专家对评价对象了解的全面性和确切性。当这些条件不满足，专家无法找出一个确切的数值时，可以让专家给出判断的一个范围，这是比较客观的选择。专家给出的判断范围越小，说明专家对问题的把握性越大；反之，则越小。不同专家对同一问题所给出的判断范围，可以看作是一个随机集的若干独立实现，可应用集值统计法来确定定性指标评价值。

（2）集值统计法

集值统计的样本则被看作是一个随机集的独立实现。具体做法为：选择 m 位专家，专家选择应视具体情况而定。给出评价指标值的两个极点，为方便专家赋值，取 0、100 两点，然后请专家给出指标 x_i 评价值的区间估计，得到 m 位专家对指标 x_i 的一个集值统计序列：

$$[r_{11}, r_{12}], [r_{12}, r_{22}], \cdots, [r_{1m}, r_{2m}]$$

将这 m 个区间落影到评价指标值域轴上，得到样本落影函数 $X(i)$，如图 4-14 所示。

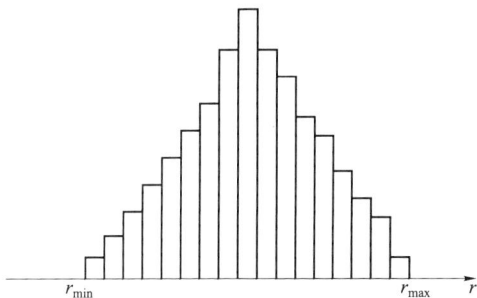

图 4-14　样本落影直方图

$$\overline{X}(r) = \frac{1}{m} \sum_{k=1}^{m} X[r_{1k}, r_{2k}]^{(r)} \quad\quad （4-39）$$

其中

$$X[r_{1k}, r_{2k}]^{(r)} = \begin{cases} 1, r_{1k} < r < r_{2k} \\ 0, 其他 \end{cases} \quad\quad （4-40）$$

取 $r_{max} = \max\{r_{21}, r_{22}, \cdots, r_{2m}\}$，$r_{min} = \min\{r_{11}, r_{12}, \cdots, r_{1m}\}$，则指标 x_i 的评价值为

$$E(r)=\frac{\int_{r_{\min}}^{r_{\max}}\overline{X}(r)r\mathrm{d}r}{\int_{r_{\min}}^{r_{\max}}\overline{X}(r)\mathrm{d}r}=\frac{\sum_{k=1}^{m}\left[(r_{2k})^2-(r_{1k})^2\right]}{2\sum_{k=1}^{m}(r_{2k}-r_{1k})}\tag{4-41}$$

2）定量指标评价值的确定

由于定量指标的计量单位各不相同，不具有可比性，所以在确定指标实际值之后，还必须解决指标间的可综合性问题，即进行评价指标类型的一致化和评价指标的无量纲化处理。

（1）评价指标类型的一致化

一般来说，指标 $x_1,x_2,\cdots,x_n$ 中，可能含有"极大型"指标、"极小型"指标、"居中型"指标和"区间型"指标。对于某些定量指标（如客运量、货运量、安全天数等），我们自然期望它们的取值越大越好，这类指标称为极大型指标；而对于诸如事故件数、伤亡人数、经济损失、事故率等一类指标，我们自然期望它们的取值越小越好，这类指标称为极小型指标；如机动车保有量、道路里程等指标，我们既不期望它们的取值越大越好，也不期望它们的取值越小越好，而是期望它们的取值越居中越好，我们称这类指标为居中型指标；而区间型指标是期望其取值以落在某个区间内为最佳的指标。

若指标 $x_1,x_2,\cdots,x_n$ 中既有极大型指标、极小型指标，又有居中型指标或区间型指标，则在对系统进行综合评价之前，需对评价指标的类型做一致化处理。否则，就无法定性地判断综合评价值是否取值越大越好，或是取值越小越好，或是取值越居中越好。

对于极小型指标 x，令

$$x^*=M-x\qquad 或\qquad x^*=\frac{1}{x}\quad(x>0)\tag{4-42}$$

式中：M ——指标 x 的一个允许上界。

对于居中型指标 x，令：

$$x^*=\begin{cases}\dfrac{2(x-m)}{M-m},&m\leqslant x\leqslant\dfrac{M+m}{2}\\[2mm]\dfrac{2(M-x)}{M-m},&\dfrac{M+m}{2}\leqslant x\leqslant M\end{cases}\tag{4-43}$$

式中：m ——指标 x 的一个允许下界；

M ——指标 x 的一个允许上界。

对于区间型指标 x，令：

$$x^*=\begin{cases}1.0-\dfrac{q_1-x}{\max\{q_1-m,M-q_2\}},&x<q_1\\[2mm]1.0\\[2mm]1.0-\dfrac{x-q_2}{\max\{q_1-m,M-q_2\}},&x>q_2\end{cases}\tag{4-44}$$

式中，$[q_1, q_2]$——指标 x 的最佳稳定区间；

　　　　M，m——指标 x 的允许上界和允许下界。

这样，非极大型评价指标 x 便可转变为极大型指标了。同理，也可将所有指标均转化为极小型指标或区间型指标。

（2）评价指标的无量纲化

无量纲化（指标数据的标准化、规范化）是通过数学变换来消除原始指标单位影响的方法。指标无量纲化过程也就是求解隶属函数的过程，各种无量纲化公式，也就是指标的隶属函数。求定量指标隶属度的无量纲化方法多种多样，应根据各个指标本身的性质确定其隶属函数公式，可采用极值法对评价指标进行无量纲化处理。

如果令 $M_j = \max\{x_{ij}\}, m_j = \min\{x_{ij}\}$，则：

$$x_{ij}{}^* = \frac{x_{ij} - m_j}{M_j - m_j} \tag{4-45}$$

是无量纲的，且 $x_{ij}{}^* \in [0, 1]$。

特别地，当 $m_j = 0(j = 1, 2, \cdots, n)$ 时，有：

$$x_{ij}{}^* = \frac{x_{ij} - m_j}{M_j} (x_{ij}{}^* \in [0, 1]) \tag{4-46}$$

不失一般性，当评价值取值属于 $[0, 100]$ 时，对于极大型、极小型和适中型指标，其无量纲化公式分别如下。

① 极大型指标。

$$x_{ij}{}^* = \begin{cases} 100, & x_{ij} \geqslant M_j \\ 100 \times \dfrac{x_{ij} - m_j}{M_j - m_j}, & m_j < x_{ij} < M_j \\ 0, & x_{ij} \leqslant m_j \end{cases} \tag{4-47}$$

② 极小型指标。

$$x_{ij}{}^* = \begin{cases} 100, & x_{ij} \leqslant m_j \\ 100 \times \dfrac{M_j - x_{ij}}{M_j - m_j}, & m_j < x_{ij} < M_j \\ 0, & x_{ij} \geqslant M_j \end{cases} \tag{4-48}$$

③ 适中型指标即指标值越接近某一固定值越好的指标。

$$x_{ij}* = \begin{cases} 100 \times \dfrac{x_{ij} - m_j}{x_{m_j} - m_j}, & m_j < x_{ij} \leqslant x_{m_j} \\[3mm] 100 \times \dfrac{M_j - x_{ij}}{M_j - x_{m_j}}, & x_{m_j} \leqslant x_{ij} < M_j \\[3mm] 0, & x_{ij} \leqslant m_j, x_{ij} \geqslant M_j \end{cases} \qquad (4\text{-}49)$$

式中：x_{m_j}——适中型指标的固定值，$m_j \leqslant x_{m_j} \leqslant M_j$。

4.6.3 权重系数的确定

表征评价指标对评价目的的相对重要性程度差异，可用权重系数来表示。权重系数应满足下式条件：

$$\begin{cases} w_j \geqslant 0 & (j = 1, 2, \cdots, m) \\[2mm] \sum_{j=1}^{m} w_j = 1 \end{cases} \qquad (4\text{-}50)$$

式中：w_j——评价指标 x_j（$j = 1, 2, \cdots, m$）的权重系数。

如何确定权重系数，是综合评价的核心问题。当被评价对象及评价指标（值）都给定时，综合评价（或对各被评价对象进行排序）的结果就依赖于权重系数了。即权重系数确定的合理与否，关系到综合评价结果的可信程度，因此，对权重系数的确定应特别谨慎。

基于"功能驱动"原理的赋权法，实质是根据评价指标的相对重要程度来确定权重系数。主要方法包括集值迭代法、特征值法（层次分析法）、G_1 法和 G_2 法等，其中层次分析法较为常用。层次分析法（AHP）的基本过程为：首先将复杂问题分解成递阶层次结构，然后将下一层次的各因素相对于上一层次的各因素进行两两比较判断，构造判断矩阵，通过对判断矩阵的计算，进行层次单排序和一致性检验，最后进行层次总排序，得到各因素的组合权重，并通过排序结果分析和解决问题，大体可分为以下 4 个步骤。

1）建立递阶层次结构

这是 AHP 中最重要的一步，首先要把问题条理化、层次化，构造出一个层次分析的结构模型。在这个结构模型下，复杂问题被分解为若干元素，这些元素又按其属性分成若干组，形成不同层次。同一层次的元素对下一层次的某些元素起支配作用，同时它又受上一层次元素的支配。

2）构造判断矩阵

对于递阶层次结构中各层上的元素可以依次相对于与之有关的上一层元素，进行两两比较，从而建立一系列的判断矩阵。判断矩阵 $\boldsymbol{A} = (a_{ij})_{n \times n}$ 具有下述性质：

$$a_{ij} > 0, \quad a_{ij} = \frac{1}{a_{ji}}, \quad a_{ii} = 1 \quad (i, j = 1, 2, \cdots, n) \qquad (4\text{-}51)$$

其中，$a_{ij}(i, j = 1, 2, \cdots, n)$ 代表元素 U_i 与 U_j 相对于其上一层元素重要性的比例标度。一般采用 1～9 比例标度对重要性程度赋值（见表 4–12）。

表 4–12　判断矩阵标度及其含义

标　度	含　义
1	表示两个元素相比，具有同等重要性
3	表示两个元素相比，前者比后者稍微重要
5	表示两个元素相比，前者比后者明显重要
7	表示两个元素相比，前者比后者强烈重要
9	表示两个元素相比，前者比后者极端重要
2，4，6，8	表示上述相邻判断的中间值
倒数	若元素 i 与元素 j 的重要性之比为 a_{ij}，那么元素 j 与元素 i 重要性之比为 $a_{ji} = 1/a_{ij}$

3）计算单一准则下元素的相对权重并进行一致性检验

设判断矩阵 A 的最大特征根为 $\lambda_{\max}$，其相应的特征向量为 W，解判断矩阵 A 的特征根问题：

$$AW = \lambda_{\max} W \tag{4-52}$$

所得 W 经归一化后，即为同一层次相应元素对于上一层次某一因素相对重要性的权重向量。

由于客观事物的复杂性及人们对事物认识的模糊性和多样性，所给出的判断矩阵不可能完全保持一致，有必要进行一致性检验，计算一致性指标 CI

$$CI = \frac{\lambda_{\max} - n}{n - 1} \tag{4-53}$$

式中：n——判断矩阵阶数。

若随机一致性比率 CR=CI/RI＜0.10，则判断矩阵具有满意的一致性，否则需要调整判断矩阵的元素取值。平均随机一致性指标 RI 取值如表 4–13 所示。

表 4–13　平均随机一致性指标 RI 取值

n	1	2	3	4	5	6	7	8	9	10
RI	0.00	0.00	0.58	0.90	1.12	1.24	1.32	1.41	1.45	1.49

4）计算组合权重及一致性检验

计算组合权重是指计算同一层次所有因素对于最高层因素相对重要性的权重。若上一层次 A 含有 m 个因素 A_1，A_2，$\cdots$，A_m，其组合权值为 a_1，a_2，$\cdots$，a_m，下一层次 B 包含 n 个因

素 B_1，B_2，…，B_n，它们对于因素 A_j 的相对权值分别为 b_{1j}，b_{2j},…，b_{nj}（当 B_i 与 A_j 无关时，$b_{ij}=0$），此时 B 层因素的组合权重由表 4–14 给出。

表 4–14　组合权重计算表

层次 A ＼ 层次 B	A_1	A_2	…	A_m	B 层组合权重
	a_1	a_2	…	a_m	
B_1	b_{11}	b_{12}	…	b_{1m}	$\sum\limits_{j=1}^{m} a_j b_{1j}$
B_2	b_{21}	b_{22}	…	b_{2m}	$\sum\limits_{j=1}^{m} a_j b_{2j}$
⋮	⋮	⋮	⋮	⋮	⋮
B_n	b_{n1}	b_{n2}	…	b_{nm}	$\sum\limits_{j=1}^{m} a_j b_{nj}$

此外，还需要进行递阶层次组合判断的一致性检验，该步也是从上到下逐层进行的。若 B 层某些因素相对于 A_j 的层次单排序一致性指标为 CI_j，相应的平均随机一致性指标为 RI_j，则 B 层随机一致性比率为：

$$\mathrm{CR} = \frac{\sum\limits_{j=1}^{m} a_j \mathrm{CI}_j}{\sum\limits_{j=1}^{m} a_j \mathrm{RI}_j} \qquad (4\text{–}54)$$

当 $\mathrm{CR}<0.10$ 时，认为 B 层组合判断具有满意的一致性；否则，需要重新调整判断矩阵的因素取值。

4.6.4　综合评价模型

所谓多指标（或多属性）安全综合评价，就是指通过一定的数学模型（或算法）将多个评价指标值"合成"为一个整体性的安全综合评价值。可用于"合成"的数学方法较多，问题在于如何根据评价目的（或准则）及被评价系统的特点来选择较为合适的合成方法。也就是说，在获得 n 个系统的安全评价指标值 $\{x_{ij}\}(i=1,2,\cdots,n;j=1,2,\cdots,m)$ 的基础上，尚须选用或构造综合评价函数：

$$y = f(\boldsymbol{w}, \boldsymbol{x}) \qquad (4\text{–}55)$$

式中：$\boldsymbol{w}=(w_1,w_2,\cdots,w_m)^{\mathrm{T}}$——指标权重向量；

$\boldsymbol{x}=(x_1,x_2,\cdots,x_m)^{\mathrm{T}}$——被评价对象（系统）的状态向量（评价指标值）。

式（4–55）可采用线性加权综合法和非线性加权综合法进行合成。

1）线性加权综合法

$$
\begin{cases}
y = \sum_{j=1}^{n} w_j x_j \\
\sum_{j=1}^{n} = 1 \quad (0 \leqslant w_j \leqslant 1, \ j = 1, 2, \cdots, n)
\end{cases}
\tag{4-56}
$$

式中：y——安全综合评价值；

　　　w_j——指标 x_j 相应的权重系数；

　　　n ——指标个数。

2）非线性加权综合法

$$
\begin{cases}
y = \prod_{j=1}^{n} x_j^{w_j} \ (x_j > 0) \\
\sum_{j=1}^{n} w_j = 1 (0 \leqslant w_j \leqslant 1, \ j = 1, 2, \cdots, n)
\end{cases}
\tag{4-57}
$$

线性加权综合法和非线性加权综合法的特点如表 4-15 所示。

表 4-15　线性加权和非线性加权综合法的特点

线性加权综合法	非线性加权综合法
① 比较适合于各评价指标值对综合评价值的贡献彼此独立的场合。 ② 各评价指标间具有线性补偿作用，即某些指标评价值的下降，可以由另一些指标评价值的提高来补偿，因而这种方法对指标评价值变动反应不太敏感。 ③ 突出了评价值较大且权数较大的指标的作用，比较接近于主因素突出型的评价合成方法。 ④ 计算简单，便于推广普及，使该方法得到了广泛的应用。 ⑤ 只从简易性考虑，不加选择地随意使用该法，则必然会导致综合评价结果失真的现象	① 适用于各评价指标间强烈相关的场合。 ② 指标权数的作用不如线性加权法合成明显。 ③ 强调被评价对象各指标评价值的一致性，要求被评价对象的各个指标间彼此差异较小，任何一方也不能偏废，只有当各指标评价值保持接近相等的水平时，其整体功能取得最大值。 ④ 突出了指标评价值中较小数的作用，这是由积式运算的性质所决定的。 ⑤ 对指标值变动的反应比加法合成更敏感。因此，乘法合成更有助于体现各评价对象间的差异

由式（4-55）可求出各评价对象（系统）的安全综合评价值 $y_i = f(w, x_i)$，根据 y_i 值与既定的安全目标值进行判断比较，确定被评价对象（系统）的危险程度，以便采取相应的安全措施。

4.7　事故多发点的鉴别

4.7.1　事故多发位置的定义

交通事故多发位置（accident-prone location，hazardous location，black spot）是指在所定的统计周期内，特定的路网范围（点、段、区域）对应某种算法得到的交通事故发生水平评定指标明显高于类似地点、类似交通状态下区域路网上的平均指标。合理地确定统计时间周期、特定的路网范围、评定指标和鉴别方法等，是鉴别事故多发位置的关键。

1. 事故多发位置的范围

交通事故多发位置根据事故集中发生范围的大小，可以将事故多发位置分为事故多发点、事故多发段和事故多发区域 3 种情况。澳大利亚 K.W.Ogden 在 *Safer Road: a Guide to Road Safety Engineering* 一书中将事故多发位置定义为：道路系统中事故具有无法接受的高的发生率的位置。多发点是指道路的某些特征点（或很小一个区段）上集中了超常数量的事故，如交叉口和桥梁，"多发点"的长度一般不大于 500 m；多发路段是指有一定长度的一个路段集中发生超常数量的事故，其长度一般为 1～5 km，应超过"多发点"的路段长度；事故多发区域的大小一般在 5 km² 以上，多用于城市路网，也可用于公路网，这一区域应具有一定的功能特征，如居民区、商业区。

国内一些学者通过研究认为事故多发位置的统计周期在 1～3 年内，可以获得较为全面的反映道路属性的交通事故数据。事故多发点一般取 200 m 内，事故多发路段一般取 200～5 000 m，对于高等级道路的取值可适当延长，山区道路的取值应短一些。

2. 事故多发位置的评定指标

事故多发位置的评定指标为能反映交通事故某一特征或数量的事故指标，包括事故的绝对指标和相对指标，如事故数量、事故率；评定指标的临界值为"正常"与"突出"。

绝对指标如事故次数、死亡人数、受伤人数、直接经济损失等，其中事故次数反映了事故发生的频度，死亡人数、受伤人数和直接经济损失反映了事故发生的严重程度。但是绝对指标总是静止的、孤立的，无法反映实际道路、交通条件的差异对事故的影响。

相对指标是指在绝对指标的基础上，引入了一些与事故有直接或内在联系的相关因素作为比较的基础，常用的相关因素主要有车辆保有量、交通量、人口、区域面积等，从而使相对于这些相关因素的事故指标有较好的可比性。具体内容可参见第 3 章中相关统计指标的内容。

例如，英国对事故多发位置以事故次数为评定指标，认为一年发生 4 次以上交通事故，在 0.1 km² 范围内称为危险路段；一年发生 40 次以上交通事故，在 1 km² 范围内称为事故易发地区。

4.7.2 事故多发位置的鉴别方法

事故多发位置的鉴别方法是根据选定的指标，将指标值"异常"的位置从"正常"的指标中选出来。这里主要包含两项工作：

- 正常值的确定，即认为在什么范围内的指标值是正常值；
- 被鉴别位置处的指标值与正常值的比较。

1. 事故数法

事故数法是以事故次数为指标，以一定时期各路段发生的事故数为依据来确定事故多发位置。通过确定正常事故次数的标准值，若在规定时间和范围内事故次数大于标准值，则被认为是事故多发位置。

事故数法的优点主要表现在：计算与选择比较方便，只要依据既定的标准值，直接根据事故统计数据即可得到结果。此法在我国实践中的应用较普遍，主要原因是算法简单，基本适应我国实践部门人员的文化水平和目前的一些具体情况。

但是事故数法的使用直接受事故统计资料的限制，因此，在适用空间上适用于较小的行政区域内；在使用时间上，应以事故统计最短周期的倍数进行；其次，事故数法没有考虑在同一公路上不同地点的交通量及道路环境条件；再有标准值确定较为困难，而且不同道路、不同地区标准值更难以统一；此外，该法的准确度直接受统计资料准确度的影响，因此可作为一个初步预测事故多发点的方法，为进一步准确定量分析提供帮助。

2. 事故率法

事故率法是以事故率为指标，首先确定正常事故率的标准，若在规定时间和范围内的事故率大于标准值，则被认为是事故多发位置。这种方法考虑了交通量的影响因素，比事故次数更为合理，事故率指标既可采用车公里事故率，也可采用当量事故率或死亡率等。一般适用于以下两种情况：

① 有长时间的统计资料，能够获得研究区域内较稳定的事故平均水平数据；

② 公路运营状况相对接近（交通量、道路条件、车速等），至少同一等级公路的运营水平是接近的，这样才能对各路段（点）进行比较。

如果交通量相差悬殊的道路，用此法在同一标准下计算,所得结果可能会把交通量很小、事故水平较低的地方确定为事故多发段。

3. 事故数—事故率法（矩阵法）

鉴于事故数法和事故率法各有优缺点，单独使用对反映事故状况都有片面性。作为一种修正，一些专家提出将两者结合起来考虑的事故数—事故率法（矩阵法）。该法对每个被研究的道路单元进行事故次数和事故率计算，然后将事故次数作为横坐标，车公里事故率作为纵坐标，找出两者的分布。整个坐标面可以分为4个区域（见图4-5），Ⅰ区为高事故率、高事故数区；Ⅱ区为高事故率、低事故数区；Ⅲ区为低事故率、高事故数区；Ⅳ区为低事故率、低事故数区。若数据落入Ⅰ区，则可列为事故多发段，落入Ⅳ区则为安全路段，落入Ⅱ、Ⅲ区则应对这些点进行进一步分析后作出判断。

具体的执行步骤如下。

（1）根据各路段 K 年的事故数、年平均日交通量计算第 i 段事故率 R_i（次/百万车公里）

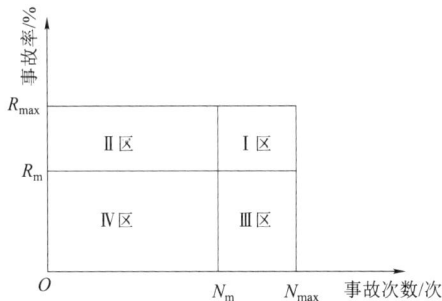

图4-15 事故数—事故率法

$$R_i = \frac{N_i \times 10^6}{365 \times \text{AADT}_i \times L_i \times K} \qquad (4-58)$$

式中：AADT_i——第 i 段年平均日交通量，辆/d；

$\quad N_i$——第 i 段 K 年内的事故数，次；

$\quad L_i$——第 i 段路段长度，km；

$\quad K$——事故数统计年数，年。

（2）计算所有路段平均事故次数 N_m 和平均事故率 R_m

$$N_m = \frac{1}{n} \sum_{i=1}^{n} N_i \qquad (4-59)$$

$$R_m = \frac{\sum_{i=1}^{n} N_i \times 10^6}{365 \times K \times L \times \sum_{i=1}^{n} \text{AADT}_i} \qquad (4-60)$$

根据 N_m 和 R_m 可以确定事故多发段和安全区域的划分，即矩阵中的Ⅰ区和Ⅳ区。当某路段交通事故发生次数和事故率均大于 N_m 和 R_m 时，肯定落在Ⅰ区即为事故多发段；当路段交通事故发生次数和事故率均小于 N_m 和 R_m 时，即为安全区域。

（3）对落入Ⅱ区和Ⅲ区内的路段进行判断

可以看出，Ⅱ区内事故率较高、事故次数较低，而Ⅲ区内事故次数较高、事故率较低。由事故次数判断法和事故率判断法可知，当某路段事故次数或事故率高达一定程度时，该路段可确定为事故多发路段。

引入判断系数 ε_1 和 ε_2，对于落入Ⅱ区内的路段，如果有 $R_i > \varepsilon_1 \times R_m$，则判定该路段为事故多发路段；同样，对于落入Ⅲ区内的路段，如果有 $N_i > \varepsilon_2 \times N_m$，则判定该路段为事故多发路段。其中判断系数 ε_1 和 ε_2 应大于1，具体值可视情况而定，如在道路整改方面可根据整改投资情况而定。ε_1 和 ε_2 值越小，被判定为事故多发段的路段就越多。

4. 事故率系数法（全系数法）

事故率系数法主要考虑道路条件对交通安全的影响，分别研究了道路具体条件与事故的量化关系，得到综合影响系数 $K_{总}$ 作为综合评价的指标。计算公式为：

$$K_{总} = K_1 K_2 K_3 \cdots K_{14} \tag{4-61}$$

式中，$K_1 \sim K_{14}$ 分别为道路不同条件下的相对安全系数，包括交通量系数、平曲线半径系数、纵坡系数、路面宽系数、路肩宽系数、路面摩阻系数、路旁建筑系数、交叉口类型系数、交叉口视距系数、车道数系数、居民点系数、视距系数、桥面宽度系数、直线长度系数等，可参考苏联的标准（BCH25—76）来确定。

应用该方法时，首先确定一条公路中每一路段的相对安全系数，把这些系数相乘，计算出总计的事故率系数，即可绘制出总计的事故率系数图，图中的"顶峰"就是易发生事故的危险段（点）。该法可适用于不同交通状况路段的危险地点的鉴别，有广泛的应用价值。

5. 安全系数法

安全系数法从研究汽车沿危险路段前后速度的差异，引出安全系数 $K_{安全}$ 作为事故多发段（点）的评价指标，通过计算具体路段的 $K_{安全}$，再与既定的标准进行比较而得到结论。其计算公式为：

$$K_{安全} = \frac{U_1}{U_2} \tag{4-62}$$

式中：U_1——危险路段的实际平均行车速度，km/h；

$\quad\quad U_2$——安全速度（设计行车速度），km/h。

该法同时结合大量调查资料，规定单辆小汽车的评价标准：当 $K_{安全}$ 为 0.8～1.0 时，可认为是安全的路段；当 $K_{安全}$ 为 0.6～0.8 时，可认为是较小危险路段；当 $K_{安全}$ 为 0.4～0.6 时，可认为是危险路段；当 $K_{安全}$ 小于 0.4 时，可认为是很危险路段。

该方法主要研究行车速度的变化，因此在等级较高的道路上较为适用。

6. 质量控制法

质量控制法是应用质量管理理论来评价道路安全性的方法。该法假设交通事故发生的概率服从车公里事故率的泊松分布，即事故预测正常值服从泊松分布，则 K 次交通事故发生的概率 $P(X=K)$ 由下式表示：

$$P(X = K) = \frac{\lambda^K}{K!} e^{-\lambda} \tag{4-63}$$

式中：λ——平均事故数，次。

根据概率论和数理统计原理，在一定的置信水平下的事故临界值为：

$$\begin{cases} R_c^+ = A + k\sqrt{\dfrac{A}{M}} + \dfrac{1}{2M} \\[3mm] R_c^- = A - k\sqrt{\dfrac{A}{M}} - \dfrac{1}{2M} \end{cases} \tag{4-64}$$

式中：R_c——临界比率，R_c^+ 为上限，R_c^- 为下限；

A——类似路段平均事故数，次；

k——统计常数，如取 95% 置信度，$k=1.96$；

M——某路段或道路在事故记录年限内的累计行驶车公里数，km。

7. 累计频率曲线法

累计频率曲线法的原理是基于这样一个认识：在一条道路上，如果道路条件处处一样（不一定是无缺陷），则可认为事故发生的位置与道路无关；在统计量足够大时，事故沿道路分布理论上是均匀的。但实际上，道路条件不可能处处一样，道路条件的不同，使实际的事故发生分布沿道路是不均匀的，虽然其中有一定的偶然性，但有一点是不争的事实，即发生少量事故和不发生事故的路段占大部分，集中发生较多事故的路段是少部分，并且事故数越高的路段所占的比例越小。将单位长度路段按发生的事故数排序，计算其累计频率，则能分离出累计频率很小，但事故数（率）很高的位置，作为事故多发路段的可能位置。

累计频率法是基于统计学原理的一种方法，该方法以每一单位长度（常用 1 km）发生的事故次数为横坐标，以发生大于某一事故次数的累计频率为纵坐标，绘制累计频率曲线。具体分析步骤如下。

（1）收集资料

首先应调查事故数据，其次调查公路设施资料，包括路线平面、纵断面和横断面竣工或现状资料，路面状况（损坏状况、摩阻系数）、路肩状况，安全设施（护栏、标志、标线），道路周边环境（路侧建筑、行道树），交叉口等，最后收集分段交通量资料。

（2）分段单元划分

将整条公路划分成等长的小单元（通常以 1 km 为单位），计算每一单元上的事故数。

（3）计算发生 n 起事故的频率和累计频率

$$A_n = \frac{\text{发生 } n \text{ 起事故的单元数}}{\text{总单元数}} \tag{4-65}$$

（4）初步选定事故多发位置

根据累计频率曲线上的突变点，初步选定累计频率小于突变点的路段为事故多发段（点）。对事故集中在某分段单元两端的情况，应对其前一单元或后一单元的事故做进一步分析，以避免由于等间距分隔单元而遗漏事故多发点。

（5）现场勘查，确定事故多发位置

现场勘查路面、超高等现场道路状况，超速、超车等车辆行驶状况，村庄、路边店、加油站、绿化等周边环境，排除非道路因素，以确定事故多发位置。

（6）分析事故原因并提出改进措施

从交通标志标线、交通组织和管理方式、工程等方面提出改善措施。

当沿线交通量变化不大或缺乏交通量资料时，累计频率曲线法的评价指标可采用公里事故数；当沿线交通量变化较大时，可采用车公里事故率。累计频率曲线法在确定事故的"正常值"和"突出值"时采用了一个相对的概念，对一条道路不事先定"正常值"是多少，"突出值"是多少，而是直接找出"突出"的点，则"突出点"上的事故数（率）就是这条道路上的"突出值"。这样就避免了一个统一的"正常值"不能适应各条道路不同的事故状况的矛盾。因此，它能够适应中国目前事故状况差别大、道路安全基础研究缺乏的实际情况。

4.8　交通冲突技术

交通冲突技术（traffic conflict technology，TCT）是按照一定的标准，对冲突发生过程及严重程度进行定量测量与判别，并应用于安全评价的技术方法。交通冲突技术于 20 世纪 50 年代开始在美国应用。1967 年 Perkins 和 Harris 最早进行了系统开发与应用，其目的是调查通用汽车公司的车辆在驾驶时是否与其他车辆一样。该法很快被一些交通安全组织应用于预测评价交叉口潜在事故数及鉴别系统缺陷中。

交通冲突技术是一种典型的非事故统计间接评价法，以"近似事故"的间接观测为基础，依照一定的标准，对冲突发生过程及严重程度进行定量测量和判别，是一种较为有效的交通安全评价方法。它克服了采用事故统计方法为基础的交通安全评价体系存在的缺陷。例如：

① 交通事故的发生是相当稀少的，这很容易使交通安全评价产生错误判断；

② 采用事故绝对数直接评价交通安全，是基于历史事故统计数据来选择和决定改善方案的，可能对期望安全改善效果作出不合实际的估计；

③ 采用高精度的事故资料必须进行深入的调查分析研究，这将需要大量的人力、物力。

交通冲突技术可以对交通运营系统的许多方面如地点安全度、安全改善措施的效果等进行快速评价，以改善安全评价的信度和有效度。根据交通冲突的严重程度，还可反映交通系统中人（驾驶人、骑车人、行人）的安全感的大小。目前，交通冲突技术在世界许多国家得到广泛应用，成为国际上用于定量研究多种交通安全（特别是地点安全）问题及其对策的重要方法。

4.8.1　交通冲突技术的基本概念

1. 交通冲突的定义

国外对于交通冲突的定义可分为两种。

① 美国对交通冲突的定义为：交通冲突是驾驶人的躲避行动或交通违法行为。躲避行动是由制动灯显示表明的车辆制动和由车道改变表明的原定行驶方向的改变。

② 欧洲国家对交通冲突的定义为：交通冲突是交通行为者在参与道路交通过程中，与其他交通行为者发生相会、超越、交错、追尾等交通遭遇时，有可能导致发生交通损害危险的交通现象。

我国对交通冲突的定义为：交通冲突是指两个或多个道路使用者在一定的时间和空间上彼此接近到一定程度，如果其中一方不及时采取避险行为，必然导致事故发生的交通事件。

交通冲突过程示意图如图 4-16 所示。

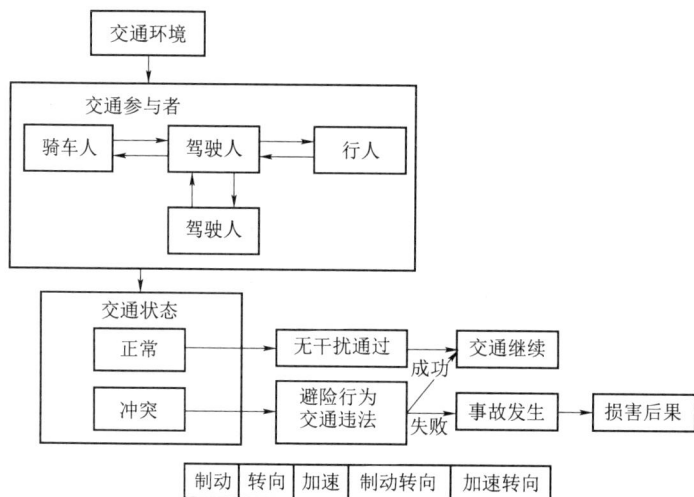

图 4-16　交通冲突过程示意图

由图 4-16 可见，交通冲突是在交通环境中，交通参与者出现的一种非正常的交通状态，这种非正常的状态就是避险行为或交通违法行为。交通冲突过程表示为两个做相对运动的对象在一定时间内相互逼近的空间变化趋势，这一特定的时空变化关系可由时间、距离、速度等参数予以定量描述。

2. 交通冲突的类型

根据不同的分类方法，交通冲突具有以下种类。

① 按测量对象的运动方向不同，交通冲突可分为：左转弯冲突、直行冲突、右转弯冲突。

② 按发生冲突的状态不同，交通冲突可分为：正向冲突、侧向冲突、超车冲突、追尾冲突、转弯冲突。

③ 按冲突参与者的类型不同，交通冲突可分为：机动车—机动车冲突、机动车—自行车冲突、机动车—行人冲突。

④ 按冲突的严重程度不同，交通冲突可分为：严重冲突、非严重冲突。

3. 交通冲突与交通事故的关系

交通冲突的实质是交通行为不安全因素的表现形式，是潜在的事故"苗子"，其发展可导致事故发生，即事故始于冲突。事故与冲突的关系可用冲突的严重性进行描述，如图 4-17 所示。

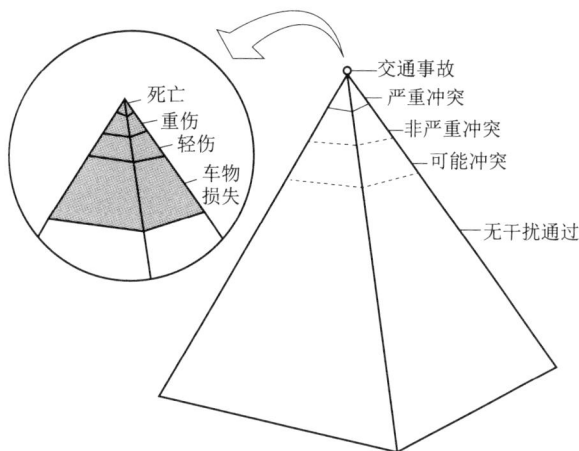

图 4-17　交通冲突与交通事故的关系

交通事故始于冲突，但交通冲突的发展可能导致事故发生，也可能因采取的避险行为得当而避免事故发生，根据避险行为发生时间（T_b），它可能出现以下 3 种情况。

$0 < T_b < \infty$　避险行为过程结束，当事双方处于非接触状态

$$T_b = 0 \begin{cases} ① \text{避险行为过程结束，当事双方正处于接触而未} \\ \quad\text{产生损害后果的临界状态} \\ ② \text{当事双方均未采取避险行为而导致碰撞} \end{cases} \text{未发生事故}$$

$$T_b < 0 \begin{cases} ① \text{避险行为过程尚未结束，当事双方已进入碰撞状态} \\ ② \text{避险行为与碰撞同时开始} \\ ③ \text{避险行为的开始迟于碰撞发生} \end{cases} \text{发生事故}$$

4.8.2　交通冲突的测量及测量参数

1. 交通冲突的测量

根据 TCT 的定义，应用距离与速度参数对冲突当事方的相对位置变化关系进行观测记录，并用时间参数导出安全临界标准，可判断出冲突与事故的接近程度。

研究表明，冲突与事故之间的趋向关系可由"冲突严重性"予以描述，冲突的严重性越大，事故发生的可能性越大。交通冲突可由冲突行为心理变化特征与冲突状态变化特征两种测量途径来描述。

（1）冲突行为心理变化的测量

研究表明，冲突行为心理变化如表 4-16 所示。

表 4-16　冲突行为心理变化表

冲突类型	危险预测时间	心理反应	避险行为
非严重冲突	充分的驾驶反应时间；较充分的驾驶反应时间	不紧张，反应从容；注意力范围略有缩小；综合判断能力下降	压刹，点刹，预防性转向；压刹时伴有小幅度转向；加速绕行
严重冲突	极短的驾驶反应时间；没有驾驶反应时间	紧张，反应突然；注意力范围急剧缩小；基本依赖于驾驶习惯的条件反射	点刹；紧急制动；大幅度转向

严重冲突以两个道路使用者之间的相互作用将导致损害后果为基本特征，而冲突的严重性则是根据"距事故发生的时间（TTA）"来测定的，即 TTA 的值越低，冲突的严重性越高。道路使用者对严重冲突反应的强烈程度远高于非严重冲突，这一反应是道路使用者对危险感知和注意的程度。根据表 4-16 的分析，冲突行为心理测试的途径可归纳为：

① 冲突当事人感知危险的机会（判断时间）；

② 冲突当事人感知危险的程度（反应水平）；

③ 冲突当事人避让危险的能力（避险方式）。

（2）冲突状态变化的测量

大多数交通事故的发生都伴随着不同形式的避险行为，这就意味着大多数车辆在肇事前均存在着速度或方向上的状态变化且具有瞬间突变特征，因此可以认为：

① 避险行为是冲突主体（机动车驾驶人）对事故危险反应的必然行为；

② 避险行为的发生必然导致车辆的运动状态发生可见的瞬间变化；

③ 由避险行为引起的车辆运动速度或方向改变的瞬间位置，可以作为冲突测量的一个观测始点。

2. 交通冲突测量参数

事故分析方法的研究表明，事故勘查测量主要是根据 $T = S/V$（时间 T、距离 S、速度 V）这一基本关系式，分别采用 V–S，T–V 或 T–S 三类测量参数来研究肇事责任者与事故接触点的关系。

交通冲突作为未产生损害后果的"准事故"，其测量参数可作如下选择。

（1）冲突距离

冲突距离（brake distance，BD）指完全制动时距事故发生点的距离。可以由受过专门训练的冲突观察员进行现场观测；或由定点自动追踪摄像—屏幕监控系统进行追踪遥测记录。

（2）冲突速度

冲突速度（conflict speed，CS）指冲突发生瞬间的车辆速度。可以由经雷达测速仪训练的冲突观察员进行现场测量；由雷达测速仪—自动摄像—计算机监控系统进行追踪遥测记录；由车载记录仪（黑匣子）—计算机处理系统进行追踪测量记录。

4.8.3 严重冲突的判别

由图 4–17 所示的交通冲突与交通事故之间的关系可知,交通冲突中的严重冲突与交通事故之间的关系最为接近,包含近似事故和事故,这正是交通安全间接评价所要研究的对象。因此判别严重冲突与非严重冲突,对严重冲突作出明确的定义,成为交通安全间接评价的核心问题。

按照交通冲突技术的研究过程,判断严重冲突先后有两代定义。

1. 严重冲突的早期定义(第一代)

一起严重冲突的发生可定义为距事故发生的时间(TTA)小于或等于 1.5 s,即 TTA≤1.5 s。

为了衡量冲突的严重程度,常用"空间距离法""制动减速度法"及"时间距离法"3 种方法。但经过比较分析认为,"时间距离法"综合反映了空间距离、速度、减速度及转向能力等,具有普遍的适应性,而且对于大部分冲突事件的严重性进行分类时,远比其他评价方法有效。所以,判别冲突严重程度时,采用"时间距离法"。这种方法包括以下 3 个参数。

TTC(time to conflict)——距冲突点的连续时间。它是指在道路使用者双方的速度和方向都不变而冲突必然发生的情况下,从某瞬时直到冲突发生的时间间隔。

TTA(time to accident)——距事故发生的时间。它是指在道路使用者双方的速度和方向都不变而事故必然发生的情况下,由其中一方开始采取避险行为的那一瞬间直到事故发生这一段时间间隔。实际上它就是作用者一方开始采取避险行为的那一瞬间的 TTC。

MTTC(minimum of time to conflict)——距冲突点的最小时间。

这 3 个参数 TTC、TTA、MTTC 的相互关系,可以用图 4–18 表示。图中横坐标表示车辆行驶的时间,纵坐标就是车辆距冲突点的时间距离。图 4–18 中第 1 段直线表示车辆速度的大小和方向没有变化,它是与两个坐标成 45°的斜直线。如果不采取避险行为,沿着图中虚线继续下去,将与横轴相交,此时 TTC=0,就是冲突点。但若能在此之前采取避险行为(如踩刹车制动),车速将逐渐减小,这就是图 4–18 中第 2 段曲线所代表的情形。时距曲线 2 与 1 分界点的纵坐标,就是开始采取避险行为时的 TTA,而曲线 2 的最低点就是最小时距 MTTC,过最低点后,由于其中一方避险行为生效,冲突过程结束,图 4–18 中曲线 3 从冲突结束的瞬间陡然上升。

2. 严重冲突早期定义的改进(第二代)

严重冲突早期定义 TTA≤1.5 s 是在城市交通车速不超过 50 km/h 的情况下总结出来的,它简单明了,便于操作,但没有与车速相联系是它的主要缺陷。因为同样是 TTA=1.5 s 这个临界值,对于低速车辆完全来得及避免事故的出现,这样的冲突并不严重;而对于高速的车辆很可能来不及避免事故的出现,这当然是一次严重冲突。这样,同样一个 TTA 值不能代表严重性的同等水平,或者说发生事故的概率并不相同,因此需要把速度变量引入冲突严重性的判别标准中。

将速度变量引入判别曲线中，严重性曲线如图 4-19 所示，横坐标表示时距 TTA，纵坐标表示冲突速度，表示冲突严重性同等水平的曲线是向右上方倾斜的，与这些曲线相垂直的直线则向左上方倾斜，表示严重性增长的方向。

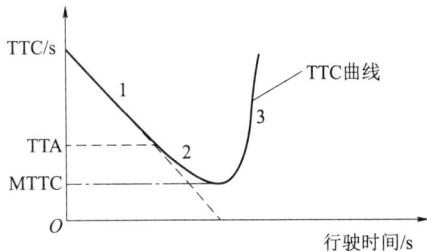

图 4-18　TTC、TTA 和 MTTC 的关系

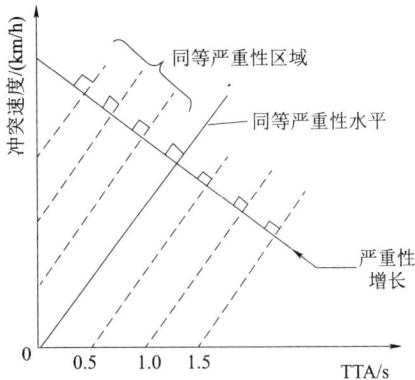

图 4-19　同等严重性水平及严重性增长方向曲线

可见，严重冲突早期定义的改进（第二代）把速度变量引入冲突严重性的判别标准中，能够适应当今交通运行速度提高的情况。

■ 复习思考题

1. 什么是交通安全分析？其分析的对象是什么？

2. 什么是交通安全评价?其含义包含哪 3 个方面的内容？

3. 什么叫安全标准？确定一个系统的安全标准应考虑哪些因素？

4. 请对比分析常见的交通安全分析和评价方法。

5. 选择交通安全分析和评价方法时应注意哪些问题？

6. 调查典型的城市轨道交通车站，编制其安全检查表，并采用安全检查表对该车站进行安全评价。

7. 如何进行事故树的定性分析和定量分析？两种方法之间有何内在联系？

8. 试结合运输事故实例编制事故树，并求出最小割集和最小径集。

9. 某事故树有最小割集：$\{X_1,X_2\},\{X_2,X_3,X_4\},\{X_4,X_5\},\{X_3,X_5,X_6\}$，设各基本事件的发生概率为：$q_1=0.05,q_2=0.03,q_3=0.01,q_4=0.06,q_5=0.04,q_6=0.02$，试用各种近似算法计算顶事件的发生概率（精确到 10^{-6}）和各基本事件的结构重要度、概率重要度和临界重要度。

10. 请叙述模糊聚类法的特点及其分析步骤。

11. 什么是道路安全审计的概念？安全审计的目的和意义是什么？

12. 查阅资料举例说明设计阶段的交通安全审计的内容。

13. 什么是交通安全综合评价？请说明其评价步骤。

14. 如何建立合理的安全评价指标体系？指标权重系数是如何确定的？

15. 什么是事故多发位置？其评价指标包括哪些？

16. 查阅资料选择典型道路路段，采用适当的方法对该路段进行事故多发位置的鉴别。

17. 什么是交通冲突技术？应用交通冲突技术进行安全评价时的优点包括哪些？

18. 交通冲突的参数包括哪些？如何判别严重冲突？

第 5 章

城市交通事故预测

交通事故尤其是伤亡事故，是人们不愿发生的。然而，交通事故在我们的城市生活和生产过程中却时有发生，给很多的家庭带来极大痛苦。交通事故预测是为了掌握交通事故的未来状况和发展趋势，以便及时采取相应的对策，有效地控制各种影响因素，减少交通事故，这对提高城市交通安全管理水平具有十分重要的意义。本章主要介绍交通事故预测的基本概念，事故预测的目的与意义，事故预测的程序及回归预测、灰色预测、时间序列预测、神经网络预测等各种事故预测模型的基本思想及算法过程。

5.1 概　　述

5.1.1 交通事故预测的含义

预测是指预先推测或测定，或指事前的推测或测定，即在掌握现有信息的基础上，依照一定的方法和规律对未来的事情进行测算，以预先了解事情发展的过程和结果。预测方法是指采用现代科学在对现有信息资料进行精密分析后所作出的对自然状况的预报及各种政治理论学说对人类社会发展的推断。

预测一般具有科学性。预测之所以是一种科学活动，是由预测前提的科学性、预测方法的科学性和预测结果的科学性所决定的。

（1）预测前提的科学性

预测前提的科学性包括三点：一是预测必须以客观事实为依据，即以反映这些事实的历史与现状的资料和数据为依据进行判断；二是作为预测依据的事实资料与数据，还必须通过抽象上升到规律性的认识，并以这种规律性认识做指导；三是预测必须以正确反映客观规律的某些成熟的科学理论作为指导。

（2）预测方法的科学性

预测方法的科学性包括两点：一是各种预测方法是在预测实践经验基础上总结出来，并获得理论证明与实践检验的科学方法；二是预测方法的应用不是随意的，它必须依据预测对象的特点合理选择和正确应用。

（3）预测结果的科学性

预测结果的科学性包括两点：一是预测结果是由已认识的客观对象发展的规律性和事实资料为依据，采用定性与定量相结合的科学方法作出的科学推断，并由科学的方式加以表述；二是预测的结果在允许的误差范围内可以验证预测对象已经发生的事实，同时在条件不变的情况下，预测结果能够经受实践的检验。

科学预测的认识可以表述为以下几条原理。

（1）可知性原理

可知性原理是指人们不但可以认识推测对象的过去和现在，而且还认为事物都有一个延续发展的原则，可以通过对历史和现状及这种延续性推测未来，关键是要掌握事物发展的客观规律，注意事物的全过程的统一，即过去、现在和未来的有机统一。

（2）系统性原理

系统性原理是指预测过程中要强调预测对象内在与外在的系统性，要突出系统的功能和系统的完整性。缺乏系统观点的预测，将导致顾此失彼的决策。

（3）可能性原理

可能性原理是指预测对象的发展有各种各样的可能，而不是只存在单一的可能性。对预测对象所做的预测，实际上是对它的发展的各种各样可能性进行预测。

（4）相似性原理

相似性原理是指将预测对象与类似的已知事物的发展状况相似类比，从而推测出对象的未来。

（5）关联性原理

关联性原理是指事物之间都有其相互依存的关系，同一事物在不同的发展阶段也有一定的因果关系，称为事物的关联性。在预测过程中，常常通过这些关系的研究，对预测对象作出某种判断。

交通事故是随机事件，它不仅受到交通系统中各要素状态的制约，还受到社会的、自然的多种偶然因素的影响，使交通事故发生的时间、空间和特征等呈现出偶然性。从表面上看，事故发生似乎没有规律可循，其实，交通事故偶然性的表象始终受其内部的规律所支配。这种规律已被大量的交通事故的研究结果所证实，它是客观存在的。它揭示了交通事故相关要素之间的必然联系。这种联系不断重复出现，在一定条件下经常起作用，并决定着道路交通事故的发展变化。由此可见，认识并利用道路交通事故的客观发展规律，对交通事故的发展变化进行科学预测是可行的。

　　交通事故预测是对交通系统中可能导致事故发生的原因、次数、经济损失、死亡人数、道路所处风险状态及由交通事故引起的二次灾害的后果的变化趋势或状态进行科学的预测与判断。它是预测学理论、方法与安全系统工程在交通运输领域中的应用，是适应交通发展的需要和人类的安全需求而逐渐成熟起来的一门学科，是以交通事故的发展过程、变化趋势及影响因素作为自己的研究对象。

　　因此，交通事故预测是以交通运输系统（如某一地区、某一条道路和轨道线路）为研究范围，通过调查等手段获得研究范围内与交通事故有关的信息（人口、车辆、基础设施条件、历史事故及天气等发展与变化的信息），采用现代数学方法（统计学、灰色理论、模糊数学等），预测未来年研究范围内的交通事故发生情况。

5.1.2　交通事故预测的目的与意义

　　（1）预测的目的

　　进行交通事故预测是为了掌握交通事故的未来状况和发展趋势，以便及时采取相应的对策，避免工作中的盲目性和被动性，有效地控制各种影响因素，达到减少交通事故的目的。

　　（2）预测的作用

　　交通事故预测的作用主要有：

　　① 预测交通事故的发展趋势，为制定预防交通事故对策和交通安全宣传教育提供依据；

　　② 预测交通事故的变化特点，为制定针对性防范措施和交通法规提供依据；

　　③ 预测交通事故的近期状态特征，为制定合理的交通安全管理目标提供依据。

　　（3）预测的意义

　　预测是科学决策的重要前提，交通安全决策也不例外。我国目前正处在交通事故多发的关键时间，交通事故在一段时间内，仍将随着车辆保有量的迅速增加呈增长的趋势。在道路规划、设计、管理、法规和教育等方面，交通安全的科学决策显得越来越重要，不仅在数量上越来越多，而且在时间和质量的要求上也越来越高。因此，做好交通事故预测的工作，对提供交通安全管理水平具有十分重要的意义。

5.1.3　交通事故预测程序

　　交通事故预测按照预测目标可以分为事故率预测和事故数预测。事故率预测是用来揭示未来年事故的发展趋势；事故数预测是用来揭示未来年事故的发展程度。

　　按照预测方式不同，交通事故预测可以分成定性预测和定量预测。定性预测是运用定性预测技术，对交通事故未来年情况进行总体的判断；定量预测是利用定量分析技术，对交通事故未来年状态作出数量的估计，但在实际应用中大多是定性和定量相互结合来预测。

　　按照预测范围不同，交通事故预测可以分成宏观预测和微观预测。宏观预测是指对区域较大的总体性和趋势性的交通事故进行预测；微观预测是对某一地点、路段交通事故的变化情况进行预测。

交通事故预测一般分为 3 个阶段。

第一阶段是设计过程，从确定预测目标开始，经过收集、分析有关信息，到初步选定预测技术。

第二阶段是建模过程，选择预测方法，建立预测模型并建立模型的合理性。

第三阶段是预测与评价过程，进行预测并对预测值进行检验、评价。在此过程中，要综合分析各种因素的影响，采用多种方法研究和修正，通过科学的判断后，得到最终的预测结果。因此，要对预测结果继续跟踪检测，以证实它是否适用，并在必要时建议修正预测结果。交通事故预测的程序如图 5-1 所示，具体步骤如下。

（1）确定预测目标

交通事故预测的目标是指预测的项目、类型、范围及预测精度要求等。预测目标应根据决策的要求确定，预测目标直接影响预测过程的具体要求和做法。

（2）收集并分析相关信息

相关信息是指与交通事故预测相关的各种数据和资料，这是进行预测的基础。因此，应根据预测目标的具体要求，收集预测所需的各种数据和资料。同时对收集来的各种信息进行分析、处理，整理出真实而可用的信息，在这个过程中要对事故信息进行检验核查，使信息真实，没有差错。交通事故预测的内在变量资料，主要从国家及有关管理部门统计资料或信息中心数据库获得。

（3）选择预测方法

每项预测虽然可以使用多种预测方法，但是，由于预测目标的要求、预测条件和环境的限制，实际预测中，只能选择一种或几种预测方法。在选择预测方法的过程中，要比较分析各种预测方法。

（4）建立预测模型

选定了预测方法后，就要估计预测方法中的参数，建立预测模型。然后，进行检查和评价，确定预测模型能否反映交通事故未来发展规律。如果能，则说明该模型可用；如果不能或相差较大，则应舍弃该方法，重新建立其他方法的模型。

（5）利用模型进行预测

根据收集并分析、处理的与预测相关的数据和资料，运用预测模型，进行预测技术或推测出预测结果。

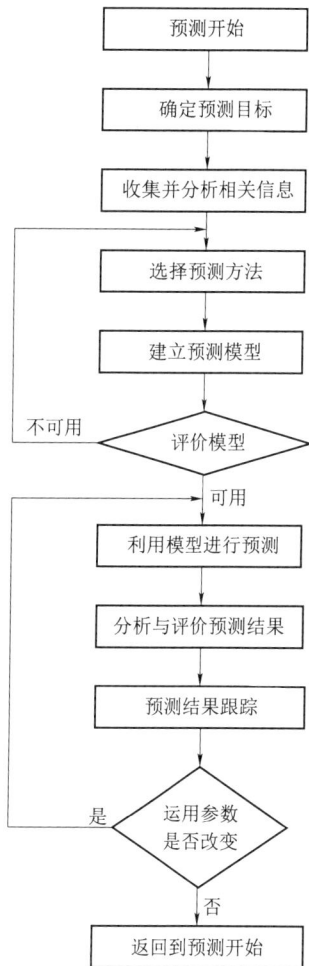

图 5-1　交通事故预测的程序

（6）分析与评价预测结果

利用预测模型预测的结果，不一定与实际完全相符，因此，有必要对预测结果加以分析和评价。通常的做法有：

① 根据经验检查、判断预测结果的合理性和真实性，并对预测结果加以修正；

② 可以采用多种方法进行预测，然后经过比较和综合分析，确定最佳预测结果；

③ 通过对政策、重大事件及突变因素对交通事故产生的影响的分析，从而对预测结果进行合理修正。

（7）预测结果跟踪

输出预测结果后，还需要对可能得到的实际数据进行跟踪，以便检验预测结果或对预测模型进行必要的修正，并在预测过程中不断地修改完善预测模型，使之继续使用。预测跟踪的另一个作用是可以分析预测误差的主要原因。

5.2 事故预测模型和方法

交通事故预测可分为定性预测和定量预测两大类。

定性预测是在数据资料掌握不多或需要短时间内作出预测的情况下，运用专家的经验和推断能力，用逻辑思维方法，把有关资料予以加工，对交通事故的发展趋势和特点作出定性的描述。常用的定性预测技术有专家会议法、德尔菲法（专家调查法）、主观概率趋势判断法、类推法和相互影响分析法等。

（1）专家会议法

专家会议法预测交通事故简单易行，有助于互相启发与补充，容易产生一致的意见。但在实施过程中容易受社会压力、多数人的观点和权威人物意见的影响，因此预测结果不一定能反映各位专家的真实想法。

（2）德尔菲法

德尔菲法融合了专家个人判断法和专家会议法的优点，同时又避免了两者的缺陷，具有匿名性、反馈性和收敛性等特点。因此，采用德尔菲法可能比其他判断方法的预测精度要高一些，但毕竟还是专家的主观臆断。

定量预测是在历史数据和统计资料的基础上，运用数学或其他分析技术，建立可以表达的数量关系模型，并利用它来预测未来年交通事故的发生情况。常用的定量预测技术有回归预测、灰色预测、时间序列预测、神经网络预测和组合预测等方法。

5.2.1 回归预测

回归预测就是从被预测的对象和它的解释变量之间的因果关系出发，通过建立回归模型，根据惯性原则（过去决定系统动力行为的"力量"同样也决定系统未来的演化行为）预测对象未来发展的一种定量方法。

用回归法进行预测的基本思想是：虽然自变量与因变量之间没有严格的确定性的函数关系，但是可以设法找出最能代表它们之间近似关系的数学模型——回归方程式，然后根据回归方程式求出所要求的预测值。回归预测模型有以下几种。

1. 线性回归模型

影响交通事故的因素往往有多个，线性回归预测多数是利用多元线性回归方程，通过寻找与因变量具有较强关联关系的因素作为自变量，计算回归系数，并经过相关分析和显著性检验后，最终确定回归预测方程。多元线性回归方程可表示为

$$Y = b + \sum_{i=1}^{n} a_i X_i, i = 1, 2, \cdots, n \qquad (5-1)$$

式中：Y ——交通事故数或受伤人数、死亡人数，人；

X_i ——第 i 个影响因素；

a_i ——第 i 个影响因素的重要程度系数；

b ——回归常数。

在具体应用多元线性回归方程时，需要对回归方程进行相关性检验。

（1）变量相关性检验

在进行多元回归变量相关性检验时，使用的是复相关系数 R：

$$R = \sqrt{1 - \frac{\sum (y_i - \hat{y}_i)^2}{\sum (y_i - \hat{y})^2}} \qquad (5-2)$$

式中：y_i ——交通事故数或受伤人数、死亡人数，人；

$\hat{y}_i$ ——预测的交通事故数或受伤人数、死亡人数，人；

$\hat{y}$ ——交通事故数或受伤人数、死亡人数的平均值，人。

（2）F 检验

F 检验是用来判别所有变量 X_1，X_2，X_3，$\cdots$，X_n 与变量 Y 的线性回归关系显著性程度的检验方法。即

$$F = \sqrt{\frac{\sum (\hat{y}_i - \bar{y}) / (m-1)}{\sum (y_i - \bar{y}) / (n-m)}} \qquad (5-3)$$

该统计量服从自由度为 $(m-1, n-m)$ 的 F 分布，在给定的置信度水平 α 检验自变量与因变量的线性回归关系是否显著。

2. 多元逐步回归模型

逐步回归预测法是根据自变量对因变量作用程度的大小来决定该变量是否引入而提出的。多元逐步回归预测是按照自变量 x_1，x_2，$\cdots$，x_m 对因变量 y 作用程度的大小来决定该变量是否引入或剔除，自动地从大量可供选择的变量中，选择重要的变量，以建立回归方程的预测方法。

1）数据准备

回归分析的原始数据包括丙部分：一部分是自变量 x_1, x_2, $\cdots$, x_m 及因变量 y 的观测值；另一部分是只有自变量的观测值，因变量 y 的取值未知，称为预测数据部分。

（1）输入模型原始数据

$$X = \begin{bmatrix} x_{11} & x_{12} & \cdots & x_{1m} & y_1 \\ x_{21} & x_{22} & \cdots & x_{2m} & y_2 \\ \vdots & \vdots & & \vdots & \vdots \\ x_{n1} & x_{n2} & \cdots & x_{nm} & y_n \end{bmatrix} \tag{5-4}$$

其中：n 为样品个数，m 为自变量个数。

（2）数据预处理变换

各变量均值
$$\overline{x}_j = \frac{1}{n}\sum_{i=1}^{n} x_{ij} \quad (j=1,2,\cdots,m+1) \tag{5-5}$$

离差平方和
$$l_j = \sqrt{\sum_{i=1}^{n}(x_{ij}-\overline{x}_j)^2} \quad (j=1,2,\cdots,m+1) \tag{5-6}$$

变换
$$x_{ij}^* = \frac{x_{ij}-\overline{x}_j}{l_j} \quad (i=1,2,\cdots,n; j=1,2,\cdots,m+1) \tag{5-7}$$

数据变换后，数据各变量均值为 0。

2）建立正规方程组

$$\begin{cases} r_{11}b_1' + r_{12}b_2' + \cdots + r_{1m}b_m' = r_{1y} \\ r_{21}b_1' + r_{22}b_2' + \cdots + r_{2m}b_m' = r_{2y} \\ \quad\quad\quad\quad\quad\quad \vdots \\ r_{m1}b_1' + r_{m2}b_2' + \cdots + r_{mm}b_m' = r_{my} \end{cases} \tag{5-8}$$

其中：r_{ij} 是相关系数，即

$$r_{ij} = \frac{\sum_{k=1}^{n}(x_{ik}-\overline{x}_i)(x_{jk}-\overline{x}_j)}{\sqrt{\sum_{k=1}^{n}(x_{ik}-\overline{x}_i)^2}\sqrt{\sum_{k=1}^{n}(x_{jk}-\overline{x}_j)^2}} \quad i,j=1,2,\cdots,m,y \tag{5-9}$$

设正规方程组左端的系数为矩阵 $\boldsymbol{R}^{(0)}$，即零步矩阵，可表示为

$$\boldsymbol{R}^{(0)} = \begin{bmatrix} r_{11} & r_{12} & \cdots & r_{1m} & r_{1y} \\ r_{21} & r_{22} & \cdots & r_{2m} & r_{2y} \\ \vdots & \vdots & & \vdots & \vdots \\ r_{m1} & r_{m2} & \cdots & r_{mm} & r_{my} \\ r_{y1} & r_{y2} & \cdots & r_{ym} & r_{yy} \end{bmatrix} \tag{5-10}$$

3）逐步计算

假设已经计算了 l 步（包括 $l=0$），这时初始的 $\boldsymbol{R}^{(0)}$ 已经变换为

$$\boldsymbol{R}^{(l)} = \begin{bmatrix} r_{11}^{(l)} & r_{12}^{(l)} & \cdots & r_{1m}^{(l)} & r_{1y}^{(l)} \\ r_{21}^{(l)} & r_{22}^{(l)} & \cdots & r_{2m}^{(l)} & r_{2y}^{(l)} \\ \vdots & \vdots & & \vdots & \vdots \\ r_{m1}^{(l)} & r_{m2}^{(l)} & \cdots & r_{mm}^{(l)} & r_{my}^{(l)} \\ r_{y1}^{(l)} & r_{y2}^{(l)} & \cdots & r_{ym}^{(l)} & r_{yy}^{(l)} \end{bmatrix} \qquad (5\text{-}11)$$

① 为了衡量一个自变量对因变量作用的大小，定义 V_i 为方差贡献系数，来表示自变量对因变量的贡献。首先对已经引入方程变量 $x_i (i = k = 1, 2, \cdots, l)$ 计算方差贡献 $V_i^{(l+1)}$，即 $l+1$ 步的 V_i 为

$$V_i^{(l+1)} = \frac{(r_{iy}^{(l)})^2}{r_{ii}^{(l)}} \qquad (5\text{-}12)$$

在逐步回归预测中，一方面要引入贡献最大的自变量，另一方面要提出贡献最小的自变量，其标准用 F 检验值来确定。

从 $V_i^{(l+1)}$ 中选出最小的 $V_i^{(l+1)}$，记为 $V_{i,\min}^{(l+1)}$，计算 F_2^{l+1}

$$F_2^{(l+1)} = \frac{V_{i,\min}^{(l+1)} \cdot (n-l-1)}{r_{yy}^{(l)}} \qquad (5\text{-}13)$$

如果 $F_2^{(l+1)} \leqslant F_2^*$，则将贡献最小的变量 x_k 从回归方程中剔除。

其中 F_2'' 为变量剔除门槛值，可从 F 检验表中获得，也可人为确定。

② 消去变换，消去公式为

$$r_{ij}^{(l+1)} = \begin{cases} r_{kj}^{(l)} / r_{kk}^{(l)} & (i = k, j \neq k) \\ r_{ij}^{(l)} - r_{ik}^{(l)} r_{kj}^{(l)} / r_{kk}^{(l)} & (i \neq k, j \neq k) \\ 1 / r_{kk}^{(l)} & (i = k, j = k) \\ -r_{kj}^{(l)} / r_{kk}^{(l)} & (i \neq k, j = k) \end{cases} \qquad (5\text{-}14)$$

如果不存在应被剔除的变量，则进行引入变量的计算。

③ 对未引入方程的变量计算其方差贡献，从中选出最大的，即 $V_{i,\max}^{(l+1)}$。计算 $F_1^{(l+1)}$

$$F_1^{(l+1)} = \frac{V_{i,\max}^{(l+1)} (n-l-2)}{r_{yy}^{(l)} - V_{i,\max}^{(l+1)}} \qquad (5\text{-}15)$$

如果 $F_1^{(j+1)} > F_1''$（其中 F_1'' 为变量剔除门槛值，可从 F 检验表中获得，也可人为确定。则将该方差贡献最大的变量引入回归方程。

④ 对 $\boldsymbol{R}^{(l)}$ 按式（5-14）进行消去计算，得到结果为 $\boldsymbol{R}^{(l+1)}$。

⑤ 重复①～④的计算，直到既无变量引入也无变量剔除为止。

4）计算最终结果

（1）引入方程变量系数（设到 l 步结束）

$$b_i = \frac{\sigma_y}{\sigma_i} \times r_{iy}^{(l)} = \frac{\sqrt{S_{yy}}}{\sqrt{S_{ii}}} \times r_{iy}^{(l)}, \quad i = 1, 2, \cdots, l \tag{5-16}$$

其中：σ_i, σ_y 为引入变量 x_i 和因变量 y 的标准差；S_{ii} 为引入变量 x_i 的离差平方和。

$$S_{ii} = \sum_{k=1}^{n} (x_{ki} - \overline{x}_i)^2 (i = 1, 2, \cdots, m) \tag{5-17}$$

$$S_{yy} = \sum_{k=2}^{n} (y_k - \overline{y})^2 \tag{5-18}$$

$$\overline{y} = \frac{1}{n} \sum_{k=1}^{n} y_k \tag{5-19}$$

（2）常数项 b_0

$$b_0 = \overline{y} - \sum_{i \in l} b_i \overline{x}_i \tag{5-20}$$

（3）回归值与偏差值

$$\hat{y}_k = b_0 + \sum_{i \in l} b_i x_{ik} \tag{5-21}$$

$$\varepsilon = y_k - \hat{y}_k \tag{5-22}$$

（4）复相关系数 R 和剩余标准差 S_y

$$R = \sqrt{1 - r_{yy}^{(l)}} \tag{5-23}$$

$$S_y = \sqrt{\frac{r_{yy}^{(l)}}{n - l - 1}} \cdot \sqrt{S_{yy}} \tag{5-24}$$

3. 生成数列回归模型

生成数列回归分析法运用灰色系统的基本理论对影响因素进行关联分析，定量地找出主要影响因素，并建立因变量、自变量的生成数列，据此进行一元或多元回归分析，得到生成数列回归预测模型，其主要步骤如下。

（1）关联度分析

关联度分析的基本思想是根据曲线间的相似程度来判断曲线关联程度，两曲线几何形状越相似，其关联程度越大，因素间的关系越密切。关联分析的目的是找出影响预测对象的主要因素。

设参考数列（预测对象的原始数据列）为 x_0，被比较数列（影响因素的原始数据列）为

$x_i (i = 1, 2, \cdots, m)$，且

$$x_0 = \left\{ x_0(1), x_0(1), \cdots, x_0(n) \right\} \atop x_i = \left\{ x_i(1), x_i(1), \cdots, x_i(n) \right\} \quad (i = 1, 2, \cdots, m) \tag{5-25}$$

则称 $\xi_i(t)$ 为曲线 x_0 与 x_i 在第 t 点的关联系数：

$$\xi_i(t) = \frac{\min\min tt \left| x_0(t) - x_i(t) \right| + \max\max \rho it \left| x_0(t) - x_i(t) \right|}{\left| x_0(t) - x_i(t) \right| + \max\max \rho it \left| x_0(t) - x_i(t) \right|} \tag{5-26}$$

式中：$\left| x_0(t) - x_i(t) \right| = \Delta_{(t)}$ ——第 t 点 x_0 与 x_i 的绝对差；

$\min\min tt \left| x_0(t) - x_i(t) \right|$ ——两极最小差；

$\min t \left| x_0(t) - x_i(t) \right|$ ——第一级最小差；

$\max\max \rho it \left| x_0(t) - x_i(t) \right|$ ——两极最大差；

ρ ——分辨系数，在 $0 \sim 1$ 之间取值，一般取 $\rho = 0.5$。

曲线 x_i 与曲线 x_0 的关联度为 r_i，其值为

$$r_i = \frac{1}{n} \sum_{i=1}^{n} \xi_i(t) \tag{5-27}$$

对单位不同或初值不同的数列做关联度分析时，一般要做处理，使之无量纲化，即用 $x_0(1)$ 去除 $x_0(t)$，用 $x_i(1)$ 去除 $x_0(t)$。

关联系数大的因素 $x_i(t)$，对预测对象 $x_0(t)$ 的影响大，一般应作为主要影响因素。根据实际情况，可选择 $1 \sim 3$ 个关联度大的因素作为自变量进行回归分析。

（2）生成数列回归模型

设因变量的原始数列为 $y^{(0)}(t)$，其一次累加生成数列为 $y^{(1)}(t)$，即

$$y^{(0)}(t) = \left\{ y^{(0)}(1), y^{(0)}(2), \cdots, y^{(0)}(n) \right\} \tag{5-28}$$

$$y^{(1)}(t) = \left\{ y^{(1)}(1), y^{(1)}(2), \cdots, y^{(1)}(n) \right\} \tag{5-29}$$

应当注意，原始数列 $y^{(0)}(t)$ 应是连续若干年份的数据，若某一年的数据缺乏，应进行数据修补。

对生成数列进行常规的回归分析，建立生成数列的回归预测模型，用相关系数等进行回归模型的精度检验，根据回归模型逐年计算出预测年限内的生成预测值。

对生成预测值进行累减还原，即得所求预测对象的预测值，可用预测值的离差等反映预测精度。

（3）生成数列回归分析法示例

【例 5-1】已知预测变量、自变量的原始数据如表 5-1 所示，用生成数列回归分析方法进行预测。

表 5–1　原始数据表

t	1	2	3	4	5	6	7	8	9	10
$y^{(0)}(t)$	2.88	2.67	4.73	5.44	5.97	6.37	6.06	6.99	8.02	7.77
x_1	5.729	7.364	8.649	9.865	11.461	11.019	13.303	15.692	17.155	19.518
x_2	18.978	20.976 6	23.586 2	26.551	28.761	31.378 9	34.743 1	39.651 8	42.551 8	47.681 8
x_3	101.777 5	104.700 8	106.354	105.394	107.251 9	107.393 5	112.269 6	118.506 8	121.682 8	123.353 5

解：自变量对因变量的关联度分别为

$$r_1 = 0.791\,89$$

$$r_2 = 0.720\,43$$

$$r_3 = 0.535\,17$$

根据关联度的大小，可知 x_1，x_2 对 y 的影响是主要的，可以建立二元线性回归方程。如采用三元线性回归，对表 5–1 中列出的数据进行一次累加生成处理，再进行多元线性回归，得到以下预测模型：

$$y^{(1)} = -2.233\,9 - 0.555\,5x_1^{(1)} + 0.415\,2x_2^{(2)} - 0.004\,7x_3^{(3)}$$

$$R = 0.999\,59$$

为了进一步检验精度，表 5–2 中列出了预测计算结果，并与一般的回归方法进行了比较。比较结果是，生成数列回归预测法的离差为 4.610 2，一般回归方法的预测离差为 5.543，前者较后者减少了 16.8%，显然提高了预测精度。

表 5–2　预测计算结果

$y^{(0)}(t)$	2.88	2.67	4.73	5.44	5.97	6.37	6.06	6.99	8.02	7.77
$y^{(1)}(t)$	2.04	6.17	10.66	15.72	20.80	27.20	33.71	40.91	48.48	56.86
$y^{(2)}(t)$	2.04	4.13	4.49	5.06	5.08	6.40	6.51	7.20	7.57	8.38
一般回归 $y^{(0)}$	2.32	2.96	3.76	5.08	5.91	6.07	6.00	7.21	8.12	9.89

回归预测法是交通事故预测的常规方法。回归预测能较好地反映交通事故与各种影响因素之间的因果关系，并且能够容易地建立模型和检验预测结果，因而回归预测在交通事故预测中的应用最为普遍。但是回归预测要求样本量大、数据波动不大、规律性强等条件，否则预测精度便会受到影响。另外，由于回归预测对新旧数据同等对待，只注重对过去数据的拟合，因此其外推性能较差，对变化趋势反应迟钝。

5.2.2　灰色预测

在对交通事故进行预测时，传统的事故统计方法普遍存在着"小样本、长周期、大区域、低信度"的缺陷，直接影响到交通事故分析的准确性和精确度。近年来，发展起来的灰色理论以"部分信息已知、部分信息未知"的"小样本""贫信息"的不确定问题为研究对象，通过对"部分"已知信息的生产开发，提取有价值的信息，实现对系统运行行为的正确认识。

灰色系统理论，将一切随机变量看作是在一定范围内变化的灰色量，将随机过程看作是在一定范围内变化的、与时间有关的灰色过程。对灰色量不是从找统计规律的角度，通过大样本量进行研究，而是用数据处理（灰色数生成）方法，将杂乱无章的原始数据整理成规律较强的生成数列再做研究。

例如，城市道路交通系统作为一个抽象系统，它没有物理原型，很难确定影响系统的全部因素，更不可能确定因素之间的映射关系。因此，可将城市道路交通系统视为本征性灰色系统。交通事故存在于交通系统中事故发生与众多因素相互关联和制约，但又很难找出影响事故发生的全部因素。也就是说，影响事故发生的信息不明确、不完全。同时，在多种因素中必然有的对事故影响大些，有的影响小些。经过对大量交通事故的调查研究发现，各种因素都与交通事故间存在一定的关系，对事故影响大的因素支配着交通事故次数的变化。灰色理论所研究的是这种外延明确、内涵不明确的对象。灰色系统理论认为，尽管客观系统表象复杂，但总是有整体功能的，总是有序的，在离散的数据中必然蕴含着某种内在的规律。灰色关联理论提出了系统的关联度分析方法，它是以因素之间发展态势的相似或相异程度来衡量因素间关联程度的方法。

有时事故信息收集的不完全或信息没有明显的规律性，在这种情况下就可以考虑使用灰色预测方法。在使用方法时，先采用累加或累减的方法对时间数据列进行处理，使数据列的随机性弱化，从而转化为比较有规律的数据列。

例如，给定数据列

$$\left[x^{(0)}(t_i) \right] = \left[x^{(0)}(t_1), x^{(0)}(t_2), \cdots \right] \tag{5-30}$$

是规律不明显的时间序列，做数据累加生成处理，令

$$\left[x^{(1)}(t_1) \right] = \sum_{k=1}^{i} x^{(0)}(t_i) \tag{5-31}$$

得到新的数据列

$$\left[x^{(1)}(t_i) \right] = \left[x^{(1)}(t_1), x^{(1)}(t_2), \cdots \right] \tag{5-32}$$

新数据列随机性被弱化，有明显的增长规律性（可进行 n 次处理），新数据列绘制曲线多逼近指数式曲线。

灰色动态模型 GM(n,h)，n 为微分方程阶数，h 为变量的个数。一般采用 GM(1,1) 模型

形式：

$$\frac{\mathrm{d}x^{(1)}}{\mathrm{d}t} + ax^{(1)} = \mu \qquad\qquad (5-33)$$

式中：a，μ ——建模过程中待识别的参数和内部变量；

$\qquad x^{(1)}$ ——原始数据 $x^{(0)}(t_i)$ 经过累加生成处理得到的新数据列。

GM(1,n) 模型计算程序如图 5-2 所示。

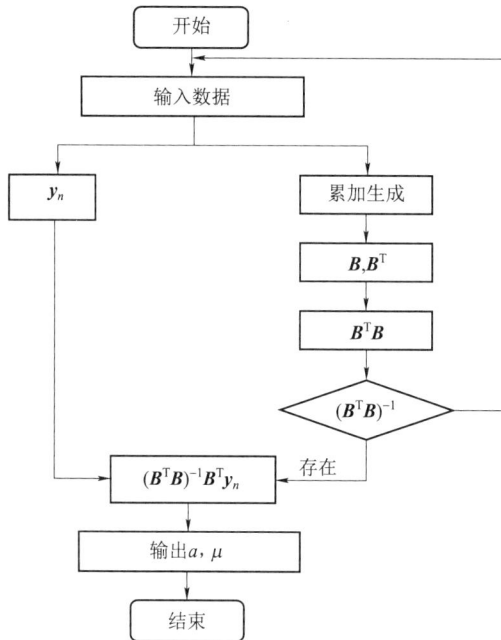

图 5-2　GM(1,n) 模型计算程序

参数辨识过程如下。

（1）构造数据矩阵 $\boldsymbol{B}$

$$\boldsymbol{B} = \left\{\begin{array}{cc} -\dfrac{1}{2}\Big[x^{(1)}(1) + x^{(1)}(2)\Big] & 1 \\[2mm] -\dfrac{1}{2}\Big[x^{(1)}(2) + x^{(1)}(3)\Big] & 1 \\ \vdots & \vdots \\ -\dfrac{1}{2}\Big[x^{(1)}(n-1) + x^{(1)}(n)\Big] & 1 \end{array}\right\} \qquad (5-34)$$

（2）构造矩阵向量 $\boldsymbol{y}_n$

$$\boldsymbol{y}_n = \Big[x^{(0)}(2), x^{(0)}(3), \cdots, x^{(0)}(n)\Big]^{\mathrm{T}} \qquad (5-35)$$

（3）做最小二乘法计算，求参数 a, μ

$$\hat{c} = \begin{bmatrix} a \\ \mu \end{bmatrix} = (\boldsymbol{B}^{\mathrm{T}} - \boldsymbol{B})^{-1} \boldsymbol{B}^{\mathrm{T}} \boldsymbol{y}_n \tag{5-36}$$

（4）建立时间相应函数

时间相应函数为

$$\hat{x}^{(1)}(t) = \left[x^{(1)}(0) - \frac{\mu}{a} \right] \mathrm{e}^{-ak} + \frac{\mu}{a} \tag{5-37}$$

根据灰色理论模型 GM（1，1）的预测，称为灰色预测。在预测中，可将一个地区的道路交通系统视为灰色系统，把交通事故当作灰色量。对影响本次交通事故的有关因素进行关联分析，找出主要的影响因素，建立生成数量和灰色预测模型。利用灰色系统建模进行预测，要求样本数据数量相对较少、原理简单、运算方便，而且具有可检验性。但是灰色系统建模也有其特定的使用条件：建模数据必须为光滑离散函数，且灰色系统模型仅能描述一个随时间按指数规律单调增长或衰减的过程。在实际预测中，可运用定性和定量相结合或灰色预测与其他方法构造预测模型，这样预测精度会有很大的提高。

5.2.3　时间序列预测

时间序列预测法也称时间序列趋势外推法，是将预测对象按照时间顺序排列起来，构成一个所谓的时间序列，从所构成的这一组时间序列过去的变化规律，推断今后变化的可能性及其变化趋势和变化规律。在交通事故预测中，常用的时间序列预测法有移动平均数法、加权移动平均数法、指数平滑法和趋势调整指数平滑法等。下面主要介绍移动平均数法和指数平滑法。

1. 移动平均数法

这是一种初级的定量预测方法。方法简单实用，但是预测精度不高。对趋势变化反应迟钝，考虑以上不足对其进行加权修正后，便得到加权移动平均数法。该方法认为，越靠近预测期的数据对预测值的影响越大，因而对不同时期数据应采取不同权数进行预测。

2. 指数平滑法

指数平滑法是采用递推预测的方法，即仅用本期的实际值与本期的预测值来预测下一期的值。原始数据经过平滑处理后，数据便呈现出内在的变化趋势。在实际预测中，对平滑值进行适当计算，构成相应的线性或非线性趋势预测模型。指数平滑法实际上包含所有的历史信息，通过权系数 α 的大小来反映新旧数据对趋势变化的影响，权系数 α 对数据变化的速率影响仍然是滞后的，为减小其对预测结果的影响，可以采用趋势调整指数平滑法来修正。

指数平滑法按照平滑次数分为一次指数平滑、二次指数平滑、三次指数平滑和高次指数平滑 4 种。其中，一次指数平滑、二次指数平滑、三次指数平滑较常用。

1）一次指数平滑

设 x_t 为时间序列中第 t 时点的观测值，其样本数为 N，每次平滑地求算术平均值所采用的观测值个数为 n，在第 t 时点的指数平滑值 S_t 为

$$S_t = \frac{1}{n}(x_t + x_{t-1} + x_{t-2} + \cdots + x_{t-n+1})$$

$$= \frac{1}{n}x_t + \frac{1}{n}(x_{t-1} + x_{t-2} + \cdots + x_{t-n+1} + x_{t-n}) - \frac{1}{n}x_{t-n}$$

$$= \frac{1}{n}x_t + S_{t-1} - \frac{1}{n}x_{t-n} \quad (\diamondsuit \ x_{t-n} \approx S_{t-1})$$

$$\approx \frac{1}{n}x_t + S_{t-1} - \frac{1}{n}S_{t-1} = \frac{1}{n}x_t + \left(1 - \frac{1}{n}\right)S_{t-1} \tag{5-38}$$

当 $n=1$ 时，$\frac{1}{n}=1$；当 $n \to \infty$ 时，$\frac{1}{n} \to 0$。

令 $\alpha = \frac{1}{n}$，α 介于 $0 \sim 1$，称 α 为平滑系数。最终获得构造一次指数平滑数列的递推公式为

$$S'_t = \alpha x_t + (1-\alpha)S'_{t-1} \tag{5-39}$$

式中：S'_t——第 t 时点的指数平滑值，即为第 $t+1$ 时点的预测值 y_{t+1}，$y_{t+1} = S'_t$ 或 $y_t = S'_{t-1}$。

确定 S'_t 迭代计算时初始值 S'_0，最常用的方法是，令 $S'_0 = x_1$（时间序列的首项）。平滑系数 α 的取值关系到计算结果是否合理，一般由经验给定，大多采用 $0.01 \sim 0.3$。

2）二次指数平滑

二次指数平滑是以相同的平滑系数 α，对一次指数平滑数列 S'_t 再进行一次指数平滑，构成时间序列的二次指数数列 S''_t。

同上，初始值 $S'_0 = S''_0 = x_1$，则

$$S'_t = \alpha x_t + (1-\alpha)S'_{t-1}$$
$$S''_t = \alpha S'_t + (1-\alpha)S'_{t-1} \tag{5-40}$$

3）三次指数平滑

它是在二次指数平滑的基础上对时间序列进行 3 次指数平滑，同样令 $S'_0 = S''_0 = S'''_0 = x_1$，则

$$S'_t = \alpha x_t + (1-\alpha)S'_{t-1}$$
$$S''_t = \alpha S'_t + (1-\alpha)S''_{t-1}$$
$$S'''_t = \alpha S''_t + (1-\alpha)S'''_{t-1} \tag{5-41}$$

4）指数平滑预测模型

对经过处理的数据（平滑值），再做适当变换即可构成下述预测模型。

（1）线性模型

$$y_{t+T} = a_t + b_t T \qquad (5-42)$$

（2）非线性模型

$$y_{t+T} = a_t + b_t T + c_t T^2 \qquad (5-43)$$

该模型是对应 3 次指数平滑法使用的。

式（5-42）和式（5-43）中，y_{t+T} 为 $t+T$ 时刻的预测值，T 是指以 t 为起点向未来延伸到 T 时刻，即表示 t 以后的外推时间。

线性模型中 a_t、b_t 可通过下式求得：

$$a_t = 2S_t' - S_t''$$
$$b_t = \frac{\alpha}{1-\alpha}(S_t' - S_t'') \qquad (5-44)$$

非线性模型中 a_t、b_t、c_t 可按如下公式求得：

$$a_t = 3S_t' - 3S_t'' + S_t'''$$
$$b_t = \frac{\alpha}{2(1-\alpha)^2}\big[(6-5\alpha)S_t' - 2(5-4\alpha)S_t'' + (4-3\alpha)S_t'''\big] \qquad (5-45)$$
$$c_t = \frac{\alpha^2}{2(1-\alpha)^2}(S_t' - 2S_t'' + S_t''')$$

时间序列预测法适用于县区等小范围的、微观的短期道路交通事故预测。

5.2.4 神经网络预测

传统的预测技术是基于相关原理、类推原理、惯性原理和概率推断原理等，所基于的基本思想与假定可归结为：事物之间的关联程度是可以测量的；任何事物的发生与发展都是有原因的，原因相同，结果就相同；过去产生一定规律性的力量，在未来也会产生同样的规律性；初始条件越精确给定，预测结果就会越有效；事物的发展存在惯性，未来可以从过去得到延伸；只要解释变量是充分的，被解释变量的拟合误差就可以减少。其主要思想是"线性"的，然而被预测的对象通常是由相互之间非线性作用的多种因素组成的开放的复杂系统，简单、线性、封闭的系统只是极少数情况，为此对事物运动规律的把握应当从线性观向非线性观转变。由此，依据人工神经网络的特点提出了基于神经网络的时间序列递推预测法。

1. 神经网络时序预测模型的适应性分析

1）时间序列的特点

从表面上看，时序分析撇开了系统变量间内在的因果关系和结构关系的影响。但实际上，时间序列反映了曾经发生过的所有因果关系和结构关系的影响。因此，由于导致交通事故发生的影响因素错综复杂，在所有影响因素之间的关系也不明确的时候，就直接采用时间 t 作为变量来综合地替代这些因素。时间作为一个明确的自变量进入模型，其意义表面上是表示因变量随时间而自发的变化，实际上是代表了决定变量变化的诸因素的联合影响。

2）交通事故致因的非线性分析

对于事故致因理论而言，事故的发生是由人的因素和物的因素共同作用的结果。交通事故是在道路交通系统中，由人、车、路、环境诸要素相互耦合失调而导致的，这些因素之间通过高度的非线性关系相互影响、相互作用，且具有较大的随机性。此外，事故的发生具有突变性，交叉口发生拥挤时的车流量具有混沌性，至今还不能给出导致交通事故发生的显示表达式，而且因素之间的相互作用关系表达式也是很难给出的。传统的线性分析方法无法揭示各因素之间相互作用关系，存在较大的局限性，使得预测结果无法令人满意。而非线性预测可以弥补此方法的不足，对现代预测有着重要的意义。

2. 人工神经网络

从 20 世纪 40 年代开始，各国的科学家为了揭开人脑思维的奥秘，从不同的研究角度展开了长期不懈的探索，经过几十年的努力，逐渐形成了一个多学科交叉的前沿研究领域——人工神经网络（artificial neural network，ANN）。

人工神经网络由许许多多并行运算的简单单元组成，这些单元类似于生物神经系统的神经元。神经网络是一个非线性动力学系统，其特色在于信息的分布存储和并行协同处理。虽然单个神经元的结构和功能较为简单，但是大量神经元构成的网络系统所能实现的功能则是相当强大的，它具备集体运算和自适应的能力，还具有很强的容错性和健壮性。人工神经网络还具有联想、综合和对现有实际情况进行推广的能力。

各国的科学家从不同的角度对生物神经系统进行了不同层次的描述和模拟，建立起了各种各样的神经网络模型。具有代表性的有感知器线性网络（perceptron liner network）、BP 网络（back propagation neural network）、RBF 网络、双向联想记忆（BAM）、Hopfield 模型、自组织网络（self organization neural network）及回归网络（regression neural network）等。

1）人工神经网络的基本原理

人工神经网络是高度复杂的非线性动力学系统，它是由大量简单的处理单元——神经元广泛地相互连接而形成的复杂的网络结构。它反映了人脑功能的许许多多的基本特性，但它不是人脑神经网络系统的实际再现，而仅仅是对人脑及某些机能的抽象、简化及模拟。这也是现实中所能够做到的，研究人工神经网络的目的是探索人脑加工、存储和处理信息的机制，从而开发出具有人脑智能的仿真机器，以实现采用一般方法难以实现的功能。

人工神经网络是一个高度复杂的非线性动力学系统。虽然组成神经网络的每一个神经元的结构和功能比较简单，但是大量网络构成的系统的行为却丰富多彩，十分复杂。人工神经网络具有一般非线性系统的共性，但其个性特征也十分显著，如神经网络具有高维性，神经元之间具有广泛的连续性、自适应性及自组织性等。

在人工神经网络中发生的动力学过程分为快过程和慢过程两类。

快过程是指人工神经网络的计算机过程，是人工神经网络活跃状态的模式变换过程。人工神经网络在外界输入的影响下进入一定的状态，由于神经元之间相互联系及神经元本身所具有的动力学性质，这种外界刺激的兴奋模式会迅速地演变而进入平衡状态。这样，具有特定结构的人工神经网络就可以定义一类模式变换，计算过程就是通过这一类模式变换而实现的。快过程是短期记忆的基础，从输入状态到它的临近的某平衡状态的映射是多对一的对应关系。

慢过程是人工神经网络的学习过程，人工神经网络只有通过学习才能逐步具备快过程的变换能力。在慢过程中，神经元之间的连接强度将根据环境信息发生缓慢的变化，将环境信息逐步存储于人工神经网络中。这种由于连接强度的变化而形成的记忆是长久的。慢过程的目标是形成一个具有一定结构的自组织系统，这个自组织系统与环境交互作用，把环境的规律反映到自身结构上来，也就是通过与外界环境的相互作用，从外界获取知识。

2）人工神经网络的一般框架

图 5-3 是一个人工神经网络的一般框架结构。神经元用"○"表示，每个神经元之间通过相互连接形成一个网络拓扑，这个网络拓扑的形式即为神经网络的互连模式。不同的神经网络模型对神经网络的结构和互连模式都有一定的要求和限制，如多层次、全互连等。神经网络以外的部分（虚线框之外的部分）统称为神经网络的环境。神经网络从其所处的环境中获取信息，对信息进行加工处理之后作用于所处的环境中。

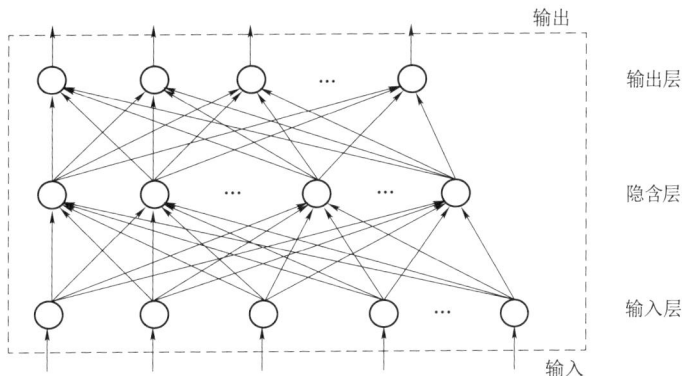

图 5-3　人工神经网络的一般框架结构

各个神经元之间的连接不只是一个单纯的传递信号的通道，而是在每对神经元之间的连接上有一个加权系数，这个加权系数起着生物神经系统中神经元的突触强度的作用，它可以加强或减弱上一个神经元的输出对下一个神经元的刺激，这个加权系数即为权值（或连接强度、突触强度）。

在神经网络中，修改权值的规则称为学习算法，在网络结构中，神经元之间的连接强度不是常量，而是根据经验或在学习过程中改变，实现系统的"进化"和"智能化"。

3）人工神经网络的能力

人工神经网络的能力包含两方面的含义：① 神经网络的信息处理能力，即在一个有 N 个神经元的神经网络中，可以存储多少位的信息；② 神经网络的计算能力，即神经网络能够对哪些问题进行求解。

存储能力和计算能力构成了信息科学技术的两个基本问题，在神经网络的研究工作中，它们同样也构成了神经网络理论的两个基本问题。

（1）神经网络的存储能力

一个存储器的信息表达能力定义为其可以分辨的信息类型的对数值。包含 N 个神经元的神经网络的信息表达上限为 $\log_2(2^{(N-1)^{2^N}})^N$ 位，下限为 $\log_2(2^{0.33[N/2]^2})^{[N/2]}$ 位（其中 $[N/2]$ 为小于或等于 $N/2$ 的最大整数）。N 个神经元的神经网络可以存储 2^{N-1} 个信息，即可以区分 2^{N-1} 个不同的网络。

（2）神经网络的计算能力

计算就是从一个符号行出发得到另一个符号行。对于神经网络而言，计算即为给定一组输入而得到另一组输出，即由输入到输出的过程。具体到某一个网络，计算的关键问题就是存在一个映射过程，它将一个给定的问题映射到一个寻找最佳解的网络上。

对神经网络计算能力的研究采用数学方法和物理方法。与数学方法相比，物理方法更能直接反映神经网络的内容。

就目前对神经网络的研究情况而言，绝大多数的神经网络模型都是针对特定问题而建立起来的，不是通用的神经网络模型，但是这些模型对特定的问题具有很强的计算能力。对于研究一般意义上的神经网络的计算能力是有困难的，只能在特殊模型的基础上研究网络的计算能力。

神经网络可以完成以下信息处理任务。

① 数学的近似映射。研究出一种合适的函数 $f: A \subset R^n \to B \subset R^n$，以自组织的方式响应以下的样本集：$(x_1, y_1), (x_2, y_2), \cdots, (x_i, y_i)$（这里，$y_i = f(x_i)$ 或 $y_i = f(x_i) + n$，式中 n 为噪声）。识别和分类等求解问题都可以抽象为这样的数学映射。

② 概率密度函数的估计。通过自组织的方式开发出一组等概率的锚点来响应空间 R^n 中按照一个确定的概率密度 ρ 函数选到的一组向量样本。

③ 从二进制数据中提取相关的知识，形成一种知识的聚集模型，这些知识依照数据集的自组织在它们之间的某种统计上的共性，并依此来响应输入的数据集记录。

④ 形成拓扑连续及统计意义上的同构映射。它是对固定概率密度函数选择的适应输入数据的一种自组织映射，最终使数据空间上的不同项有某种同构。

⑤ 最近相邻模式分类。通过比较大量的存储数据来进行模式分类，但是，首先是通过学习样本模式进行分类。可以用层次性的存储模式来进行分类信息的表示。绝大多数的神经网络都能够进行此项计算。

⑥ 数据聚集。采用自组织的方法形成所选择的"颗粒"或模式的聚类，以此来响应输入数据。聚类是可变的，但要限制其"鞍点"的个数。对于任何新的目标，只要系统中没有对其提供聚类，都要形成新的聚类。

⑦ 最优化问题的计算。用于求解局部或者全局最优解。

4）神经网络的基本特征

人工神经网络具有以下基本特征。

（1）大规模的并行计算与分布式存储能力

传统计算机的计算和存储是相互独立的，而在 ANN 中，无论是单个神经元还是整体神经元都兼有信息处理和存储的双重功能，这两种功能自然融合在同一网络中。ANN 计算过程的并行性决定了其对信息的高速处理能力。

（2）非线性映射能力

对多层前馈网络，由于它能学习和存储大量输入—输出模式映射关系，无须事先了解描述这种映射关系的数学方程。只要能提供足够的样本模式供 BP 网络进行学习训练，它便能完成有 m 维输入空间到输出空间的非线性映射。

（3）较强的鲁棒性和容错性

由于信息的分布存储和集体协作，每个信息处理单元既包括对集体的贡献又无法决定网络的整体状态。因此，局部神经网络的故障并不影响整体网络的非线性处理能力。

（4）自适应、自组织、自学习的能力

神经网络最突出的特点就是具有自适应、自组织、自学习的能力，它可以处理各种变化的信息。而且在处理信息的同时，非线性动力系统本身也在不断变化，即可以通过对信息的有监督和无监督学习实现对任意复杂函数的映射，从而适应环境的变化。

（5）非局域性

一个神经网络通常由多个神经元广泛连接而成，一个系统的整体行为不仅取决于单个神经元的特征，而且可能由神经元之间的相互作用相互连接所决定，通过神经元之间的连接，模拟大脑的非局域性，联想记忆就是非局域性的典型例子。

（6）泛化能力

多层前馈网络学习训练后，还能将所提取的样本对中的非线性映射关系存储在权值矩阵中。在其后的工作阶段，当向网络输入未曾出现过的非样本数据训练时，网络也能完成由输入空间向输出空间的正确映射。此种能力称为多层前馈网络的泛化能力，是衡量多层前馈网络性能优劣的一个重要指标。

（7）非凸性

一个系统的演化方向在一定条件下将取决于某个特定的状态函数。非凸性是指某系统的能量函数有多个极值，故系统具有多个较稳定的平衡状态，这将导致系统演化结果的多样性。

3. 预测模型的建立

1）BP 神经网络

反向传播神经网络（back propagation neural network，BP 神经网络）是实现非线性可微分函数进行权值训练的多层网络，目前，BP 网络主要用于函数逼近、模式识别、分类及数据压缩等。

　　BP 算法的基本思想是：学习过程由信号的正向传播与误差的反向传播两个过程组成；正向传播时，输入样本信息从输入层输入，经各隐含层逐层处理后，传向输出层，若输出层的实际输出与期望输出（教师信号）不符合，则转入误差的反向传播阶段；误差反向传播时，将输出误差以某种形式通过隐含层向输入层逐层反传，并将误差分摊给各层的所有单元，从而获得各层单元的误差信号，此误差信号即作为修正各单元权值的依据；这种信号正向传播与误差的反向传播的各层权值调整过程，是周而复始地进行的，权值不断调整的过程，也就是网络的学习训练过程。此过程一直进行到网络输出的误差减少到可接受的程度或进行到预先设定的学习次数为止。其具体的数学推导见相关文献。

　　有关文献已经从理论上证明了 3 层神经网络模型对于非线性系统具有较好的建模能力，任一连续非线性函数或映射均可由 1 个 3 层神经网络实现。因此，在构建道路交通事故神经网络预测模型时，选用 3 层 BP 神经网络结构，即 1 个输入层、1 个隐含层和 1 个输出层。

　　输入层单元根据前述对道路交通事故影响因素的关联分析或选定的预测指标确定；隐含层单元数目的选择目前尚无理论依据，在兼顾网络学习能力和学习速度的基础上，采用试算法确定；输出层为道路交通事故的预测值。图 5-4 是道路交通事故神经网络预测模型的结构。

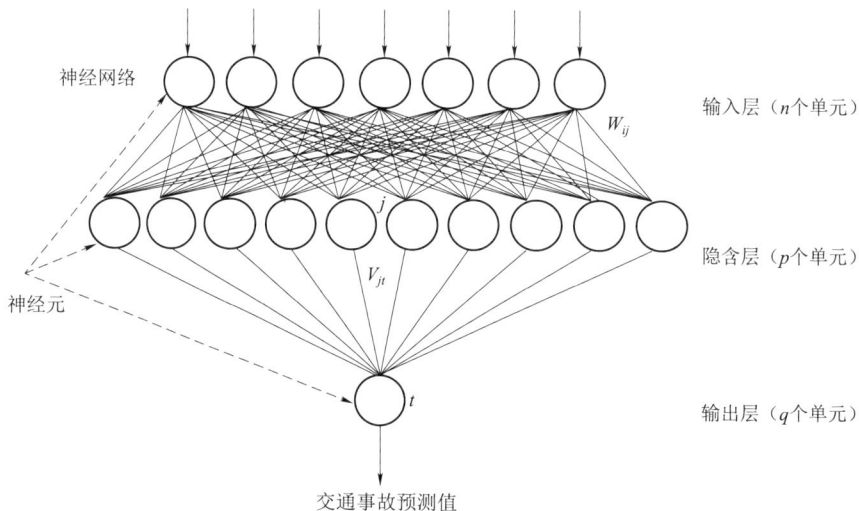

图 5-4　交通事故神经网络预测模型结构

2）BP 神经网络与 SPDS 算法

　　神经网络的研究者通过对 BP 网络的研究发现，BP 网络可在任意希望的精度上逼近任意的非线性连续函数，因此，建立道路交通事故神经网络预测模型时选用 BP 网络。但是，众所周知，BP 算法具有学习速度慢、网络不易收敛的缺点，为此，采用单参数动态搜索算法（简称 SPDS 算法）来弥补这一不足，即在每个搜索步骤中，让网络的一个参数变化，进行精确的一维搜索，以加快网络的收敛速度。一维搜索的目的是寻找误差的极小点，每次搜索后根据新的参数值修改有变动的网络状态。

（1）向量及函数说明

向量说明：以 3 层 BP 网络为例，假设网络的输入层有 n 个神经元，输出层有 q 个神经元，中间层有 p 个神经元。令输入模式向量 $\boldsymbol{A}_k = \left[a_1^k, a_2^k, \cdots, a_n^k \right]$；输出实际值向量 $\boldsymbol{C}_k = \left[c_1^k, c_2^k, \cdots, c_q^k \right]$；希望输出向量 $\boldsymbol{Y}_k = \left[y_1^k, y_2^k, \cdots, y_q^k \right]$；输入层至中间层的连接权为 W_{ij}；中间层各单元输入激活值向量 $\boldsymbol{S}_k = \left[s_1^k, s_2^k, \cdots, s_p^k \right]$；中间层至输出层的连接权为 V_{jt}；中间层各单元输出向量 $\boldsymbol{B}_k = \left[b_1^k, b_2^k, \cdots, b_p^k \right]$；中间层各单元的阈值为 θ_j；输出层各单元输入激活值向量 $\boldsymbol{L}_k = \left[l_1^k, l_2^k, \cdots, l_q^k \right]$；输出层各单元的阈值为 γ_t。其中，$i = 1, 2, \cdots, n$；$j = 1, 2, \cdots, p$；$t = 1, 2, \cdots, q$；$k = 1, 2, \cdots, m$，m 为学习模式对数。

激活函数采用 S 形函数为

$$f(x) = \frac{1}{1 + \mathrm{e}^{-x}} \tag{5-46}$$

全局误差函数 E 采用实际输出与希望输出偏差的平方和误差进行计算：

$$E = \sum_{k=1}^{m} \sum_{t=1}^{q} (c_t^k - y_t^k)^2 \tag{5-47}$$

（2）SPDS 算法中不同参数对应的目标函数

输出层单元阈值 γ_t 的目标函数为

$$E_1 = \sum_{k=1}^{m} (c_t^k - y_t^k)^2 \tag{5-48}$$

$$c_t = f(l_t) \tag{5-49}$$

$$y_t = (l_t - \gamma_t) + \gamma_t = \omega(k) + z \tag{5-50}$$

式中：$\omega(k)$ ——只与 k 有关的常数，$\omega(k) = l_t - \gamma_t$；

　　　　z ——变量。

因此，搜索的目标函数为

$$E_1(z) = \sum_{k=1}^{m} \left\{ f\left[\omega(k) + z \right] - y_t^k \right\}^2 \tag{5-51}$$

隐含层到输出层的连接权重 V_{jt} 的目标函数为

$$E_2 = \sum_{k=1}^{m} (c_t^k - y_t^k)^2 \tag{5-52}$$

$$y_t = \left(l_t - \sum_{j=1}^{p} V_{jt} b_j \right) + \sum_{j=1}^{p} V_{jt} b_j = \omega_2(k) + \omega_1(k) \cdot z \tag{5-53}$$

式中

$$\omega_2(k) = l_t - \sum_{j=1}^{p} V_{jt} b_j \qquad (5-54)$$

$$\omega_1(k) = b_j \qquad (5-55)$$

因此，搜索的目标函数为

$$E_2(z) = \sum_{k=1}^{m} \left\{ f\left[\omega_2(k) + \omega_1(k) \cdot z \right] - y_t^k \right\}^2 \qquad (5-56)$$

隐含层阈值 θ_j 的目标函数为

$$E_3 = \sum_{k=1}^{m} \sum_{t=1}^{q} \left(c_t^k - y_t^k \right)^2 \qquad (5-57)$$

$$y_t = \left(l_t - \sum_{j=1}^{p} V_{jt} b_j \right) + \sum_{j=1}^{p} V_{jt} b_j = L(k,t) + \sum_{j=1}^{p} V_{jt} b_j \qquad (5-58)$$

$$b_j = f(s_j) \qquad (5-59)$$

$$s_j = s_j - \theta_j + \theta_j = \omega(k) + z \qquad (5-60)$$

式中

$$L(k,t) = l_t - \sum_{j=1}^{p} V_{jt} b_j \qquad (5-61)$$

$$\omega(k) = s_j - \theta_j \qquad (5-62)$$

因此，搜索的目标函数为

$$E_3(z) = \sum_{k=1}^{m} \sum_{t=1}^{q} \left\{ f\left[L(k,t) + f(w(k) + z) \cdot V_{jt} \right] - y_t^k \right\}^2 \qquad (5-63)$$

（3）输入层到隐含层连接权值 W_{ij} 的目标函数为

$$E_4 = \sum_{k=1}^{m} \sum_{t=1}^{q} (c_t^k - y_t^k)^2 \qquad (5-64)$$

$$y_t = \left(l_t - \sum_{j=1}^{p} V_{jt} b_j \right) + \sum_{j=1}^{p} V_{jt} b_j = L(k,t) + \sum_{j=1}^{p} V_{jt} b_j \qquad (5-65)$$

$$s_j = \left(s_j - \sum_{i=1}^{n} W_{ij} a_j \right) + \sum_{i=1}^{n} W_{ij} a_i = w_2(k) + w_1(k)z \qquad (5-66)$$

式中

$$L(k,t) = l_t - \sum_{j=1}^{p} V_{jt} b_j \qquad (5-67)$$

$$w_2(k) = s_j - \sum_{i=1}^{n} W_{ij} a_i \tag{5-68}$$

$$w_1(k) = a_i \tag{5-69}$$

因此，搜索的目标函数为

$$E_4(z) = \sum_{k=1}^{m} \sum_{t=1}^{q} \left\{ f\left[L(k,t) + f\left(w_2(k) + w_1(k) \cdot z \right) \cdot V_{jt} \right] - y_t^k \right\}^2 \tag{5-70}$$

3）神经网络预测模型的学习

道路交通事故神经网络预测模型的学习过程如图 5-5 所示。

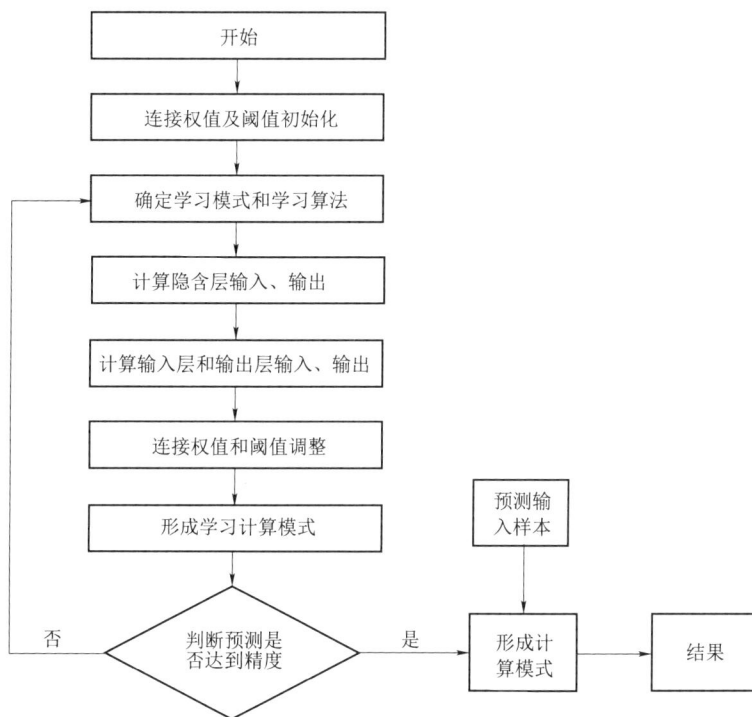

图 5-5　道路交通事故神经网络预测模型的学习过程

神经网络预测模型学习算法的具体步骤如下。

① 初始化，给各连接权 W_{ij}、V_{jt} 及阈值 θ_j、γ_t 赋予 $[-1,+1]$ 之间的随机值。

② 随机选取一模式对 $\boldsymbol{A}_k = \left[a_1^k, a_2^k, \cdots, a_n^k \right]$、$\boldsymbol{Y}_k = \left[y_1^k, y_2^k, \cdots, y_q^k \right]$ 提供给网络。其中，$\boldsymbol{A}_k = \left[a_1^k, a_2^k, \cdots, a_n^k \right]$ 为输入模式向量；$\boldsymbol{Y}_k = \left[y_1^k, y_2^k, \cdots, y_q^k \right]$ 为与输入模式相对应的希望输出向量。

③ 用输入模式 $\boldsymbol{A}_k = \left[a_1^k, a_2^k, \cdots, a_n^k \right]$、连接权 W_{ij} 和阈值 θ_j 计算中间层各神经元的输入 s_j

（激活值），然后用 s_j 通过激活函数式（5-59）计算中间层各单元的输入 b_j：

$$b_j = f(s_j) = \cfrac{1}{1 + \exp\left(-\sum\limits_{i=1}^{n} W_{ij} a_i + \theta_j\right)} \qquad (5-71)$$

$$s_j = \sum_{i=1}^{n} W_{ij} a_i + \theta_j \qquad (5-72)$$

④ 用中间层的输出 b_j、连接权 V_{ij} 和阈值 γ_t 计算输出层各单元的输入 l_t（激活值），然后用 l_t 通过激活函数计算输出层各单元的响应 c_t：

$$c_t = f(l_t) = \cfrac{1}{1 + \exp\left(-\sum\limits_{j=1}^{p} V_{jt} b_j + \gamma_t\right)} \qquad (5-73)$$

式中

$$l_t = \sum_{j=1}^{p} V_{jt} b_j + \gamma_t \qquad (5-74)$$

⑤ 输出层单元阈值 γ_t 的调整。搜索的目标函数为式（5-51），求出 z_0，使 $E_1(z_0) = \min E_1(z)$，z_0 即是 γ_t 的新值。同时，依据新值调整 l_t、c_t。

⑥ 隐含层到输出层的连接权重 V_{jt} 的调整。搜索的目标函数为式（5-56），求出 z_0，使 $E_2(z_0) = \min E_2(z)$，z_0 即是 V_{jt} 的新值。同时，依据新值调整 l_t、c_t。

⑦ 隐含层阈值 θ_j 的调整。搜索的目标函数为式（5-63），求出 z_0，使 $E_3(z_0) = \min E_3(z)$，z_0 即是 θ_j 的新值。同时，依据新值调整 l_t、c_t、s_j、b_j。

⑧ 输入层到隐含层连接权值 W_{ij} 的调整。搜索的目标函数为式（5-70），求出 z_0，使 $E_4(z_0) = \min E_4(z)$，z_0 即是 W_{ij} 的新值。同时，依据新值调整 l_t、c_t、s_j、b_j。

⑨ 随机选取下一个学习模式对提供给网络，返回到第③步，直至全部 m 个模式对训练完毕。

⑩ 重新从 m 个学习模式对中随机选取一个模式对，返回到第③步，直至网络全局误差函数 E 小于预先设定的限定值 ε 或学习次数大于预先设定的数值。

⑪ 存储 W_{ij}、V_{jt}、θ_j、γ_t，以备预测值的计算。

⑫ 计算道路交通事故预测值。在网络训练之后，预测值由下式求得

$$N^{t+1} = \sum_{j=1}^{q} V_{jt} b_j - \gamma_t \qquad (5-75)$$

⑬ 对 N^{t+1} 值进行数据处理（与输入样本进行同样的等比变换）即可得到最终的预测结果。

4. BP 神经网络的不足与改进

1）BP 神经网络模型的不足

BP 算法最主要的优势是它具有可以以任意精度逼近任何非线性函数的能力，因而它得到越来越广泛的应用。然而 BP 算法仍然存在以下一些不足：由于 BP 算法是非线性优化，因而不可避免地易形成局部极小，而得不到全局最优；该算法的学习效率低，收敛速度慢，并且收敛速度始终与初始权值的选择有关；算法的网络结构设计（主要指隐含层节点数的选择）虽然已有若干尝试，但尚缺乏严格的理论指导；训练时加入新样本有遗忘旧样本的趋势，学习参数取值尚无通用准则而且存在过度拟合的现象。

2）BP 神经网络的改进

为了克服上述缺点，各国的科学家和工程技术人员采取了许多办法来改进 BP 神经网络。如：把灰色理论与神经网络相结合的灰色神经网络算法神经网络模型；模糊数学理论与神经网络相结合而成的模糊神经网络模型；遗传算法与神经网络相结合的遗传算法神经网络模型；模拟退火算法和神经网络相结合的模拟退火算法神经网络模型等。总的来说，这些模型都可以或多或少地改善 BP 神经网络的能力。

在预测实践中，对于同一个问题，常采用不同的方法，不同的预测精度往往也不同。一般是以预测误差平方和作为预测方法优劣的标准，从各种预测方法中选取预测误差平方和最小的预测方法。不同的预测方法往往能提供不同的信息，如果简单地去除误差平方和较大的方法，将失去一些有用的信息。科学的方法是将不同的预测方法进行适当组合，形成组合预测方法，其目的是综合利用各种预测方法提供的信息以提高精度。

如生成数列与回归组合预测模型要比单独灰色预测模型的预测精度提高近 50%，主要是生成数列回归分析技术模型综合了生成数列技术和回归分析技术的优点，生成数列技术揭示了数列的内在规律性；而回归分析技术能深刻反映交通事故受主要因素影响的量化关系。因此，能够有效地提供交通事故预测精度，当原始数据分布波动大、样本少时，效果更加明显。采用组合预测的关键是确定单个预测方法的加权系数。

道路交通事故是一种十分复杂的随机现象，它不仅与交通管理水平及车辆有关，而且受到道路条件、交通组成、人的交通行为、社会经济及政治等因素的影响。因此，交通事故的变化规律也呈现出复杂多样的特点，选择交通事故预测技术，一定要根据具体的预测目标、数据性质、预测精度要求等条件综合考虑，确定合理有效的预测方法。

■复习思考题

1. 什么叫交通事故预测？交通事故预测的目的和意义是什么？
2. 简述交通事故预测的主要程序。

3. 简述交通事故的定性预测和定量预测的优点。

4. 交通事故预测的方法主要包括哪些？

5. 回归预测的基本思想是什么？简述各种回归预测方法的优点及其适用范围。

6. 时间序列预测的方法包括哪些？各自的适用范围是什么？

7. 什么叫人工神经网络？其基本原理是什么？

8. 简述 BP 神经网络的优点、不足及其适用范围。

第6章

城市交通安全设计

本章主要介绍了安全设计技术的基本概念和基本原则，城市道路交通安全设计理念。结合城市道路交通和轨道交通安全设计的基本理念及相关设计规范，以城市道路线形和交通安全设施为例，介绍了城市道路平、纵、横断面及护栏、交通标志标线、照明的安全设计；以城市轨道交通防火安全设计为例，介绍了车站建筑防火、安全疏散和消防系统设计。

6.1 安全设计技术

6.1.1 安全设计技术的基本原则和手段

1. 基本原则

安全技术可以划分为预防事故发生的安全技术及防止或减轻事故损失的安全技术，这是事故预防和应急措施在技术上的保证。交通项目的设计、设备、工艺过程是否安全，可从以下6个方面加以考虑。

（1）防止人的失误的能力

必须能够防止在交通行为过程中发生的可能导致严重后果的人的失误。例如，针对汽车驾驶的观察、判断和操作3个环节防止人的失误。

（2）对人失误后果的控制能力

人的失误是不可能完全避免的。因此，一旦人发生可能导致事故的失误时，应能控制或限制有关部件或元件的运行，保证安全，如铁路机车的自动停车装置。

（3）防止故障传递的能力

应能防止一个部件或元件的故障引起其他部件或元件的故障，以避免事故的发生。

（4）失误或故障导致事故的难易

在设计时，应考虑只有两个或两个以上相互独立的失误或故障同时发生时才能导致事故的发生。对安全水平要求较高的系统，则应通过技术手段保证至少 3 个或更多的失误或故障同时发生才会导致事故的发生。常用的并联冗余系统就可以达到这个目的。

（5）承受能量释放的能力

运行过程中可能会产生高于正常水平的能量释放，应采取措施使系统能够承受这种释放。加大系统的安全系数就是其中的一种方法。

（6）防止能量蓄集的能力

能量蓄集的结果将导致意外的过量的能量释放。因而，应采取防止能量蓄集的措施，使能量不能积聚到发生事故的水平。

2. 基本手段

为使交通系统符合上述基本原则，人们提出了多种实施交通安全设计的基本手段。具有普遍性的基本手段有以下 3 种，这些手段对交通安全设计具有指导意义。

（1）生产设备的事故防止对策

这是由日本学者北川彻三提出的，包括以下 21 项内容：

① 围板、栅栏、护罩；

② 隔离；

③ 遥控；

④ 自动化；

⑤ 安全装置；

⑥ 紧急停止；

⑦ 夹具；

⑧ 非手动装置；

⑨ 双手操作；

⑩ 断路；

⑪ 绝缘；

⑫ 接地；

⑬ 增加强度；

⑭ 遮光；

⑮ 改造；

⑯ 加固；

⑰ 变更；

⑱ 劳保用品；

⑲ 标志；

⑳ 换气；

㉑ 照明。

（2）防止能量逆流于人体的措施

美国人哈登根据能量转移论的观点，认为防止事故应着眼于防止能量的不正常转移，并以此提出了防止能量逆流于人体的 12 条措施：

① 限制能量；

② 用较安全的能源代替危险性大的能源；

③ 防止能量积聚；

④ 控制能量释放；

⑤ 延缓能量释放；

⑥ 开辟能量释放渠道；

⑦ 在能源上设置屏障；

⑧ 在人、物与能源之间设置屏障；

⑨ 在人与物之间设置屏障；

⑩ 提高防护标准；

⑪ 改善工作条件和环境，防止损失扩大；

⑫ 修复和恢复。

哈登还指出，中断能量非正常流动的屏蔽，在能量转移过程中建立得越早越好。潜在的事故损失越大，屏蔽就越应在早期建立，而且应当建立多种不同类型的屏蔽。上述①～⑩即为屏蔽措施。

（3）消除和预防危险、有害因素的基本原则

针对设备和环境中的各种危险、有害因素的特点，综合归纳各种消除、预防对策措施，在消除和预防危险、有害因素时，应坚持以下基本原则。

① 消除：从根本上消除危险和有害因素，其手段是实现本质安全，这是预防事故的最优选择。

② 减弱：当危险、有害因素无法根除时，则采取措施使之降低到人们可接受的水平。

③ 屏蔽和隔离：当根除和减弱均无法做到时，则对危险、有害因素加以屏蔽和隔离，使之无法对人造成伤害或危害。

④ 设置薄弱环节：利用薄弱元件，使危险因素未达到危险值之前就预先破坏，以防止重大破坏性事故。

⑤ 联锁：以某种方法使一些元件相互制约以保证机器在违章操作时不能启动，或处在危险状态时自动停止。

⑥ 防止接近：使人不能落入危险或有害因素作用的地带，或防止危险、有害因素进入人

的操作地带。

⑦ 加强：提高结构的强度，以防止由于结构破坏而导致发生事故。

⑧ 时间防护：使人处在危险或有害因素作用的环境中的时间缩短到安全限度之内。

⑨ 距离防护：增加危险或有害因素与人之间的距离，以减轻或消除危险、有害因素对人体的作用。

⑩ 取代操作人员：对于存在严重危险或有害因素的场所，用机器人或运用自动控制技术来取代操作人员进行操作。

⑪ 传递警告和禁止信息：运用组织手段或技术信息告诫人避开危险或危害，或禁止人进入危险或有害区域。

6.1.2　预防事故的安全设计技术

通过设计来消除和控制各种危险，防止所设计的系统在研制、生产、使用中发生导致人员伤亡和设备损坏的各种意外事故，是事故预防的最佳手段。为了全面提高现代复杂系统的安全性能，在系统安全分析的基础上，系统设计人员必须在设计中采取各种有效措施来保证所设计的系统具有满足要求的安全性能。因此，为满足规定的安全要求，可以采用不同的安全设计方法。主要的安全设计方法有以下几种。

1. 控制能量

对于任何事故，其后果的严重程度与事故中所涉及的能量的大小与类型紧密相关，因为事故中涉及的能量绝大多数情况下就是系统所具有的能量，因而用控制能量的方法，可以从根本上保证系统的安全性。例如，两辆汽车相撞损坏的严重程度与汽车所具有的动能成正比，降低汽车的速度就可以降低事故的损失程度。

2. 危险最小化设计

通过设计消除危险或使危险最小化，是避免事故发生、确保系统安全的最有效方法。而本质安全技术则是其中最理想的方法。所谓本质安全（intrinsic safety）技术，是指不是从外部采取附加的安全装置和设备，而是依靠自身的安全设计，进行本质方面的改善，即使发生故障或误操作，设备和系统仍能保证安全。

在本质安全系统中，人发生失误也不会导致事故，因为发生事故的条件不存在。故障—安全装置和隔离等方法不能保证本质安全，因为发生事故的条件并未消除，只是采取了一定的控制措施。当然，在设计中，使系统达到本质安全是很难的，但可以通过设计使系统发生事故的风险尽可能地最小化，或降低到可接受的水平。为达到这一目标，设计系统时应从以下两个方面采取措施。

（1）通过设计消除危险

可以通过选择恰当的设计方案、工艺过程和合适的原材料来消除危险因素。如消除运输工具中的突出部位，就可防止突然刹车时对车内人员造成伤害。

（2）降低危险严重性

在不可能完全消除危险的情况下，可以通过设计降低危险的严重性，使危险不至于对人员和设备造成严重的伤害或损失。

3. 隔离

隔离是采用物理分离、护板和栅栏等将已识别的危险同人员和设备隔开，以防止危险或将危险降低到最低水平，并控制危险的影响。隔离是最常用的一种安全技术措施。

预防事故发生的隔离措施包括分离和屏蔽两种。前者指空间上的分离，后者指应用物理的屏蔽措施进行隔离，它比空间上的分离更加可靠，因而最为常见。利用隔离措施，也可以将不相容的物质分开，以防止事故。

隔离也可用于控制能量释放所造成的影响，以及防止放射源等有害物质对人体的危害。此外，时间上的隔离也是一种隔离手段。如限定有害工种的工作时间就可防止受到超量的危害，保障人的安全。

4. 闭锁、锁定和联锁

闭锁（lockouts）、锁定（locking）和联锁（interlock）是另一类最常用的安全技术措施。它们的安全功能是防止不相容事件发生或事件在错误的时间发生或以错误的次序发生。

（1）闭锁

所谓闭锁，是指防止某事件发生或防止人、物等进入危险区域，如油罐车上的闭锁装置，可防止在车体未接地的情况下向车内加注易燃液体；将开关锁在开路位置，防止电路接通等都是闭锁的手段。

（2）锁定

锁定是指保持某事件或状态，或避免人、物脱离安全区域。例如，飞机弹射座椅上的保险销可避免地面人员误启动引发弹射座椅上的雷管和火箭；停车后在车轮前后放置石块等物体，可防止车辆意外移动而引发事故。

（3）联锁

联锁装置主要应用于电气系统中，主要目的是保证在特定的情况下某事件不发生。联锁常用于下面 3 种情况：在意外情况下，联锁可尽量降低某事件意外出现的可能性；在某种危险状态下，联锁可确保操作人员的安全；在预定事件发生前，联锁可控制操作顺序和时间，防止错误的次序导致事故的发生。

联锁既可用于直接防止误操作或误动作，也可通过输出信号，间接地防止误操作或误动作。联锁装置的类型较多，常见的联锁类型有以下几种：

限位开关——当限位开关被触动时，打开或关闭电路；

擒纵机构——通过擒纵装置，如自动离合机构等，锁住或放开运动部分；

运动联锁——保证被保护的机构运动时防护罩等不被打开；

双手控制——要求操作者双手控制以防止操作者把手伸入危险区域；

顺序控制——用于必须按一定次序运转的情况；

定时及延时——使设备仅在规定的时间后才能工作或停止；

分离通道——把电路或机械的一部分断开以停止工作；

参数敏感——根据压力、温度、流量等参数控制设备的运转；

光电装置——根据光的中断或出现控制设备；

磁或电磁装置——利用磁场的出现或消失控制设备；

水银开关——利用水银的倾斜接通或断开电路。

5. 故障—安全设计

在系统、设备的一部分发生故障或失效的情况下，在一定时间内也能保证安全的技术措施称为故障—安全设计（failure-safe design）。故障—安全设计确保故障不会影响系统的安全，或使系统处于不会伤害人员或损坏设备的工作状态。一般情况下，故障—安全设计能在故障发生后，使系统、设备处于低能量状态，防止能量意外释放。按系统、设备在其中一部分发生故障后所处的状态，故障—安全设计分为以下 3 种类型。

① 故障—安全工作设计（failure-safe operational design）。保证在采取矫正措施前，设备、系统正常地发挥其功能，这是最理想的工作方式。由于故障—安全装置本身也可能发生故障，因而不能将其与本质安全技术混为一谈。

② 故障—安全积极设计（failure-safe active design）。故障发生后，保持系统以一种安全的形式带有能量，直至采取矫正措施。

③ 故障—安全消极设计（failure-safe passive design）。当系统发生故障时，使系统停止工作，并将能量降低到最低值，直至采取矫正措施。

6. 故障最小化

故障—安全设计在有些情况下并非总是最佳选择，如它可能会过于频繁地中断系统的运行，这对系统的运行是相当不利的，特别是对于需要连续运行的系统更是如此。因此，在故障—安全不可行的情况下，可采用故障最小化方法。故障最小化方法主要有降低故障率和实施安全监控两种形式。

（1）降低故障率

降低故障率是可靠性工程中用于延长元件和整个系统的期望寿命或故障间隔时间的一种技术。降低了可能导致事故的故障的发生率，就会减少事故发生的可能性，起到预防和控制事故的作用，即以提高可靠性的方法提高系统的安全性。降低故障率通常有以下 6 种方案。

① 安全系数。这是一种降低故障率的经典方法，它通过设计使结构或材料的强度大于可能承受的应力的计算值而达到降低故障率的目的，目前广泛应用于各种工程设计之中。例如，飞机和压力容器结构静强度设计的安全系数分别为 1.5 和 3.5，基本上保证了飞机和压力容器的安全性。

② 概率设计。在使用环境中，结构及材料的强度及其所承受的应力不是固定值，而是遵

循某一分布规律的随机变量。即使在强度均值大于应力均值的情况下，由于应力与强度分布存在分散性，如零件内部有尖角，也将使设备及材料产生破坏，引起事故发生。理论计算表明，在材料强度均值相同、安全系数相同的情况下，由于应力及强度的离散程度的变化，其可靠度值在 0.662 8～0.916 6 间变化。因此，采用强度与应力分布模型开展机械结构的概率设计，能更有效地降低故障率。

③ 降额。降额是使元器件以承受低于其额定的应力方式使用。电子设备通常采用电子元器件降额的设计方法来提高系统及设备的可靠性及安全性。在实际应用中，实现降额的方法有两种，一种是降低元器件的工作应力；另一种是提高元器件的强度，即选用更高强度的元器件。

④ 冗余。冗余也是一种通过提高系统可靠性来提高安全性的常用技术。它通过采用多个部件或多个通道来实现同一功能，以达到提高系统安全性及可靠性的目的。现代军用、民用飞机，航天飞机的飞行控制系统等都采用了不同的冗余技术。

冗余技术一般是当采用降额等其他的方法不能满意地解决系统安全性的问题，或当改进产品所需的费用比采用冗余单元更多时采用的方法。采用冗余设计是以增加费用为代价来提高系统的安全性和可靠性的。冗余可分为并联冗余、备用冗余、表决冗余等。

⑤ 筛选。通过筛选的方法，不仅可以排除绝大部分劣质元器件，也可以剔除那些虽然通过了一般检查，但显示出使用寿命偏短的元器件。

⑥ 定期更换。所谓定期更换，是指在元器件故障率升高之前，即在"浴盆曲线"接近右侧盆壁之前，及时更换元器件以保持元器件的低故障率。

定期更换主要有两种方式。第一种是最常用方式，即使用制造商提供的故障及寿命数据，推算出元器件的更换及维修日程。第二种方法则是注意元器件性能的降低和漂移，大部分电子元器件都会有逐渐发生的性能变化，机械元器件也会因磨损、腐蚀而逐渐削弱其原有的功能。根据对变化的测定结果，就可确定相应元器件的更换时间。典型的例子就是飞机发动机润滑油分析程序，它通过对发动机润滑油中各种金属含量的周期性测量，确定发动机的磨损程度并计划大修和更换。

（2）安全监控

利用安全监控系统对某些参数进行监测，可以保证这些参数达不到导致意外事件发生的危险水平，这是一种使系统故障最小化的方法。安全监控方法可以指出系统是否正常运行，是否产生了不希望的输出，或某参数是否已超过了特定的阈值等。通常情况下，安全监控系统往往也与警告、联锁或其他安全技术措施相结合，使操作者能够及时、正确地采取适当的措施。典型的安全监控系统通常包括 4 个功能，即检测、量度、判断和响应。检测和量度功能由检知部分来实现，因此典型的安全监控系统由检知、判断和响应三大部分组成。

检知部分主要由传感元器件构成，用来感知特定物理量的变化。通常检知部分的灵敏度比人的感官灵敏度高得多，所以能够发现人们难以直接觉察的潜在的变化。检知部分的传感元器件应安放在能感受到被测物理量参数变化之处，有时安装位置不当会使监控系统起不到应有的作用。

判断部分把检知部分感知的参数值与预先规定的参数值相比较，判断被监测对象状态是否正常。当响应部分的功能是由人来完成时，往往把预定的参数值定得低一些，以保证人有充足的时间作出恰当的决策和行动。

响应部分的功能是在判断部分判明存在异常，有可能出现危险时，实施适当的措施，如停止设备运行、停止装置运转、启动安全装置、向有关人员发出警告等。在不立即采取措施就可能发生严重事故的场合，则应采用自动装置以迅速消除或控制危险。

7. 告警

告警通常用于向有关人员通告危险、设备问题和其他值得注意的状态，以便使有关人员采取纠正措施，避免事故发生。告警可按人的感觉方式分为：视觉告警、听觉告警、嗅觉告警、触觉告警和味觉告警等。

（1）视觉告警

眼睛是人们感知外界的主要器官，视觉告警是最广泛应用的警告方式。视觉告警主要有亮度、颜色、信号灯、小旗和飘带、标记、标志、书面等告警方法。

① 亮度。为使人能集中注意力于危险区域，危险区域的亮度应高于无危险区域的亮度，如对有障碍物所在区域的照明可以减少人或车辆误入此区域的可能性。

② 颜色。通过明亮、鲜明的颜色，或明暗交替的颜色，引起人们的注意，发出告警信息，如环卫工人身穿橘红色的反光背心，使机动车辆易于发现与识别；有毒、有害、可燃、腐蚀性的气体、液体管路涂上特殊的颜色等。《安全色》（GB 2893—2008）及《安全色使用导则》规定了安全色、对比色的意义及其使用方法。

安全色分为红、蓝、黄、绿4种颜色。红色表示禁止、停止、消防和危险的意思。禁止、停止、消防和有危险的器件、设备或环境均应涂以红色的标记，如禁止标志、交通禁令标志、消防设备、停止按钮、停车刹车装置的操纵手柄、仪表刻度盘上的极限位置刻度、机器转动部件的裸露部分、液化石油气槽车的条带及文字、危险信号旗等。黄色表示提醒人们注意，需警告人们注意的器件、设备及环境均应涂以黄色的标记，如各种警告标志、道路交通标志和标线、危险机器和坑池周围的警戒线等警戒标记、楼梯的第一级和最后一级的踏步前沿、防护栏杆及警告信号旗等。蓝色表示指令，要求人们必须遵守的规定，如指令标志、交通指示标志等。绿色表示给人们提供允许、安全的信息。可以通行或安全的指示涂以绿色标记，如表示通行、机器启动按钮、安全信号旗等。

对比色则是使安全色更加醒目的反衬色，有黑、白两种颜色。黑色为黄色安全色的对比色，白色则为红、绿、蓝安全色的对比色。黑、白两色也可互为对比色。黑色用于安全标志的文字、图形符号、警告标志的几何图形和公共信息标志。白色则作为安全标志中红、绿、蓝三色的背景色，也可用于安全标志的文字和图形符号及安全通道、道路标志标线、铁路站台上的安全线等。红色与白色相间隔的条纹，比单独使用红色更加醒目，表示禁止通行、禁止跨越的意思，用于公路交通等方面所用的防护栏杆及隔离墩。黄色与黑色相间隔的条纹，比单独使用黄色更为醒目，表示特别注意的意思，用于各种机械在工作或移动时容易碰撞的部位，如移动式起重机的外伸腿、起重机的吊钩滑轮侧板、起重臂的顶端、四轮配重，平板拖车排障器及侧面栏杆，剪板机压紧装置等有暂时或永久性危险的地方或设置。蓝色与白色相间隔的条纹，比单独使用蓝色更为醒目，表示指示方向，用于交通上的指导性导向标志等。

③ 信号灯。着色的信号灯是一种指示危险存在的常用方法。一般情况下，信号灯所用的颜色及所指的意义是：

红色表示存在危险、紧急情况、故障、错误和中断等；

黄色表示接近危险、临界状态、注意和缓行等；

绿色表示良好状态、继续进行、准备好的状态、功能正常和在规定的参数限度内；

白色表示系统可用或系统在运行中。

闪动的灯光可用于引起人们的注意或指示紧急事件，效果比固定灯光更好。

④ 小旗和飘带。飘带用于提醒、注意，如汽车超宽时在两边均系有飘带，提醒对面驾驶人的注意；小旗则用于表示危险状态，如在开关上挂上小旗，表示正在修理或因其他原因不能合开关，爆破作业时挂上红旗以防止人员进入等。

⑤ 标记。在设备上或有危险的地方可以贴上标记以示警告，如指出高压危险，功率限制，负荷、速度或温度限制等，提醒人们危险因素的存在或需要穿戴防护用品等。

⑥ 标志。利用事先规定了含义的符号表示警告危险因素的存在或应采取的措施，如指出具有放射性危险的设备及处理方法、电子设备的高压电源、道路急转弯处的标志等。《安全标志及其使用导则》（GB 2894—2008）规定，安全标志由安全色、几何图形和图形符号构成，分为禁止标志、警告标志、指令标志及提示标志。

禁止标志，是禁止人们不安全行为的一种图形标志。其基本形式为带斜杠的圆边框，图形背景为白色，圆环和斜杠为红色，图形符号为黑色，如"禁止吸烟"等。

警告标志，是提醒人们对周围环境引起注意，以避免可能发生危险的一种图形标志。其基本形式为正三角形边框，图形背景为黄色，三角形的边框及图形符号均为黑色。如"当心爆炸"等。

指令标志，是强制人们必须作出某种动作或采用防范措施的一种图形标志。其基本形式是圆形边框，图形背景为蓝色，图形符号为白色。如"必须戴安全帽"等。

提示标志，是向人们提供某种信息的一种图形标志。其基本形式是正方形边框，图形背景为绿色，图形符号及文字为白色。如太平门、安全通道为一般提示标志，地下消火栓等为消防设备提示标志。

⑦ 书面。在操作、维修规程、指令、手册、说明书及检查表中写进警告及注意事项，警告人们存在着危险因素，特别需要注意的事项及应采取的行动，必须使用的防护设备、服装或工具等；而且任何需要引起操作、使用者关注的危险都必须予以提及。

（2）听觉告警

在某些情况下，仅依靠视觉告警不足以引起人们的注意，如工作过于繁忙、不断地走动的工作等。而且尽管一个明亮的视觉信号能在很远看到，但在规定范围内，听觉信号效果会更好。听觉信号还可以用来提醒人们注意视觉信号，并通过视觉信号掌握更详尽的信息。此外，还可以通过编码的方式表示事先规定好的不同的告警内容。一般在下列情况下，应用听觉信号较为合适：

① 所传递的信息简短、简单、需要及时作出反应时；

② 视觉告警方式受到限制时，如光线的变化，操作者目视范围受限或对操作人员还有其他目视要求等；

③ 信号十分重要，需要多种告警信号相结合时，如消防报警装置；

④ 需要提醒有关人员注意进一步的信息时；

⑤ 习惯于采用听觉信号的场合；

⑥ 进行必要的声音通信时。

常见的听觉告警装置有喇叭、电铃、蜂鸣器或闹钟等。

（3）嗅觉告警

通常只有当气体分子影响到鼻腔中约 645 mm^2 的微小敏感区域时，人才能闻到气味。由于有些气体是无味的，有些气体又气味过强，且不同的人对气体的敏感能力有较大差别，如一般吸烟者均比不吸烟者的敏感能力差，因而嗅觉告警装置的应用受到了很大的限制。但嗅觉告警仍有一定的应用价值，在易燃易爆且无色无味的气体中加入某些气味剂，如在天然气中加入少量气味很强的硫醇，就可以使人迅速感觉到天然气在泄漏并及时采取措施，避免火灾爆炸事故发生。

设备过热通常也会产生特定的气味，如轴承过热，则汽化温度较低的润滑剂挥发就可使操作人员闻到气味；对燃烧后所产生的气体气味的探测可发现火灾的部位等。

（4）触觉告警

振动是触觉告警的主要方式。设备的过度振动表明设备运行不正常，如转轴、轴承等磨损较为严重时，都会产生剧烈振动；高速公路路面上凸起的分道线会通过振动的方式提醒驾驶者注意道路、方向等方面的变化。

温度是触觉告警的另一种方式。维修人员通过触摸可确定设备是否工作正常，温度的升高意味着故障或过负荷等情况。

（5）味觉告警

味觉告警通常是用以确定或指示放入口中的食物、饮料或其他物质是否有危险存在。如某些药物，为防止婴幼儿误食、过量，在其中添加有苦味的添加剂就是典型的一例。在工业生产中极少用到味觉告警方式。

值得指出的是，并非采取了预防事故的安全技术，就完成了事故控制的工作。在实际工作中，为保证取得最佳的安全效果，必须先选择预防事故效果较好的安全技术措施。一般可按下面的优先次序选择：① 根除危险因素；② 限制或减少危险因素；③ 隔离、屏蔽或联锁；④ 故障—安全措施；⑤ 减少故障危险因素；⑥ 安全规程；⑦ 校正行动。

其中前两项应优先考虑。因为根除或控制危险因素可以实现"本质安全"。但是，在实际工作中，针对生产工艺或设备的具体情况，还要考虑生产效率、成本及可行性等问题，应综合地加以分析考虑，不能一概而论。但对于风险较大的危险，仅仅依赖于管理措施或者在操作说明中予以叙述和强调，而不采取可行的技术手段，是绝对不可取的。

6.1.3 避免和减少事故损失的安全设计技术

只要有危险存在，尽管可能性很小，但总存在导致事故的可能性，而且没有任何办法精确地确定事故发生的时间。另外，事故发生后如果没有相应的措施迅速控制局面，则事故的规模和损失可能会进一步扩大，甚至引起二次事故，造成更大、更严重后果。因此，必须采取相应的应急措施，避免或减少事故损失，至少能保证或拯救人的生命。这类措施包括隔离、个体防护、能量缓冲装置、薄弱环节和逃逸、避难与营救等。

1. 隔离

隔离除了作为一种广泛应用的事故预防方法之外，还经常用于减少因事故中能量剧烈释放而造成的损失。隔离技术在避免或减少事故损失方面的应用有距离隔离、偏向装置、封闭等。

（1）距离隔离

这是一种常用的对爆炸性物质的物理隔离方法。即把可能发生事故、释放出大量能量或危险物质的工艺、设备或设施布置在远离人群或被保护物的地方。例如，把爆破材料的加工制造和储存等安排在远离居民区和建筑物的地方；爆破材料之间保持一定距离等。

（2）偏向装置

隔离也可以通过偏向装置来实现。其主要目的是把大部分剧烈释放的能量导引到损失最小的方向。如在爆炸物质与人和关键设备之间设置坚实的屏障并用轻质材料构筑厂房顶部。当爆炸发生时，防护墙承受一部分能量，而其余能量则偏转向上，使损失减小。

（3）封闭

利用封闭措施可以控制事故造成的危险局面，限制事故的影响。

① 控制事故的蔓延。如利用防火带可以限制森林火灾的蔓延，在储藏有毒或易燃易爆液体的容器周围设置排泄设施可防止溢出物的扩散。

② 限制事故的影响。如防火卷帘把火灾限制在某一区域之内，盘山路转弯处的栏杆可以减少车辆失控时跌入山谷的可能性。

③ 为人员提供保护。如在一些系统中设置"安全区"，并保证人员在该区域的安全。隧道内的避难洞室就是一个例子。

④ 对材料、物资和设备予以保护。如金属容器可以减小环境对容器内物质的损害，飞机上的飞行数据记录仪（俗称黑匣子），其外壳既耐冲击（1 000 g）又耐高温（1 100℃的高温火

焰燃烧 30 min）、耐潮湿（在海水中长期浸泡）、耐腐蚀，使得飞机失事后为事故调查保存了足够的资料。

2. 个体防护

在对所发生的事故没有较好的技术控制措施或采用的措施仍不能完全保证人的生命安全的情况下，个体防护不失为一种好的解决方案。它向使用者提供了一个有限的可控环境，将人与危险分隔开。个体防护装备范围很广，包括从简单的防噪声耳塞到带有生命保障设备的宇航服，但其应用方式主要有以下 3 种情况。

（1）必须进行的危险性作业

由于危险因素不能根除，又必须进行相关作业，采用个体防护的方法可以起到防止特定的危险对人员伤害的作用。这时采用的个体防护装备的针对性非常强，如在焊接作业时戴的护目墨镜，在存在有毒有害气体的环境中工作时戴的防毒面具等。但必须指出的是，在条件可行的情况下，不应以个体防护代替根除或控制危险因素的设计或安全规程。

（2）进入危险区域

为调查研究或因其他原因进入极有可能存在危险的区域或环境时，也应佩戴相应的个体防护装备。如在火灾后进入现场调查或搜寻，应佩戴防毒装置等，但有时该区域的危险不十分明确，为达到防护的目的，此类个体防护设备需要考虑对多种潜在危险的防护问题。

（3）紧急状态下

对紧急状态下使用的个体防护器具，因为事故或事件发生得非常突然，因而开始的几分钟就成了是控制危险还是造成灾难，是保证安全还是受到伤害的关键。这时的个体防护装备也起着至关重要的作用。一般来说，对紧急状态下使用的个体防护装备，在设计、使用功能等方面都有严格的要求。主要有以下 4 点：

① 使用简便，穿戴容易，能够迅速为人所用；

② 可靠性高且适用范围广，可有效地应付多种危险；

③ 不降低使用者的灵活性、可视性；

④ 装备本身对人无伤害。

此外，防护装备，特别是紧急状态下的防护设备，其设计和试验都应最大限度地满足下列要求：

① 在储存中或在所防护的环境中不会迅速退化；

② 不会因正常的弯曲、阳光照射、极限温度等环境影响而损坏；

③ 易于清洗和净化；

④ 储存应急防护装备的设施应尽可能靠近所用装备的区域；

⑤ 为防毒或防腐蚀而设计的服装应是密封的；

⑥ 用于防火的服装应是不可燃或可自动灭火的；

⑦ 应有简单、清晰的说明书介绍防护装备的装配、测试和维修的正确方法。

3. 能量缓冲装置

通过能量缓冲装置在事故发生后吸收部分能量，也可以保护有关人员和设备的安全，如工人戴的安全帽、汽车中的安全带，都可以吸收冲击能量，防止或减轻伤害。

4. 薄弱环节

所谓薄弱环节，指的是系统中人为设置的容易出故障的部分。其作用是使系统中积蓄的能量通过薄弱环节得到部分释放，以小的代价避免严重事故的发生，达到保护人和设备的目的。常用的薄弱环节有：

① 电薄弱环节，如电路中的熔断器在电路产生过载电流时熔断，从而使电路切断，达到保护其他用电设备的目的；

② 热薄弱环节，如压力锅上由易熔材料构成的易熔塞，当压力超过限值时，易熔塞熔化，蒸汽从其中排出，达到减小压力、避免超压爆炸的目的；

③ 机械薄弱环节，如压力灭火器的安全隔膜，当灭火器由于过热而使压力过大，则隔膜会因超压而破裂，使灭火器的内部压力保持在规定限度内；

④ 结构薄弱环节，如主动联轴节中的剪切销，当持续过载会损坏传动设备或从动设备时，剪切销会先切断，保证设备的安全。

5. 逃逸、避难与营救

当事故发生到不可控制的程度时，则应采取措施逃离事故影响区域，采取避难等自我保护措施和为救援创造一个可行的条件。这时，人们往往要依赖于逃逸、避难或营救措施以获得继续生存的条件。

这里逃逸和避难是指人们使用本身携带的资源自身救护所做的努力；营救是指其他人员救护处于紧急情况下有危险的人员所做的努力。

逃逸、避难和营救设备对于保障人的生命安全是非常重要的。当采用安全装置、建立安全规程等方法都不能完全消除某种危险，系统存在发生重大事故的可能性时，应考虑应用逃逸、避难、营救等设备。

逃逸设备用于使有关人员逃离危险区，如大型公共设施中的各类安全疏散设施，飞机驾驶人的弹射座椅等；避难设施则是通过隔离等手段保证有关人员在危险区域的安全；消防人员使用的云梯车既是一种控制火灾事故的设备，也是一种典型的营救设备。

选取减少事故损失安全技术的优先次序为：① 隔离和屏蔽；② 接受小的损失；③ 个体防护；④ 避难和救生设备；⑤ 营救。

6.2　城市道路交通安全设计

国外在 20 世纪 70 年代开始对道路交通安全设计进行研究。美国是对道路交通安全设计非常重视的国家。1997 年美国联邦公路局制定了《道路安全设计与运营指南》，规定道路设计和运营管理人员除遵循其他技术标准和规范外，还应特别遵循安全规范。同时建立了一个道路安全评价系统，该评价系统能帮助道路设计人员从道路安全的角度评价设计方案，并发展和建立了交互式道路安全设计模型（interactive highway safety design model，IHSDM）。

国内，交通运输部公路科学研究院完成了道路交通安全领域科学研究、试验检测及规范制定工作，包括道路安全设计和评价、相关标准和规范制（修）订、道路安全设施产品及试验设备研发、道路安全监控预警系统开发与集成、道路交通事故分析与司法鉴定等，开发出了适应我国道路特点的安全设计和评价方法，完成了《道路交通安全技术》系列丛书。

北京工业大学开发了基于 Windows 操作系统的道路安全设计研究系统，从机理层面上分析了各线形设计要素及各元素组合作用对事故的影响，运用统计分析手段建立了线形元素对事故的预测模型，借助计算机的辅助手段实现了道路设计的安全水平量化的算法，并为整体的研究提供了数据维护、成果转换的集成环境。

近几年来，我国陆续开展了一系列道路交通安全设计与评价研究，如国家自然科学基金项目"高速公路出口匝道几何特征及控制方式对交通安全和通行效率的影响研究"、江苏省公路局科技项目"江苏省农村公路交通安全保障技术研究"、交通部西部交通建设科技项目"高速公路出口匝道交通安全保障技术研究"、山西省公路局科技项目"山西省 S340 交通安全保障技术研究"等。2004 年，我国交通部颁布了《公路项目安全性评价指南》（JTG/T B05—2004），该指南把 85% 的车辆运行车速与设计车速的差值和相邻评价单元运行车速的差值作为评价指标，用以分析道路路线设计的安全性。

6.2.1 城市道路安全设计理念

安全是一个相对性的概念，只有更安全而不可能实现绝对的安全。从工程角度出发，维护城市道路交通安全是一项系统工程，涉及规划、设计、建设、运营管理等不同阶段，其中城市交通安全设计至关重要。目前对城市交通设计，对交通安全的理解应重视以下几点。

① 结构安全不等同于交通安全。城市道路交通基础设施的结构安全是保障交通安全的前提条件，但两者含义不完全等同。交通安全在保证构造物结构安全的基础上，更需要考虑构造物的整体协调性。如路桥匹配性（避免宽路窄桥，确保桥头防护措施得当）、保证隧道进出口照明渐变的连续性等。此外，要保证运行车速一致性，尽量避免过长的纵坡、连续急弯、突然的急弯、视距不良等路段。

② 符合设计规范或设计标准的不一定安全。即使设计指标满足既有标准，由于选用不当，也有可能形成安全隐患。这并没有否定既有标准的合理性，在进行城市道路安全设计时，应强调"灵活性设计"，避免对既有规范或标准的生搬硬套。此外，我国各个城市在规划、地形、地貌、气候、驾驶人行驶特性等方面差异较大，在满足国家标准的前提下，应积极倡导具有地方特色的设计指南。

③ 对细节设计重视程度不足。目前在城市道路交通设计时，往往侧重主线几何、结构设

计，轻视交通设施设计。例如，轻视路桥连接处的安全防护、对平面交叉口的渠化重视不足等。对于道路设施细节的重视，是"宽容性"设计理念的重要特点之一。

④ 重视运营效率和交通安全相协调。一方面，为了运营效率，总是希望车速越快越好，提供的线形指标尽可能优、车速控制措施尽量少；另一方面，由于车速过快是导致事故高发的重要因素之一，为保证安全，又人为设置诸如净化交通之类的限速措施。在设计阶段应对这两个因素协同考虑，避免极端化地追求单目标最优。

⑤ 外界因素干扰。城市道路设计的安全与否受多种因素影响或制约，除项目本身不可避免的技术性因素外，也有外界因素的作用。如设计团队的技术水平及设计偏好、项目投资费用是否受约束、项目管理方的倾向性意愿等。

国外发展经验证明，国民经济快速增长时期交通安全问题比较突出。目前我国是交通事故大国，深层次地挖掘交通事故诱因，合理制定交通安全设计策略，消除道路本身引起的使用安全问题对于降低事故率显得尤其重要。城市道路安全设计理念包括安全与宽容理念、动态与协调理念、灵活性设计理念和以人为本设计理念等4个方面的内容。一般而言，城市道路安全设计理念应贯穿于交通基础设施设计的各个方面。

1. 安全与宽容理念

"宽容性设计理念"是指道路设计要以人为本，容许驾驶人由于疲劳、恶劣天气、汽车故障等原因造成一些失误，避免驾驶人和乘客由于这些非主观因素的行为失误而遭受重大的交通事故，对危险起到消除或减缓的作用，驾驶人的过错不应以导致残疾甚至付出生命作为代价，所设计的道路应具有较强的"容错、纠错"功能。

交通安全审查不仅贯穿于道路的规划与设计阶段，而且还贯穿于道路的建设阶段和试运行阶段，从而保障驾驶人的行车安全。2004年11月1日批准实施的《公路项目安全性评价指南》，集中体现了道路设计的安全理念，标志着我国基本形成了道路交通安全评价体系。

1）基于车辆性能和驾驶人生理特点的道路线形宽容设计

传统的路线设计方法基于设计车速理论，并不考虑人的心理、生理负荷和承受度等因素。但是从道路使用者的安全角度，不能简单地以设计速度来控制道路线形指标。运行车速在当前规范上主要是用于检验道路设计的线形质量，运行车速理论考虑了车辆性能、驾驶人行为及道路的路况，其实质是通过降低路段单元的运行车速差来实现线形的协调与一致。宽容性路线设计理念内容主要包括：

① 在道路的平、纵、横线形设计中应充分考虑车辆性能和驾驶人生理特点的局限性，道路线形应与车辆和人的特点相适应；

② 应尽量采用良好的线形参数，充分注意道路设计要素的一致性、协调性和诱导性。例如避免小半径平曲线的突然出现、保持运行车速的一致性等；

③ 基于交通工效学，路线设计不仅要考虑驾驶人在驾车行驶时所需要的"容许犯错"问

题，还要考虑医学、人体测量学和美学等许多方面的问题；

④ 以满足车辆动力学需求为设计底线，以交通参与者在交通环境中的心理、生理等方面的"合理需要"为中心校核指标，综合考虑交通参与者、交通工具、道路设施与环境之间的相互协调，以安全、舒适作为交通设计的基本目标。

2）路侧宽容设计

路侧宽容设计是一种保证安全的有效手段。据调查，有很大比例的交通事故是由于车辆冲出路外所致。路侧宽容设计理念是驾驶人犯错误之后尽可能地保证乘客的生命，在重大交通事故多发路段进行路侧宽容设计，可以有效地降低事故死亡率。

路侧宽容设计的理念是以人为本，预防、容错、纠错，即允许驾驶人由于疲劳、天气、汽车机械故障等原因造成一些失误，以减少这种非主观因素带来的损失，是一种更加"宽容"的设计。路侧宽容设计理念提出了路侧净区（clear recovery zone）的概念（见图 6-1），并将路侧净区设计作为完整设计中的一个重要组成部分。所谓路侧净区，是指位于行车道外侧边缘与路权限界范围内的区域。路侧净区设计容许过错车辆一定程度驶离路面，并为驶离路面的车辆提供一个安全返回的空间。该区域不应存在能导致碰撞伤害的坚硬危险物，驶出路外的车辆在该区域不会发生倾覆，行驶在净区内的车辆能够得到有效控制，并且通常能够再次安全地返回行车道。

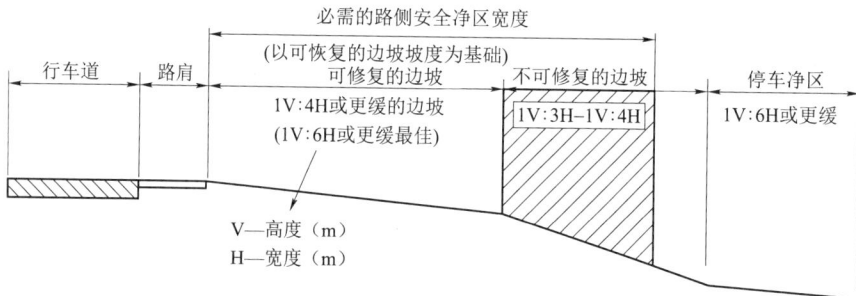

图 6-1　路侧净区示意图

路侧宽容设计的内容主要包括路肩、排水设施、边坡、交通附属设施（护栏、行道树、杆柱、解体消能设施）等宽容性设计。

（1）宽容性排水设施

进行排水设施设计时，按照优先次序可以采取以下措施：

① 去掉不必要的排水构造物；

② 不设突出的拦水路缘石，采用宽、浅的排水沟或在排水沟上增加盖板，使其变为可穿越的或使其对因犯错而冲出路外的车辆的障碍面积最小；

③ 若不能满足上述原则，则适当设置护栏。

（2）宽容性边坡

在进行边坡设计时，要尽量地有利于车辆安全行驶，当路侧有一定宽度、填土高度较低时，可适当放缓边坡，坡度一般应小于 1∶4。这样车辆驶出路外顺着坡面下滑，翻车的可能性很小，同时为驾驶人提供了重返车道的机会。

（3）宽容性交通设施

交通设施是宽容性设计理念非常重要的体现，要求重视路侧墩、杆、护栏等障碍物的设计。设计不合理的交通设施是把双刃剑，某些情况下可能成为安全隐患。当路侧净区内存在固定交通设施，且驶出路外的车辆与之碰撞的可能性较大并能够导致伤害事故的发生时，可按以下的优先顺序采取对策。

① 移除：将危险物移除。

② 再设计：通过新的设计方案消除危险物的安全隐患。

③ 移位：将危险物移至距离行车道更远的地方，减小驶出路外车辆与其碰撞的可能性。

④ 解体消能设施：采用解体消能设施或装置以降低车辆与其碰撞的严重性。

⑤ 防护：对危险物进行防护。

⑥ 设置标识危险。

2. 动态与协调理念

1）应采用动态指标——运行速度进行城市道路设计

从 20 世纪 50 年代我国就引入了设计车速的概念，作为道路设计的关键指标，依据机动车动力性和实际地形条件，确定了不同等级道路有着不同的设计车速。设计车速的确定，决定了道路设计的其他相关要素（如平曲线半径、竖曲线半径、视距、车道宽等）为获得道路的均衡设计需与其配合。但这种方法有一定的局限性，本质上属于静态的思维模式。实际上驾驶人在使用道路时是一种动态的过程，不同的驾驶人采用不同的车速。由于人在处于静态和动态时有着不同的生理活动，因此采用运行速度进行道路设计才会更加切合实际。

2）城市道路应保证协调

这种协调有两个含义：一是各设计要素之间的协调；二是路线与周围环境之间的协调。其主要目的是强调不同的道路线形对乘客及驾驶人舒适度的影响，提高道路使用者的安全。例如，应适当采用大半径平曲线、反向曲线和同向曲线之间的直线不能太短、优化道路平曲线与纵曲线的组合、加强景观和绿化设计等。

3. 灵活性设计理念

灵活性设计理念是由美国联邦公路管理局（federal highway administration，FHWA）在 *Flexibility in Highway Design* 一书中提出的。"设计灵活性并不是试图去创建一个新的标准。它是建立在充分掌握和理解现有标准、规范本质的基础之上，在不降低安全性的前提下，通过合理选择标准、灵活运用设计指标，力求使道路更符合道路沿线可持续发展的需要和利益目标。"

因此，灵活性设计理念就是在掌握和理解现有规范和标准的基础上，保证机动车行车安全的前提下，针对不同道路和不同路段灵活选择切合实际的技术标准和设计指标，从而达到道路沿线更符合可持续发展的目标。灵活性设计理念在城市道路设计中的应用包括以下几个方面：

① 灵活选用技术标准和设计指标。当受环境条件严格约束时，可以进行特殊设计；

② 根据道路功能、建设条件等，分段确定技术标准；

③ 根据城市规划，遵循地形、地质、安全和环保选线，合理布线并灵活选用设计指标；

④ 灵活确定不同设计车速的最小设计路段长度，对于特别困难路段，允许超标设计；

⑤ 用运行车速进行安全检查，检查设计参数和指标在实际运营中的效果；

⑥ 设计人员在进行设计时首先要确定道路设计的主题，再结合设计主题对道路绿化、设施等进行设计，将道路美学发挥得淋漓尽致。

4. 以人为本设计理念

"以人为本，安全至上"是进行道路安全设计的核心。总体来说，以人为本设计理念更为宽泛，它融合在宽容性、灵活性等诸多设计理念之中。在此提出，是希望将以人为本作为设计灵魂，在进行设计时，始终站在道路使用者的角度（驾驶人、行人）考虑。

1）道路运营环境的人性化

例如，平面交叉路口标志牌设置数量过多、信息冗余时，都极有可能分散驾驶人的注意力，从而可能诱发事故的发生。

2）车速控制

车速控制措施是安全保障的重要手段，适当的车速控制对于行人和驾驶人的安全保障具有积极意义。限速措施可分为警示性和强制性两类，设置得当的限速措施可以有效控制车速，同时不会引起驾驶人的明显反感。

对于城市道路的居民区内或支路，可采用强制性的车速控制措施，如限速标志、部分交通静化（traffic calming）措施。常用的交通静化措施包括减速丘、隆起的人行道和交叉口、曲折行车道、路口窄化等。

对于城市快速路，由于车辆行驶速度快，物理限速措施在降低速度的同时会引起驾驶人的不适，同时还有可能会成为事故诱因，可考虑采用警示性的限速措施，如立体减速标线、振荡标线等。

3）弱势群体的保护

以人为本的交通安全设计主要体现在对行人及非机动车的保护。一般应考虑在平面交叉口区域注重渠化、中央分隔带或对向车道分界线处的人行道上设置安全岛等。

6.2.2 道路线形安全设计案例

道路线形立体描述道路中心线的形状。其中,平面描述的道路中心线形状称为平面线形,立体描述的道路中心线形状称为纵断面线形。道路线形的好坏,对交通安全畅通具有极其重要的作用。如果道路曲线不合理,不仅会诱发事故、降低通行能力,而且有可能对道路利用者造成时间和经济上的损失。

道路线形要考虑与地形及地区的土地使用相协调,同时要使道路线形连续,并和平面、纵断面两种线形及横断面的组成相协调,更要从施工、维修管理、经济、交通运用等角度来确定。道路线形设计的基本原则是:

① 对汽车的行驶在力学上应安全、顺畅;
② 从地形等条件看,经济上要合理;
③ 从驾驶人的视觉和心理看,反应良好;
④ 与环境或景观协调、和谐。

1. 平面线形安全设计

平面线形包括直线、圆曲线、缓和曲线 3 种,如图 6-2 所示。平面设计的原则包括:

① 平面设计应符合城市路网规划、道路红线、道路功能,并应综合考虑土地利用、文物保护、环境景观、征地拆迁等因素;

② 平面设计应与地形地物、地质水文、地域气候、地下管线、排水等要求结合,并应符合各级道路的技术指标,应与周围环境相协调,线形应连续与均衡;

③ 平面线形应满足车辆行驶轨迹的要求。

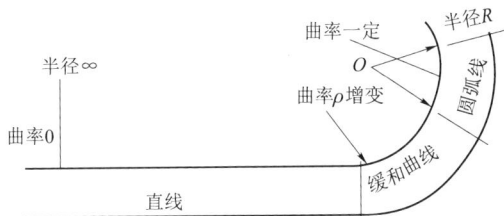

图 6-2 平面线形

1)直线

(1)长直线

长直线具有视野开阔、超车视距远等优点。但是从交通安全心理学的角度考虑,长直线对道路交通安全又确实存在着如下不良影响:

① 线形过分单调,易引起驾驶人疲劳、打瞌睡,造成驾驶人出现反应迟钝、判断出错等不良状况;

② 驾驶人易产生趋驶心理,易造成超速行驶。

长直线一般不超过 $20V$（V 为设计速度，km/h）。在长直线安全设计时，应检查长直线长度是否超过 $20V_{85}$（85%运行车速），若长直线的长度受条件限制必须超过 $20V_{85}$ 时，可以结合沿线具体环境采取一些工程技术措施来弥补景观单调的缺陷。

（2）短直线

考虑到线形的连续和驾驶的方便，相邻的两曲线间应该有一定长度的直线连接，这个直线长度不宜过短，主要包括同向曲线和反向曲线所夹直线，如图 6-3 和图 6-4 所示。

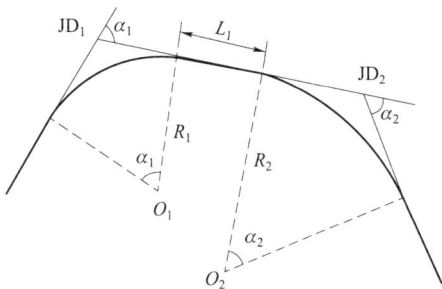

图 6-3　同向曲线间所夹直线　　　　图 6-4　反向曲线间所夹直线

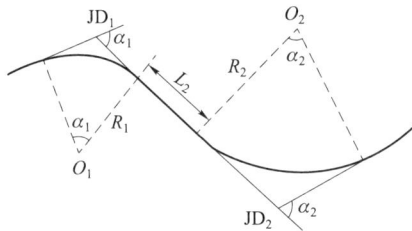

同向曲线间所夹直线过短，驾驶人容易产生把直线和两端的曲线看成反向曲线的错觉，形成所谓的"断背曲线"。同向曲线间的直线最小长度应不小于 $6V$；反向曲线考虑其超高、加宽缓和段的需要，以及驾驶人的操作方便，所夹直线最小长度应不小于 $2V$。

进行短直线安全设计时，若相邻路段间的 V_{85} 之差不大于 20 km/h 时，直线长度不调整；若相邻路段间的 V_{85} 之差大于 20 km/h 时，要保证反向曲线间直线最小长度不小于 $2V_{85}$，同向曲线间直线最小长度不小于 $6V_{85}$。

2）圆曲线

车辆在曲线上行驶时，会受到离心力的影响，离心力会使乘客感到不舒适并使汽车产生横向向外滑移和倾覆的可能，同时其行车视距会受到线形和路侧的行道树、建筑物的影响。

圆曲线半径和车速是影响离心力大小的最主要的因素，城市道路曲线设计主要通过设计合理的曲线半径和超高来克服离心力对车辆的影响。

超高是指为了减小车辆在曲线路段上行驶时所产生的离心力，将路面做成外侧高内侧低的单向横坡的形式。合理地设置超高，可以全部或部分抵消离心力，提高汽车行驶在曲线上的稳定性和舒适性。

一般最小半径是设置超高时采用的最小半径，一方面要考虑汽车转弯时能以设计速度或以接近设计速度安全行驶，乘客有充分的舒适感，另一方面也要注意到在地形比较复杂的情况下不会过多地增加工作量。一般情况下，应该尽量采用大于或等于一般最小半径的值。

表 6-1 为我国《城市道路工程设计规范》（CJJ 37—2012）关于城市道路最小圆曲线半径和最大超高的规定。

表 6-1 最小圆曲线半径和最大超高

设计速度/（km/h）	100	80	60	50	40	30	20
一般最小半径/m	650	400	300	200	150	85	40
最大超高/%	6	6	4	4	2	2	2

平曲线最小半径安全设计时，以汽车行驶在曲线上的安全性和舒适性为设计依据，在对其评价的过程中，如果采用平曲线的路段的 V_{85} 大于其设计速度，首先要根据式（6-1）计算 V_{85} 速度下的平曲线半径，然后对加大平曲线半径或降低运行速度两种方案进行技术经济比较，合理确定平曲线半径大小。同时要保证圆曲线长度不小于按 V_{85} 速度行驶 3 s 的行程。

$$R = \frac{V_{85}^2}{127(\mu + i_h)} \qquad (6-1)$$

式中：R——V_{85} 速度下的平曲线半径，m；

  V_{85}——85% 位路段运行速度，km/h；

  μ——横向力系数；

  i_h——超高坡度，%。

对于地形条件限制严重的路段，曲线半径小于计算半径时，应采取必要的安全措施：

① 设置"急弯"警告标志；

② 设置限速标志；

③ 设置强制减速设施；

④ 设置视线诱导设施；

⑤ 根据实际运行车速，确定是否需要增加超高；

⑥ 平面视距保障，一般采取清除弯道内侧妨碍视距的树木、建筑物等障碍物，保证行车有足够的停车视距或超车视距。

3）缓和曲线

城市道路设置缓和曲线作用主要体现在：满足汽车行驶轨迹的需要，曲率连续变化，便于车辆遵循；使离心加速度逐渐变化，适应乘客舒适度的需要；超高加宽逐渐变化，行车更加平稳；与圆曲线配合得当，增加线形美观。如图 6-5 所示。

由于车辆在缓和曲线上要完成不同曲率的过渡行驶，所以缓和曲线应有足够的长度，其最小长度应满足车辆离心加速度变化率适中，乘客感觉舒适；驾驶人能从容打方向盘；线形美观流畅等要求。我国《城市道路工程设计规范》（CJJ 37—2012）规定了城市各级道路的缓和曲线最小长度，如表 6-2 所示。

（a）不设置缓和曲线感觉曲线扭曲 　　　　（b）设置缓和曲线后曲线变得平顺美观

图6-5　直线与曲线的连接效果

表6-2　城市道路缓和曲线最小长度

设计速度/（km/h）	100	80	60	50	40	30	20
缓和曲线最小长度/m	85	70	50	45	35	25	20

缓和曲线安全设计时，应根据表6-2所规定的缓和曲线最小长度值，结合路段运行速度 V_{85} 进行检查，对于不满足的路段进行调整，受地形限制无法调整时可在曲线入口处设置急弯警示标志或增设减速振动标线等安全措施。

4）视距

视距是影响城市道路交通安全的重要因素之一。驾驶人在行驶过程中对前方道路环境的感知程度和视距良好与否，直接决定着行驶速度和路线的选择。良好的视距可使驾驶人对前方道路线位方向、纵坡、车道和其他车辆及障碍物等有及时正确的感知，一旦有紧急情况发生，可及时地减速或停车而避免事故的发生。在城市道路中，行车视距不足主要发生在下述几种场合：

① 道路平面上的暗弯，即处于挖方路段的弯道和内侧有障碍物的弯道，见图 6-6（a）；

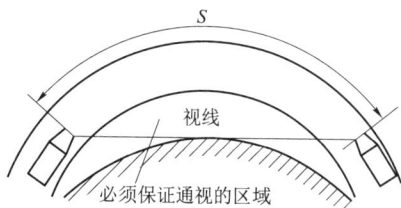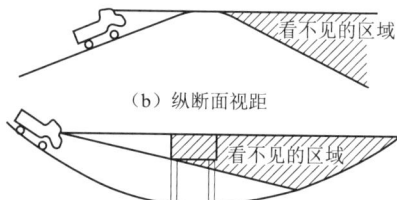

（a）平面视距　　　　　　　　（c）桥下视距

图6-6　行车视距不良地点

② 纵断面上的凸形竖曲线，见图6-6（b）；

③ 下穿式立体交叉的凹形竖曲线，见图 6-6（c）。

行车视距直接关系到行车的安全与行驶速度，在设计中保证足够的行车视距是确保行车安全、快速、提高行车舒适性的重要前提。城市道路设计应满足停车视距的要求和会车视距的要求。停车视距是指自驾驶人发现前方有障碍物起，至到达障碍物前安全停止所需的最短距离；会车视距是指在同一车道上两对向行驶的汽车相遇，从相互发现时起，至同时采取制动措施使两车安全停止所需要的最短距离。我国《城市道路工程设计规范》（CJJ 37—2012）对行车视距的规定如下：

● 停车视距应大于或等于表 6-3 中的规定值，积雪或冰冻地区的停车视距宜适当增长；

● 当车行道上对向行驶的车辆有会车可能时，应采用会车视距，其值应为表 6-3 中停车视距的两倍。

表 6-3　城市道路的停车视距

设计速度/（km/h）	100	80	60	50	40	30	20
停车视距/m	160	110	70	60	40	30	20

进行行车视距安全设计时，应利用路段运行速度 V_{85}，按式（6-2）计算运行速度下的停车视距，以评价设计是否满足视距需求。如果计算结果大于设计速度对应的停车视距，则需通过调整线形指标加大该路段的停车视距。

$$S_{\mathrm{T}} = \frac{V_{85}t}{3.6} + \frac{KV_{85}^2}{254(\varphi + \psi)} + l_{安} \qquad (6-2)$$

式中：t——驾驶人反应时间，s，一般取 t=2.5s；

　　　φ——路面与轮胎之间的附着系数；

　　　ψ——道路阻力系数，$\psi = f + i$，f 为滚阻力系数，i 为道路纵坡，上坡为正，下坡为负；

　　　K——制动使用系数，一般取 K 为 1.2～1.4；

　　　$l_{安}$——汽车完全停止时与障碍物之间的距离，一般取 5～10 m。

2. 纵断面线形安全设计

1）纵坡

城市道路纵断面的最大纵坡应根据车辆动力性能、道路等级、设计速度、地形条件等因素综合选用；最小纵坡应能保证两侧街坊的雨水排向车行道两侧的雨水口；纵坡长度应保证行车速度、汽车行驶平顺度和安全、乘客的舒适性、路容美观等因素综合选用；为避免陡坡与急弯组合对行车产生的不利影响，应对合成坡度进行控制。表 6-4 为《城市道路工程设计规范》（CJJ 37—2012）对纵坡的坡长、坡度的规定。

表 6-4 城市道路机动车最大纵坡、合成坡度和坡长的规定

设计速度/（km/h）	100	80	60	50	40	30	20
最大纵坡一般值/%	3	4	5	5.5	6	7	8
合成坡度/%	7.0			6.5		7.0	8.0
最大坡长/m	700	600	400	350	300	250	200

城市纵坡的安全设计要点包括以下几个方面。

① 对于大型车比重较高路段，应尽量采用平缓的纵坡，不应轻易采用最大纵坡规定值。统计表明，坡度大于 3% 路段的事故率是平缓路段事故率的 2～3 倍，且随着坡度的加大，油耗急剧增加，环境污染随之加重。

② 对于以行驶小车为主的城市道路，当采用较大纵坡可以明显减少工程造价时，可采用规定指标或者适当突破指标。

③ 对于立体交叉主线最大纵坡的规定主要是从保证匝道向主线平稳汇流角度考虑的，因此对于主线减速区上坡和主线加速区下坡路段的纵坡值可以灵活运用。

④ 根据表 6-4 规定的纵坡指标，应结合路段运行车速 V_{85} 进行检查并做必要的调整。如条件不允许调整，可采取相应的安全对策。例如，对连续下坡路段可采取设置连续下坡警告标志、设置限速标志、设置强制减速设施、提高护栏的防撞能力等安全对策。

2）竖曲线

在变坡点处应设置竖曲线，竖曲线最小半径和长度应满足缓和汽车行驶的冲击、视距和车辆在竖曲线上的行驶时间等要求。《城市工程道路设计规范》（CJJ 37—2012）规定视距是确定凸形竖曲线最小半径的控制指标，缓和行驶冲击是确定凹形竖曲线最小半径的控制指标，行驶时间是确定竖曲线最小长度的控制指标。表 6-5 为竖曲线最小半径与竖曲线最小长度。

表 6-5 竖曲线最小半径与竖曲线最小长度

设计速度/（km/h）	100	80	60	50	40	30	20
凸形竖曲线半径/m	10 000	4 500	1 800	1 350	600	400	150
凹形竖曲线半径/m	4 500	2 700	1 500	1 050	700	400	150
最小长度/m	210	170	120	100	90	60	50

3）平纵组合设计

为满足驾驶人的视觉连续性和心理舒适感，以及与周围环境的协调和良好的排水条件，应进行平纵组合设计。平纵组合的安全设计要点包括以下几个方面。

① 平曲线和竖曲线必须相交时，应将竖曲线的起、终点放在缓和曲线内，如图 6-7 所示。

② 平曲线与竖曲线的大小应保持均衡。如果平曲线和竖曲线中的一方大而缓，另一方多而小，道路线形的视觉会失掉均衡性。一般竖曲线半径应为平曲线半径的 10～20 倍，可达到

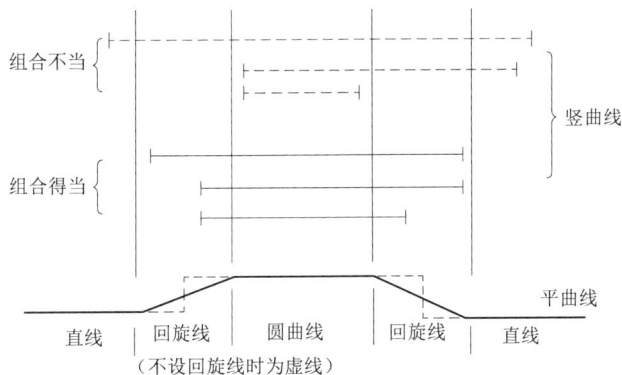

图 6-7 平曲线与竖曲线的组合

线形均衡。

③ 要避免凸形竖曲线的顶部或凹形竖曲线的底部与反向平曲线的拐点重合，二者都存在不同程度的扭曲外观。前者会使驾驶人操作失误，引起交通事故；后者虽无视线诱导问题，但路面排水困难，易产生积水。

④ 小半径竖曲线不宜与缓和曲线相重叠。对凸形竖曲线诱导性差，事故率较高；对凹形竖曲线存在路面排水不良的现象。

⑤ 计算行车速度≥40 km/h 的道路，应避免在凸形竖曲线顶部或凹形竖曲线底部插入小半径的平曲线。前者失去引导视线的作用，驾驶人需接近坡顶才能发现平曲线，导致不必要的减速或出现交通事故；后者会出现汽车高速行驶时急转弯，行车不安全。

⑥ 应避免在陡坡路段上设置小半径平曲线。这种急弯和陡坡的组合，车辆可能会因为合成坡度过大而引起横向滑移和行车危险，不能保证车辆在弯道上安全而顺适地行驶。

⑦ 对路线透视图逐段进行检查，要求行车视线范围内地形与平面线形保持清晰连续，确保路面和路侧状况不致形成暗凹等模糊不清或误导信息。

3. 横断面线形安全设计

1）路肩和应急车道

城市道路的路肩和应急车道对道路交通安全的作用在于：

① 显示行车道外侧边缘，引导驾驶人视线，增加道路交通行车的安全性；

② 为产生故障或者发生事故的车辆提供临时停放空间，避免发生二次事故；

③ 可作为养护和维修工作人员及应急车辆的临时通行通道；

④ 可保护和支撑路面；

⑤ 作为侧向余宽的组成部分可给驾驶人提供较大的操作空间，增加其驾驶的安全感。

城市道路路肩和应急车道安全设计时应注意以下几点。

① 保护性路肩宽度自路缘带外侧算起，快速路不应小于 0.75 m；其他道路不应小于

0.50 m。

当有少量行人时，不应小于 1.50 m。当需设置护栏、杆柱、交通标志时，应满足其设置要求。

② 快速路当右侧硬路肩的宽度小于 2.25 m 时，应设紧急停车带的宽度包括硬路肩在内为 3 m，有效长度大于 30 m。

③ 在大型车比例较大的快速路上，合理设置紧急停车带尤为重要。大型车的可靠性和安全性较差，在路肩宽度和紧急停车道过窄的地段存在较大的安全隐患。要对路肩、紧急停车道的宽度及位置进行合理的验算，确定其最佳宽度，保障发生故障车辆有安全的停车地方。

2）中间带

中间带用于城市道路的两幅路和四幅路，沿路纵向设计，分隔上下行交通的设施，由中央分隔带及两侧路缘带组成。中间带在交通安全中的作用主要体现在：

① 分隔往返车流，可避免因车辆驶入对向行车道造成严重的交通事故；

② 可作为设置道路交通标志及其他交通管理设施的场地；

③ 在中间带上种植花草灌木或设置防眩网，可防止对向车灯产生的眩光，并能美化路容和环境；

④ 显示车道位置，引导驾驶人视线，增加了行车所必需的侧向宽度，从而提高行车的安全性和舒适性；

⑤ 避免车辆中途掉头，消灭紊乱车流，减少交通事故。

中间带的宽度由设计速度、周围环境和用地条件等影响因素确定。当道路用地条件充裕的情况下，最好采用较宽的中间带，其优点主要有：

① 有足够的宽度可以使冲向对向车道的失控车辆减缓速度，避免其与对向车辆相撞而导致恶性交通事故；

② 可以布置优美的绿化景观，不仅可以降低噪声和空气污染，还可以为夜间行车提供良好的防眩保障；

③ 若未来道路有加宽的需求，无须再征用土地。

目前我国城市道路普遍用地紧张，《城市道路工程设计规范》（CJJ 37—2012）采用较窄的中间带指标规定中间带的最小宽度，即当设计速度 $V \geqslant 60$ km/h 时，中间带最小宽度为 3 m；当设计速度 $V < 60$ km/h 时，中间带最小宽度为 2 m。

3）路侧

道路安全设计主要集中于平面、纵面和横断面线形设计，涉及路侧安全方面的较少。但路侧障碍物与冲出道路的车辆之间的碰撞是许多交通事故发生的主要原因。据公安部发布的路侧事故统计数据，只占总事故数 8% 左右的路侧事故，却造成了约 12% 的死亡人数。显然路侧事故带来的人员伤害较严重。

路侧净区是利用较低的路基边坡或者设置可以跨越的排水设施等措施，以保证公路路侧具有较为平顺的范围，从而使失控车辆有缓冲时间重新得到控制。路侧净区设计是指在路侧范围内,可以容许车辆在一定程度上驶离原路面,并有充分的时间让车辆安全驶回原路面,宽容的路侧净区设计可降低交通事故概率,减轻事故损失。其设计内容主要包括路侧宽度、路基边坡坡度、路侧内排水设施和交通设施等几方面的内容。

(1)路侧净区宽度

路侧净区的作用在于能使有条件的路段具有足够的路侧宽度,使得冲出原路面的车辆在路侧范围内能有足够的时间和空间安全驶回原路面。美国《路侧设计指南》指出,高速公路不少于 9 m 的净区宽度,就可以使 80% 的失控车辆重新驶回路面。路侧净区宽度的影响因素主要包括:设计速度(运行速度)、设计日平均交通量、边坡坡度和平曲线半径(平曲线路段)。

① 直线段路侧净区宽度。对于填方路基和挖方路基,直线段路侧安全净区宽度按图 6-8 和图 6-9 分别计算。

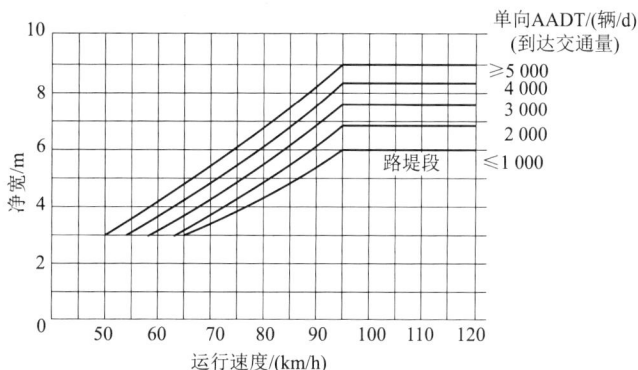

图 6-8 填方路基路侧安全净区宽度

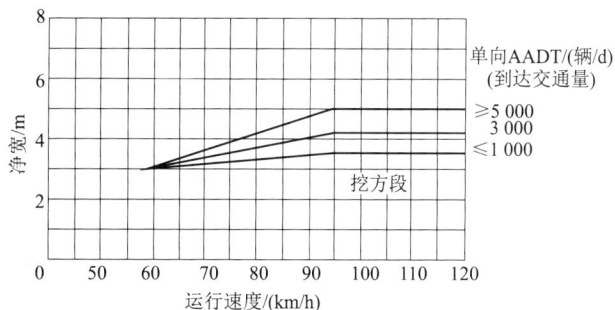

图 6-9 挖方路基路侧安全净区宽度

② 曲线段路侧净区宽度。曲线段的路侧净区宽度采用直线段安全净空区宽度乘以曲线系数 F_c 求得,如图 6-10 所示。

③ 边坡坡率对路侧净区宽度的影响:

● 坡度大于 1∶3.5 的填方边坡上是不能行车的,在此坡度范围内不能作为路侧安全净空区;

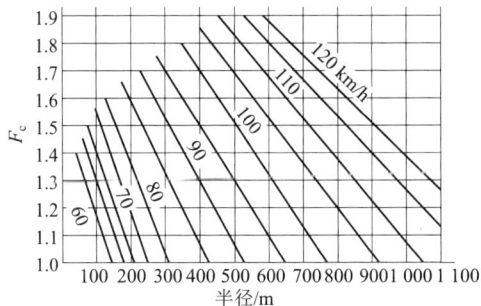

图 6-10　曲线段路侧净区宽度曲线系数

● 坡度在 1∶5.5～1∶3.5 时，驾驶人就有较多的时间使车辆下坡，故可以利用 1/2 的边坡宽度为路侧安全净空区；

● 坡度不大于 1∶6 时，整个坡面较为平缓，全宽度都可以成为路侧安全净空区。

路侧安全设计的核心是能为失控车辆提供足够的时间和空间驶回路面，所以对于有边坡的路段，应尽可能降低坡度，并且具有合适的路侧宽度。当路侧净区宽度达不到要求时，必须设置路侧护栏等安全措施，以满足道路行车安全。

（2）边坡坡度

路基边坡坡度较大是增加事故严重性的重要因素，失控车辆冲向路基陡坡上时，很容易造成翻车，其严重程度不亚于坠车事故。如果放缓路基边坡坡度，失控车辆可以沿缓坡行驶一段距离，不至于造成翻车甚至还可以驶回路面，从而最大化地减轻事故损失。所以路基边坡坡度应尽量平缓，尽可能使失控车辆不至于翻车，甚至能够将车辆安全驶回路面。研究表明，边坡在 1∶5～1∶3，则能使失控车辆发生翻车事故；边坡坡度缓于 1∶5 时，则能使车辆安全返回。

（3）净区内交通工程设施

护栏的设置是因为净区宽度达不到要求时，为了保证车辆安全而采取的被动措施，因此路侧护栏不是连续设置的，在其起终点需要有护栏端头。护栏端部如果处理不当，车辆与其发生碰撞时，会由于碰撞角度大、缓冲时间短、加速度大等原因严重威胁着车辆和人员的安全，可以通过把端部暗藏在边坡内等方式，消除护栏端部露出带来的危害。

交通工程中如护栏等保证安全的设施，其本身不应成为交通安全的隐患。所以当车辆和交通工程设施发生碰撞时，要尽量使交通工程设施本身可以解体而被剪断，从而减轻交通事故带来的损失。例如，可以利用缓冲消能设施来吸收车辆碰撞中产生的能量，降低碰撞加速度，减轻对乘客的伤害。

4）弱势群体安全保护设施设计

我国城市交通是典型的混合交通，行人和非机动车骑行人等交通弱势群体所占的比例相当高，将近 60%。弱势群体安全保护设计内容主要包括人行道、非机动车道、人行横道和人行保护岛等。

（1）人行道

人行道的设置对交通安全的作用很大，它限定了行人的活动范围，而且人行道高出路面，机动车和非机动车不能驶入人行道，这在很大程度上避免了人车碰撞事故。

① 按照人行道最小同时容纳 2 人并排行走的要求，人行道的最小建议宽度为 1.8 m。当道路宽度条件不能满足该要求的情况下，最小人行道宽度不得小于 1.2 m。若交叉口周围存在学校或者商业区，人行道宽度可增加至 2.4 m。

② 人行道的长度一般延伸至下一个交叉口，或者能够覆盖交叉口周围行人频繁活动的区域。

③ 当人行道在交叉口内与人行横道相连接时，人行道内要设置坡道，以平顺连接行人过街。

④ 当道路条件不能满足人行道的设置时，可用硬路肩代替人行道，其宽度满足人行道宽度。

（2）人行横道

人行横道是平面交叉口中行人交通中的一个重要设计要素，其设计是否优良可以左右到几何构造的整体设计。人行横道的设置要尽量减少行人的暴露时间，有效方法是减小其长度。

① 人行横道位置应设置在驾驶人容易识别的地方，平行于路段人行道的延长线并适当后退，在右转机动车容易与行人发生冲突的交叉口，应后退，距离宜取 3~4 m。

② 步行道的转角部分长度应不小于小车的车身长 6.0 m，并应设置护栏等隔离设施。

③ 有中央分隔带的道路，人行横道应设在分隔带端部向后 1~2 m 处。

④ 机动车停车线应距离人行横道退后 2 m 左右。

⑤ 人行横道的长度最好在 15 m 以下，当超过时应考虑在中间设置安全岛，增加一次穿越的次数。

⑥ 人行横道的宽度与通过人行横道过街的行人人数，分配给行人穿越的提示时间相关。原则上顺延干路的人行横道宽度不宜小于 5 m，顺延支路的人行横道宽度不宜小于 3 m，以 1 m 为单位增减，最小也不要小于 3 m。

（3）非机动车道

非机动车道的设置与人行道类似，它限定了非机动车的活动范围，避免了机动车—非机动车混行，很大程度上减少了机动车—非机动车冲突。

① 建议非机动车道的最小宽度为 1.5 m，不能满足要求的地点最小宽度不得小于 1.2 m。

② 非机动车道的长度一般延伸至下一个交叉口。

③ 当道路条件不能够满足非机动车道的设置时，可用硬路肩代替非机动车道，其宽度满足非机动车道宽度。

（4）人行保护岛

人行保护岛一般设置于大面积交叉口或形状不规则交叉口，在这些交叉口人行横道过长或者过于倾斜，导致行人不能轻易通过，因此在交叉口内部设置若干人行保护岛，行人过街时可以得到有效保护。

① 人行保护岛的设置一般会和人行横道相连接。

② 四车道以上的交叉口,若功能区内的进口道上存在开口且有行人穿越,建议设置进口道内的人行保护岛。设计最小长度为 4 m,最小宽度为 1.5 m,最小面积为 6 m²。但当进口道速度超过 60 km/h 时,设置人行保护岛需谨慎,必要时可增设警告标志或者设置成标线式保护岛。

6.2.3 交通设施安全设计案例

交通安全设施是交通工程设施的重要组成部分,主要包括安全护栏及相应的防撞缓冲设施、交通标志标线、防眩设施、隔离封闭设施、道路照明设施和视线诱导设施等。由于交通安全设施可为道路使用者提供各种警告、禁令、指示、指路信息和视线诱导,排除干扰,提供路侧保护,减轻潜在事故的严重程度,防止眩光对驾驶人视觉性的伤害,因此在道路建设中交通安全设施是不容忽视的部分。

城市道路交通设施等级分为 A、B、C、D 四级,其适用范围和设置要求如表 6–6 所示。

表 6–6 各等级城市道路交通设施的设置要求及适用范围

交通设施等级	设 置 要 求	适用范围
A	① 应设置完善的标志、标线、隔离和防护设施; ② 中间带必须连续设置中央分隔防撞护栏和必需的防眩设施; ③ 桥梁、高路堤路段及旁侧有辅路、人行道等撞击后将危及生命和结构物安全的路段,必须设置路侧防撞护栏; ④ 立体交叉及其周边路网应连续设置指路、禁令等标志; ⑤ 主路及匝道车行道两侧,应连续设置轮廓标; ⑥ 出口分流三角端应有醒目的提示和防撞设施; ⑦ 实施控制的匝道,应设置匝道控制信号灯; ⑧ 交通监控系统应按 Ⅱ 级设置,中、长、特长隧道应按 Ⅰ 级设置	快速路 中、长、特长隧道 特大型桥梁
B	① 应设置完善的标志、标线和必要的隔离和防护设施; ② 路段上应设置中间分隔设施和机动车与非机动车分隔设施; ③ 桥梁与高路堤路段有坠落危险时,必须设置路侧防撞护栏; ④ 立体交叉及其周边地区路网应设置指路、禁令等标志; ⑤ 平面交叉口必须进行渠化并设置交通信号灯; ⑥ 交通监控系统应按 Ⅲ 级设置,特大型桥梁应按 Ⅱ 级设置,中、长、特长隧道应按 Ⅰ 级设置	主干路
C	① 应设置完善的标志、标线和必要的隔离和防护设施; ② 平交路口进口段宜设置中间分隔设施; ③ 桥梁与高路堤路段有坠落危险时,必须设置路侧防撞护栏; ④ 平面交叉口必须进行渠化并设置交通信号灯; ⑤ 交通监控系统应按 Ⅲ 级设置,特大型桥梁应按 Ⅱ 级设置,中、长、特长隧道应按 Ⅰ 级设置	次干路
D	① 应设置较完善的标志、标线; ② 桥梁与高路堤路段有坠落危险时,必须设置路侧防撞护栏; ③ 平面交叉口必须进行渠化并设置交通信号灯; ④ 交通监控系统应按 Ⅳ 级设置	支路

城市道路交通设施总体设计应符合安全、畅通、环保、可持续发展的总体目标要求，应与道路主体工程设计相协调，根据道路功能及其在城市路网中的作用，综合考虑设计、施工、维修、运营、管理及近期与远期等各种因素，准确体现道路工程主体设计的意图。城市道路交通设施除应保持其各自特性和相对独立外，还应相互匹配、相互协调，使之成为统一、协调、完整的系统工程。

交通设施的安全设计原则为突出功能性、服务性和经济性，采用经济可能、技术可行、方案有效，尽量利用原有设施，就地取材以降低工程造价。其设计理念包括以下几点。

● 主动引导。例如，对于道路线形、视距不良路段，应及时、准确地通知汽车驾驶人员，使其能做到心中有数，提前采取必要的措施。设计时可采用必要的交通标志、标线、减速设施等。

● 适当防护。就是以减少群死群伤事故的发生为目的，对危险路段采用安全护栏进行重点防护，其他路段根据防撞等级适当防护。

● 合理保障。包括设施位置的合理性和夜间路况信息供给的合理性。设施位置的合理性应遵从"主动引导、适当防护"的设计理念。例如，统计数据表明，无照明设施的道路交通事故约 1/3 发生在夜间，而重大交通事故则有 50% 发生在夜间，因此如何加强夜间行车的准确引导尤为重要。设计中可采用反光材料的标志、标线、增设视线诱导设施等。

● 因地制宜、经济实用。交通工程设施设计时，应从实际出发，最大限度地与自然环境及人文景观协调统一。对大自然的改造做到合理、经济，能用较低造价方式解决问题的，不用较高成本方式来解决。

● 全线协调。对危险路段应重点设计，但也应注意实施路段与前后路段及全线设施的协调。例如，可视具体情况在弯道外侧设置部分防撞护栏，而其他路段采用加设线形诱导标、轮廓标或绿化等处治措施。

1. 护栏安全设计

护栏是沿着道路路基边缘或中央隔离带设置的道路安全设施，其主要目的是减少失控车辆驶出路外或驶入对向车道，降低事故中人员伤亡和财产损失。护栏一般可分为刚性（混凝土护栏）、半刚性（波形梁护栏）、柔性（缆索护栏），如图 6-11 所示。

（a）刚性护栏　　　　　　（b）半刚性护栏　　　　　　（c）柔性护栏

图 6-11　护栏形式

1）护栏的防撞等级设计

《城市道路交通设施设计规范》（GB 50688—2011）规定：

① 不能提供足够路侧安全净距的快速路路侧，必须设置防撞护栏。

② 当路基整体式断面中间带宽度小于或等于 12 m 时，快速路的中央分隔带必须连续设置防撞护栏。

③ 次干路、支路的路侧一般不设置路侧护栏。当车辆越出路外可能发生严重事故或严重二次事故的路段，宜设置防撞护栏。

④ 防撞护栏的防撞等级应满足表 6-7 中所规定的碰撞条件。

表 6-7 防撞护栏的防撞等级及主要技术指标

防撞等级		防撞条件				
路侧护栏	中央分隔带护栏	碰撞车型	车辆质量/t	碰撞速度/（km/h）	碰撞角度/度	碰撞能量/kJ
B	Bm	小客车	1.5	80	20	—
		大客车	10	40	20	70
A	Am	小客车	1.5	100	20	—
		大客车	10	60	20	160
SB	SBm	小客车	1.5	100	20	—
		大客车	10	80	20	280
SA	SAm	小客车	1.5	100	20	—
		大客车	10	80	20	400
SS	—	小客车	1.5	100	20	—
		大客车	10	80	20	520

⑤ 在综合分析城市道路线形、设计速度、运行速度、交通量和车辆构成等因素的基础上，当需要采用的护栏碰撞能量低于 70 kJ 时，护栏应确定特殊的碰撞条件并进行设计；当需要采用的护栏碰撞能量高于 520 kJ 时，护栏应确定特殊的碰撞条件并进行设计。

⑥ 快速路、主干路的路侧护栏和中央分隔带护栏防撞等级的适用条件分别如表 6-8 和表 6-9 所示。

表 6-8 路侧护栏防撞等级的适用条件

适 用 条 件	快速路		主干路	
	设计速度/（km/h）		设计速度/（km/h）	
	100，80	60	60，50	40
一般路段、匝道	A	B	B	—
高边坡、桥头引道、隧道洞口连接线、靠近构造物路段	SB	A	A	B

续表

适 用 条 件	快速路		主干路	
	设计速度/（km/h）		设计速度/（km/h）	
	100，80	60	60，50	40
高陡坡、高挡墙、临河路段；车辆越出路外可能发生严重事故的路段	SA	SB	SB	A
临近其他快速路、人流密集区域的路段；车辆越出路外可能发生严重二次事故的路段	SS	SA	SA	SB

表 6–9　中央分隔带护栏防撞等级的适用条件

适 用 条 件	快速路			主干路
	设计速度/km/h			设计速度/km/h
	100	80	60	60，50
一般路段	SBm	Am	Bm	Bm
小半径弯道、中央分隔带有桥墩及其他构造物等特殊防护路段	SAm	SBm	Am	Am

2）护栏设计中存在的问题

从本质上来讲，护栏自身也属于路侧障碍物，如果护栏设置不当，不但不能有效地发挥其应有的安全防护功能，反而会带来不良影响。因此，确保护栏设计的合理性和有效性非常必要。目前护栏设计中存在的问题包括以下几个方面。

① 护栏防撞能力不足。例如，路段路侧护栏防撞等级不足，导致车辆冲出路外，发生严重二次事故；大多数桥梁中央的分隔带护栏只有 75 cm 高，其高度和防撞能力不足，失控车辆易翻越护栏至对向车道造成更严重的二次事故。

② 中央隔离带护栏的形式选择存在问题。为节约投资、方便施工，往往在中央分隔带宽度上做文章，多采用组合型护栏。虽然组合型护栏板同样是双面，但由于立柱只有分设型护栏立柱的一半，其抗撞效果较差，存在较大的安全隐患。

③ 路侧护栏侧向净距不够。护栏与障碍物间的合理间距界定模糊，导致两种护栏安全设计误区：一是护栏紧靠障碍物设置，另一种情况则是护栏设于变坡点处，前者无法满足碰撞时护栏本身变形量对侧向空间的需求，后者则大大降低了护栏的稳定程度。

④ 护栏过渡段设计欠缺。例如，桥梁护栏与路基护栏相衔接处为不同防撞等级或不同结构形式时，应设置过渡段，使护栏的刚度逐渐过渡，并成为一个整体。然而目前国内在这方面设计中主要存在两个问题：一是由于刚度差距在短距离内没有升高配置；二是不同刚度护栏之间没有连接，形成了安全漏洞。

⑤ 护栏端头处理不尽合理。发生碰撞时导致失控车辆失稳、翻车或被护栏端部穿透造成重大交通事故。

3）护栏安全设计对策

（1）确保护栏的防撞等级（见表6-7和表6-8）

（2）中央隔离带护栏安全设计

① 中央隔离带护栏形式的选择。路基宽度大于等于24.5 m时设置分设型；路基宽度小于24.5 m时设置组合型。

② 根据交通事故率系数和道路条件来确定中央分隔带防撞设施等级。

在大型车比例超过20%的路段，或者单向3车道及以上需设防撞设施的重点路段，中央分隔带防撞设施宜通过适当加密立柱或提高一级防撞等级予以加强；达到或超过6车道且为二级服务水平的道路，宜选取具有防撞功能的活动护栏。

（3）路侧护栏侧向净距设计

一旦护栏受到失控车辆的碰撞必然发生形变，而且形变越大护栏的吸能效果越好，驾乘人员受到的伤害也就越小。要想充分发挥护栏的吸能作用，在确定护栏的设置位置时，必须满足护栏形变对侧向空间的需求，合理确定路侧护栏的侧向净距。

对于高路堤路段的路侧护栏而言，只有保证护栏与路基边缘有足够的侧向净距，充足的土路基宽度才能为埋于其中的路侧护栏立柱提供足够的支撑强度。*Roadside Design Guide* 一书规定，路侧护栏与路堤边缘距离的最小值为0.6 m。不过在设计过程中需要注意的是，土壤的特性、护栏立柱横断面和埋深、路堤边坡的坡度及碰撞角度等因素和安全侧向净距有着密切的关系。

（4）护栏端部处理安全设计

路侧护栏端部设计时应注意以下4个方面。

① 能量吸收型端部设计。通过端部的位移而转移失控车辆与护栏端部发生碰撞时的动能，从而实现良好的吸能效果；解体式消能是通过护栏端部与立柱在发生碰撞时解体的方式来吸收车辆发生碰撞时的动能。

② 外展型端部设计。使端部向路侧安全净区偏闪一定距离，防止护栏端部穿透车身。

③ 护栏端部的埋入式设计。将护栏的端部置于后坡之中，或将端部提升到护栏的高度，实现失控车辆的重新导向作用。

④ 防撞垫的设计。通过各种吸能设施置于护栏前端的改进方式，目前防撞垫材料已经发展到砂、水、轮胎和橡胶等材料。

2. 交通标志、标线安全设计

1）交通标志安全设计

交通标志就是将交通指示、交通警告、交通禁令和交通指路等交通管理和控制法规用文字、图形或符号形象化地表示出来，设置于路侧或道路上方的交通管理设施上。

交通标志分为主标志和辅助标志两大类，是道路交通的向导。主标志分为指示标志、警告标志、禁令标志、指路标志、旅游区标志和道路施工安全标志6种，如图6-12所示。而辅助标志是附设在主标志下，起辅助说明作用的标志。指示标志是指示车辆、行人行进的标志；警告标志是警告车辆、行人注意危险地点的标志；禁令标志是禁止或限制车辆、行人交通行为的标志；指路标志是传递道路方向、地点、距离信息的标志；旅游区标志是提供旅游景点方向、距离的标志；道路施工安全标志是通告道路施工区通行的标志。道路上设置齐全的交通标志，能够有效地保护路桥，保障交通秩序，提高运输效率和减少交通事故，是道路沿线设施不可缺少的组成部分。

(a) 指示标志　　(b) 警告标志　　　　　(c) 指路标志

(d) 禁令标志　　(e) 旅游区标志　　(f) 道路施工安全标志

图 6-12　交通标志的种类

正确完善地设置城市道路交通标志，不仅能够体现道路交通法规和相应控制管理措施的落实，同时能更大程度地提高城市道路交通通行效率，并有效增强交通安全性。因此，交通标志设计也是保障交通安全的一个重要部分。

（1）完善的指路标志

指路标志信息的准确、连续一致性直接影响着城市道路的通行效率及行车安全。为保证指路标志正确易读且符合规范，在指路标志信息选取发布及版面布置过程中，需遵循以下几个方面的安全设计对策：

① 根据沿线地点信息的重要程度，建立标志信息分级体系，完善指路标志中信息选取的合理性和层次性，并实现全线指路信息的顺畅衔接；

② 对于城市快速路，应强化信息发布的连续一致性，使入口预告标志、地点距离标志、出口预告标志和出口指示标志信息前后呼应，避免出现信息突变、出口预告衔接性不强、遗漏重要信息等现象。

（2）特殊路段各类标志配合使用

根据道路线形特点，设置相应的警告和限速标志，并与指路标志配合使用，设计时遵循以下原则。

① 同一地点需要设置两个或者两个以上警告标志时，原则上只设置其中最需要的一个。如必须将两个或者两个以上的警告标志并设时，应将提醒驾驶人危险主因的标志设置在上部或左侧。

② 两个标志之间的距离不得小于国标中规定的最小值，同一位置交通标志信息不要超过6条。

③ 交通标志尺寸设计需与运行速度 V_{85} 相匹配，使标志醒目，有利于缩短驾驶人的反应时间。

（3）规范标志文字、颜色和版面

在进行标志版面的设计时，应以《城市道路交通设施设计规范》（GB 50688—2011）为依据，如表 6-10～表 6-13 所示。同时还可以结合道路的实际情况，对标志的版面做进一步的合理化调整，使所传达的信息清楚明了。例如，在距立体交叉前 500 m 或 1 km 处的预告标志中加入简易的立交图形，可让驾驶人一目了然地掌握到其需要的信息。

表 6-10　标志版面形状

版面形状	适　用　范　围
矩形（含正方形）	指示标志、警告标志、禁令标志、指路标志、旅游区标志和作业区标志、辅助标志
正等边三角形	警告标志
圆形	禁令标志、指示标志
倒等边三角形	减速让行标志
叉形	多股铁路道口叉形标志
八角形	停车让行标志

表 6-11　标志版面尺寸

	设计速度/（km/h）	100	80	60，50，40	30，20
警告标志	三角形标志边长/cm	130	110	90	70
	叉形标志宽度/cm			120	90
禁令标志	圆形标志外径/cm	120	100	80	60
	三角形标志边长（减速让行）/cm			90	70
	八角形标志外径（停车让行）/cm			80	60
	长方形标志边长（区域限制、解除）/（cm×cm）			120×170	90×130
指示标志	圆形标志外径/cm	120	100	80	60
	正方形标志边长/cm	120	100	80	60
	长方形标志边长/（cm×cm）	190×140	160×120	140×100	
	单行线标志边长/（cm×cm）	120×60	100×50	80×40	
	会车先行标志边长/（cm×cm）			80×80	60×60

表6-12 标志版面颜色

颜 色	含 义	适 用 范 围
红色	禁止、停止、危险	禁令标志的边框、底色、斜杠、叉形符号、斜杠符号和警告性线形诱导标志的底色等
黄色	警告	警告标志的底色
蓝色	指示、指路	指示标志的底色、一般道路指路标志的底色
绿色	快速路指路	城市快速路指路标志底色
棕色	旅游区指引	旅游区指引和旅游项目标志的底色
黑色	警告、禁令	标志的文字、图形符号和部分标志的边框
白色	警告、禁令	标志的底色、文字和图形符号及部分标志的边框
橙色	警告、指示	道路作业区的警告、指路标志
荧光黄绿色	警告	注意行人、儿童的警告标志

表6-13 标志版面文字尺寸

设计速度/（km/h）	100	80	60，50，40	30，20
汉字高度 h/cm	70，65，60	60，55，50	50，45，40，35	30，23
拼音与英文、拉丁文、少数民族文字高		$(1/3) h \sim (1/2) h$		
阿拉伯数字		字高 h，字宽 $(1/2) h \sim (4/5) h$		

（4）解体消能杆柱设计

某些路段路侧安全净区满足行车安全的需要，没有设置护栏或其他防护措施，在此区域内的交通标志设计时，可以采用解体消能式交通标志立柱，降低车辆碰撞至杆柱的严重程度。板面面积大于 5 m^2 的路侧标志，可采用折断破坏或剪切破坏的解体方式；板面面积小于 5 m^2 的路侧标志，可采用弯曲破坏、折断破坏或剪切破坏的解体方式。

2）交通标线安全设计

交通标线与交通标志具有相同的作用，是将交通的指示、警告、禁令和指路等用回线、符号、文字等标示或嵌画在路面、缘石和路边的建筑物上，这也是交通管理中必不可少的一种设施。道路交通标线按其功能可分为指示标线、禁止标线和警告标线；按形态可分为线条、字符标记、突起路标和路边线轮廓标。

（1）规范标线的宽度和文字

在标线设计时，应以《城市道路交通设施设计规范》（GB 50688—2011）为依据，分别如表6-14和表6-15所示。

表 6-14 标线宽度

设计速度/（km/h）		车行道边缘线/cm	车行道分界线/cm	路面中心线/cm
100，80，60（快速路）		20	15	—
60，50（主、次干路）		15	15 或 10	15
40，30（主、次干路及支路）		15	15 或 10	15
20（次干路及支路）	双车道	—	—	15
	单车道	—	—	—

表 6-15 文字标记尺寸和纵向间距

设计速度/（km/h）	100	80，60，50	40，30，20
字高/cm	450～650	300～400	150～200
字宽/cm	150～200	100～150	50～70
纵向间距/cm	300～400	200～300	100～150

（2）交通标线合理选材

应结合道路的等级、路面、标线类型等因素，合理选择标线的材料。不仅要考虑施工后标线的表面是否平整及边缘是否齐整，更重要的是要保证标线的内在性能可以满足安全行车的需要，包括标线的逆反射值、防滑性、与路面的附着能力、抗污性能、性价比及环保性能等。其设计要点包括：

① 热熔喷涂型材料的反光性能较好，且性价比最高，可适用于快速路行道边缘线；

② 热熔刮涂型材料的耐久性较好，可用于快速路的车行道分界线；

③ 在事故多发段可采用抗滑型涂料或热熔凸起型涂料，达到增加路面抗滑性及降低车速的目的。

（3）合理使用涂料型减速标线

利用标线涂料沿道路横向布设成的一种连续横条线的路面标示，车辆行驶在上面时有轻微的震动感。通过逐渐缩短横条线间距，使驾驶人产生车速越来越快的心理感觉，从而主动降低车速。

（4）合理使用视觉减速标线

根据交通心理学原理，在行车道上或者边缘施画一些立体设计图案，使驾驶人在行进的过程中产生行车道变窄的视觉效果，提醒其减速慢行，谨慎驾驶。

（5）彩色路面铺装材料

用彩色树脂材料做成的薄层铺装标示，车辆行驶在上面时有轻微震动感。不仅在视觉上能起到提示作用，而且可以防止车辆打滑，既可以提高行车的安全性，也可以美化行车环境。

（6）连续震动带凹槽

在快速路两侧应急车道上人工形成的具有一定间隔的连续震动带凹槽，在车辆偏离车行道时产生强烈的震动，提醒驾驶人注意行车位置。

3. 照明安全设计

城市的道路照明为驾驶人提供交通安全性与导向性，同时为步行者创造安全而舒适的环境，而交通安全性是道路照明设计的核心内容。英国、美国和瑞士的调查研究表明，安装路灯后，高速道路的事故率下降40%～60%，一般公路下降30%～70%，城市道路则下降20%～50%。

随着我国城市的发展，夜间的交通也越来越繁忙，出现的交通问题也更加复杂。为保持夜间交通的通畅，提高道路服务水平，为驾驶人和行人创造能及时准确地发现各种障碍物的道路交通条件，以减少和防止交通事故的发生，道路照明必须满足交通的要求，具有明视的功能、正常的显色，并要保持相对稳定性。

1）城市道路照明标准

城市道路照明标准可分为机动车道、非机动车与人行道路照明两类。机动车道路照明应以路面平均亮度（或路面平均照度）、路面亮度总均匀度和纵向均匀度、眩光限制、环境比和诱导性为评价指标。机动车道路照明标准如表6-16所示。

表6-16　机动车道路照明标准

级别	道路类型	路面亮度			路面照度		眩光限制阈值增量 TI 最大初始值/%	环境比 SR 最小值
		平均亮度 L_{av} 维持值/（cd/m²）	总均匀度 U_O 最小值	纵向均匀度 U_L 最小值	平均照度 E_{av}/lx 维持值	照度均匀度 U_E 最小值		
I	快速路、主干路	1.5/2.0	0.4	0.7	20/30	0.4	10	0.5
II	次干路	0.75/1.0	0.4	0.5	10/15	0.35	10	0.5
III	支路	0.5/0.75	0.4	—	8/10	0.3	10	—

人行道路照明应以路面平均照度、路面最小照度和垂直照度为评价指标。人行道路照明标准如表6-17所示。

表6-17　人行道路照明标准值

夜间行人流量	区域	路面平均照度 E_{av} 维持值/lx	路面最小照度 E_{min} 维持值/lx	路面最小垂直照度 E_{vmin} 维持值/lx
流量大的道路	商业区	20	7.5	4
	居住区	10	3	2

续表

夜间行人流量	区域	路面平均照度 E_{av} 维持值/lx	路面最小照度 E_{min} 维持值/lx	路面最小垂直照度 E_{vmin} 维持值/lx
流量中的道路	商业区	15	5	3
	居住区	7.5	1.5	1.5
流量小的道路	商业区	10	3	2
	居住区	5	1	1

道路与道路的平面交汇区应提高其照度，交汇区照明标准值如表6-18所示。

表6-18　交汇区照明标准值

交汇区类型	路面平均照度 E_{av} 维持值/lx	路面照度均匀度 U_E 最小值	眩光限制
主干路与主干路	30/50	0.4	在驾驶人观看灯具的方位角上，灯具在80°和90°高度角方向上的光强分别不得超过30 cd/1 000 lm和10 cd/1 000 lm
主干路与次干路	30/50		
主干路与支路	20/30		
次干路与次干路	20/30		
次干路与支路	15/20		
支路与支路	15/20		

城市道路中的隧道，应设置隧道照明。隧道照明可分为入口段、过渡段、中间段和出口段。隧道入口段、出口段应加强照明，入口段亮度值应根据洞外亮度确定，并通过过渡段过渡至中间段亮度；出口段亮度值应根据中间段亮度确定。隧道中间段亮度值应根据行车速度和交通量确定其设计标准，其标准应符合表6-19中的规定。

表6-19　隧道照明中间段标准值

设计车速/（km/h）	双车道单向交通 $N>2\,400$ 辆/h 双车道单向交通 $N>1\,300$ 辆/h			双车道单向交通 $N\leqslant700$ 辆/h 双车道单向交通 $N\leqslant360$ 辆/h		
	平均亮度 L_{av}/（cd/m²）	总均匀度 U_O 最小值	纵向均匀度 U_L 最小值	平均亮度 L_{av}/（cd/m²）	总均匀度 U_O 最小值	纵向均匀度 U_L 最小值
100	9	0.4	0.6~0.7	4	0.3	0.5
80	4.5			2		
60	2.5			1.5		
40	1.5			1.5		

2）照明安全设计要点

照明设计时必须做到以人为本，做到使所有的设计标准、要求和改进措施是基于人眼尤其是驾驶人的视觉特性为出发点和落脚点。此外，道路照明不仅仅是单纯的功能性照明，它已经融进了城市景观照明意图，这就要求道路照明在保证其交通安全等功能性要求的基础上，与道路及其周边的景观照明设计相协调，真正做到科学的道路照明设计。城市交通照明设计时应着重以下几点。

（1）照明设计时要考虑室外照度变化的影响

驾驶人通过感觉器官接收信息驾驶车辆，其中 80%～90%的信息通过视觉获得，所以驾驶人的视觉机能对行车安全的影响最大。

（2）应根据城市道路的设计车速和运行速度 V_{85} 设计照明亮度

一般情况下，人的视角为200°，对在左右100°范围内的物体人眼能感觉到它的存在位置；随着速度的增加，由于"运动效应"，人眼的视界会越来越窄，近处和两侧的东西看不见，只能看见较远处的物体。例如，车速为 75 km/h 时，视界为 130°；车速为 100 km/h 时，视界为80°。因此，照明亮度要保证在相应行驶速度下的驾驶人视野，并能有较好的视线诱导作用。

（3）应考虑夜间照明条件下人眼对颜色的识别特性

夜间使用车辆灯照明时，白色最容易识别，绿、红色次之，黑色最不容易识别，如表 6–20所示。因此，交通附属设施及信号控制设施的颜色设计要符合人眼的需求。

表 6–20　不同颜色物体的辨认距离　　　　　　　　　　　　　　　　　　m

物体颜色	白	黑	乳白	红	灰	绿
能发现某种颜色的距离/m	82.5	42.9	76.6	67.8	66.3	67.6
能确认某种物体的距离/m	42.9	18.8	32.1	47.2	36.4	36.4
能肯定移动方向的距离/m	19	9.6	13.2	24.0	17.0	17.8

（4）要考虑暗适应的影响

人们从明亮环境进入黑暗处，人眼需要一个适应过程。照明设计时，要保证亮度均匀，明暗变化处要进行照明过渡设计。

（5）要考虑照明的眩光影响

由于路灯的设计问题、周围环境照明不当或对向车灯的照射造成的眩光，使驾驶人的瞳孔缩小、在眼内形成光斑，破坏视觉系统对周围物理空间的适应状态，从而引起不适感或视力下降。

6.3　城市轨道交通防火安全设计

城市轨道交通系统既是城市最大的基础设施之一，也是一个独立的、封闭的系统，一旦发生灾害事故就会形成比较严重的后果。因此，城市轨道交通系统的安全防护问题具有尤其重要的意义。地铁应具有针对火灾、水淹、风灾、地震、冰雪和雷击等灾害的预防措施，并应以预防火灾为主。地铁针对火灾应贯彻"预防为主，防消结合"的方针。一条线路、一座换乘车站及其相邻区间的防火设计应按同一时间发生一次火灾计算。车站站台、站厅和出入口通道的乘客疏散区内不得设置商业场所，除地铁运营、服务设备、设施外，也不得设置妨碍乘客疏散的设备、设施及其他物体。

6.3.1 车站建筑防火

1. 防火等级

① 地下的车站、区间、变电站等主体工程及出入口通道、风道、控制中心建筑的耐火等级应为1级；

② 地面出入口、风亭等附属建筑，地面车站、高架车站及高架区间的建、构筑物，耐火等级不得低于2级；

③ 重要设备用房应以耐火极限不低于 2 h 的隔墙和耐火极限不低于 1.5 h 的楼板与其他部位隔开；

④ 车辆基地内建筑的耐火等级应根据其使用功能确定，并应符合现行国家标准《建筑设计防火规范》（GB 50016—2014）的有关规定。表 6–21 为建筑构件的燃烧性能和耐火等级的划分标准。

表 6–21　建筑构件的燃烧性能和耐火等级的划分标准　　　　　　　　h

构件名称		耐火等级			
		一级	二级	三级	四级
墙	防火墙	不燃性 3.00	不燃性 3.00	不燃性 3.00	不燃性 3.00
	承重墙	不燃性 3.00	不燃性 2.50	不燃性 2.00	难燃性 0.50
	楼梯间墙和电梯井墙	不燃性 2.00	不燃性 2.00	不燃性 1.50	难燃性 0.50
	疏散走道两侧的隔墙	不燃性 1.00	不燃性 1.00	不燃性 0.50	难燃性 0.25
	非承重墙和房间隔墙	不燃性 0.75	不燃性 0.50	难燃性 0.50	难燃性 0.25
柱		不燃性 3.00	不燃性 2.50	不燃性 2.00	难燃性 0.50
梁		不燃性 2.00	不燃性 1.50	不燃性 1.00	难燃性 0.50
楼板		不燃性 1.50	不燃性 1.00	不燃性 0.75	难燃性 0.50
屋顶承重构件		不燃性 1.50	不燃性 1.00	难燃性 0.50	可燃性
疏散楼梯		不燃性 1.50	不燃性 1.00	不燃性 0.75	可燃性
吊顶		不燃性 0.25	难燃性 0.25	难燃性 0.15	可燃性

2. 防火分区的划分

① 地下车站站台和站厅公共区应划为一个防火分区。

② 设备与管理用房区每个防火分区的最大允许使用面积不应大于 1 500 m²。

③ 地上车站站厅公共区采用机械排烟时，防火分区的最大允许建筑面积不应大于 5 000 m²，其他部位每个防火分区的最大允许建筑面积不应大于 2 500 m²。

④ 两个防火分区之间应采用耐火极限不低于 3 h 的防火墙和甲级防火门分隔，防火分区的楼板应采用耐火极限不低于 1.5 h 的楼板。

⑤ 地下车站消防专用通道及楼梯间应设置在有车站控制室等主要管理用房的防火分区内，并应方便到达地下各层。地下超过 3 层（含 3 层）时，应设防烟楼梯间。

3. 车站安全出口设置

① 车站每个站厅公共区安全出口应设置不少于 2 个直通地面的安全出口。

② 地下单层侧式站台车站，每侧站台安全出口数量不应少于 2 个直通地面的安全出口。

③ 地下车站的设备与管理用房区域安全出口的数量不应少于 2 个，其中有人值守的防火分区应有 1 个安全出口直通地面。

④ 安全出口应分散设置，当同方向设置时，两个安全出口通道口部之间净距不应小于 10 m。

⑤ 竖井、爬梯、电梯、消防专用通道，以及设在两侧式站台之间的过轨地道不应作为安全出口。

⑥ 地下换乘车站的换乘通道不应作为安全出口。

6.3.2 安全疏散

1. 疏散设计要点

1）疏散方向

① 地下车站站台层发生火灾时应往上层站厅方向疏散。

② 地下车站站厅层发生火灾时，应往地面疏散，而站台层滞留乘客通过列车往下一站疏散；站厅层设于站台层之下的地下车站，当站厅发生火灾时，乘客直接从疏散口往地面疏散。当站台层发生火灾时，往下层站厅层疏散。

③ 地下一层侧式站台车站，当轨行区或侧站台发生火灾时，侧站台乘客均往地面层疏散。

④ 高架车站站台层发生火灾时，往下层、站厅层或地面层疏散；当下层站厅层发生火灾时，往地面层疏散；滞留在站台上的乘客，通过列车往下站疏散。

⑤ 地面一层车站（一层为站台层，二层为站厅层）站台层发生火灾时，可往区间方向疏散，离开火灾源即可；站厅层发生火灾时，通过安全出口往地面疏散。

2）疏散设施设计

① 每个区间隧道轨道区均应设置到达站台的疏散楼梯。

② 两条单线区间隧道应设联络通道，相邻两个联络通道之间的距离不应大于 600 m，联络通道内应设并列反向开启的甲级防火门，门扇的开启不得侵入限界。

③ 道床面应作为疏散通道，道床步行面应平整、连续、无障碍物。

④ 站台和站厅公共区内任一点，与安全出口疏散的距离不得大于 50 m。

⑤ 公共区内设于付费区与非付费区之间的栏栅应设栏栅门，检票口和栅栏门的总通行能力应与站台至站厅疏散能力相匹配。

⑥ 设备与管理用房直接通向疏散走道的疏散门至安全出口的距离：当房间疏散门位于两个安全出口之间时，疏散门与最近安全出口的距离不应大于 40 m；当房间位于袋形走道两侧或尽端时，其疏散门与最近安全出口的距离不应大于 22 m。

⑦ 安全出口、楼梯和疏散通道的宽度应满足表 6–22 中的规定。设备与管理用房区房间单面布置时，疏散通道宽度不得小于 1.2 m，双面布置时不得小于 1.5 m。

表 6–22　车站各部位的宽度规定

名　　称		最小宽度/m
岛式站台		8.0
岛式站台的侧站台		2.5
侧式站台（长向范围内设楼梯）的侧站台		2.5
侧式站台（垂直于侧站台开通道口设楼梯）的侧站台		3.5
站台计算长度不超过 100 m，且楼、扶梯不伸入站台计算长度	岛式站台	6.0
	侧式站台	4.0
通道或天桥		2.4
单向楼梯		1.8
双向楼梯		2.4
与上、下均设自动扶梯并列设置的楼梯（困难情况下）		1.2
消防专用楼梯		1.2
站台至轨道区的工作梯（兼疏散梯）		1.1

⑧ 地下出入口通道的长度不宜超过 100 m，当超过时应采取满足人员消防疏散要求的措施。

⑨ 车站站台公共区的楼梯、自动扶梯、出入口通道，应满足当发生火灾时在 6 min 内将远期或客流控制期中超高峰小时一列进站列车所载的乘客及站台上的候车人员全部撤离站台到达安全区的要求。

⑩ 提升高度不超过 3 层的车站，乘客从站台层疏散至站厅公共区或其他安全区域的时间，应按下式计算：

$$T = 1 + \frac{Q_1 + Q_2}{0.9\left[A_1(N-1) + A_2 B\right]} \leqslant 6\,\text{min} \qquad (6\text{–}3)$$

式中：Q_1——远期或客流控制期中超高峰小时一列进站列车的最大客流断面流量，人；

　　　Q_2——远期或客流控制期中超高峰小时站台上的最大候车乘客，人；

　　　A_1——1 台自动扶梯的通过能力，人/（min·m）；

　　　A_2——疏散楼梯的通过能力，人/（min·m）；

　　　N——自动扶梯数量，台；

　　　B——疏散楼梯的总宽度，m，每组楼梯的宽度应按 0.55 m 的整倍数计算。

3）疏散指示标志

① 疏散指示标志应设在不被遮挡的醒目位置。

② 疏散出口、安全出口等疏散指示标志不应设置在可开启的门、窗扇和其他可移动的物体上。

③ 疏散指示标志的尺寸应与空间大小相匹配。

④ 站台、站厅公共区、人行楼梯及其转角处、自动扶梯、疏散通道及其转角处、安全出口、消防电梯、消防专用通道、防烟楼梯间（含前室）、避难通道、区间中间风井防烟楼梯间（含前室）、设备管理区内走道。

⑤ 疏散通道出口处，疏散指示标志应设置在门洞边缘或门洞上部。当设于门洞边缘时，标志牌下边缘距地面的高度不应小于 2 m；当门洞上边缘距吊顶高度过小时，也可设于门洞侧的墙面上，但标志牌的中心点距地面高度应在 1.3～1.5 m。

⑥ 站台、站厅公共区在柱和墙面上应设置发光型疏散指示标志，标志牌的下边缘距地面不大于 1 m，间距不应大于 20 m 或二跨柱间距，同时吊顶下设电致发光型疏散指示标志，标志牌的下边缘距地面不应小于 2 m。

⑦ 疏散通道中，疏散指示标志宜设置在通道两侧及转角处的墙面上，标志牌的下边缘距地面不应大于 1 m。标志的间距不应大于 20 m。但疏散通道转角区不应大于 1 m。同时在吊顶下设与侧墙相呼应位置的疏散指示标志，标志牌的下边缘距地面不应小于 2 m。设备管理区内走道标志的间距不应大于 10 m。

⑧ 自动扶梯起终点侧面及人行楼梯踏步立面宜设光致发光型疏散指示标志。

⑨ 地下区间隧道当设有纵向疏散平台时，每隔 20 m 应设置可控指示方向的疏散指示标志，标志牌中心距疏散平台 1.5～1.9 m 的侧墙上。

⑩ 地下区间之间的联络通道洞口应设疏散指示标志，标志牌下边缘距疏散平台的高度不应小于 2 m，标志牌垂直于洞门设置且为双面标识。

2. 地下车站火灾工况疏散模式

地下车站火灾疏散模式如表 6-23 所示。

表 6-23　地下车站火灾疏散模式

区域	步骤	疏 散 内 容
站台层火灾	1	开启站台层排烟，停止站台层送风和站厅层排风，形成站台层负压，使楼扶梯口形成 1.5 m/s 的向下气流。借助站台层楼扶梯洞周边的挡烟垂壁，使站台层的烟气不至漫延至站厅公共区
	2	一旦确认站台层火灾，应通过显示声讯（应急广播与电视监控）和服务人员等措施引导疏散，同时阻挡地面乘客不再进入地铁，已经进入的告知返回
	3	按设定上层站厅公共区为安全区，乘客通过设于站台至站厅公共区 N 组楼扶梯，在 6 min 内全部撤离到站厅层。同时应考虑火源正处在一组楼扶梯口时，复核 N-1 组楼扶梯能在 6 min 内乘客全部撤离站台
	4	一旦确认站台层火灾，自动检票机应处于常开，同时打开所有设于付费区与非付费区之间的栏栅门，使乘客无阻挡通过所有出入口疏散到地面
	5	一旦确认站台层火灾，如站台与站台之间的换乘车站，应落下设于梯洞口的防火卷帘。当两线站台上下平行换乘时，应落下设于上、下站台联络梯洞口的防火卷帘，使烟气不至漫延至另一条线的车站
	6	一旦确认站台层火灾，控制中心调度应使上、下行列车不再进入车站，非火灾侧列车或快速通过不停站
	7	稍后利用设于公共区消火栓进行灭火
车站轨行区火灾	1	当站台设有屏蔽门时，停车侧应自动打开所有滑动门
	2	启动轨行区排烟系统和区间事故风机系统对火灾侧轨行区排烟
	3	当站台两端设有迂回风道时，设在迂回风道的风阀或防火卷帘应关闭，隔离火灾轨行区，使烟气不漫延到非火灾轨行区
	4	排烟量除了满足与列车火灾规模匹配的烟量外，还应满足站厅至站台楼扶梯不小于 1.5 m/s 的向下气流
	5	站台往站厅公共区利用 N 组楼扶梯疏散，且校核 N-1 组楼扶梯的疏散能力
	6	当遇两线上、下站台层平行换乘车站，应落下设于上、下站台层之间的联络梯洞口的防火卷帘
	7	一旦确认火灾，应通过显示声讯（应急广播与电视监控）和服务人员等措施引导疏散，同时阻挡地面乘客不再进入地铁，已进入的告知返回，打开所有自动检票口和栏栅门
	8	一旦确定火灾，控制中心调度应使非火灾区间的列车不进入本站或快速通过，车站不下客
	9	稍后利用设于站台层消火栓进行灭火
站厅公共区火灾	1	站厅公共区排烟，关闭送风，形成站厅公共区负压，新风经出入口和站台层自然补入
	2	火灾确认后，应通过显示声讯（应急广播与电视监控）和服务人员等措施引导疏散，同时阻挡地面乘客不再进入地铁，已进入的即刻返回
	3	火灾确认后，打开所有自动检票口和所有栏栅门
	4	站厅公共区设有 N 个出入通道口进行疏散。同时考虑火源在某一通道口发生，复核 N-1 个通道口的疏散能力，满足消防疏散要求

续表

区域	步骤	疏 散 内 容
站厅公共区火灾	5	火灾确认后，滞留于站台上的乘客，不再上行疏散至站厅公共区，应调度列车尽快把滞留乘客带到下一站进行疏散。待站厅公共区救灾后能恢复正常使用时才能上、下客
	6	火灾确认后，对于设有通道换乘车站及与同层商业开发联络通道，均应落下该处的防火卷帘，使烟气不漫延至换乘车站或商业开发区内
	7	稍后利用设于公共区消火栓进行灭火
设备管理区火灾	1	有人值守的房间利用手提式灭火机灭火，当达到一定规模时，需启动防排烟系统
	2	无人值守的电气设备用房均采用气体自动灭火，灭火时，该区域通风系统关闭，灭火完毕开启通风系统进行换气
	3	设于设备管理防火分区内的人员，如要流动则利用直通地面的消防出入口及相邻防火分区防火墙上的防火门

6.3.3 消防

1. 自动喷水灭火系统

消防系统是与火灾探测报警系统同时设置的。在火灾探测报警系统探测到火灾隐患后，就要启动消防系统，达到灭火的目的。最常见的有水灭火系统、自动喷水灭火系统、二氧化碳灭火系统、泡沫灭火系统、干粉灭火系统等。

1）水的灭火作用

水是天然的灭火剂。水的灭火作用主要有以下 4 个方面。

① 冷却作用。因为水具有很大的比热容和蒸发潜热，所以水是一种很好的吸热物质。当水喷射到燃烧物质表面时，由于水的吸热，使燃烧物质的温度下降，当该温度下降到其燃点以下时，该物质停止燃烧。

② 窒息作用。水受热汽化以后，体积膨胀很大，在燃烧物质周围形成了一个大量水蒸气区域，该区域阻碍了新鲜空气进入燃烧区，使燃烧区域内的氧浓度下降，从而将火扑灭。

③ 乳化作用。当滴状水或雾状水喷在一些与水不相溶的黏性液体表面时，就可以产生乳化作用。由于水的连续施加，形成一个乳化层，液体表面受到冷却，可燃蒸气产生的速度下降，火灾就会被扑灭。

④ 对可燃物质的稀释作用。很多可燃物质是易溶于水的，这些液体着火并用水进行扑救时，随着水的加入，可燃物质浓度降低，可燃蒸气产生速度下降，燃点逐渐升高。当可燃物质浓度下降到某一值时，不足以再支持燃烧，燃烧即告终止。

2）自动喷水灭火系统分类

自动喷水灭火系统的管网中平时通过压力水柜保持一定的压力。当火灾发生时，喷头开始喷水，压力水柜内的压力下降。当压力水柜内的压力下降到某一设定值时，压力水柜中的压力继电器自动启动水泵向管网中供水。

根据控制阀和喷头的形式，自动喷水灭火系统可分为湿式系统、干式系统、预作用系统、开式系统。

（1）湿式系统

湿式系统是一种应用比较广泛、结构比较简单的自动喷水灭火系统。该系统的管道和喷头始终充满水，并且保持一定的压力，喷头一旦启动，水立刻喷出，喷水迅速，控火和灭火的成功率比较高。

（2）干式系统

在干式系统中，其管道和喷头内平时不充水，而充以压缩空气。干式系统由干湿两用阀、闭式喷头、水力警铃、排气加速器、自动充气装置和供水管道组成，该系统能独立完成自动探测、报警和喷水任务。

（3）预作用系统

预作用系统是将火灾自动探测报警技术和自动喷水灭火系统有机地结合在一起。该系统主要由闭式喷头、预作用阀、自动充气装置、供水管道和火灾自动探测报警装置组成。

在没有火灾时，该系统的配水干管同干式系统一样充满压缩空气。当系统中火灾探测器探测到本保护区域内发生火灾时，探测器向报警控制箱发出火灾信号，报警控制箱立刻发出信号打开预作用阀，向配水干管和喷头供水，使系统转为湿式系统。

（4）开式系统

开式系统主要由雨淋阀、开式喷头、火灾自动探测报警装置、水力警铃和供水管道等组成。雨淋阀的开启，由火灾自动探测装置控制，雨淋阀一旦打开后，所有的喷头同时喷水。

未发生火灾时，雨淋阀处于关闭状态，阀进口侧与水源相通，阀出口侧与配水干管相通，配水干管处于空管状态。当火灾探测器探测到保护区域内发出火灾时，火灾探测器向报警控制箱发出火灾报警信号，报警控制箱收到火灾信号后，立刻自动打开雨淋阀和水力警钟，水进入配水干管向开式喷头供水，系统投入工作。

2. 消防给水系统

① 地铁的消防给水水源应采用城市自来水，当沿线无城市自来水时，可采用其他消防给水水源。

② 地下车站（含换乘车站）的消火栓给水系统用水量定额应为 20 L/s；地下车站出入口通道、折返线及地下区间隧道的消火栓给水系统用水量定额应为 10 L/s。

③ 当城市自来水的供水量能满足消防用水的要求，而供水压力不能满足消防用水压力的要求时，应设消防增压、稳压设施，当地消防和市政部门许可时，可不设消防水池，从市政管网直接引水。

④ 当城市自来水的供水量不能满足消防用水量要求或城市自来水管网为枝状管网时，地下车站及地下区间应设消防增压、稳压设施和消防水池。

⑤ 换乘车站消防给水系统宜采用一套系统。

⑥ 地面车站、高架车站消火栓给水系统采用消防泵加压供水时，应设置稳压装置及气压罐，可不设高位水箱。

⑦ 地下车站及其相连的地下区间、长度大于 20 m 的出入口通道、长度大于 500 m 的独立地下区间，应设室内消火栓给水系统。

⑧ 地下车站和地下区间的室内消火栓给水系统应设计为环状管网；地下区间上下行线应各设置 1 根消防给水管，在地下车站端部和车站环状管网应相接。

⑨ 地面和高架车站室内消火栓超过 10 个，且室外消防用水量大于 15 L/s 时，应设计为环状管网。

⑩ 车站室内消火栓环状管网应有 2 根进水管与城市自来水环状管网或消防水泵连接。

3. 消火栓

① 消防枝状管道上设置的消火栓数量不应超过 4 个。

② 消火栓口径应为 DN65，水枪喷嘴直径应为 19 mm，每根水龙带长度应为 25 m，栓口距地面、楼板或道床面高度应为 1.1 m。

③ 车站的消火栓，宜设单口单阀消火栓，困难地段可设双口双阀消火栓箱。

④ 地下区间隧道的消火栓，宜设消火栓口，可不设消火栓箱，但水龙带和水枪应放在邻近车站站台端部的专用消火栓箱内。

⑤ 消火栓的布置应保证每个防火分区同层有两只水枪的充实水柱同时到达室内任何部位；

⑥ 地下车站水枪充实水柱长度不应小于 10 m。

⑦ 消火栓的间距应按计算确定，但单口单阀消火栓不应超过 30 m，双口双阀消火栓不应超过 50 m；地下区间隧道（单洞）内消火栓的间距不应超过 50 m；人行通道内消火栓间距不应超过 30 m。

⑧ 在地下车站出入口或新风亭的口部等处明显位置应设水泵接合器，并应在距水泵接合器 15～40 m 范围内设置室外消火栓或消防水池取水口。

⑨ 消防水池的有效容积应满足消防用水量的要求。消火栓系统的用水量：火灾延续时间应按 2 h 计算，当补水有保证时可减去火灾延续时间内连续补充的水量。

复习思考题

1. 简述安全设计技术的基本原则。
2. 什么是危险最小化设计？设计时采取的措施包括哪些？
3. 什么是故障—安全设计？

4. 告警的方式有哪几种？其适用情况是什么？

5. 简述城市交通安全设计应重视的内容。

6. 简述城市道路安全设计理念。

7. 简述宽容路侧设计的内容。

8. 简述城市道路线形设计的基本原则。

9. 简述道路平纵组合设计的目标和安全设计要点。

10. 简述弱势群体安全保护设施设计的内容。

11. 简述护栏安全设计对策。

12. 简述城市道路交通标志安全设计的要点。

13. 简述照明安全设计要点。

14. 简述疏散指示标志安全设计的内容。

15. 简述城市轨道交通车站站台层火灾的疏散内容。

第7章

城市交通事故调查与处理

　　交通事故的调查和处理对于预防事故、提高城市交通系统的运营安全等具有重要的现实意义。本章介绍了城市交通事故调查、处理及损害赔偿等内容，具体包括事故现场勘查，事故分析与再现技术，城市交通事故案卷，事故处理、认定及损害赔偿的概念、内容、作用和执行步骤和具体要求。通过本章的学习，应该掌握事故调查的概念、依据、目的和意义，城市道路交通事故现场勘查的原则和步骤，事故分析与再现技术的概念和内容，城市交通事故案卷的定义，城市道路交通事故处理程序及责任认定的原则和方法等内容；理解城市轨道交通事故现场勘查、事故分析与再现技术的发展及方法、事故统计报表所包含的信息内容、现场勘查的相关技术、事故分析和再现技术的相关方法，城市轨道交通事故的处理程序及相关损害赔偿等内容。

7.1　城市交通事故调查

7.1.1　概述

　　城市交通事故调查是根据现行的法律、法规、规章、规范及相关规定等，运用一定的科技及现代技术手段，按照一定的程序，对城市交通事故的原因、事故后果鉴定等进行实地勘查、现场调查及取证的行为。

7.1.1.1　事故调查的依据

　　事故调查的依据是现行的法律、法规、规章、规范及相关规定等。

　　城市道路交通事故调查的依据主要包括：

① 《中华人民共和国道路交通安全法》和《中华人民共和国道路交通安全法实施条例》；

② 与之配套的部门规章《道路交通安全违法行为处理程序规定》《交通事故处理程序规定》《机动车驾驶证申领和使用规定》《机动车登记规定》；

③ 地方制定的实施办法、细则。

城市轨道交通事故调查的依据主要包括：

① 2005 年 8 月 1 日起实施的《城市轨道交通运营管理办法》及《城市轨道交通工程安全质量管理暂行办法》等；

② 地方制定的城市轨道交通安全相关实施细则，如《北京市轨道交通运营安全管理办法》《西安市城市轨道交通条例》《重庆市轨道交通条例》《昆明市城市轨道交通管理条例》等。

7.1.1.2　事故调查的内容和对象

城市交通事故调查的内容主要包括交通事故的时间、地点、道路（轨道线路）、车牌号（列车号）、人员、物品、遗体、车辆路面痕迹等。

从理论上讲，所有事故，包括无伤害事故和未遂事故都在调查范围之内。但由于各方面条件的限制，特别是经济条件的限制，要达到这一目标不太现实。因此，进行事故调查并达到事故调查的最终目的，选择合适的事故调查对象也是相当重要的。

（1）重大事故

所有重大事故都应进行事故调查，这既是法律的要求，也是事故调查的主要目的所在。因为如果这类事故再发生，其损失及影响都是难以承受的。重大事故不仅包括损失大的、伤亡多的事故，也包括那些在社会上甚至国际上造成重大影响的事故。

（2）未遂事故或无伤害事故

有些未遂事故或无伤害事故虽未造成严重后果，甚至几乎没有经济损失，但如果其有可能造成严重后果，也是事故调查的主要对象。判定该事故是否有可能造成重大损失，则需要安全管理人员的能力与经验。

（3）伤害轻微但发生频繁的事故

这类事故伤害虽不严重，但由于发生频繁，对安全生产会产生较大影响，而且突然频繁发生的事故，也说明管理上或技术上有不正常的问题，如不及时采取措施，累积的事故损失也会较大。事故调查是解决这类问题的最好方法。

（4）可能因管理缺陷引发的事故

如前所述，管理系统缺陷的存在不仅会引发事故，而且也会影响工作效率，进而影响经济效益。因此，及时调查这类事故，不仅可以防止事故的再发生，也会提高经济效益。

（5）高危险工作环境的事故

由于高危险环境中极易发生重大伤害事故，造成较大损失，因而在这类环境中发生的事故，即使后果很轻微，也值得深入调查。只有这样，才能发现潜在的事故隐患，防止重大事故的发生。这类环境包括高空作业场所、易燃易爆场所、有毒有害的生产工艺等。

（6）适当的抽样调查

除上述诸类事故外，还应通过适当抽样调查的方式选取调查对象，及时发现新的潜在危险，提高系统的总体安全性。这是因为有些事故虽然不完全具备上述5类事故的典型特征，但却有发生重大事故的可能性，适当的抽样调查会增加发现这类事故的可能性。

7.1.1.3　事故调查的作用和目的

事故调查的目的是防止事故的再发生，即：

● 通过深入的调查分析，查出导致事故发生的深层次原因，特别是管理系统的缺陷，才有可能达到事故调查的首要目的，即防止事故的再发生；

● 通过事故调查描述事故的发生过程，鉴别事故的直接原因与间接原因，从而积累事故资料，为事故的统计分析及类似系统、产品的设计与管理提供信息，为企业或政府有关部门安全工作的宏观决策提供依据；

● 根据事故调查的结果提出整改措施，控制事故或消除此类事故。

事故调查的作用可归纳为以下几个方面。

（1）事故调查工作是一种最有效的事故预防方法

事故的发生既有它的偶然性，也有必然性，即如果潜在事故发生的条件（一般称为事故隐患）存在，则什么时候发生事故是偶然的，但发生事故是必然的。因而，通过事故调查的方法，可以发现事故发生的潜在条件，包括事故的直接原因和间接原因，找出其发生、发展的过程，防止类似事故的发生。例如，某建筑工地叉车驾驶员午间休息时饮酒过量后，又进入工地现场，爬上叉车，使叉车前行一段后从车上摔下，造成重伤。如果按责任处理非常简单，即该驾驶员违章酒后驾车，但在其酒后进入工地驾车的过程中，为什么没有人制止或提醒他不要酒后驾车呢？如果在类似情况下有人制止，是否还会发生事故呢？答案是十分明确的。

（2）为制定安全措施提供依据

事故的发生是有因果性和规律性的，事故调查是找出这种因果关系和事故规律的最有效的方法，掌握了这种因果关系和规律性，就能有针对性地制定出相应的安全措施，包括技术手段和管理手段，达到最佳的事故控制效果。

（3）揭示新的或未被人注意的危险

任何系统，特别是具有新设备、新工艺、新产品、新材料、新技术的系统，都在一定程度上存在着某些尚未了解、掌握或被忽视的潜在危险。事故的发生给了人们认识这类危险的机会，事故调查是人们抓住这一机会的最主要的途径，只有充分认识这类危险，才有可能防止其产生。

（4）可以确认管理系统的缺陷

事故是管理不佳的表现形式，而管理系统缺陷的存在也会直接影响到企业的经济效益。

事故的发生给了人们将坏事变成好事的机会，即通过事故调查发现管理系统存在的问题，加以改进后，就可以一举多得，既控制事故，又改进管理水平，提高企业经济效益。

（5）事故调查工作是高效的安全管理系统的重要组成部分

安全管理工作主要是事故预防、应急措施和保险补偿手段的有机结合，且事故预防和应急措施更为重要。既然事故调查的结果对于事故预防和应急计划的制定均有重要价值，因此，在安全管理系统中要具备事故调查处理的职能并真正发挥其作用，否则安全管理工作的目的和对象就会在人们的头脑中变得模糊起来。

（6）对于保险业来说，事故调查也有着特殊的意义

事故调查既可以确定事故真相，排除骗赔事件，减少经济损失；也可以确定事故经济损失，确定双方都能接受的合理的赔偿额；还可以根据事故的发生情况，进行保险费率的调整，同时提出合理的预防措施，协助被保险人减少事故，搞好防灾防损工作，减少事故率。

根据《生产安全事故报告和调查处理条例》，事故调查组应履行下列职责：

① 查明事故发生的经过、原因、人员伤亡情况及直接经济损失；

② 认定事故的性质和事故责任；

③ 提出对事故责任者的处理建议；

④ 总结事故教训，提出防范和整改措施；

⑤ 提交事故调查报告。

事故调查报告应当附具有关证据材料，事故调查组成员应当在事故调查报告上签名。事故调查报告则应当包括下列内容：

① 事故发生单位概况；

② 事故发生经过和事故救援情况；

③ 事故造成的人员伤亡和直接经济损失；

④ 事故发生的原因和事故性质；

⑤ 事故责任的认定及对事故责任者的处理建议；

⑥ 事故防范和整改措施。

根据《道路交通安全法》的规定，城市道路交通事故的调查和处理是公安机关交通管理部门的职责，包括现场调查、事故分析和处理、事故统计等内容。

① 道路交通事故的现场调查是为了弄清在事故前、事故中和事故后，车辆、行人的运行方向、路线、速度和位置，为事故分析及再现提供数据。

② 事故分析与再现技术是根据事故现场的交通工具损坏情况、停止状态、人员伤亡情况及各种形式的痕迹情况，对事故发生的全过程进行推理，通过事故仿真的方式利用计算机进行事故动态模拟，从而形象地再现交通事故发生的真实过程，为交通管理部门快速、准确处理道路交通事故提供技术支持，同时也可以为交通事故管理部门提供避免交通事故和减轻交通事故严重程度的理论依据。

③ 事故统计是交通事故处理工作的重要内容之一，对于全面提高交通事故处理工作的质

量及交通事故预测等具有重要的作用。

根据《城市轨道交通运营管理办法》的规定，城市轨道交通事故的处理是城市人民政府城市轨道交通主管部门、城市轨道交通运营单位及公安部门的职责，包括现场调查、事故分析和处理、事故统计等内容。一旦发生了事故，应及时准确地做好事故通报工作及现场应急处置工作，减少事故带来的损失。进行人员疏散后，对轨道交通事故现场进行勘查、检验，依法进行现场处理，对事故原因进行分析调查。

这里我们必须要明确以下两个方面。

① 事故调查应满足法律要求，提供违反有关安全法规的资料，是司法机关正确执法的主要手段。

② 这里所提的事故调查与以确定事故责任为目的的事故责任调查过程存在本质上的区别。后者仅仅以确定责任为目的，不可能控制事故的再发生；前者则要分析探讨深层次的原因，如管理系统的缺陷，为控制此类事故奠定良好的基础。

7.1.1.4　事故调查的原因

1. 城市道路交通事故调查的原因

① 人——所有道路使用者。主要包括机动车驾驶人、乘车人、骑自行车人、行人；机动车驾驶人的疏忽大意、违章行驶、操作失误等；行人、非机动车驾驶人不遵守交通规则；人的心理和生理条件等。

② 车辆。主要包括车辆的转向、制动、动力和电气等 4 个组成部分的性能；车辆组成部件的性能参数、汽车技术状况的参数变化，导致机动车的性能不佳、机件失灵或零部件损坏等因素。

③ 道路、交通和环境条件。主要包括交通量、交通组成、运行条件、速度等；道路线形设计与实际运行状况不协调；路基路面结构的损坏状况；交通附属设施的设置，如标志标线设置不科学、数量不足、不连续等；自然环境条件，如雨、雪、雾天、景观等。

④ 管理和法规。主要包括警力严重不足，整体执法水平不高；交通科学技术管理水平落后，科技含量不高；群防群治，综合治理，社会化管理交通的各种措施没有落实；各有关部门在管理立法规划等方面，缺少严密和长期的合作；管理决策者的思想观念不适应；道路交通安全法规的建设和宣传不到位等。

2. 城市轨道交通事故调查的原因

① 人为因素。如违章作业、业务不精、判断失误、身体因素、地外人员对地铁设备的不了解等。

② 恐怖暴力袭击事件。

③ 地铁火灾。地铁火灾起因可分为人为因素（包括制造爆炸和过失引火）和系统故障因素（包括地铁电气与机械设备故障等）两大类。

④ 大量客流拥堵。各种因素导致的瞬间客流大量聚集拥堵从而容易引发群体性伤亡事件的发生。一旦形成超大客流的瞬间聚集，使运能和运量矛盾急剧放大，极易产生"点堵、线瘫、面乱"的蔓延和辐射效应，造成局部秩序混乱，一遇其他诱发因素更易导致骚乱性群死、群伤事件。

⑤ 阻碍运营事件。一旦因运营故障、乘客滞留或其他群体性行为，都可能产生阻碍列车运营的事件。甚至有人因各种原因违规进入轨道、穿越轨道及自杀等行为而造成列车被迫停运的事件。

⑥ 有毒、有害的生物或气体的侵害。地铁车站由于空间封闭、场地狭小、空气流通性较差，有毒、有害的生物或气体一旦侵入就很难控制，涉及的伤害范围会比较大。

⑦ 自然灾害和其他意外因素的侵害。自然灾害和其他意外因素也对城市轨道交通的公共安全构成威胁。例如，台风刮倒电杆、大树，高空坠物等可能威胁到地面城市轨道交通的安全。

7.1.2 事故现场勘查

现场勘查主要是为了取得相应的证据，认定交通事故事实，是交通事故调查取证的一部分，是一种调查取证活动。现场勘查的作用主要有以下几个方面。

（1）为再现交通事故发生过程提供客观依据

交通事故的发生是一个复杂的动态演变过程，各种因素交织在一起并短时间内完成，一般情况下，当事人和旁观者很难作出全面、准确的反应，特别是交通管理部门的事故办案民警，都是在事故发生后赶到现场，不可能看到事故发生的整个过程。事故发生遵循一定的规律性，事故现场记录与事故相关的人员、车辆在事故发生前的运动轨迹及状态，相互接触时的动态变化及事故发生后的静止位置，根据事故现场的原始状态，运用事故发生的规律性，再现事故发生过程。

（2）现场勘查是获取交通事故证据的重要途径

事故现场是交通事故的发生地，在事故发生过程中，车辆、道路、人员、各种物体相互作用，产生大量的痕迹物证，交通事故现场成为证据的集聚地，这些证据对于认定事故事实将发挥重要的不可替代的作用。

（3）为交通事故调查取证奠定坚实基础

现场勘查是交通事故调查取证工作的一部分，是调查取证的初始工作，后续许多调查取证工作都是在现场勘查基础上展开的。

（4）为侦破交通肇事逃逸案提供破案线索

这是针对交通肇事逃逸案来说的，由于在事故发生过程中，肇事逃逸车辆与事故现场的其他车辆、人员、道路、物体发生接触，形成能够反映肇事逃逸车辆的痕迹物证，这些痕迹物证蕴含着大量的肇事逃逸车辆的信息。因此，现场勘查将为交通肇事逃逸案的侦破提供线索。

7.1.2.1 道路交通事故现场勘查

1. 勘查事故现场的准备

《道路交通事故处理程序规定》第 21 条规定"交通警察到达事故现场后，应当立即进行下列工作"：

① 划定警戒区域，在安全距离位置放置发光或者反光锥筒和警告标志，确定专人负责现场交通指挥和疏导，维护良好的道路通行秩序；

② 因道路交通事故导致交通中断或者现场处置、勘查需要采取封闭道路等交通管制措施的，还应当在事故现场来车方向提前组织分流，放置绕行提示标志，避免发生交通堵塞；

③ 组织抢救受伤人员；

④ 指挥勘查、救护等车辆停放在便于抢救和勘查的位置，开启警灯，夜间还应当开启危险报警闪光灯和示廓灯；

⑤ 查找道路交通事故当事人和证人，控制肇事嫌疑人。

2. 事故现场勘查内容

《道路交通事故处理程序规定》第 23 条规定"交通警察应当对事故现场进行调查，做好下列工作"：

① 勘查事故现场，查明事故车辆、当事人、道路及其空间关系和事故发生时的天气情况；

② 固定、提取或者保全现场证据材料；

③ 查找当事人、证人进行询问，并制作询问笔录；

④ 其他调查工作。

具体来说，现场勘查包括以下 5 个方面的内容。

● 时间调查。调查与事故有关的时间，如事故发生时间、相关车辆的出车时间、中途停车或收车时间、连续行驶时间等。与事故有关的时间参数是分析事故过程的一个重要参数。

● 空间调查。调查现场内与事故有关的车辆、散落物、被撞物体等遗留痕迹的状态，用来确定车辆运动速度、行车路线及接触点等，为事故分析奠定基础。

● 当事人身心调查。调查当事人的身心状态，如健康状况、情绪、心理状态、疲劳、饮酒及服用药物等情况。

● 后果调查。调查人员伤亡情况，查明致伤和致死的部位及原因，记录车辆损坏和物资财产损失情况。

● 车辆与周围环境调查。调查可能对事故产生影响的车辆的技术状况，道路及附属设施的状态，气候、天气条件等。

3. 勘查事故现场的任务

根据以上规定，道路交通事故现场勘查的任务如下。

1）调查事故现场基本情况

根据道路交通事故现场的构成要素，通过调查确定道路交通事故现场的具体情况。

① 道路交通事故发生的时间，是指发生道路交通事故现象的开始时间。

② 道路交通事故发生的地点，是指事故车辆在道路纵向上的位置。

③ 事故现场的道路与交通环境。查清事故现场的道路类型、等级、走向、形式、横断面、线形、路面、照明、交通设施、环境等。

④ 事故车辆。查清事故车辆的号牌号码、类型、所有人及住址、使用性质、品牌、检验、保险、灯光使用、装载、损坏后果等情况。

⑤ 事故当事人。查找事故当事人，核实当事人身份；认定当事人的交通方式与状态；确认事故车辆驾驶人，进行饮酒嫌疑检测；现场询问，取得当事人陈述。

⑥ 现场证人。查找现场证人，调查并记录现场证人的基本情况，进行现场询问，取得证人证言。

⑦ 事故现场的尸体检验。请医疗人员确认当场死亡，记录尸体的原始位置与状态，清理死者的遗留物品等。

2）发现、固定和提取现场痕迹、物证

事故现场的痕迹包括地面轮胎痕迹、鞋底痕迹、挫划痕迹、沟槽痕迹、车体痕迹、衣着痕迹、体表损伤痕迹、其他痕迹等，现场物证主要有漆片、毛发、皮肉、血迹、玻璃碎片、车辆零部件、泥土等。现场上的各种痕迹、物证，都可成为直接或间接证明道路交通事故事实的证据。在现场勘查中，要全面、细致地发现和收集与道路交通事故有关的痕迹、物证，为准确地认定道路交通事故事实奠定基础。

3）再现事故发生过程，查明事故原因

通过现场勘查，弄清在事故前、事故中和事故后，车辆、行人的运行方向、路线、速度和位置，事故当事人的交通安全违法行为，以及道路、交通环境对事故发生的客观影响，再现事故发生过程，查明事故原因，为准备确地认定事故事实提供依据，为侦破交通肇事逃逸案件提供侦查方向、破案线索和证据。

4）认定案件的性质

《道路交通事故处理工作规范》第 29 条规定：交通警察应当根据现场情况，确认案件性质和管辖。在道路交通事故处理中，可能遇到的事件或案件主要有 7 种。

（1）过失造成人员伤亡、财产损失的事故

由于当事人的疏忽大意或者过于自信，造成人员伤亡、财产损失的事故，这是在事故处理中遇到最多的一类道路交通事故。

（2）与交通工具有关的刑事犯罪案件

与交通工具有关的刑事犯罪案件主要有：发生道路交通事故后的直接或间接故意杀人及伤害案件，以驾车的危险方法危害公共安全的案件；利用交通工具直接故意杀人、故意伤害的案件；制造假道路交通事故或伪装道路交通事故，诈骗钱财的案件；在公共交通管理范围以外的机动车肇事的案件。

（3）意外事故

由于人力不能抗拒的原因或者当事人无法预测的原因引发的道路交通事故，如车轮碾飞石子击伤行人、道路山体滑坡造成翻车等。

（4）骗赔案件

伪造道路交通事故，诈骗保险公司的车辆保险赔款。

（5）非道路交通性质的事故

道路施工过程中的工伤事故、体育竞赛事故、军事演习事故、铁路道口火车与机动车或行人事故等。

（6）伪装道路交通事故

伪造道路交通事故，实际是故意杀人案的第二现场。

（7）其他

其他在道路上发生的类似于道路交通事故的事件、案件等。

现场勘查的首要任务是查清事故事实，认定所发生的事件或案件是不是道路交通事故。如果是道路交通事故，按照道路交通事故进行处理。如果不是，由事故处理机构负责人批准，书面通知当事人。查清事实，并非易事，特别是对伪造现场，这就要求事故办案民警仔细地勘查，深入地分析现场上违反规律的现象，揭穿伪造者的阴谋。

5）调查道路交通事故损害结果

道路交通事故损害后果包括人员伤亡和财产损失，损害结果是事故事实的一部分，在现场勘查中，调查人员伤亡是死亡还是受伤，调查车辆、货物及其他财物的损害程度，为准确地确定事故类别，适用事故处理程序提供依据。

4. 事故现场勘测程序

实施事故调查过程是事故调查工作的主要内容。一般的事故调查的基本步骤包括现场处理、现场勘查、物证收集、人证问询等主要工作。由于这些工作时间性极强，有些信息、证据是随时间的推移而逐步消亡，有些信息则有着极大的不可重复性，因而对于事故调查人员来讲，实施调查过程的速度和准确性显得尤为重要。只有把握住每一个调查环节的中心工作，才能使事故调查过程进展顺利。

1）事故现场处理

事故现场处理是事故调查的初期工作。对于事故调查人员来说，由于事故的性质不同及事故调查人员在事故调查中的角色的差异，事故现场处理工作会有所不同，但通常现场处理应进行如图7-1所示的工作。

图 7-1　道路交通事故处理程序

（1）安全抵达现场

要使自己能够在携带了必要调查工具及装备的情况下，安全地抵达事故现场。在抵达现场的同时，应保持与上级有关部门的联系，及时沟通。

（2）现场危险分析

这是现场处理工作的中心环节。现场危险分析工作主要有观察现场全貌，分析是否有进一步危害产生的可能性及可能的控制措施，计划调查的实施过程，确定行动次序及考虑与有关人员合作，控制围观者，指挥志愿者等。

（3）现场营救

最先赶到事故现场的人员的主要工作就是尽可能地营救幸存者和保护财产。作为一个事故调查人员，应及时记录事故遇难者遗体的状态和位置并用照相和绘草图的方式标明位置，同时告诫救护人员必须尽早记下他们最初看到的情况，包括幸存者的位置、移动过的物体的原位置等。

（4）防止进一步危害

在现场危险分析的基础上，应对现场可能产生的进一步的伤害和破坏及时采取行动，使二次事故造成的损失尽可能小。这类工作包括防止有毒有害气体的生成或蔓延，防止有毒有害物质的生成或释放，防止易燃易爆物质或气体的生成与燃烧爆炸，防止由火灾引起的爆炸等。

（5）保护现场

这是下一步物证收集与人证问询工作的基础。其主要目的就是使与事故有关的物体痕迹、状态尽可能不遭到破坏，人证得到保护。

由于首先到达事故现场的有可能是企业职工、附近居民、抢救人员或警方人员，因此为保证调查组抵达现场之前不致因对现场进行不必要的干预而丢失重要的证据，争取企业职工，特别是厂长等基层干部及当地警察或抢救人员的合作是非常重要的。调查人员应充分认识到，事故调查不仅需要进行技术调查，而且还需要服从某种司法程序，而国家法律也许更重视后者。所以应通过合适的方式，使上述人员了解到，除必要的抢救等工作外，应使现场尽可能地原封不动。事故中遇难者的遗体及人体残留物应尽可能留在原处，私人的物品也应保持不动，因为这些东西的位置有助于辨别遇难者的身份。此外，应通过照相等手段记下像冰、烟灰之类短时间内会消失的迹象及记下所有在场目击者的姓名和地址，以便于调查者取得相应的证词。可以看出，对上述人员进行适当的现场保护培训也是十分重要的。

在调查者抵达现场后，应建立一个中心，并以标志、通知等方式使有关人员知道该中心的设立及主要负责人员。通过该中心与新闻媒体及时沟通，保证现场各方面的信息交换及控制好现场保护工作。对目击者的保护还必须注意既要与他们保持联系或尽可能使他们滞留在现场，也要尽可能地避免目击者之间及与其他有关人员的沟通。这是因为对于任何一个人，事故的发生都是没有任何心理准备的意外事件，因而对其本人听到、看到、感觉到的东西大多数是模糊的、不确定的。一旦受到外人的干扰，他就会自觉不自觉地改变原来的模糊印象而逐步"清晰"起来，而这种"清晰"是我们最不希望看到的。特别当一些别有用心的人采用暗示的手段后，通过人证对事故了解的难度就更大了。

有些物证（如痕迹、液体和碎片等）极容易消失，因而要事先计划好这类证据的收集，准备好样品袋、瓶、标签等，并及时收集保存。

如果需要清理现场或移动现场物品，如车祸发生后通道会阻塞，则应在移动或清理前对重要痕迹照相或画出草图，并测量各项有关数据。

值得特别指出的是，现场保护工作不是少数人就能完成的。事故调查人员应主动与在现场工作的其他人员沟通联系，多方合作，同时协调好保护现场与其他工作的矛盾，以合作的方式达到目的。

2）事故现场勘查

事故现场勘查是事故现场调查的中心环节。其主要目的是查明当事各方在事故之前和事发之时的情节、过程及造成的后果。通过对现场痕迹、物证的收集和检验分析，可以判明发生事故的主、客观原因，为正确处理事故提供客观依据，因而全面、细致地勘查现场是获取现场证据的关键。无论什么类型的事故现场，勘查人员都要力争把现场的一切痕迹、物证甚至微量物证收集、记录下来，对变动的现场更要认真细致地勘查，弄清痕迹形成的原因及与其他物证和痕迹的关系，去伪存真，确定现场的本来面目。在勘查前，应巡视现场周围情况，对现场全貌有了概括的了解后，再确定现场勘察的范围和勘察的顺序。

事故现场勘察工作是一种信息处理技术。由于其主要关注 4 个方面的信息，即人（people）、部件（part）、位置（position）和文件（paper），表述这 4 个方面的英文单词均以字母 p 开头，人们通常也称之为 4P 技术。

① 人，应以事故的当事人和目击者为主，但也应考虑维修、医疗、基层管理、技术人员、朋友、亲属或任何能够为事故调查工作提供帮助的人员。

② 部件，指失效的机器设备、通信系统、不适用的保障设备、燃料和润滑剂、现场各类碎片等。

③ 位置，指事故发生时的位置、天气、道路、操作位置、运行方向、残骸位置等。

④ 文件，指有关记录、公告、指令、磁带、图纸、计划、报告等。

3）人证的保护与问询

在事故调查中，证人的询问工作相当重要，大约 50%的事故信息是由证人提供的，而事故信息中大约有 50%能够起作用，另外 50%的事故信息的效果则取决于调查者怎样评价分析和利用它们。

所谓证人，通常是指看到事故发生或事故发生后最快抵达事故现场且具有调查者所需信息的人。广义上则是指所有能为了解事故提供信息的人，甚至有些人不知事故发生，却有有价值的信息。证人信息收集的关键之处在于迅速果断，这样就会最大限度地保证信息的完整性。有些调查工作耗时费力，收效甚微，主要原因是没有做到这一点。

在人证保护工作中，应当避免其互相接触及其与外界的接触，并最好使其不离开现场，使问询工作能尽快开始，以期获得尽可能多的信息。

证人问询一般有两种方式。

① 审讯式。调查者与证人之间是一种类似警察与疑犯之间的对手关系，问询过程高度严谨，逻辑性强，且刨根问底，不放过任何细节。问询者 般多于一人。这种问询方式效率较高，但有可能造成证人的反感从而影响双方之间的交流。

② 问询式。这种方法首先认为证人在大多数情况下没有义务为你描述事故，作证主要依赖于自愿。这种方式花费时间较多，但可使证人更愿意讲话。问询中应鼓励其用自己的语言讲，尽量不打断其叙述过程，而是用点头、仔细聆听的方式，做记录或录音，最好不引人注意。

4）物证的收集与保护

物证的收集与保护是现场调查的另一重要工作，前面提到 4P 技术中的 3P，即部件、位置、文件属于物证的范畴。保护现场工作的很主要的一个目的也是保护物证。几乎每个物证在加以分析后都能用以确定其与事故的关系，而在有些情况下，确认某物与事故无关也一样非常重要。

数据记录装置是另一类物证。它是为满足事故调查的需要而事先设置的记录事故前后有关数据的仪器装置，其主要目的是在缺乏目击者和可调查的硬件（如已损坏）的条件下，保证调查者能准确地找出事故的原因。设备上的运行记录仪、公交道口、公共设施、金融机构的摄像装置，是较为简单的数据记录装置。

各种数据记录装置不仅可用于事故调查，也可应用于事故预防之中。通过对已收集数据的处理，及时发现系统中的缺陷和驾驶人员的失误，就可采取相应措施，防止事故的发生。

遥测技术的应用也为数据记录分析开辟了新的道路。如美国一航天飞行器发射后即失去了地面对其的控制。为查出事故原因，技术人员利用遥测的方式测量飞行器中的有关参数，并进行相应的模拟实验，最终判断出是因为一位工程师装错了一根管子所致，为避免类似事故的发生发挥了重要的作用。

5）事故现场照相

现场照相是收集物证的重要手段之一。其主要目的是通过拍照的手段提供现场的画面，包括部件、环境及能帮助发现事故原因的物证等，证实和记录人员伤害和财产破坏的情况。特别是对于那些肉眼看不到的物证、现场调查时很难注意到的细节或证据、那些容易随时间消失的证据及现场工作中需移动位置的物证，现场照相的手段更为重要。

一个事故，在其发生过程中总要触及某些物品，侵害某些客体，并在绝大多数发生事故的现场遗留下某些痕迹和物证。在一些事故现场中，当事人为逃避责任，会千方百计地破坏和伪造现场。无论是伪造还是没有伪造过的，现场上的一切现象都反映现场上的实际，通过这些现象能辨别事件的真伪。把它们准确地拍照下来，使之成为一套完整现场记录的一部分，在审理和调查的工作中具有重要的作用。它为研究事故性质、分析事故进程、进行现场实验提供资料，为技术检验、鉴定提供条件，为审理提供证据，所以现场照相是现场勘察工作中的重要组成部分和不可缺少的技术手段。

（1）现场照相的内容和要求

现场照相应包括记录事故发生时间、空间及各自的特点，事故活动的现场客观情况及造成事故事实的客观条件和产生的结果，形成事故现场的主体的各种迹象。

① 现场方位照相。

现场方位照相即拍照现场所处的位置及现场周围环境。凡是与事故有关的场所、景物都是拍照的范围。由于现场方位照相包括的范围大，所以拍照点应选在较高较远而又能显示现场及其环境特点的位置，并把那些能显示现场位置的永久性标志，如商场、车站、桥梁、街名、门牌、路标等拍摄在画面的明显位置上。

② 现场概貌照相。

现场概貌照相是指拍摄除了现场周围环境以外的整个现场状况。它表达现场内部情景，即拍照事故现场内部的空间、地势、范围，事故全过程在现场上所触及的一切现象和物体。现场概貌照相反映事故现场内部各个物体之间的联系和特点，表明现场的全部状况和各个具体细节，说明现场的基本特征，使人们看了后能对现场的范围、整个状况、特点等有一个比较完整的概念。

在进行现场概貌照相时，对现场的范围、现场内的物品、痕迹物证及遗留痕迹物证的位置等现场全部状况，要完整、系统、全面地反映出来，切忌杂乱无章地盲目乱拍。

实践证明，在现场概貌照相中如果有遗漏，特别是与事故活动有关的物品没有拍照下来，就难以说明问题，给事故调查带来许多困难，甚至造成无法弥补的损失，在许多现场，当事故性质尚不明确时，切忌轻率地确定不拍哪些。因为现场上有些物品，在勘察和拍照阶段认为与案件有关或者无关，而事后证明恰恰相反。可见，只有客观系统地全面拍照，才能避免遗漏或者搞错。

③ 现场重点部位照相。

现场重点部位照相是指拍摄与事故有关的现场重要地段，对审理、证实事故情况有重要意义的现场上物体的状况、特点，现场遗留的与事故有关的物证的位置和物证与物证之间的特点等，以反映它们与现场及现场有关物体的关系。

事故现场的重点部位都是现场勘察工作的主要目标，所以在拍照时不但要求质量高，而且数量也应比较多。一个现场，特别是复杂现场，有多处重点部位或重点物品，对它们都要一一拍照，而且在许多情况下还要采取不同角度拍照。现场重点部位拍照往往在整套现场照相中占有重要的位置和较多的数量，所以现场照相人员应当认真地拍好现场的每个重点部位或重点物品，使它们能在审理中充分发挥应有的作用。

④ 现场细目照相。

现场细目照相是拍摄现场存在的具有检验鉴定价值和证据作用的各种痕迹、物证，以反映其形状、大小和特征。细目照相的内容很多，如遗体、活体上的痕迹，血迹的滴溅或喷溅方向，电事故的电击点，火灾事故的起火点，交通事故的接触点及工具的形状、号码、破损情况、撬压工具、脚印、文字、附着物等。现场细目照相所拍照的痕迹、物证，对揭露与证实事故真相具有重要的意义。

由于细目照片多用于技术检验、鉴定工作，所以必须按照技术检验和鉴定工作的要求进行拍照。其基本的原则如下：

● 要准确地反映留在现场上的痕迹、物证的位置，证明痕迹、物证是在现场上遗留的，同时为研究痕迹、物证的形成条件提供依据；

● 必须保证所拍得的痕迹、物证影像不变形，即拍照时必须使被拍照的痕迹、物证与镜头、感光片三者平面保持平行；

● 必须准确地体现被拍物体和痕迹的花纹大小、粗细、长短等特征；

● 拍照现场上的痕迹、物证时，配光方向角度、影像的色调要和样本材料相一致，才能为检验提供有利条件；

● 痕迹、物证的特征必须保证清晰逼真。

（2）现场照相中应注重的问题

● 当接近事故现场时，应先照几个基本照，如标准的 4 个方向的同距离照片，并从制高点拍摄现场全景，但要记录高度和角度。

● 尽快拍摄可能被移动的事物，包括仪表的读数，控制器位置，以及任何会因天气、交通或清理人员除去的物证，如擦痕、液体等。

● 在火灾事故中，拍摄火焰和烟雾。因为火焰的颜色直接反映出燃烧的温度，如黄白色火焰约为 1 500 ℃，红色约为 500 ℃；而烟雾则能指出所燃烧的物质，如汽油、橡胶会产生浓黑烟，木、纸、植物等则是淡白烟，金属燃烧则伴有闪光等。

● 拍摄残片等应靠近一些以保证清晰，但又要保持一定距离以表明相互关系。

● 拍摄中应尽量摄入一些熟悉的物体作为参照物以便进行比较。

● 拍摄重要部件和破损表面的特写时，应用直尺或其他类似物表明尺寸，或在照片中摄入已知尺寸的物体，同时选用一个广角显示部件之间的关系。

● 应做好摄影记录，将拍摄物体、目的、胶卷编号、类型等记录完全。而对于拍照条件和程序、照明性质、拍照时间、拍照地点等，最好在现场平面图或示意图上注明。

● 围观的人群也应加以拍摄，因为通常故意破坏者（如纵火者），可能会观看其"杰作"。

6）事故现场图与表格

现场绘图也是一种记录现场的重要手段。现场绘图与现场笔录、现场照相均有各自特点，相辅相成，不能互相取代。现场绘图是运用制图学的原理和方法，通过几何图形来表示现场活动的空间形态，是记录事故现场的重要形式，能比较精确地反映现场上重要物品的位置和比例关系。

（1）现场绘图的作用

① 用简明的线条、图形，把人无法直接看到或无法一次看到的整体情况、位置、周围环境、内部结构状态清楚地反映出来。

② 把与事故有关的物证、痕迹的位置、形状、大小及其相互关系形象地反映出来。

③ 对现场必须专门固定反映的情况，如有关物证、痕迹等的地面与空间位置、事故前后现场的状态，事故中人流、物流的运动轨迹等，可通过各种现场图显示出来。

（2）事故现场图的种类

① 现场位置图，是反映现场在周围环境中位置的示意图。对测量难度大的，可利用现有的厂区图、地形图等现成图纸绘制。

② 现场全貌图，是反映事故现场全面情况的示意图。绘制时应以事故原点为中心，将现场与事故有关人员的活动轨迹、各种物体运动轨迹、痕迹及相互间的联系反映清楚。

③ 现场中心图，是专门反映现场某个重要部分的图形。绘制时以某一重要客体或某个地段为中心，把有关的物体痕迹反映清楚。

④ 专项图也称专业图，是把与事故有关的工艺流程、电气、动力、管网、设备、设施的安装结构等用图形显示出来。

以上 4 种现场图，可根据不同的需要，采用比例图、示意图、平面图、立体图、投影图的绘制方式来表现，也可根据需要绘制出分析图、结构图及地貌等。

（3）现场绘图注意事项

① 图中应标明方向。

② 图中应标明天气、高度、距离、时间、绘制者等有关信息。

③ 图中应标明主要残骸及关键物证的位置。

④ 图中应标明受伤害者的原始存息地。

⑤ 图中应标明关键照片拍摄的位置和距离。

（4）表格

表格也是一种特殊形式的现场绘图，包含的主要信息包括统计数据和测量数据。这类数据以表格的形式加以记录，既便于取用，也便于比较，对调查者也有很大的帮助。

5. 痕迹物证勘验的原则

为了做好道路交通事故现场勘查工作，需要做好交通事故痕迹物证勘验工作，掌握痕迹物证检验鉴定原理及勘验原则是十分必要的。

物证是能够据以查明案件真实情况的一切物品和痕迹，痕迹是物证的一种形式。交通事故痕迹物证是指交通事故现场或从交通事故现场带走能证明交通事故真实情况的物品、物质和痕迹。在交通事故发生过程中，车辆与其他车辆、人体、物体相接触，形成了各种痕迹。根据这些痕迹，可以再现事故发生过程，确定肇事者的违法行为，分析事故原因，认定事故责任。因此，痕迹物证的真实性、准确性鉴定是一项技术性很强的工作，它的勘验需遵循一定的原则，具体如下。

（1）勘验工作应及时、客观、全面、缜密

事故办案民警接到报案后，应尽快赶赴现场，抓住事故发生不久痕迹物证比较明显、容易发现和提取的特点进行取证。在痕迹物证勘验工作中，必须采取实事求是的科学态度，全面地勘验事故痕迹物证，才能查清事故发生的时间、地点、车辆与行人行进路线、行驶速度、接触方式、接触部位、接触点等事故事实，才能据以查清肇事者的违法行为，正确地认定事故责任，为正确处理交通事故奠定基础。

（2）勘验工作应严格按照有关法律法规相关规定进行

严格依法处理交通事故是事故办案民警必须遵循的工作法则。痕迹物证勘验也必须严格依照有关法律法规相关规定进行。只有严格依照有关法律法规的规定进行痕迹物证勘验工作，才能保证获得的证据符合法律、法规的要求，作为有效证据使用。

（3）勘验工作应运用科学手段和方法，采用先进技术

勘验过程中，经常会遇到一些复杂的情况和专门性问题，特别是对微量痕迹物证的勘验，采用一般的方法是很难发现和提取的，因此要运用新的科学技术手段去提取发现新的物证痕迹。例如，红外线可以用来发现肉眼难以辨认的轮胎滚印，利用发光技术可以检验沥青、树脂、矿物油等。所以，在痕迹物证勘验过程中，勘验人员运用科学的方法，采用先进的技术，发现、固定、提取、检验事故痕迹物证，对于提高道路交通事故痕迹物证勘验工作的质量，满足事故处理对证据的要求有一定的意义。

7.1.2.2　轨道交通事故现场勘查

轨道交通事故现场是保持着事故发生后原始状的地点，包括事故所波及的范围和与事故有关联的场所，在事故原点和事故初步原因未完全确定及拍摄、记录工作未完全进行完以前，事故现场不能废除和破坏，也不准开放。

1. 勘查事故现场的目的

① 查明事故造成的破坏情况（包括物资损失、设备和建筑物的破坏、防范措施的功能作用和破坏、人员伤害等）；

② 发现或确定事故原点和事故原因的物证，以确定事故的发生和发展过程；

③ 收集各种技术资料，为研究新的防范措施提供依据。

2. 勘查工作的准备

安全部门要经常做好事故现场勘查的准备工作，最好备有事故勘查箱，箱内存放摄影、录像设备、测绘用的工具仪器，备好有关的图纸、记录和资料。应事先培训好事故调查人员，以便在发生事故时能迅速进行勘查工作。

3. 勘查工作步骤

根据现场的实际情况，划定事故现场范围，制定勘查计划，并对现场的全貌和重点部位进行摄影、录像和测绘。然后按调查程序，从现场找出有关事故发生和发展过程的各种物证。首先要查证事故原点的位置，在初步确定事故原点之后，再查证事故原点处事故隐患转化为

事故的原因（即第一次激发）和造成事故扩大的原因（即第二次激发）。必要时要对事故原点和事故原因进行模拟试验，加以验证。

为了保存现场记忆，在勘查现场时应做好记录和摄录像记录。

（1）调查对象与内容

① 生产过程中人员的活动情况和设备运行情况；

② 生产的进行状态，原材料、成品的储存状态，工艺条件和操作情况，技术规定和管理调度等；

③ 生产区域环境和自然条件，如雷电、晴雨、风向、温湿度、地震等及其他有关的外界因素；

④ 生产中出现的异常现象和判断、处理情况；

⑤ 有关人员的工作状态和思想变化等。

（2）调查方式和动机

① 凡是与形成事故隐患有关和发生事故时在场人员及目击者、报警者都在调查范围之内；

② 要注意他们对调查分析事故的心理状态和他们向调查人员提供事故线索的态度；

③ 事故前情况的调查工作应比现场勘查工作早一步进行；

④ 对负伤人员要抓紧时机调查并核实他们的负伤部位；

⑤ 查清死伤人员的伤痕部位、状态及致死原因；

⑥ 要注意现场勘查和事故前情况调查两者互通情况，互相配合提供线索和依据；

⑦ 在调查中要注意用物证证实人证，用物证来揭示事故的真实真相，不要被表面现象所迷惑。

（3）人证材料的真实性

调查结论必须以物证为基础，不能仅凭某些人的推理和判断，但人证材料仍不可缺少，有时一句话就能说明事故发生的关键，特别在事故刚出现时有关人员的证实材料较为真实，应充分注意最初的个别谈话材料。

7.1.3　事故分析与再现技术

7.1.3.1　事故分析与再现技术的基本概念

1. 事故分析与再现技术的含义

事故分析与再现技术是指应用数学、力学和工程学等原理分析事故现场的交通工具损坏情况、停止状态、人员伤亡情况及各种形式的痕迹情况，对事故发生的全过程进行推理，通过事故仿真的方式利用计算机进行事故动态模拟，从而形象地再现交通事故发生的真实过程。

交通事故分析在于借助已收集到的资料、数据，进一步科学地解释说明事故发生的原因，并弄清楚事故发生全过程的运动状态，明确各方当事人应负的责任，应当吸取的经验和教训，分析降低道路交通事故后果应采取的必要措施等问题。除了评估车辆速度分布和质量关系分布规律及乘员座椅位置、碰撞方向的关系，还可以阐述乘员的碰撞位置、相互作用及典型的受伤机理，从中获得进一步的工程力学、医学、心理学等理论及经验，从而对改善城市交通安全做出贡献。

事故分析与再现技术的主要方法是基于几何学、运动学、动力学模型的计算，利用计算机进行道路交通事故仿真再现分析及各种影响系数的实验方法。

2. 事故分析与再现的内容

事故分析的内容主要分为事故过程分析、碰撞点确定、碰撞形态分析和事故现场分析。对于每一起交通事故，所需进行事故分析的内容不尽相同。事故分析与再现的一般内容包括以下几个方面。

① 事故涉案的相关人、车判定，碰撞过程中车辆行驶路线、行驶状态及碰撞位置的确定，损坏及伤害的测定。

② 车辆运动学与动力学模型的建立及驾驶策略与行为的确定。其中，以碰撞过程中车辆行驶路线及碰撞位置的确定和车辆动力学与动力学模型的建立为研究重点，以事故再现模型的建立为技术难点，以车速计算为核心。

交通事故分析与再现基本过程一般包括：

① 前处理——绘制事故现场图并将各种参数数据输入计算机；

② 事故再现——利用模型的分析计算进行运动学和动力学再现；

③ 后处理——通过图示和动画仿真等给出最终的分析结果。

其中，通过人工或摄影测量方法进行事故现场信息采集，获取真实可靠的数据，再利用事故再现模型准确计算出各种未知参数，再现事故发生的全过程，然后结合专家经验，依照相关法律法规对交通事故责任进行认定。

3. 事故分析与再现的作用

事故分析与再现的主要目的是分析事故发生的原因，其作用主要体现在以下几点：

① 找出事故的重点或典型类型和形态，提出改进交通安全设计管理、车辆安全设计、交通安全设施等措施。

② 事故分析与再现不但可以为交通管理部门快速、准确处理道路交通事故提供技术支持，同时也可以为交通事故管理部门提供避免交通事故和减轻交通事故严重程度的理论依据。

③ 事故分析与再现是进行事故鉴定和事故原因分析的主要办法之一，用来解释说明事故发生的整个过程或其中的某一个片段，它的根据主要是事故现场所遗留的种种迹证。事故再现的技术手段目前是运用计算机编程的方法，将事故再现的内容，在计算机上进行动态模拟仿真。

④ 交通事故的分析与再现属于交通安全的微观分析领域，是一个技术性和理论性都很强

的重要课题。完整的事故分析能够确定造成碰撞及伤亡的各种物理因素，包括事前因素，如车辆行驶轨迹、速度、方向及碰撞接触点，时间因素，车辆、车辆部件及人员的最终停止地点、制动痕迹等。这些经过交通事故分析得到的物理因素可以作为交通事故责任认定的依据，作为城市交通事故成因分析的根据，还可以作为城市交通安全统计分析的基础依据。

4. 事故分析与再现技术的发展

随着《道路交通安全法》的实施，道路交通事故分析技术主要有以下几个方面的发展。

① 建立精确的模型。高精度三维道路交通事故再现软件，考虑模型中的各种非线性行为，如碰撞中的塑形变形、非线性的轮胎力学模型、悬架的柔性等，并且计算模型向简化实用的方向发展。

② 考虑人—车—路—环境之间的影响。不仅能再现交通事故中的车辆行为，还能推断驾驶人在事故中的各种操纵行为和事故对环境的影响，甚至还能模拟驾驶人的生理和心理变化。

③ 实验数据的更新。鉴于许多实验数据都是几十年前取得的，需要针对当前的车体新结构、新材料积累新的实验数据。

④ 事故的预防分析。事故的分析技术不仅仅用于鉴定事故责任，还能够进行事故预防分析，提出各种有效的预防措施，从而能够将人员的伤害和经济损失降低到最小程度。

⑤ 开发实用的专家系统。结合模糊数学和神经网络等方法，开发完备的知识库和推理机，并不断充实和更新专家经验，使其达到快速、高效、准确的分析，体现智能化水平，真正成为事故分析专家，辅助实际道路交通事故的鉴定分析。

总之，结合先进的计算机仿真和人工智能技术分析道路交通事故，研制新的模型和算法，提高仿真运算速度，改善事故再现结果的可靠性，开发出实用化专家系统软件，尽可能包含更详尽的法规和经验数据，是道路交通事故分析技术今后发展的重点。

目前交通事故仿真分析软件主要有：美国的 SMAC、CRASH 等软件，奥地利的 PC-Crash 软件，法国 INRETS 的 ANAC 软件，日本 JARI 的 J2DACS 软件等。

7.1.3.2 事故分析与再现的方法

道路交通事故再现也叫道路交通事故重建，用来解释说明事故发生的整个过程或其中的某一片段。由车辆的最终位置开始，结合现场所遗留的种种迹证，如碰撞后车辆滑行距离、滑行方向、损毁程度、制动痕迹长度、路面特性、车辆特性等，运用相关理论方法、实验数据及专家经验建立的动力学和动力学模型往回推算，即碰撞后阶段→碰撞阶段→碰撞前阶段，使整个事故过程的实际情况在时间和空间上得以重现。

1. 事故车辆行驶速度分析方法

事故车辆车速分析就是利用车辆的制动印迹、碰撞散落物体及碰撞力学原理，对制动车速、碰撞车速等进行推算。它在整个道路交通事故分析中具有特别重要的意义，一方面是事故责任认定和事故原因分析的需要，另一方面又是道路交通事故分析中的重点和难点。

（1）根据制动印迹长度推算制动车速

汽车制动时，当车轮制动器的制动力大于轮胎与路面的附着力时，汽车将沿着行驶方向在路面上滑移。此时，汽车所具有的动能将主要消耗于车轮与路面之间的摩擦，根据初始动能转化为附着力做功，有

$$\frac{1}{2}mv_0^2 = mg\varphi S \tag{7-1}$$

得到

$$v_0 = \sqrt{2g\varphi S} \tag{7-2}$$

如考虑到道路纵坡的影响，依据功能原理，有

$$\frac{1}{2}mv_0^2 = S\varphi mg \pm Smgi \tag{7-3}$$

式中：m——汽车质量，kg；

v_0——汽车制动滑移前的车速，即制动车速，m/s；

S——制动印迹长度，m；

φ——轮胎与路面的附着系数；

i——道路纵坡坡度，%；

g——重力加速度，$g=9.81 \text{ m/s}^2$。

由此可得根据制动印迹长度推算制动车速的基本公式为

$$v_0 = \sqrt{2gS(\varphi \pm i)} \quad \text{（m/s）} \tag{7-4}$$

$$V_0 = \sqrt{254S(\varphi \pm i)} \quad \text{（km/h）} \tag{7-5}$$

（2）借助抛落物体推算碰撞车速

车辆在碰撞瞬间，由于剧烈震动和较大的减速度，车体上的易碎构件或土体可能碎裂、松脱，并受惯性力的作用向车辆行驶方向抛出。此时，如果测出抛落物体的飞行距离和它原来在车辆上的位置高度，则可根据抛物体的运动规律来推算车辆在碰撞瞬间的车速，即碰撞车速。

$$v_c = L\sqrt{\frac{g}{2H}} \quad \text{（m/s）} \tag{7-6}$$

$$V_c = \frac{7.97L}{\sqrt{H}} \quad \text{（km/h）} \tag{7-7}$$

式中：v_c、V_c——碰撞车速；

H——抛落物原位置高度，m；

L——抛落物飞行距离，m；

g ——重力加速度，$g=9.81$ m/s^2。

现场测量飞行距离 L 时，应首先确定车辆碰撞接触点的位置。当无法或不能准确地判断碰撞接触点的位置时，可利用车辆上不同高度处抛落物体的不同落地位置推算碰撞车速。

$$V_c = \frac{7.97(L_1 - L_2 + c)}{\sqrt{H_1} - \sqrt{H_2}} \quad (\text{其中 } L_1 > L_2) \tag{7-8}$$

式中：　　V_c ——碰撞车速，km/h；

L_1、L_2 ——散落物飞行距离，m；

c ——抛落物原位置之间的水平距离，m；

H_1、H_2 ——抛落物的原位置高度，m。

（3）根据侧滑轨迹估算制动初速度

车辆在转弯并制动过程中，如果车速太高，车辆将产生侧滑或侧翻，只要能测出侧滑或侧翻时制动轨迹的曲率半径，就能估算出制动初速度。

① 道路外侧不设超高时车辆侧滑的临界速度（v_φ）。

当车速较大时，在弯道上行驶的车辆出现侧滑，刚出现侧滑时的车速称为侧滑时的临界速度。

$$v_\varphi = \sqrt{g\varphi' R} \quad (\text{m/s}) \tag{7-9}$$

式中：φ' ——整车横向的附着系数；

R ——弯道曲率半径，m。

② 侧翻时的临界速度（v_h）。

当车辆重心 h 比较大时，车轮间的间距 b 较小时，随着车速的增加，可能先侧翻，而不是先侧滑。

$$v_h = \sqrt{\frac{b}{2h} gR} \quad (\text{m/s}) \tag{7-10}$$

（4）有碰撞的制动车速（v_a）推算

在很多情况下，车辆在制动滑移过程中即发生了碰撞，此时，车辆制动前的车速称为有碰撞的制动车速。若碰撞后车辆不再运动，即依据功能平衡原理，推算出车辆的制动车速。

$$v_a = \sqrt{2gS(\varphi \pm i) + v_c^2} \quad (\text{m/s}) \tag{7-11}$$

$$V_a = \sqrt{254S(\varphi \pm i) + V_c^2} \quad (\text{km/h}) \tag{7-12}$$

2. 路面上碰撞位置分析方法

路面上碰撞位置的确定，大致有以下几种方法。

① 根据肇事车制动拖印的转折点确定，因为两车碰撞时，行驶方向会有变化，路面上拖印会有转折，所以肇事车制动拖印的转折位置往往就是两车碰撞位置。

② 根据散落物的位置确定。两车碰撞时，车体有震动，减速度又很大，使原来附在车体上的泥土等物体脱落下来，据此可以确定碰撞位置。

③ 根据肇事车停止位置、摩托车停止位置、自行车停止位置及人体（血迹）位置等反推碰撞位置。

④ 根据碰撞前两车的行驶方向确定。

3. 事故力学分析方法

道路交通事故大部分是汽车与汽车或其他物体发生碰撞引起的，其碰撞过程主要有以下力学特征。

① 碰撞过程由 3 个不同且连续进行的过程构成。

第一个过程是碰撞前驾驶人的操作过程，因为驾驶人未采取措施或措施无效，导致汽车发生碰撞事故；第二个过程是碰撞本身，即汽车与汽车或其他物体相互接触，并在接触瞬间进行动量和动能交换的过程；第三个过程是碰撞结束后，汽车以重新获得的运动初始条件开始运动直至最后停止的过程。根据事故具体情况的不同，有些事故也可能只具有其中某两个过程，例如汽车碰撞坚固的刚体墙壁，就几乎没有碰撞后的运动过程；汽车单独翻车事故没有第二个过程，即碰撞过程。

② 汽车碰撞接近塑性碰撞。

用以区别物体是弹性碰撞还是塑性碰撞的参数是恢复系数。恢复系数表示两个相互碰撞的物体碰撞前后相对速度的比值，即

$$e = \frac{v_2 - v_1}{v_{10} - v_{20}} \tag{7-13}$$

式中：e——恢复系数；

v_1、v_2——物体 1 和物体 2 在碰撞刚结束时的速度，m/s；

v_{10}、v_{20}——物体 1 和物体 2 在碰撞前的速度，m/s。

显然，弹性碰撞（如橡皮球碰撞墙壁），其碰撞前后相对速度不变，恢复系数 $e=1$；塑性碰撞（如泥巴球碰撞墙壁），碰撞后速度为零，恢复系数 $e=0$。

当汽车以较低速度互撞或撞刚性固定物时，恢复系数 e 较大，接近于弹性碰撞；当汽车以较高的速度碰撞时，恢复系数 e 趋向于零，接近于塑性碰撞。由于在实际的道路交通事故中，车辆的速度均较高，故可认为汽车碰撞近似于塑性碰撞。

③ 碰撞过程可将汽车当作刚体处理。

在碰撞过程中，汽车的损坏仅限于相撞部位，而其他大部分仍然完好，故可将汽车视为刚体。将汽车作为刚体处理，可简化分析和计算。

④ 一辆汽车与另一辆同型号汽车以相同速度正面相撞和对坚固墙壁的相撞等价。

⑤ 汽车相撞时的减速度（或加速度）是造成车内人员伤亡的主要原因。

汽车在发生相撞时，车速会发生急剧变化，车内乘员在惯性力作用下，将与车内结构物

发生剧烈碰撞，并因此受伤，这称为第二次碰撞，汽车在第一次碰撞的加（减）速度越大，车内乘员第二次碰撞的加（减）速度也越大，乘员受到的伤害也越严重。

7.1.4　城市交通事故案卷

1. 事故统计调查

交通事故统计是交通管理部门的职责，也是交通事故处理工作的任务之一。事故办案民警在依法处理事故的同时，应该做好交通事故统计工作，为交通事故的规律性积累统计资料，为宏观决策制定事故预防措施服务，为交通安全宣传教育提供素材。

交通事故是一种随机现象，具有偶然性。"在表面上是偶然性，在起作用的地方，这种偶然性始终是受内部隐藏着的规律支配的，而问题只是在于发现这些规律。"只有认识和掌握交通事故的规律性，才能有的放矢地采取有效的预防措施。道路交通事故具有统计规律。统计规律是从大量的同类现象中归纳出来的，反映总体性质的规律性。认识交通事故规律性离不开对交通事故总体数量的研究。只有掌握交通事故的客观规律，才能在交通管理工作中减少盲目性和失误，增强科学性和主动性。所以交通事故统计工作并不是可有可无、枯燥无味的数字游戏，而是科学管理的一项很重要的基础工作。科学的交通安全管理离不开交通事故的统计，尤其是道路交通安全管理。

交通事故统计资料主要按分类统计方法进行汇总，常见的形式主要有以下4种。

1）按行政区域分类

按交通事故的发生区域进行分组统计和汇总。

2）按时间分类

按交通事故的发生时间进行分组统计和汇总。从按时间分类的统计结果中，可看出交通事故随时间而变化的情况。

3）按质别分类

按交通事故统计对象的属性不同进行分组统计和汇总，如按车辆类型、事故原因、伤亡人员类型、道路状况、天气条件、事故动态等分组统计和汇总。

4）按量别分类

按统计对象的数值大小进行分组统计和汇总，如按交通事故直接损失的数额、肇事驾驶人的年龄、车速等分组。

城市轨道交通事故的统计还可以按轨道交通线路进行分类。除以上的统计汇总方法外，在实际应用中经常采用复合分类汇总方法，常见的形式有：时间与地区的复合（如不同月份的事故统计）、质别与地区的复合（不同地面路面上的事故统计）、量别与行政区域的复合（不同区域的不同年龄驾驶人事故统计）等。

为了更全面地反映交通事故的本质和规律，解释各种不同影响因素对交通事故的作用及其相互关系，还应从相关部门（如统计部门和交通部门等）收集人口、交通工具拥有状况、道路交通状况等的大量相关资料。

2. 交通事故案卷

1) 交通事故案卷的概念和性质

交通事故案卷是公安机关及相关交通管理部门，在办理某一起交通事故案件过程中形成的，记录交通事故和交通事故处理工作，保存起来以备查考的、互有联系的若干文书材料组合成的文件资料。建立和保管交通事故档案，是交通事故处理工作的重要内容之一，提高交通事故案卷的质量，对于全面提高交通事故处理工作的质量具有重要的促进作用。

根据《公安档案管理规定》和《公安机关档案类别划分与档号编写办法》，公安档案是公安机关在履行国家法律赋予公安机关的职责活动中直接形成的具有保存价值的公安专用文件材料。公安档案分为公安文书档案、公安专业档案、公安科技档案、公安会计档案、公安干部档案、公安声像档案、公安实物档案等7类。

根据《公安专业档案管理办法》，公安专业档案是公安机关在依法侦查审理案件，处理违法犯罪，实施治安和行政管理等职责活动中形成的，具有保存价值的文字、图表、声像等不同形式的专用历史记录。公安专业档案分为刑事侦查卷、调查卷、治安管理处理卷、外国人入境出境管理卷、事故卷、警犬管理卷、消防监督管理卷、机动车与机动车驾驶证管理卷等14类。

交通事故案卷是随着交通事故处理工作的客观需要而形成的，是事故办案民警办理道路交通事故案卷的自然产物。例如，现场勘查过程中，形成了现场勘查笔录、道路交通事故现场图、现场照片等；道路交通事故认定工作的结束以《道路交通事故认定书》的送达为标志，随着讯问或询问工作的结束，形成了《讯问笔录》或《询问笔录》。交通事故案卷中的每一份文书材料制作的目的，完全是为了满足交通事故处理工作的需要，而不是单纯为了建立交通事故案卷或其他目的而制作的。因此，交通事故案卷不是事后另行编写的，为了应付交通事故案卷检查而补做案卷文书的做法是错误的。

交通事故案卷是由交通事故处理文书材料有条件地转化而来的。文书材料是案卷的前身，案卷是文书材料的归宿。文书材料具有现行的效用，案卷一般来说是完成了现行使命而备留查考的文书材料组合体。所谓办理完毕是相对而言的，主要是指完成了文书材料处理程序，不能理解为一切文书材料全部办完才算"办理完毕"，而是指文书材料的承办告一段落。

交通事故案卷是交通事故处理的真实记录。交通事故案卷是从交通事故处理中直接使用的文书材料转化而来的，它客观记录了交通事故处理过程，所以交通事故案卷具有凭证作用。从交通事故案卷的性质出发，交通事故案卷文书注重原始资料，注重原本材料，如现场记录图要求与现场比例图一起存档。如果文书材料要求一式几份，可以复印，但存档要求留原件。某些文书材料完成以后，要求当事人、证明人签字，如现场记录图、现场勘查笔录等，制作人和当事人都应签字，证明文书材料的真实性。

2）交通事故案卷的作用

交通事故案卷之所以需要建立和保存，是因为它具有特有的作用。全面、准确地认识交通事故案卷的作用，可以帮助我们正确地运用交通事故案卷。交通事故案卷的作用概括起来讲是凭证和参考作用，具体表现在以下方面。

（1）为交通事故处理提供有力的证据

交通事故案卷中的调查资料能为交通事故事实认定、原因分析和责任确定提供有力的证据，所以，上级交通管理部门为了调查审理的需要，可以调阅交通事故案卷；在行政处罚的行政复议和行政诉讼中，负责交通事故处理的交通管理部门，在提出答辩书或答辩状的同时，应附送交通事故案卷，向复议机关或人民法院提交作出行政处罚决定的有关证据材料；需要追究肇事者的刑事责任时，交通管理部门应根据相关规定，制作《起诉意见书》，连同交通事故案卷材料和证据，一并移送同级人民检察院审查起诉；人民法院受理当事人就交通事故损害赔偿提起的民事诉讼时，可以向处理交通事故的交通管理部门调阅交通事故案卷。

（2）为检查交通事故处理工作的依据

交通事故案卷真实地记录了现场勘查、调查取证、责任认定、事故处罚、损害赔偿调解等交通事故处理的全过程，是交通事故处理职能部门和事故办案民警的执法水平、业务素质、专业知识水平、工作能力的客观反映。因此，交通事故案卷可以作为检查交通事故处理工作的依据，通过定期检查交通事故案卷，及时发现和纠正交通事故处理工作中存在的问题，建立和健全交通事故处理的制约、监督机制，增强事故办案民警的工作责任心，提高交通事故处理的办案质量。

（3）为交通安全宣传教育提供生动的素材

在交通安全教育中，为了提高教育效果，需要大量的交通事故案例。用血淋淋的事实，说明交通安全违法行为的可能后果，教育广大的交通参与者，自觉地遵守交通安全法律、法规。这些交通事故案例来自于交通事故案卷，交通事故案卷为交通安全教育提供生动的素材。

（4）作为交通事故分析的原始材料

交通事故案卷是交通事故的原始记录，真实地记载了交通事故的发生过程。通过分析交通事故发生过程，认识交通事故的发生规律，为制定防范措施，减少交通事故提供科学依据。

（5）作为事故办案民警培训辅导教材

交通事故案卷真实地记录了交通事故处理的全部工作过程。通过分析交通事故案卷可以总结交通事故处理工作的经验和教训，学习交通事故处理的工作程序、工作内容和工作方法，改善事故办案民警的业务素质，提高其办案能力，提高交通事故处理的办案质量。

3）交通事故案卷的基本要求

根据《道路交通事故案卷文书》（GA40—2008）4.1条的规定，道路交通事故案卷的基本要求如下。

① 使用能够长期保存字迹的笔填写，书写工整、清晰，各项内容填写完整、正确。

② 印制文书、表格及打印文件使用的文字符合国家发布的标准。交通事故认定书、道路交通事故车辆技术检验报告等叙述式文书宜打印。正式印制时，《道路交通事故案卷文书》中标明的印章、签名或盖章、签名捺指印及文书制作应含内容说明不印出。

③ 文书的编号，填写在该文书名称下居中位置。

④ 案卷的统一页号标注在每页文书正面的右上角，背面有内容的，标注在背面的左上角。

4）交通事故案卷的内容

交通事故案卷是交通事故处理的真实记录，其内容要能够客观、真实地反映出一起交通事故的全貌和处理过程。交通事故案卷文书包括适用简易程序处理交通事故的文书和适用一般程序处理交通事故的文书。根据交通事故处理程序的不同，案卷文书的内容不同。适用于一般程序处理的交通事故，尤其是交通死亡事故，案情复杂，交通事故处理工作内容繁多，所以交通事故案卷内容的品种多，要求高。适用于简易程序处理的交通事故，案情简单，交通事故处理工作内容相对较少，所以交通事故案卷内容较少。

交通事故档案的主要内容包括：交通事故处理批文；交通事故处理意见书；交通事故处理协议书或裁决书；驾驶人处分通知书；现场勘查记录；事故现场图；事故现场摄影；综合材料；车辆技术鉴定；道路技术鉴定；询问当事人笔录；旁证材料；尸体检验记录；受伤人员诊断书；其他有关资料。

凡是交通事故均应建立档案，但是，轻微事故只做处理而不做统计，又考虑当前的实际管理水平，对重大事故和特大事故必须建立档案，若有条件，一般事故也应建立档案，并积极争取尽快把一般事故档案建立起来。

事故档案保管期限：一般事故为 5 年，重大事故为 10 年，均以结案之日算起。特大事故档案长期保管，如有情节恶劣、影响很大、涉及外籍人员的交通事故及比较有代表性的典型事故档案，也可以长期保管。

3. 事故统计报表

事故统计报表一般也叫"道路交通事故信息采集项目表"，是各级交通管理机关定期取得交通事故统计资料的一种重要方式。它是按照国家统一规定，自下而上地提供交通事故统计资料的一种报告制度。事故统计报表是统计分析工作的基础。交通事故统计报表设计的科学性将直接影响道路交通事故统计质量。由于我国交通事故的统计量非常庞大，所以采取先手工后软件系统自动上报的模式。

"道路交通事故信息采集项目表"一般包括基本信息表、当事人信息表、车辆信息表、道路关联信息表、其他相关人员信息表，如表 7-1～表 7-5 所示。道路交通事故处理信息系统事故信息采集项目主要有 56 项，其中关于事故基本情况方面的有 25 项，关于事故当事人及相关人员方面的有 31 项。

表7–1 道路交通事故信息采集基本信息表

基本信息					
1. 事故时间					
2. 事故地点	路号		路名/地点	当场死亡人数	抢救无效死亡人数
	公里数	米数	3. 人员死伤情况		下落不明人数
	在道路横断面位置	1—机动车道；2—非机动车道			
		3—机非混合道；4—人行道；5—人行横道；6—紧急停车带；9—其他	5. 现场形态	1—原始；2—变动；3—驾车逃逸；4—弃车逃逸；5—无现场；6—二次现场	
4. 事故形态	11—正面相撞；12—侧面相撞；13—尾随相撞；21—对向刮擦；22—同向刮擦；23—乱撞行人；30—碾压；40—翻车；50—坠车；60—失火		6. 是否装载危险品	1—是；2—否	
	70—撞固定物；80—撞静止车辆；90—撞动物；99—其他		7. 危险品事故后果	1—爆炸；2—气体泄漏；2—液体泄漏；4—辐射泄漏；5—燃烧；6—无后果；9—其他	
8. 事故初查原因	违法过错	违法行为代码（参见违法行为代码表） 5981—未设置道路安全设施；5982—安全设施损坏、灭失；5983—道路缺陷；5989—其他道路原因			
	非违法过错	9001—制动不当；9002—转向不当；9003—加速踏板控制不当；9009—其他操作不当			
	意外	9101—自然灾害；9102—机件故障；9103—爆胎；9109—其他意外			
	其他	9901—其他			
9. 直接财产损失	元	10. 天气	1—晴；2—阴；3—雨；4—雪；5—雾；6—大风；7—沙尘；8—冰雹；9—其他		
11. 能见度	1—50 m以内；2—50～100 m；3—100～200 m；4—200 m以上		12. 逃逸事故是否侦破		1—是；2—否
13. 路面状况	1—路面完好；2—施工；3—凹凸；4—塌陷；5—路障；9—其他		14. 路表情况	1—干燥；2—潮湿；3—积水；4—漫水；5—冰雪；6—泥泞；9—其他	
			15. 交通信号方式	1—无信号；2—民警指挥；3—信号灯；4—标志；5—标线	
16. 照明条件	1—白天；2—夜间有路灯照明；3—夜间无路灯照明			6—其他安全设施	
17. 事故认定原因	违法过错	违法行为代码（参见违法行为代码表） 5981—未设置道路安全设施；5982—安全设施损失、灭失；5983—道路缺陷；5989—其他道路原因			
	非违法过错	9001—制动不当；9002—转向不当；9003—加速踏板控制不当；9009—其他操作不当			
	意外	9101—自然灾害；9102—机件故障；9103—爆胎；9109—其他意外			
	其他	9901—其他			

表 7–2　道路交通事故信息采集当事人信息表

当事人信息			
18. 身份证明号码/驾驶证号	甲	乙	丙
19. 户籍所在地行政区划代码	甲	乙	丙

		甲	乙	丙
20. 当事人属性	1—个人；2—单位			
21. 户口性质	1—非农业户口；2—农业户口			
22. 人员类型	11—公务员；12—公安民警；13—职员；14—工人；15—农民；16—自主经营者；21—军人；22—武警；31—教师；32—大（专）学生；33—中（专）学生；34—小学生；35—学前儿童；41—港澳台胞；42—华侨；43—外国人；51—外来务工者；52—不在业人员；99—其他			
23. 交通方式	驾驶机动车　K1—驾驶客车；H1—驾驶货车；G1–1 驾驶重型普通全挂车；N1—驾驶三轮汽车；N2—驾驶低速货车；Q1—驾驶其他汽车；M1—驾驶摩托车；T1—驾驶拖拉机；J1—驾驶其他机动车			
	驾驶非机动车　F1—自行车；F2—三轮车；F3—手推车；F4—残疾人专用车；F5—畜力车；F6—助力自行车；F7—电动自行车；F9—其他非机动车			
	步行　A1—步行			
	乘车　C1—乘汽车；C2—乘摩托车；C3—乘其他机动车；C4—乘非机动车			
	其他　X9—其他			
24. 驾驶证种类	1—机动车；2—拖拉机；3—军队；4—武警；5—无驾驶证			
25. 过错行为	违法代码（参见违法行为代码表）5981—未设置道路交通设施；5982—安全设施损失、灭失；5983—道路缺陷；5989—其他道路原因			
26. 事故责任	1—全部；2—主要；3—同等；4—次要；5—无责；6—无法认定			
27. 伤害程度	1—死亡；2—重伤；3—轻伤；4—不明；5—无伤害			
28. 受伤部位	1—头部；2—颈部；3—上肢；4—下肢；5—胸、背部；6—腹、腰部；7—多部位；9—其他			
29. 致死原因	1—颅脑损伤；2—胸腹损伤；3—创伤失血性休克；4—窒息；5—直接烧伤；9—其他			
		甲	乙	丙

表7-3 道路交通事故信息采集车辆信息表

车辆信息			甲	乙	丙
30. 号牌种类	01—大型汽车号牌；02—小型汽车号牌；03—使馆汽车号牌；04—领馆汽车号牌；05—境外汽车号牌；06—外籍汽车号牌；07—两、三轮摩托车号牌；08—轻便摩托车号牌；09—使馆摩托车号牌；13—农用运输车号牌；14—拖拉机车号牌；15—挂车号牌；16—教练汽车号牌；17—教练摩托车号牌；18—实验汽车号牌；19—试验摩托车号牌；20—临时入境汽车号牌；21—临时入境摩托车号牌；22—临时行驶车号牌；23—公安警车号牌；31—武警号牌；32—军队号牌；41—无号牌；42—假号牌；43—挪用号牌；99—其他号牌				
31. 机动车号牌号码	如为汽车列车，应分别填写牵引车和挂车两个号码（挂车）→				
32. 实载数（千克/人）	如为全挂车，应分别填写牵引车和挂车实载数（挂车）→				
33. 车辆合法状况	1—正常；2—未按期检验；3—非法改拼装；4—非法生产；5—报废；6—其他				
34. 车辆安全状况	1—正常；2—制动失效；3—制动不良；4—转向失效；5—照明与信号装置失效；6—爆胎；7—其他机械故障				
35. 车辆行驶状态	01—直行；02—倒车；03—掉头；04—起步；05—停车；06—左转弯；07—右转弯；08—变更车道；09—躲避障碍；10—静止；99—其他				
36. 车辆使用性质	营运	11—公路客运；12—公交客运；13—出租客运；14—旅游客运；15—一般货运；16—危险品货运；17—租赁；19—其他营运			
	非营运	20—警用；21—消防；22—救护；23—工程救险车；24—党政机关用车；25—企事业单位用车；26—施工作业车；27—校车；28—私用车；29—其他非营运			
37. 公路客运区间里程数	1—100 m 以下；2—100 m～200 km；3—200～300 km；4—300～500 km；5—500～800 km；6—800 km 以上				
38. 公路客运经营方式	1—自主营运；2—承包；3—挂靠				
39. 运载危险物品种类	1—易燃易爆；2—剧毒化学品；9—其他危险物品				
			甲	乙	丙

表 7-4 道路交通事故信息采集道路关联信息表

道路关联信息

40. 道路类型	公路	10—高速；11—一级；12—二级；13—三级；14—四级；19—等外	41. 公路行政等级	1—国道；2—省道；3—县道；4—乡道；9—其他	
	城市道路	21—城市快速路；22—一般城市道路；25—单位小区自建路；26—公共停车场；27—公共广场；29—其他路	43. 道路线形	01—平直；02—一般弯；03—一般坡；04—急弯；05—陡坡；06—连续下坡；07—一般弯坡；08—急弯陡坡；09—一般坡急弯；10—一般弯陡坡	
42. 地形		1—平原；2—丘陵；3—山区			
44. 路口、路段类型	路口	11—三支分叉口；12—四支分叉口；13—多支分叉口；14—环形交叉口；15—匝道口			
	路段	21—普通路段；22—高架路段；23—变窄路段；24—窄路；25—桥梁；26—隧道；27—路段进出口；28—路测险要路段；29—其他特殊路段			
45. 道路物理隔离		1—无隔离；2—中心隔离；3—机非隔离；4—中心隔离加机非隔离	46. 路面结构	1—沥青；2—水泥；3—沙石；4—土路；9—其他	
47. 路侧防护设施类型					

当事人关联信息

		甲	乙	丙
48. 姓名/单位名称	当事人无身份证无法关联时，直接录入姓名或单位名称			
49. 性别	1—男；2—女			
50. 年龄				
51. 驾驶证档案编号				
52. 驾龄				

机动车关联信息

53. 车辆类型	（参考车辆类型代码表）			
54. 核载数（千克或人）	如为全挂车，应分别填写牵引车和挂车核载数（挂车）→			
55. 第三者责任强制保险	1—是；2—否			
56. 有无危险物品运输许可证	1—有；2—无			
		甲	乙	丙

表7-5　道路交通事故信息采集其他相关人员信息表

人员编号	其他相关人员信息										
	48 姓名	49 性别	50 年龄	18 身份证明号码	19 户籍所在地行政区划代码	21 户口性质	22 人员类型	23 交通方式	27 伤害程度	28 受伤部位	29 致死原因

7.2　城市交通事故处理及损害赔偿

交通事故发生后，应按照"四不放过"的原则进行调查处理，即事故的原因查不清楚不放过，事故的责任者得不到处理不放过，广大职工群众受不到教育不放过，防范措施没有落实不放过。对于事故责任者的处理，应坚持思想教育从严、行政处理从宽的原则。对于情节特别恶劣，后果特别严重，构成犯罪的责任者，要坚决依法惩处。

1）事故处理期限

重大事故、较大事故、一般事故，负责事故调查的人民政府应当自收到事故调查报告之日起 15 日内作出批复；特别重大事故，30 日内作出批复；特殊情况下，批复时间可以适当延长，但延长的时间最长不超过 30 日。

有关机关应当按照人民政府的批复，依照法律、行政法规规定的权限和程序，对事故发生单位和有关人员进行行政处罚，对负有事故责任的国家工作人员进行处分。

事故发生单位应当按照负责事故调查的人民政府的批复，对本单位负有事故责任的人员进行处理。

负有事故责任的人员涉嫌犯罪的，依法追究刑事责任。

2）事故结案类型

在事故处理过程中，无论事故大小都要查清责任，严肃处理，并注意区分责任事故、非责任事故和破坏事故。

① 责任事故。因有关人员的过失而造成的事故为责任事故。

② 非责任事故。由于自然因素而造成的不可抗拒的事故，或由于未知领域的技术问题而造成的事故为非责任事故。

③ 破坏事故。为达到一定目的而蓄意制造的事故为破坏事故。

3）责任事故的处理

对于责任事故，应区分事故的直接责任者、领导责任者和主要责任者。其行为与事故的发生有直接因果关系的，为直接责任者；对事故的发生负有领导责任的，为领导责任者；在直接责任者和领导责任者中，对事故的发生起主要作用的，为主要责任者。

对事故责任者处理，一定要严肃认真。根据造成事故的责任大小和情节轻重，进行批评教育或给予必要的行政处分。对于不服管理、违反规章制度，或是强令工人违章冒险作业，因而发生重大伤亡事故，后果严重并已构成犯罪的责任者，应报请检察部门提起公诉，根据《中华人民共和国刑法》的规定，追究刑事责任。

7.2.1 城市道路交通事故处理

1. 城市道路交通事故处理程序的分类

按照分类标志的不同，道路交通事故处理程序的分类方法有 3 种。

1）按照程序是否法定分

按照程序是否法定分为法定程序和非法定程序。在道路交通事故处理中，并不是所有的道路交通安全事故处理程序都是由法律、法规、规章规定的，只有对当事人的权益和道路交通事故处理工作效率影响重大的处理程序，才由法律、法规、规章规定。

（1）法定程序

法定程序是指由法律、法规、规章和其他规范性文件规定的道路交通事故处理程序。

事故处理程序法定的目的是强行要求公安机关交通管理部门的事故办案民警在道路交通事故处理中必须遵循法定的处理程序，以保证依法办案，保证当事人的合法权益，保证道路交通事故处理工作的科学性、公正性和民主性。

道路交通事故处理程序法定的意义在于：道路交通事故处理程序法定是由国家制定和认可的，由国家强制力保证其实施，一旦违反即属于违法行为，要依法承担相应的法律责任。

（2）非法定程序

非法定程序是指不是由法律、法规、规章和行为规范文件规定的道路交通事故处理程序。

非法定程序一般包括 3 个方面：① 由规范、标准等规定的道路交通事故处理程序。② 习惯程序，道路交通事故处理机构多年形成的工作习惯，大家都约定俗成这样做。例如，好多交警在现场勘查时，都是先照相，后画现场图。③ 个人程序，由事故办案民警发挥自己的主观能动性，根据自己理解、自己设计的工作程序，违反非法定程序不属于违法行为，不一定要承担法律责任。

2）按照工作内容的性质分

按照道路交通事故处理工作内容性质不同，其相应的程序可以分为 3 类：行政执法程序、刑事办案程序、行政调解程序。

（1）刑事办案程序

道路交通事故责任者的交通安全违法行为构成交通肇事罪，应当依法对其进行刑事处罚。这时的道路交通事故属于刑事犯罪案件，其处理工作既具有行政执法的性质（如吊销驾驶证），又具有刑事侦查性质。按《刑事诉讼法》和《公安机关办理刑事案件程序规定》进行的道路交通事故处理程序称为刑事办案程序。

（2）行政执法程序

在道路交通事故处理中，对交通安全违法行为人进行行政处罚所进行的程序称为行政执法程序。

（3）行政调解程序

公安机关交通管理部门对道路交通事故损害赔偿进行调解，性质上属于对民事纠纷进行行政调解，在行政调解中进行的程序称为行政调解程序。

3）按照程序的简繁程度分

按照道路交通事故处理程序的简繁程度可分为简易程序和一般程序。

在道路交通事故处理中，事故办案民警运用简易程序处理大量的未造成人身伤亡的道路交通事故，将节约大量的人力和物力，提高道路交通事故处理的工作效率，充分体现了便民、效率的原则。

一般程序是指除了适用简易程序以外，一般情况下道路交通事故处理适用的程序。一般程序适用范围较广，凡法律未明文规定适用简易程序的，都适用一般程序。

一般程序由以下部分组成：受理程序、证据调查程序、事故认定程序、刑事处理程序、行政处罚程序和行政调解程序等。

2. 城市道路交通事故处理程序

道路交通事故处理程序是指公安机关交通管理部门在依法处理道路交通事故的过程中，由事故办案民警的道路交通事故处理行为的方法、形式、步骤、权限、时限和顺序所构成的交通事故处理过程。

道路交通事故处理程序的构成要素：方法、形式、步骤、权限、顺序、时限。

道路交通事故处理程序的基本要素：方法不能改，形式不能变，步骤不能少，权限不能越，顺序不能乱，时限不能过，手续要完备。

1）城市道路交通事故处理顺序

① 受理报案。公安交通管理部门接到当事人或其他人的报案之后，按照管辖范围予以立案。

② 现场处理。公安交通管理部门受理案件后，立即派员赶赴现场，抢救伤者和财产，勘查现场，收集证据。

③ 责任认定。在查清交通事故事实的基础上，公安交通管理部门根据事故当事人的违章行为与交通事故的因果关系、作用大小等，对当事人的交通事故责任作出认定。

④ 裁决处罚。公安交通管理部门应依据有关规定，对肇事责任人予以警告、罚款、吊扣、吊销驾驶证或拘留的处罚。

⑤ 损害赔偿调解。对交通事故造成的人员伤亡及经济损失的赔偿，按照有关规定和赔偿标准，根据事故责任划分相应的赔偿比例，由公安交通管理部门召集双方当事人进行调解。双方同意达成协议，由事故调解人员制作并发给损害赔偿调解书。

2）简易处理程序流程

① 固定现场证据。固定现场证据的方式可以通过画现场草图、拍摄现场照片、录像，也可以通过现场口头询问方式固定证据。

② 责令当事人撤离现场，恢复交通；拒不撤离现场的，予以强制撤离。对当事人不能自行移动车辆的，交通警察应当将车辆移至不妨碍交通的地点。

③ 对具有下列情形之一的，公安交通管理部门可将其驾驶的机动车移至不妨碍交通的地点或者有关部门指定的地点停放，依法给予处罚：

● 驾驶人无有效机动车驾驶证的；

● 驾驶人有饮酒、服用国家管制的精神药品或者麻醉药品嫌疑的。

④ 制作道路交通事故认定书。

● 撤离现场后，交通警察应当根据现场固定的证据和当事人、证人叙述等，认定并记录道路交通事故发生的时间、地点、天气、当事人姓名、机动车驾驶证号、联系方式、机动车种类和号牌、保险凭证号、交通事故形态、碰撞部位等，并根据当事人的行为对发生道路交通事故所起的作用及过错的严重程度，确定当事人的责任，制作道路交通事故认定书，由当事人签名。

● 简易程序处理的道路交通事故认定书可以当场出具，也可以事后出具；但是最迟应当自现场调查之日起10日内制作道路交通事故认定书。

⑤ 当场调解。当事人共同请求调解的（可以口头申请），交通警察应当当场进行调解，并在道路交通事故认定书上记录调解结果，由当事人签名，交付当事人。但是，具有下列情形之一的，不适用调解，交通警察可以在道路交通事故认定书上载明有关情况后，将道路交

通事故认定书交付当事人：

- 当事人对道路交通事故认定有异议的；
- 当事人拒绝在道路交通事故认定书上签名的；
- 当事人不同意调解的。

3）一般处理程序流程

① 向交通管理部门进行报案。除了适用交通事故简易程序处理的少数交通事故案件外，大多数交通事故案件的处理都依赖于公安交通管理部门。当一起交通事故发生以后，当事人应当尽可能及时向事故发生地的县级交通管理部门报案。如果交通事故的当事人都造成重伤或者昏迷的，经过的路人也有义务向交通管理部门报案。

② 交通管理部门赶赴交通事故现场进行处理。一般情况下，适用简易程序处理的交通事故案件只需要有一名交警人员到现场处理，而适用交通事故一般程序处理的交通事故案件，则至少要有两名交警进行处理。对于重大，特别重大的交通事故案件还需其他部门帮忙，比如医疗救护部门。交警赶赴现场后，首先要对现场进行处理，尽快恢复正常的交通秩序。同时对于适用一般程序处理的交通事故案件，还要进行现场勘查。

③ 交通管理部门制作交通事故认定书。交通管理部门在充分了解事故情况时，并结合收集到的各种证据，客观、公正地制作出交通事故认定书，分清事故当事人各方的事故责任。

④ 交通管理部门对事故当事人进行行政处罚。公安交通管理部门应依据有关规定，对肇事责任人予以警告、罚款、吊扣、吊销驾驶证或拘留的处罚。

⑤ 对损害赔偿进行调解。根据《道路交通事故处理程序规定》，公安交通管理部门可以在双方当事人申请的情况下，就交通事故损害赔偿进行为期 10 天的调解。

⑥ 受害方向人民法院起诉。对于当事人不同意调解，或者在法定的调解期限内未达成调解协议的，受害方可向法院起诉，以此来维护自身的合法权益。

3. 道路交通事故的责任认定

道路交通事故责任认定是对当事人有无违法行为，违法行为与事故后果之间有无因果关系，以及违法行为在事故中的作用所进行的一种定性、定量的描述。事故认定准确与否，关系到整个事故处理工作的好坏。道路交通事故认定应当做到程序合法、事实清楚、证据确凿充分、适用法律正确、责任划分公正。

责任认定的目的，一方面要追究肇事者的责任，做到以责论处；另一方面，要公平、客观地确定当事人事故损害的赔偿份额；此外，还要对其他交通参与者进行教育、警戒；最后能够为研究交通事故发生规律，制定安全有效的安全防范措施和管理对策提供素材。

1）道路交通事故责任认定的原则

在查清事故发生的真实情况后，便可运用交通法规去衡量当事人的行为，进而确定其是否应承担事故责任及责任的大小。

交通事故责任认定定性的原则：

① 当事人没有交通违法行为，不应负事故责任；

② 当事人有交通违法行为，但与事故发生无因果关系，不应负事故责任；

③ 当事人有违法行为且与事故发生有因果关系，应负事故责任。

道路交通事故责任认定定量的原则：

① 违法行为扰乱了正常的道路交通秩序，破坏了交通法规中各行其道和让行的原则，在引发事故方面起着主导作用，即违法行为是导致交通事故最主要的、直接的原因时，该当事人的责任相对要大于对方当事人；

② 违法行为在事故的发生中只是促成因素，只起着被动的或加重后果的作用，即违法行为在交通事故中是次要的、间接的因素时，该当事人的责任小于对方当事人。

2）道路交通事故责任分类

公安机关交通管理部门应当根据当事人的行为对发生道路交通事故所起的作用及过错的严重程度，确定当事人的责任。我国规定道路交通事故责任分为全部责任，主要责任、同等责任和次要责任，无责任4种。

① 全部责任。一方当事人的违章行为造成交通事故，有违章行为的一方应当负全部责任，其他方不负交通事故责任；当事人逃逸，造成现场变动、证据灭失，公安机关交通管理部门无法查证交通事故事实的，当事人承担全部责任；当事人一方有条件报案而未报案或者未及时报案，使交通事故责任无法认定的，应当负全部责任；当事人故意破坏、伪造现场、毁灭证据的，承担全部责任。

② 主要责任、同等责任和次要责任。两方当事人的违章行为共同造成交通事故的，违章行为在交通事故中作用大的一方负主要责任，另一方负次要责任；违章行为在交通事故中作用基本相当的，两方负同等责任；当事人各方有条件报案而均未报案或者未及时报案，使交通事故责任无法认定的，应当负同等责任。但机动车与非机动车、行人发生交通事故的，机动车一方应当负主要责任，非机动车、行人一方负次要责任。

③ 无责任。各方均无导致交通事故的过错，属于交通意外事故的，各方均无责任；一方当事人故意造成交通事故的，他方无责任。

3）事故当事人的责任承担

① 驾驶人违反交通法规或操作规程发生交通事故，由驾驶人负责；

② 在教练员监护下学员驾驶车辆发生交通事故，由教练员和学员共同负责；

③ 驾驶人把车辆交给无证人驾驶发生交通事故，由驾驶人负责；

④ 怂恿驾驶人违法行使，发生交通事故，由怂恿人和驾驶人共同负责；

⑤ 迫使驾驶人违法行驶（驾驶人已提出申辩无效）发生交通事故，由迫使人负责；

⑥ 行人、乘客违反交通规则而造成事故，由行人、乘客负责；

⑦ 因道路条件不符合技术要求而引起的交通事故，由道路工程和道路养护部门负责；

⑧ 因保修质量差，以及能够检查而没有检查，发生机械故障以致肇事，由相关人员负责；

⑨ 因例行维护不好，发生机械故障以致肇事，由驾驶人负责；

⑩ 因交通指挥错误，发生交通事故，由交通指挥人员负责。

4）道路交通事故认定书

道路交通事故认定书应当由办案民警签名或者盖章，加盖公安机关交通管理部门道路交通事故处理专用章，分别送达当事人，并告知当事人向公安机关交通管理部门申请复核、调解和直接向人民法院提起民事诉讼的权利、期限。道路交通事故认定书应当载明以下内容：

① 道路交通事故当事人、车辆、道路和交通环境等基本情况；

② 道路交通事故发生经过；

③ 道路交通事故证据及事故形成原因的分析；

④ 当事人导致道路交通事故的过错及责任或者意外原因；

⑤ 作出道路交通事故认定的公安机关交通管理部门名称和日期。

逃逸交通事故尚未侦破，受害一方当事人要求出具道路交通事故认定书的，公安机关交通管理部门应当在接到当事人书面申请后 10 日内制作道路交通事故认定书，并送达受害一方当事人。道路交通事故认定书应当载明事故发生的时间、地点、受害人情况及调查得到的事实，有证据证明受害人有过错的，确定受害人的责任；无证据证明受害人有过错的，确定受害人无责任。

道路交通事故成因无法查清的，公安机关交通管理部门应当出具道路交通事故证明，载明道路交通事故发生的时间、地点、当事人情况及调查得到的事实，分别送达当事人。

5）交通事故责任认定案例

（1）有障碍路段发生交通事故责任认定

有障碍一方应让对方先行。如果抢行发生事故，要由有障碍一方负主要以上交通事故责任。但有障碍一方正在超越障碍时，无障碍一方应让其先行，否则发生事故，要由无障碍一方负主要以上交通事故责任。

（2）狭窄坡路上发生的交通事故责任认定

《中华人民共和国道路交通管理条例》规定："在狭窄的坡路，下坡车让上坡车先行；但下坡车已行至中途而上坡车未上坡时，让下坡车先行。"

所谓下坡车让上坡车先行，是指下坡车行至下坡起点或接近下坡起点，发现坡脚处有车要上坡或有车在上坡途中行驶，要让上坡车先行。因为上坡车如果中途减速、停车，就会增加起步的困难，甚至会发生溜车。在上述情况下，如果下坡车抢行发生事故，要由其负主要以上交通事故责任。但当下坡车已行至中途，而上坡车尚未上坡时，要让下坡车先行，此时如果上坡车抢行发生事故，要由上坡车负主要以上交通事故责任。

（3）平面交叉路口同类车辆相遇发生事故责任认定

所谓"同类车"，是指以动力而分的机动车和非机动车。各类非机动车包括自行车、三轮车、人力车、畜力车、残疾人专用车为同一类车；各种机动车包括汽车、电车、摩托车、电瓶车、拖拉机、轮式专用机械车为同一类车。

有平交路口，不分支、干路的情况下，同类车交叉相遇时，让右边没有来车的车先行，发生事故由右边有车的车负主要以上交通事故责任。

同类车相对方向行驶，转弯相遇时，左转弯车让直行车和右转弯车先行，因为直行车的速度快，转弯车速度慢，而且在通常情况下，直行车数量大，转弯车数量小，本着优先方便多数的原则，转弯车也要让直行车先行；而右转弯车因为距右边横道的机动车道近，左转弯车也要让它先行，发生事故由左转弯车负主要以上交通事故责任。

（4）"过度疲劳"时发生的交通事故责任认定

所谓"过度疲劳"，是指驾驶人每天驾车超过 8 小时，或者从事其他劳动体力消耗过大或睡眠不足，以致行车中困倦瞌睡，四肢无力，不能及时发现和准确处理路面交通情况的。

《中华人民共和国道路交通管理条例》规定："在过度疲劳时不准驾驶车辆，如果是造成事故的主要原因，应当负主要以上交通事故责任。"

（5）非机动车在受阻路段驶入机动车道发生的交通事故责任认定

非机动车因本车道被机动车临时占用受阻不能正常行驶时，在不妨碍相邻机动车道车辆行驶的情况下，可以在距机动车 10 m 内驶入相邻的机动车道，但须紧靠右侧通行；绕过机动车后必须迅速驶回本车道。

因道路损坏或施工需要占用非机动车道时，公安交通管理部门应当画出供非机动车行驶的临时车道，没有画临时车道的，非机动车可按上述原则行驶。

《中华人民共和国道路交通管理条例》规定："后面驶来的机动车须减速让行"，如果非机动车被后面驶来的机动车碰撞发生事故，由后面驶来的机动车负主要以上交通事故责任。

（6）几种全责案例

① 逃逸事故。当事人逃逸，造成现场变动、证据灭失，公安机关交通管理部门无法查证交通事故事实的。如图 7-2 所示，甲驾驶小客车由西向东，将骑自行车人撞伤后驾车逃离现场。

② 灭证据事故。小客车在非机动车道与自行车发生事故后，驾驶员将双方的车辆移至机动车道内，造成在机动车道接触的假象，如图 7-3 所示。

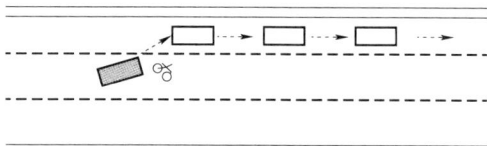

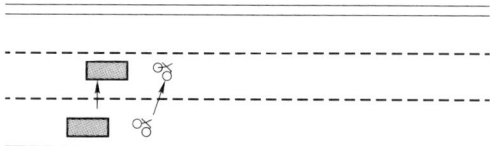

图 7-2　逃逸事故　　　　　　　　　　　　　图 7-3　灭证据事故

③ 穿越道路中心线或者隔离设施事故。当事人驾驶机动车越过施画有禁止穿越的道路中心线或者隔离设施与道路上的其他车辆或行人发生交通事故的。如图 7-4 所示，大货车越过道路中心线，小客车由东向西直行，大货车为全责。

④ 机动车进入非机动车道与同向行驶非机动车事故。当事人驾驶机动车进入非机动车道或非机动车通行范围内，刮撞同向行驶非机动车的。如图 7-5 所示，小客车进入非机动车道，

将同向行驶的非机动车撞倒，小客车为全责。

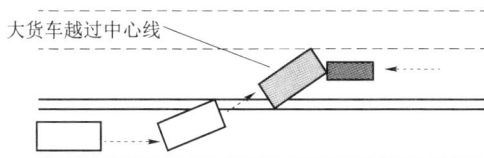

图 7-4　穿越道路中心线事故

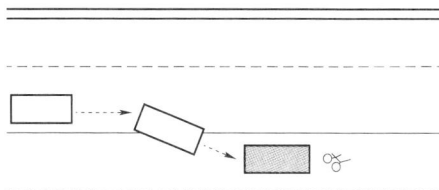

图 7-5　机动车进入非机动车道事故

⑤ 车辆刮撞依法在人行横道内行人事故。如图 7-6 所示，小客车进入人行横道与行人碰撞，小客车为全责。

⑥ 车辆未避让执行紧急任务的车辆。当事人驾驶车辆未避让执行紧急任务的警车、消防车、救护车、工程救险车的。如图 7-7 所示，大货车未避让救护车，大货车为全责。

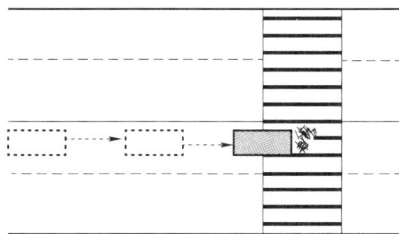

图 7-6　车辆刮撞行人事故

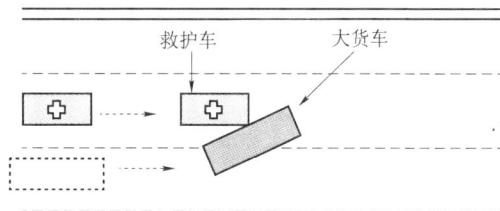

图 7-7　车辆与救护车事故

⑦ 非机动车超车事故。当事人驾驶非机动车在非机动车道超越同向行驶的非机动车发生交通事故的。如图 7-8 所示，超车的自行车为全责。

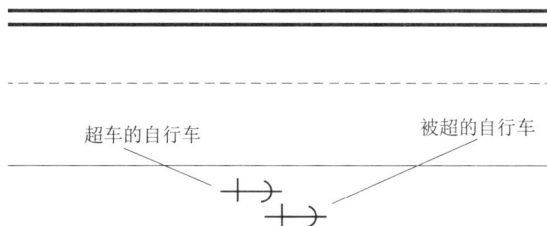

图 7-8　非机动车超车事故

4. 城市道路交通事故损害赔偿

在交通事故中，由于事故责任者的过错或者意外，造成事故受害人人身伤亡或者财产损失，即侵犯了事故受害人的人身权利和财产权利及其利益，构成了民法上的侵权损害事件。根据《侵权责任法》第 2 条规定："侵害民事权益，应当依照本法承担侵权责任。"事故责任者、车辆驾驶人或者所有人、其他人员应当赔偿受害人的经济损失。故交通事故损害赔偿适用民法中的侵权责任法。

道路交通事故损害赔偿是指由于事故责任者的过错或者意外，侵害国家的、集体的财产，侵犯他人的人身权利和财产权利及其他利益而造成伤害，对受害人进行赔偿的民事责任。

道路交通事故损害赔偿责任，是指道路交通事故责任主体，在其所有或保管的机动车在使用过程中，因发生交通事故致他人损害而对受害人依法应当承担的民事赔偿责任。

1）道路交通事故损害赔偿责任的构成要件

（1）交通事故须在道路上发生

交通事故只有发生在道路上，才构成道路交通事故损害赔偿责任。交通事故，指车辆等交通工具驾驶人员、行人、乘车人及其他在道路上进行与交通有关活动的人员，因违章行为致人伤亡或财产损失的事故。

（2）损害事实，受害人须有损害

损害事实是指一定的行为致使受害人的人身权利、财产权利及其他利益受到侵害，并造成财产利益和非财产利益的减少或灭失的客观事实。道路交通事故损害赔偿须以受害人受有损害为必要条件，也就是说交通事故必须造成损害后果。如果只有违章行为，而无损害，则只能以行政制裁方法处罚，不应承担赔偿责任。

（3）致害人须有交通违章行为

交通事故的致害人，一般为机动车、非机动车的驾驶人员，也不排除其他有关人员。这些人员违反交通法规、规章，在道路上进行与交通有关的活动，均为交通违章行为。如果交通事故致害人没有交通违章行为，其则不承担或少承担交通事故损害赔偿责任。

（4）交通违章行为须与损害事实有因果关系

《道路交通事故处理办法》第17条特别强调，当事人有违章行为，其违章行为与交通事故有因果关系的，应当负交通事故责任。当事人没有违章行为或者虽有违章行为，但违章行为与交通事故无因果关系的，不负交通事故责任。

（5）主观过错

主观过错是指行为人实施其行为时的心理状态。主观过错分为两种基本形态：故意和过失。故意是指行为人已经预见自己行为的结果，仍然希望它发生或者听任它发生的主观心理状态。而侵权责任上的过失是指行为人对受害人应负注意义务的疏忽或懈怠。疏忽是指行为人对自己行为的结果，应当预见或者能够预见而没有预见。懈怠是指行为人对自己行为的结果虽然预见了却轻信可以避免。

以上论述的道路交通事故损害赔偿责任构成要件是指一般理论上的构成要件，在具体案件中，并不是必须同时具备以上5个要件才承担赔偿责任，应当具备以上5个要件中的哪几个才承担赔偿责任，还要根据道路交通事故损害赔偿责任归责原则来决定。

2）事故损害赔偿数额

事故损害赔偿包括直接财产损失折款、医疗费、误工费、住院伙食补助费、护理费、残疾者生活补助费、残疾用具费、丧葬费、死亡补偿费、被抚养人生活费、交通费及住宿费等。其中残疾者生活补助费、死亡补偿费和被抚养人生活费 3 项费用标准，根据各地区经济发展的实际情况确定。

交通事故赔偿数额确定之后，各当事方的赔偿金额可按下式计算：

$$p_i = k_i \cdot Q \ (i=1, 2, \cdots, n) \tag{7-14}$$

式中：p_i——当事方 i 的赔偿金额，元；

　　　k_i——当事方 i 的责任系数，全部责任 k_i=1，主要责任 k_i=0.6～0.9，同等责任 k_i=0.5，次要责任 k_i=0.1～0.4；

　　　Q——事故损害赔偿金额，元。

3）损害赔偿调解

（1）调解的一般规定

当事人对道路交通事故损害赔偿有争议，各方当事人一致请求公安机关交通管理部门调解的，应当在收到道路交通事故认定书或者上一级公安机关交通管理部门维持原道路交通事故认定的复核结论之日起 10 日内，向公安机关交通管理部门提出书面申请。

公安机关交通管理部门应当按照合法、公正、自愿、及时的原则，并采取公开方式进行道路交通事故损害赔偿调解。调解时允许旁听，但是当事人要求不予公开的除外。

公安机关交通管理部门应当与当事人约定调解的时间、地点，并于调解时间 3 日前通知当事人。口头通知的，应当记入调解记录。调解参加人因故不能按期参加调解的，应当在预定调解时间 1 日前通知承办的交通警察，请求变更调解时间。

（2）参加损害赔偿调解的人员

① 道路交通事故当事人及其代理人；

② 道路交通事故车辆所有人或者管理人；

③ 公安机关交通管理部门认为有必要参加的其他人员。

委托代理人应当出具由委托人签名或者盖章的授权委托书，授权委托书应当载明委托事项和权限。参加调解时当事人一方不得超过 3 人。

（3）调解时限

公安机关交通管理部门应当按照下列规定日期开始调解，并于 10 日内制作道路交通事故损害赔偿调解书或者道路交通事故损害赔偿调解终结书：

① 造成人员死亡的，从规定的办理丧葬事宜时间结束之日起；

② 造成人员受伤的，从治疗终结之日起；

③ 因伤致残的，从定残之日起；

④ 造成财产损失的，从确定损失之日起。

（4）调解程序

交通警察调解道路交通事故损害赔偿，按照下列程序实施：

① 告知道路交通事故各方当事人的权利、义务；

② 听取当事人各方的请求；

③ 根据道路交通事故认定书认定的事实及《中华人民共和国道路交通安全法》第 76 条的规定，确定当事人承担的损害赔偿责任；

④ 计算损害赔偿的数额，确定各方当事人各自承担的比例，人身损害赔偿的标准按照《最高人民法院关于审理人身损害赔偿案件适用法律若干问题的解释》规定执行，财产损失的修复费用、折价赔偿费用按照实际价值或者评估机构的评估结论计算；

⑤ 确定赔偿履行方式及期限。

（5）调解书

经调解达成协议的，公安机关交通管理部门应当当场制作道路交通事故损害赔偿调解书，由各方当事人签字，分别送达各方当事人。调解书应当载明以下内容：

① 调解依据；

② 道路交通事故认定书认定的基本事实和损失情况；

③ 损害赔偿的项目和数额；

④ 各方的损害赔偿责任及比例；

⑤ 赔偿履行方式和期限；

⑥ 调解日期。

经调解各方当事人未达成协议的，公安机关交通管理部门应当终止调解，制作道路交通事故损害赔偿调解终结书送达各方当事人。

（6）终止调解的情况

有下列情形之一的，公安机关交通管理部门应当终止调解，并记录在案：

① 在调解期间有一方当事人向人民法院提起民事诉讼的；

② 一方当事人无正当理由不参加调解的；

③ 一方当事人调解过程中退出调解的。

7.2.2　城市轨道交通事故处理

1. 行车事故处理程序

1）轨道交通事故处理规则

轨道交通事故一般为行车事故，其处理规则如下所述。

① 发生事故时，首要确保乘客及有关人员的安全，要积极地采取措施，迅速抢救，尽快恢复运营，尽量减少损失。

② 控制中心必须按照"先通后复"的原则组织指挥事故处理。

③ 发现或确认事故后，必须确保信息畅通，立即报告有关人员。

④ 根据事故责任、事故性质、经济损失、延误列车运行时间及造成的不良影响进行综合

判定，提高处理事故的效率。

⑤ 处理事故要以事实为依据，以有关法律、规章为准绳，认真调查分析，查明原因，分清责任，吸取教训，制定对策。对事故责任者，应根据事故性质和情节，予以批评教育、经济处罚、行政处分直至追究法律责任。事故性质、情节严重的，要按有关规定逐级追究领导责任，对事故分析处理拖延、推脱责任、姑息纵容、隐瞒不报或不如实反映事故情况者，应予以严肃批评教育或纪律处分。

2) 行车事故报告程序

行车事故的报告程序直接关系到行车事故发生后的处置，关系到行车事故发生后能否及时、迅速地开拓运营线路恢复正常行车秩序。行车事故的分析、调查、处理是行车事故发生后的重要环节，目的是为了认定事故性质，并且根据事故原因，制定相应的措施，并且举一反三，通过各种方法与手段，减少和杜绝同类和相关事故的再次发生。

在区间发生行车事故时，由列车司机立即报告行车调度员，无法和行车调度员联系时，可报告就近车站的行车值班员，由行车值班员转报行车调度员；在车站内或车厂内发生行车事故时，由车站行车值班员或车厂调度员报告行车调度员；其他目击人员可以通过车站工作人员向行车调度员报告。

行车调度员接到事故报告后，应立即报告上级主管部门，并积极组织救援，防止事故扩大，按照"先通后复"的原则组织指挥事故处理，尽快恢复正常行车。应及时填写"行车事故概况"，报相关部门。

发生人员伤亡、火灾、爆炸、毒气袭击等事故，需要打 119 火警、120 急救中心或公安派出所时，由值班站长、事故现场目击者在第一时间内报告；列车司机则立即报告控制中心，由控制中心立即报告 119 火警、120 急救中心或公安派出所等外部救援单位。

3) 事故报告的主要内容

① 发生时间（月、日、时、分）；

② 发生地点（区间、百米标和上、下行正线）；

③ 列车车次、车组号、关系人员姓名、职务；

④ 事故概况及原因；

⑤ 人员伤亡情况及车辆、线路等轨道设备损坏情况；

⑥ 是否需要救援；

⑦ 是否影响邻线运行；

⑧ 其他必须说明的内容及要求。

在紧急情况下，特别是发生较大的事故时，由于现场情况和环境情况比较复杂、混乱，现场情况可能一时难以全部讲清，此时可先报告部分内容，但必须报清事故发生的位置、事故概况、是否需要立即救援帮助等，以利于行车安全管理部门和领导决策。

必须进行现场事故抢救和救援时，由行车调度员及时通知各相关部门进行。各相关部门应按行车调度员及上级有关领导的指示做好救援和准备，及时出动展开救援工作。

4）事故的调查处理

在事故报告完成后，有关人员要迅速进行事故现场的处置。在专业人员及救援人员到达事故现场前，若事故发生在区间，由驾驶员负责；若事故发生在车辆或车辆段，由值班站长（行车值班员）或车辆段调度员负责。其任务是负责指挥抢救伤员、引导乘客自救、组织疏散及安抚乘客等工作，并保护现场、查找证人、做好记录、保存可疑物证，等待进一步救援。在有关救援人员到达后，由事故现场的负责人或委任相关专业人员指挥救援，处理善后工作。

在险性事故和一般事故发生后，驾驶员必须立即报告，并且等待行车调度员的进一步命令指示，按要求执行，不得擅自移动列车。如需事故救援，驾驶员应按规定请求救援，并在救援人员和设备到现场前负责列车安全、乘客安全等工作。在救援人员到达后向现场指挥人员报告情况，并按行车调度员或救援指挥人员的命令执行。

应成立专门的事故处理调查小组，并由各有关部门参加，负责事故的调查、处置、协调、善后、分析等各项工作，包括现场摄、录像及绘制现场草图、设备检测、收集物证、询问人证、调查记录现场情况等工作。

险性事故和一般事故发生后，如涉及两个以上直属单位时，由城市轨道交通企业负责调查，在规定的时间内将事故调查报告上报，并提出防范措施。对责任单位无异议的险性事故，由险性事故责任单位组织调查分析，明确原因并对责任者提出处理意见，制定防范措施。对涉及一个单位的一般事故，由责任单位调查分析，找出原因，明确责任，并对责任者进行处理，提出防范措施。

值乘驾驶员和事故有关人员要积极配合，如实报告情况，以便分析事故真正原因，明确事故责任，制定防范措施。事故有关人员均不得隐瞒事实，对推脱责任、拖延调查、隐瞒真相的个人与单位部门，经查实予以从重处理。

对事故涉及城市轨道交通以外的单位的调查，由城市轨道交通企业事故调查小组与相关单位协调处理，必要时提请司法部门裁决处理。凡行车事故涉及刑事责任的调查处理由公安部门负责，事故相关单位、个人协助配合调查工作。

5）事故的防范

为减少事故的发生，防患于未然，应加强安全生产管理。坚持"安全第一，预防为主"的方针，各级领导要把安全工作作为首要任务去抓，加强安全管理和安全思想教育，把安全思想在各级领导和全体员工中牢固树立，强化员工安全意识，严肃劳动纪律和作业纪律，教育员工自觉执行各项规章制度；做好员工的技术培训，加强员工的日常技能演练和考核工作，不断提高员工的业务水平；加强安全检查，及时消除隐患，搞好设备维修保养，提高设备质量；深入开展安全正点、优质服务的竞赛活动，确保城市轨道交通安全运营。

2. 城市轨道交通事故损害赔偿

① 新建城市轨道交通工程竣工后，应当进行工程检验，检验合格的，进行试运行；试运行合格的，并具备基本运营条件的，可以进行试运营。未经竣工验收合格，将城市轨道交通

工程项目投入正式运营，按照《建设工程质量管理条例》的有关规定进行处罚。

② 城市轨道交通运营单位应保证安全、消防、疏散导向等标志醒目，并应配备培训合格的工作人员上岗，在车站配备急救箱，城市轨道交通运营过程中发生故障而影响运行，城市轨道交通运营单位应当及时组织乘客疏散，并尽快报告城市轨道交通主管部门。违反以上规定，轨道交通主管部门给予警告或责令限期改正，并可处以 5 000 元以下的罚款。

③ 对危害影响城市轨道交通安全正常运营的，如乘客车厢内吸烟，擅自进入轨道、隧道等禁止进入的区域，携带易燃、易爆、有毒和放射性、腐蚀性的危险品，在出入口、通道停放车辆等堵塞通道，或其他危害城市轨道交通运营和乘客安全的行为，轨道交通主管部门应责令改正或移送公安部门依法处理，并可处以 50 元以上 500 元以下罚款。

④ 城市轨道交通运营单位应按照反恐、消防管理、事故救援等相关规定，设置报警、灭火、逃生、防汛、防爆、防护监视、紧急疏散照明、救援等器材和设备，并保持完好；定期对土建工程、车辆和运营设备进行维护、检查，确保其处于安全状态；并制定处理突发事件的应急预案，建立应急救援组织，配备救援器材设备。对违反以上规定的城市轨道交通运营单位，轨道交通主管部门给予警告，责令其改正，并可处以 1 万元以下罚款。

⑤ 在城市轨道交通控制保护区内进行如新建、扩建、改建或者拆除建筑物，敷设管线、挖掘、爆破、地基加固、打井，在过江隧道挖沙、疏浚河道，或其他大面积增加或减少载荷的活动，作业单位应当制订安全防护方案，通过专家审查论证，征得运营单位同意，并依法办理有关行政许可手续。

有违反以上规定行为的作业单位或个人，城市轨道交通主管部门给予警告，责令其限期改正，并可处以 1 万元以上 3 万元以下罚款，造成损失的，依法承担赔偿责任；情节严重，构成犯罪的，依法追究其刑事责任。

⑥ 在城市轨道交通线路弯道内侧，不得修建妨碍行车瞭望的建筑物，不得种植妨碍行车瞭望的树木。禁止危害城市轨道交通设施的行为，如非紧急状态下动用应急装置，损坏车辆、隧道，损坏和干扰机电设备、电缆、通信信号系统，污损安全、消防、疏散导向等标志，或危害其他设施的行为。影响城市轨道交通安全的，对个人处以 500 元以上 1 000 元以下罚款，对单位处以 1 000 元以上 5 000 元以下罚款，造成经济损失的，依法承担赔偿责任。

⑦ 遇有恶劣气象条件，未按照应急预案和操作规程进行处置的；在客流量急增危及安全运营时，未采取限制客流量的临时措施的；停止运营时，未提前向社会公告和报告主管部门的；发生安全事故时，未按照应急预案进行处置的。

对有以上行为的城市轨道交通运营单位，城市轨道交通主管部门给予警告，责令其限期改正，并可处以 1 万元以下罚款。

⑧ 城市轨道交通运营过程中发生乘客伤亡的，城市轨道交通运营单位应当依法承担相应的损害赔偿责任，能够证明伤亡人员故意或者自身健康原因造成的除外。

复习思考题

1. 简述城市交通事故调查的定义，城市道路交通事故及城市轨道交通事故处理的相关依据分别是什么？

2. 事故调查的对象和内容是什么？

3. 事故调查的作用是什么？道路交通事故调查的原因包括哪些？

4. 交通事故现场勘查的作用是什么？

5. 道路交通事故现场勘查的内容及任务分别是什么？

6. 简述城市道路交通事故的勘测程序。

7. 什么叫 4P 技术？其基本内容包括哪些？

8. 简述痕迹物证勘验的基本原则？

9. 轨道交通事故现场勘查的步骤是什么？

10. 简述事故分析与再现技术的概念、内容和作用。

11. 简述交通事故案卷的概念、作用和内容。

12. 简述道路交通事故统计报表所包含的统计内容。

13. 事故处理结案类型包括哪 3 种？责任事故是如何处理的？

14. 城市道路交通事故简易程序和一般程序的步骤分别是什么？

15. 城市道路交通事故责任认定的原则是什么？责任分类包括哪几种？

16. 道路交通事故认定书包含的内容有哪些？

17. 道路交通事故损害赔偿的构成要件包括哪些？

18. 简述道路交通事故损害调解的内容、具体要求和程序。

19. 城市轨道交通事故的处理规则是什么？并简要阐述。

20. 城市轨道交通行车事故报告程序是什么？

第8章

城市交通安全管理与预防

本章主要介绍了城市交通事故预防原则和 5E 准则，交通参与者、车辆及城市交通设施安全管理，应急、预警管理和事故紧急救援。通过本章的学习，要对城市交通安全管理有充分的认识和了解；理解车辆检查维护与保养保险，城市交通基础设施检查维护与隐患防治；掌握交通事故预防 5E 准则具体内容，交通参与者安全管理对象和方法，预警管理的相关概念及预警系统的组成和实现，应急管理的相关概念及应急预案的内容，事故紧急救援的流程和救援体系建设等知识。

8.1 概　　述

8.1.1 安全管理

安全管理（safety management）是管理科学的一个重要分支，它是为实现安全目标而进行的有关决策、计划、组织和控制等方面的活动。主要运用现代安全管理原理、方法和手段，分析和研究各种不安全因素，从技术上、组织上和管理上采取有力的措施，解决和消除各种不安全因素，防止事故的发生。它强调理论与实践的织合、重视科学与技术的全面发展。安全管理的特点是把人、物、环境三者进行有机的联系，试图控制人的不安全行为、物的不安全状态和环境的不安全条件，解决人、物、环境之间协调不畅的矛盾，排除影响生产效益的人为和物质的阻碍事件。

安全管理的主要目的就是通过管理的手段，实现控制事故、消除隐患、减少损失，使管理的整个系统达到最佳的安全水平，为系统中的人员创造一个安全舒适的工作环境。因此安全管理的含义就是以安全为目的，进行有关决策、计划、组织和控制方面的活动。

● 控制事故可以说是安全管理工作的核心，而控制事故最好的方式就是实施事故预防，即通过管理和技术手段的结合，消除事故隐患，控制不安全行为，保障劳动者的安全，这也是"预防为主"的本质所在。

● 根据事故的特性可知，受技术水平、经济条件等各方面的限制，有些事故是难以完全避免的。因此，控制事故的第二种手段就是应急措施，即通过抢救、疏散、抑制等手段，在事故发生后控制事故的蔓延，把事故的损失降低到最小。

● 事故总是带来损失，因而在实施事故预防和应急措施的基础上，通过购买财产、工伤、责任等保险，以保险补偿的方式，保证经济平衡和在发生事故后恢复的基本能力，也是控制事故的手段之一。

所以，也可以说，安全管理就是利用管理的活动，将事故预防、应急措施与保险补偿 3 种手段有机地结合在一起，以达到保障安全的目的。

安全管理涉及面很广，内容非常丰富，包括安全组织管理、安全法规管理、安全技术管理、安全教育、信息安全管理、车站安全管理及班组安全管理等。

1. 城市交通安全管理的定义

城市交通受到人、车、路、环境等复杂因素的影响，只要一个环节出现差错就有可能引起交通事故。交通事故已成为一个社会问题，世界各国都投入大量的人力、物力和财力来研究减少和避免交通事故的政策与具体的安全管理措施。

城市交通安全管理就是在对城市交通事故进行充分研究并认识其规律的基础上，由国家行政机关根据有关法律、法规、标准规范，采用科学的管理方法，在社会公众的积极参与下，对构成城市交通系统的人、车、路、交通设施及交通环境等要素进行有效的组织、协调、控制，以实现防止事故发生、减少死伤人数和财产损失、保证城市交通安全和畅通目标的管理活动。

由上述定义可见，城市交通安全管理包含以下 5 层含义。

① 城市交通安全管理的目标是减少交通事故的发生，保障城市交通安全畅通，根本上是保障人民生命财产安全。

② 城市交通安全管理的主体是国家公安机关的交通管理职能部门。与此同时，城市交通安全管理需要社会的广泛参与，包括运输企业、车辆制造维修与检测单位、参与交通的驾驶人和行人等。因而，从广义上讲，交通安全管理的主体是以公安交通管理部门为主体的社会各方面共同参与的综合力量。

③ 城市交通安全管理的客体是城市交通构成要素及其相互关系。城市道路交通管理客体，从其外在形式上看，是由人、车、路、交通环境等要素构成的，而从其内在实质上看，是由受城市交通管理法规所调整和保护的各种道路交通法律关系构成的。

④ 城市交通安全管理的依据是城市交通管理法律、法规和有关技术规范。城市交通管理的依据概括起来可以分为 3 个部分：第一部分是城市交通管理法律；第二部分是与城市交通

相关的法律法规；第三部分是城市交通管理相关技术规范。

⑤ 城市交通安全管理的基本职能是协调、控制，是一项国家行政管理活动。行政管理部门在交通管理工程中，通过协调、控制城市交通构成要素及其相互关系，从而达到要素间的有序的动态平衡。

2. 城市交通安全管理构成体系

要实现交通安全管理的既定目标，必须建立完善的交通安全管理保障体系。

1）交通安全管理体制

体制指的是国家机关、企业和事业单位机构设置和管理权限划分的制度。交通安全管理体制则是指关于国家机关、企事业单位、民间组织及社会公众在交通安全管理中的权责划分和操作方法等的制度体系。要形成有效的安全管理，必须明确各类管理主体的权限及对管理交通的制度规则、方式方法的约定。

2）交通安全管理对象

交通安全管理的对象，是构成城市交通系统的人、车、路、环境等各要素及其相互关系。

① 人员：凡是参与城市交通活动的人，都是城市交通管理的对象。这里需要特别指出的是，驾驶人是导致交通事故发生的重要因素，因此特别要注重对驾驶人的管理。

② 车辆：车辆是交通安全的关键。要保证这一关键环节的安全，必须依照国家相关法律、法规及技术标准，从新车的设计、制造，用车的登记、检测、维护等方面入手，对车辆进行管理和控制。

③ 道路：道路是安全行驶的基础，对道路实施交通管理，主要是对道路进行安全检查，以及对道路附属设施进行管理，以保障道路的性质、功能适应道路交通需求，保障对道路的科学有效使用。

④ 交通环境：凡是对正常的城市交通活动有影响的物体和行为环境，都是交通管理的对象。对交通环境的管理，主要是对道路的三维空间及其周围建筑物、视觉污染等与交通活动相关的物体及行为环境进行监督与管理。由于现代交通环境对现实交通管理目标影响很大，现实交通管理必须不断强化对交通环境的管理。

3）交通安全管理依据

道路交通法规是依据国家宪法制定的强制性行政命令和规章制度。它既是人们行车、走路、使用道路必须遵守的规范，又是道路交通管理部门查处交通违章、裁定事故责任、进行交通安全管理的重要依据。

4）交通安全管理手段和方法

随着社会的发展和进步，尤其是随着高科技手段在社会各个领域的广泛应用，人们越来越清醒地认识到，强化科技意识，积极运用科学技术，不断提高交通管理工作的科学化、现代化水平，已经成为未来道路交通的发展方向。近年来，智能交通系统正在不断地被世界各国进行开发利用。

3. 城市交通安全管理的作用

① 对交通行为的规范作用：通过交通法规的制定执行，规范交通参与者的行为准则，规定交通行为的过程要求和处理原则，保证城市交通有序进行。

② 对交通安全的保障作用：通过一系列强制性的管理活动，使得所有交通参与者统一于交通法规的原则和各项规定之下，从而减少交通冲突，降低事故的发生率。

③ 对交通畅达的改善作用：通过对交通安全设施的科学布局和交通秩序的有效维护，减少交通堵塞，保证交通畅通。通过有效的交通管理，创造良好的交通条件，使得各种运输工具发挥最大的效能，尽可能地提高城市道路的利用率，使得运输企业和国家获得最大的经济效益和社会效益。

④ 对社会生活秩序的稳定作用：通过对交通事故的正确处理，化解矛盾，减少冲突，降低损失，保证社会安定，增加社会凝聚力。

⑤ 对交通功能的促进作用：通过对城市交通管理活动，保证汽车运输的畅达，减少环境污染，降低能源消耗，从而最大限度地发挥城市交通的功能。

⑥ 对精神文明建设的推动作用：通过交通安全的宣传与教育，增强交通参与者的安全意识，帮助人们正确处理生产与安全、速度与效益、局部与全局、个人利益与国家利益等关系，推动我国全民的精神文明建设进程。

8.1.2 事故预防

交通事故预防就是运用现代科学的管理方法、工程技术及行政和法律的手段，分析并研究交通事故的现象、发生规律、演化机理等影响因素，探索预防和减少交通事故或者降低交通事故损害对策的活动。其目的是运用各种手段调整道路交通安全系统的结构，协调各要素之间的关系，预防和减少交通事故危害，最大限度地提高社会效益和经济效益。具体地说，交通事故预防是运用系统工程的思想和方法，分析交通事故信息，揭示交通事故发生、发展的规律，综合运用系统论、控制论、行为科学、管理科学和工程技术等方面的知识，对交通事故的演化机理、相关因素进行定性和定量分析，研究交通事故防治对策的分析、评价和优化的方法和技术，以及对城市交通安全系统进行控制的方法。

1. 事故预防的目标和原则

1）预防目标

（1）道德的目标

道德方面的目标，是从任何一个人都要关心他人的观念出发的。随着人们物质文化生活水平的逐步提高，人们对安全与健康的要求越来越强烈。环境问题、人口问题、产品安全问题和其他一些事务引起了广泛的讨论，越来越多的人认为，为了赢利或者其他的目的而引起工作场所之内或者之外的人的安全与健康的风险问题，从道德上讲是无法接受的；由于死亡和伤残而造成的痛苦和艰难，是无法用金钱来衡量的。

有关道德目标的一个衡量尺度就是士气，它与法律和经济两个目标相关。工人的士气可以用积极参加事故预防的演习而得到加强，也可因为事故而被削弱。不良的公共形象，影响了企业内部和外部的无形资产，公众信心的减弱会削弱企业与社区的联系、企业的市场位置、市场占有额乃至其自身的名气。

（2）法律的目标

法律方面的目标，是由国家的法律所规定的，当违背及未能遵守法律时，就会受到起诉及其一系列强制性的行动的处理。根据法律，受到伤害的工人和其他人是由于企业破坏了其法律义务或未能达到法律所规定的标准，因而应得到依法规定的赔偿。

（3）经济的目标

经济方面的目标，是确保企业的财政状况，持续保证职工安全健康，避免造成与事故相关的损失，包括现金损失、社区及社会因工人伤亡而受到的损失、财产的损失及工作受到影响而造成的损失。其中的一些项目可以列入保险之中，称为直接损失。所以，一旦发生事故，可以预测，总的开支也会增加。间接损失包括没有保险的财产损失、计划的延期、加班的支出、为事故而引起的管理付出及因维修、重建而造成的产量下降等费用。

如同其他事物一样，事故也有其发生、发展的过程，因而是可以预防的。事故的发展可归纳为 3 个阶段：孕育阶段、生长阶段和损失阶段。孕育阶段是事故发生的最初阶段，此时事故处于无形阶段，人们可以感觉到它的存在，而不能指出它的具体形式；生长阶段是由于基础原因的存在，出现管理缺陷，不安全状态和不安全行为得以发生，构成生产中事故隐患的阶段，此时，事故处于萌芽状态，人们可以具体指出它的存在；损失阶段是生产中的危险因素被某些偶然事件触发而发生事故，造成人员伤亡和经济损失的阶段。安全工作的目的，是要避免因发生事故而造成损失，因此要将事故消灭在孕育阶段和生长阶段。

2）预防原则

（1）交通事故可预防性原则

交通事故是非自然因素造成的，是由人们违反交通法规的行为过失造成的，不可抗力造成的事故不属于交通事故。人们的违章行为是可以控制或者减少的，交通事故的原因也是可以认识并消除的，因此交通事故是可预防的。基于"事故可以预防"的基本原则，城市交通事故预防主要研究和解释交通事故发生的原因、过程及防止事故发生的理论和对策。交通安全专家从这个原则出发，一方面要考虑事故发生后减少或控制事故损失的应急措施，另一方面更要考虑消除事故发生的根本措施。前者称为损失预防措施，属于消极、被动的对策；后者称为事故预防措施，属于积极主动的预防措施。对于事故预防，以往多是研究事故发生后的应急对策，这完全是必要的，但却是被动、消极的。加强积极的预防对策研究，使事故从根本上不可能发生，才是事故预防的上策。

（2）防患于未然的原则

防患于未然是预防和减少交通事故的根本策略。事故的发生时间、发生方式、是否造成损失及损失的种类和程度具有偶然性。即使反复出现的同类交通事故，各次交通事故的损失情况也不完全相同。有的交通事故造成人员伤亡，有的造成财产损失，有的既有人员伤亡又有物质损失。

交通事故后果具有偶然性，唯一而积极的对策是防患于未然。因为只有完全防止了交通事故的出现，才能避免由事故所引起的各种程度的损失。如果仅以事故后果的严重程度作为判断事故是否需要预防的依据，显然是片面的，甚至是错误的。因为交通事故后果反映不出事故前的不安全状态、不安全行为及管理上的缺陷。因此，从预防事故的角度考虑，绝对不能依事故是否造成伤害或者损失作为是否应当预防的依据。对于未发生伤害或者损失的危险事故，如果不及时采取有效的防范措施，以后也可能会发生具有伤害或者损失的偶然性事故。因此，对于已经发生伤害或损失的危险事故，均应全面判断隐患、分析原因。只有这样，才能准确地掌握发生事故的倾向及频率，提出比较切合实际的预防对策。总之，预防交通事故的关键在于减少或控制伤害，只有识别、消除和控制了危险源和事故隐患，才能从根本上防止事故的发生。

（3）根除交通事故可能原因的原则

交通事故的损失具有偶然性。但是交通事故的出现是有原因的，原因与事故之间存在着必然的因果关系。交通事故与原因的关系如图 8-1 所示。

基础原因 ➡ 间接原因 ➡ 直接原因 ➡ 交通事故 ➡ 交通损失

图 8-1 交通事故与原因的关系

为了确保道路交通事故预防措施的有效，首先应当对交通事故进行全面的调查与分析，找出直接原因、间接原因及基础原因。通常，事故调查报告中只列出造成事故的直接原因，即事故发生前的瞬间所做的或发生的事情，或者说是在时间上是最接近事故发生的原因，而没有基础原因分析，采取的预防措施也仅针对直接原因。直接原因是由间接原因引起的，它很少是事故的根本原因。即使根除之，只要间接原因仍然存在，它也会重新出现。所以，有效的事故预防措施来源于深入分析，在于根除交通事故的深层次原因。

（4）全面综合治理的原则

事故的原因是多方面的，它们来自交通参与者本身、车辆、道路、交通环境、交通组织、交通管理水平、交通设施、交通法律与法规等多方面。要预防和减少交通事故，必须在查明事故原因的基础上，对交通安全系统中存在的不安全因素进行综合治理。

（5）技术性原则

技术故障是导致交通事故发生的重要原因，要预防城市交通事故的发生，就必须针对城市交通系统中的各种危险隐患，采取有效的技术措施进行治理，以防患于未然。在具体采取各种技术措施进行交通安全治理的过程中，应当做到既要注意消除交通系统中存在的各种显在故障，又要注意消除其他各种潜在故障或者降低其危险程度，要致力于解决城市交通系统中的安全薄弱环节。对于城市交通系统存在的暂时无法消除的危险性故障，应当通过设立交通标志、交通标线和交通信号灯，以光、色、声等技术手段及时向有关人员传递危险信息和交通安全组织管理信息，以确保城市交通安全。

（6）效果性原则

城市交通事故防护的好坏，要通过最终成果的指标衡量。由于城市交通事故防护的特殊性，防护工作的成果既要考虑经济利益，又要考虑社会效益。正确认识和理解城市交通事故防护的效果性，是具体制定落实各项城市交通事故防护措施的重要参考因素。

（7）协调性原则

城市交通事故防护工作既涉及工程技术，又涉及管理科学。因此，在具体进行交通事故防护工作时，既要注意交通安全工程技术的研究、开发和应用，提高交通工具和交通设施的安全可靠性，又要注意改进交通安全管理的方法、措施及相关的立法和制度建设，增强城市交通管理的科学性和法制化；既要加强城市交通管理部门及其工作人员的管理工作力度，又要充分调动广大车辆驾驶员和其他交通参与者维护交通安全的积极性。切实做到技术进步与管理科学的协调，管理部门任务与交通参与者需要的协调。

（8）责任制原则

在推进城市交通事故防护工作的过程中，城市交通安全管理各相关职能部门应当认真贯彻执行安全生产责任制。对违反道路交通事故防护的相关法律、法规，不履行道路交通安全职责造成交通事故的部门及其责任人员，要严格依法追究其法律责任。只有将相关的安全责任制落到实处，交通安全才能够得以保证，各项道路交通安全管理工作也才能有实效。

2. 交通事故预防5E准则

1）风险评估（evaluation）

交通事故风险评估是指在交通事故发生之前或之后（但还没有结束），该事故给人们的生活、生命、财产等各个方面造成的影响和损失的可能性进行量化评估的工作。即交通事故风险评估就是量化评估某一交通事故带来的影响或损失的可能程度。交通事故风险的评估程序如图8-2所示。

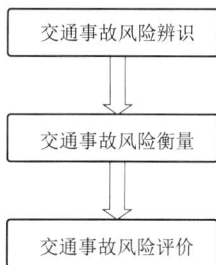

图8-2 交通事故风险的评估程序

（1）交通事故风险因素

在城市交通系统中，造成城市交通事故的因素是多方面的。人既是交通事故的制造者，又是交通事故的受害者。欧美各国的交通事故统计分析表明，交通事故中有 80%～90%是人的因素造成的，其中驾驶人引起的交通事故最多；同时，因车辆维修保养不完善、不及时，使车辆在行驶过程中发生机械故障而发生的事故数量也个在少数。随着近年来机动车技术状况的改进，该数字也在逐年降低，但仍是不可忽略的因素。此外，环境对交通安全的影响也是不可忽视的因素。交通事故风险因素的组成主要包括以下内容：

① 主体因素，如驾驶人的视觉特性、反应特性、心理特性、疲劳驾驶、酒后驾驶等；

② 环境因素，如城市道路及轨道交通设计标准、线形、交通安全设施、交通量、车速、交通标志标识等。

③ 车辆因素，如制动系统、转向系统、行驶系统、电气系统等。

（2）交通事故风险评估的方法

① 定性风险评估方法。定性评估方法是目前采用最为广泛的一种方法，它需要凭借评估分析者的经验、知识和直觉，结合标准和惯例，为风险评估要素的大小或高低程度定性分级，带有很强的主观性。常用的定性评估方法包括：主观打分法、专家现场咨询法、因素图分析法、事故引发和发展分析法、作业条件危险性评价法、故障类型和影响性分析等。

② 定量风险评估方法。运用基于大量的实验结果和广泛的事故资料统计分析获得的指标或规律（数学模型），对城市中各种交通事故的风险因素进行定量的计算。风险评价的结果是一些定量的指标，如事故发生的概率、事故的伤害（或破坏）范围、定量的危险性、事故致因因素的事故关联度和重要度等。定量风险评估方法主要包括：事故树分析法、事件树分析法、模糊数学综合评判法、蒙特卡罗模拟方法、概率分析法等。

③ 定量和定性相结合的风险评估方法。系统风险评估是一个复杂的过程，需要考虑的因素很多，有些评估要素是可以用量化的形式来表达的，而对有些要素的量化又是很困难甚至是不可能的，所以不主张在风险评估过程中一味地追求量化，也不认为一切都是量化的风险评估过程是科学、准确的。定量分析是定性分析的基础和前提，定性分析应建立在定量分析的基础上才能揭示客观事物的内在规律。定性分析则是灵魂，是形成概念、观点，作出判断，得出结论所必须依靠的。在复杂的系统风险评估过程中，不能将定性分析和定量分析两种方法简单地割裂开来，而是应该将这两种方法融合起来，采用综合的评估方法。

2）法制管理（enforcement）

法制管理就是借助于规章制度、法规等必要的行政乃至法律的手段约束人们的行为。城市交通法制管理是规范交通参与者行为、维护城市交通秩序、保障城市交通安全的有力保障，对加强交通管理、维护交通秩序、预防和减少城市交通事故、促进社会主义现代化建设有着重要的作用。城市交通安全涉及面广，既事关广大人民群众的生命安全，也是促进经济发展和社会进步的重要因素，因而，一直受到全社会的广泛重视。发达国家的成功经验证明，经济高速发展，离不开发达的交通系统；良好的交通秩序、安全的交通环境，有利于促进经济持续发展；而良好的交通秩序有赖于科学、严密和全面的城市交通法律法规。

我国城市交通主要的安全法规有：《中华人民共和国道路交通安全法》《城市公共汽电车客运管理办法》《城市公共交通条例》《北京市城市轨道交通安全管理办法》等。

（1）安全法规的作用

安全法规的作用是其本质和特征的外在表现和具体化，可以从规范作用和社会作用两个方面来认识。

① 安全法规的规范作用。

● 指引作用。用安全法规对人们的行为加以指引，明确告诉人们应该怎样做、不应该怎么做，鼓励人们实施安全法规允许的行为，防止或杜绝人们违反安全法规的行为。

● 预测作用。安全法规使人们能够预测自己和别人依法行事的方式和后果，也就同时能够预测别人对自己依法行事的反应。

● 评价、教育作用。安全法规也是判断衡量人们行为是否合法的标准。人们可用这个标准去评价任何人的行为，在评价的同时，也带来教育作用。安全法规的实施、宣传和学习对人们是一种教育。

● 强制作用。对违反安全法规的行为进行制裁，这是一种强制作用。安全法规的强制作用是对上述作用的保证。

② 安全法规的社会作用。经济建设是国家的中心任务，任何物质的生产都需要保护生产力。然而，事故的发生却造成人员伤亡或机器设备的损坏，直接破坏生产力。搞好安全生产便可有效地保护生产力，也就有力地促进了经济建设。随着我国经济体制改革的不断深入，安全生产与经济规律的关系更加重要，安全法规的社会作用也就越加明显和重要。

（2）交通安全法规的意义

交通安全法规立法的目的就是把涉及交通安全的各个环节所应负职责予以总体划定，部门分工是根据各部门的组织特点与管理优势而具体划定，政府统一协调则是依照国家立法对各部门所承担责任进行总体协调。

对城市交通安全进行立法管理，就是根据国家制定的交通法规、政策和条例等相关规定并结合城市交通的实际，通过综合运用法律、行政、技术、经济和教育等多种手段，对以城市道路、轨道等为基础条件而移动的人流、车流进行合理的限制与科学组织疏导，维护交通秩序，保持道路畅通，保障交通安全，实现对人、车、路和环境的统一协调和有序管理。

为了使城市交通活动能够安全、有序和高效地进行，作为特定管理者的交通管理部门必须依法对城市交通活动中相关的人、车和路及其环境进行管理与协调。城市交通管理部门对交通活动进行管理的基础和依据是交通法规，管理过程中采用的手段，通常包括法律、行政、技术、经济和教育等多种方式。由于城市交通活动是时刻存在致人伤亡和财产损失的高风险性活动，因而，城市交通管理部门对交通活动实施管理的基本目标应是努力降低交通发生率，减少交通事故死亡人数，确保城市交通畅通及交通活动的安全、有序和高效。

交通安全法规属于法律体系中的行政法范畴，是国家行政法规中的一部分。交通安全法规是从社会层面对交通活动实践经验教训的总结，不仅具有严肃性、强制性和适用性，而且也有充分的科学依据。其具体意义体现在以下几个方面。

① 是协调人、车、路及环境等要素相互间关系的基本准则。

② 是指导一切参与交通活动的部门、单位行使权力和履行职责的依据。

从制定城市交通法规的功用看，对城市交通活动进行立法管理就是要把涉及城市交通活动及其安全的各个环节所应承担的职责给予总体的界定与约束，并从国家立法的角度对各部门所应承担的责任进行总体的界定与约束。

③ 是一个国家机动化过程健康发展的保证，更是现代社会维持良好交通秩序确保人们生命财产安全的需要。

一个国家城市化和机动化过程引出的必然结果是建立起与机动化社会发展相适应的城市交通法规的法律结构。城市交通法规的科学性、完备性及严格执法的公正性、公平性，对保持城市交通活动的安全、有序和高效起着越来越重要的作用。

④ 通过制定并实施城市交通法规，对交通参与者、交通管理者等相关者的行为进行有序规范。

因此，制定城市交通法规的基本目的主要是：

① 维护交通秩序，保障交通畅通和交通安全；

② 建立对被认为是扰乱社会交通秩序或可能导致交通冲突的各种行为进行惩罚的相关制度；

③ 通过制度建设提高城市交通系统的通行效率，构建与现代社会发展相适应的高效城市交通系统。

3）工程技术（engineering）

工程技术就是利用工程技术手段消除不安全因素，实现生产工艺、机械设备等生产条件的安全。工程技术管理是指对工程的全部技术活动所进行的管理工作，其基本任务是贯彻国家技术政策、执行标准、规范和规章制度，明确划分技术责任，保证工程质量，开发施工新技术，提高施工技术水平。

（1）工程技术在预防交通事故中的作用

① 有利于控制交通事故，提高交通基础设施的安全度，是预防交通事故的重点。

② 在交通参与者安全意识不足的情况下，加强交通基础设施的安全保障工程是预防和减少交通事故的有效途径。

③ 有利于预防和减少群死群伤事故。

例如，交通事故发生的一个重要原因就是交通安全设施的不完善与交通参与者的违法行为组合。在一些危险道路缺少必要的防护设施，是发生特大事故不可缺少的组合要件。通过在这些危险路段设置防护栏、中心设置隔离栏等，可以提高交通基础设施的安全技术标准，这是减少事故发生，特别是特大事故发生的切实有效手段之一。

（2）城市交通工程技术应用重点

① 组织结构与管理模式是城市交通建设各项目标顺利实现的根本保障。实行规范化、标准化、程序化的管理，是城市交通工程圆满建成的基础。在城市交通工程建设中，建设项目管理机构应该根据承担的工作职责及工程外部环境等综合因素，合理选择其组织结构及工程管理模式等，为工程的安全顺利实施提供坚实的组织保障。

② 城市交通工程应采用综合工程建设管理体系，系统地统筹规划、精心组织。由于城市交通工程具有综合性、复杂性、系统性的特点，在城市交通工程建设中必须综合统筹项目规划、设计、建设、验收与运营，构建合理的工程建设管理体系，这样才能达到事半功倍的效果。这就要求城市交通建设管理者必须以策划者、组织者、管理者、协调者的角色来开展各项工作。

③ 加强和加快城市交通工程人才的建设。人是管理的核心，也是实现管理目标的基本保证。城市交通工程是一项综合复杂的系统工程，需要一大批有能力、综合素质高的人才团结协作起来才能圆满建成。因此，提高建设管理者的综合素质并加强彼此间工作团结协作就显得非常关键。

④ 新技术与新管理方法的综合运用，对优质、高效、安全地建设好城市交通工程十分关键。城市交通建设中都普遍地采用了大量的四新技术和新的管理手段，如项目集成化信息管理系统、工程远程监控系统、工程建设风险管理系统等，为城市轨道交通工程建设优质、高效、低耗的安全顺利实施提供了必需的技术与管理手段保证。

综上所述，城市交通建设应朝着统筹化、区域化、国产化的方向发展，并逐渐建立起信息化的建设管理系统和智能化的运营管理控制系统，从而把国内城市交通工程建设成一种安全、准时、便捷、环保、节能、低维护的新型骨干交通。

4）安全教育（education）

安全教育就是利用各种形式的教育和训练，使职工树立"安全第一"的思想，掌握安全生产所必需的知识和技能。据报道，全世界每年因道路交通事故导致120万人死亡、5 000万人受伤，并且道路交通堵塞和交通污染也成为现代都市的顽疾，日益威胁着人们的健康，交通安全成为当今世界和平时期最不安全的问题之一。交通安全教育是一个广泛、深入、长期的任务，要在各级政府的领导和各个部门的配合下，努力做好公众交通安全教育工作，提高全民遵守交通安全法律法规的意识，切实在全社会构建一个文明和谐的交通环境。

（1）交通安全教育的作用

① 交通安全教育是贯彻国家交通安全政策的先导。交通安全管理任务繁重，工作复杂，其中贯彻实施国家制定的一系列交通安全政策、法律法规是一项十分重要的工作，而交通安全教育则是这项工作的先导。各项交通安全政策、法律法规的公布实施，都必须做好宣传教育工作，使公众明确其意义、了解其内容、掌握其精神，以便更好地执行，否则就难以收到预期的效果。同时随着道路交通的迅速发展，管理规范和管理方式的不断改善，也要求人们的交通安全政策、法制观念能同步发展。有效的安全教育在提高人们交通安全政策、法制观

念方面，具有不可替代的作用。

② 交通安全教育是推动交通安全管理工作的动力。提高交通安全管理水平的关键取决于公众的交通素质，交通素质表现为人们交通观念、道德、智力、心理等诸方面的集合。交通安全教育的有效开展，可以提高人们对交通安全的认识，使其知识和能力得以发展。而这种知识和能力的充分发挥必然转换成为交通安全有序的能动力量，从而推动交通的有效发展。

③ 交通安全教育是预防交通事故的根本措施。交通事故直接危害人民群众的生命财产安全，在预防交通事故的过程中，必须做到"标本兼治，重在治本"。"治标"主要指交通执法管理，通过执法，减少违法行为。但这种方式只能约束其行为而不能触动其内心，不能从根本上消除其违法心理，一旦管理出现漏洞，违法行为依旧会出现，所以交通执法仅仅是一项"治标"的措施；而"治本"是指对公众的交通安全教育，使其从内心深处认识到交通违法行为对国家、个人的危害，同时意识到守法行为对国家和个人的重要性和必要性，使其自觉地、积极主动地配合交通安全管理工作，这才是预防交通事故的根本措施。同时在强调交通安全教育治本的过程中，也决不能忽视交通执法管理，一定要把二者有机地结合起来，在管理中体现教育，在教育中实现管理，"标本兼治，重在治本"，这是解决交通安全问题的关键所在。

（2）交通安全教育的保障

《道路交通安全法》从法律的高度规定了社会各界在进行交通安全教育、提高公众交通安全意识方面的义务，这是加强公众交通安全教育的法律保障。根据这一条款规定，社会各界应当履行各自的职责和义务。

① 各级人民政府的职责。交通安全涉及广大公民的切身利益，通过经常性的交通安全教育，能使广大公民了解交通安全法律对于保护其切身利益的重要性，能够提高公民自我保护能力，增强自觉遵守交通法律法规的积极性和主动性。这种长期的宣传教育和公民个人的自我培养过程，必然能不断提高公民的基本素质，进而有利于整个社会主义法制建设。各级人民政府应当把交通安全教育纳入法制宣传教育规划中常抓不懈，提高公民的道路交通安全意识。

② 公安机关交通管理部门的职责。公安机关交通管理部门是道路交通安全的主管部门，不仅要管理、监督道路交通参与人遵守道路交通安全法律法规，而且要加强对公众的交通安全教育。通过有效的道路交通安全教育，不断提高交通参与者的道路交通安全意识和遵守交通安全法律法规的自觉性，这是公安机关交通管理部门做好道路交通管理工作的重要前提。另外，公安机关交通管理部门依法实施各项道路交通安全管理工作本身就是交通安全教育。公安机关交通管理部门及其交通警察应当注意结合执法工作，开展道路交通安全法律法规宣传，把道路交通安全教育融入其日常工作当中，以取得良好的效果。

③ 社会各单位的职责。进行道路交通安全教育，提高公民道路交通安全意识，需要动员各种社会力量，形成合力。机关、部队、企事业单位、社会团体及其他组织经常对自己所属的机动车驾驶人员和其他人员进行道路交通安全教育是非常必要的。

④ 教育行政部门、学校的职责。学校教育除了传授学生必要的知识以外，还有一个很重

要的方面就是教育学生成为一个富有社会责任感、守法、爱国、高素质的公民。教育行政部门、学校应当将交通安全教育纳入法制教育的内容，有两个方面的重要意义：一是有利于提高学生在参与交通活动时的自我保护能力；二是有利于使学生从小就养成遵纪守法的良好习惯，将来成长为一名具有较高素质的公民。只有全体公民普遍具有较高素质，养成良好的遵纪守法习惯，才能够共同创造一个良好的、和谐的社会氛围。因此，教育行政部门和学校应当根据不同年龄段学生的特点，采取形式丰富多样的教学方式，加强对学生进行交通安全教育。

⑤ 大众传播媒体的职责。新闻、出版、广播、电影、电视等大众传播媒体是公民、法人及其他社会组织获取信息的重要渠道，因此进行交通安全教育离不开这些传播媒体。新闻、出版等传播媒体具有交通安全教育的义务，应当通过制作、出版、播放有关交通安全教育的节目，向广大交通活动参与者宣传交通安全法的有关规定，使人们了解交通安全法的内容，掌握交通安全知识，引导人们自觉遵守交通安全法律法规，服从交通安全管理机关的管理，自觉维护交通安全。

（3）交通安全教育的对象

交通事故主要是人的原因造成的，驾驶人违章造成的事故约占事故总数的70%，因此要加强对交通参与者特别是对驾驶人的安全教育。

① 对驾驶人的教育。对驾驶人的教育主要是职业道德教育和安全教育。职业道德教育是指通过学习和教育不断提高驾驶人对行车安全的认识，提高思想道德水平，树立安全第一的思想，同时增强遵章守法、安全行车的自觉性；安全教育主要是学习交通规则及安全行车常识，逐步掌握安全驾驶的规律，以提高对紧急交通情况的应变能力，减少判断和操作失误。通过对驾驶人实行再教育制度、驾驶人年审制度和晋级考核制度来加强安全教育，通过违章处罚与事故处理加强对驾驶人的教育与管理。

② 对骑车者的教育。据统计，骑车者因交通事故而导致死亡的人数占总死亡人数的40%左右，所以对骑车者的安全教育非常重要。对骑车者的教育，主要是解决违章行驶的问题，让其认识到违章的危险性，使他们增强遵章行驶的自觉性并加强交通法制观念。

此外，还要做好对行人的宣传和教育，做好儿童和学生、社区人员的有关工作。

（4）交通安全教育的内容

① 安全思想意识教育。安全思想意识教育目的就是要在人的头脑中清除掉那些不正确的判断思想，建立安全行动愿望和安全意识。安全思想意识教育一般通过端正安全态度、树立安全风气、养成安全习惯等方面进行。安全态度是指人们对安全生产所持的评价与行为倾向；安全风气是推动安全行为的集体力量、社会力量和环境气氛，具有一种自然的强制力，强迫人们去达到安全要求，是实现安全生产的必要条件；安全习惯是指人们在长期实践中，为保证安全生产而反复训练，自然形成的符合安全要求的态度或行动。安全习惯是安全态度和安全风气的直接结果，是安全行为的倾向和表现，也是管理者、操作者安全意识高低的直接反映。

② 方针、政策、法规教育。我国的安全生产方针、政策及法律是为了适应生产发展的需要，结合我国的具体情况而制定的。这些方针、政策及法律只有被各级领导和广大群众所掌握并得到贯彻执行，安全生产才有保证。因此，要采取各种措施，认真宣传和贯彻安全生产方针、政策、法律、法规，不断提高各级领导和广大职工的政策水平及法制观念。当安全与生产发生矛盾时，首先要解决好安全问题。

③ 安全心理教育。交通安全心理宣传教育，是向人们传授交通安全心理知识，培养人们良好的心理素质和交通适应能力。人的交通活动要受其心理支配，从心理角度看，由于受人体身心功能的限制，人们在城市交通活动中，辨别各种目标物，获取有关信息，进行准确的判断，作出适当反应的能力是有限的，特别是在紧急情况下，回避危险的能力是有限的。为了保障交通的安全，就需要将人们的交通行为调节在常人可以确保交通安全范围内。城市交通安全法律规范中很多条款都体现了对人们交通行为的合理规定。通过城市交通心理宣传教育，广大交通参与者能够深入了解城市交通安全法律规范和交通管理措施，达到真正理解并自觉遵守交通法律规范。

④ 安全道德教育。人们的交通道德水准直接关系到交通秩序和交通安全。必须加强对全社会的交通道德宣传教育，提高全社会的交通道德水准，特别是驾驶人的职业道德对交通安全、畅通、有序具有重要影响，应成为交通道德宣传教育的重点，包括：驾驶人应该以高度负责的精神安全驾驶车辆；驾驶人车辆应当安全礼让；爱护车辆，爱护乘客，爱护装载的物资；维护驾驶人员职业的荣誉等。

⑤ 安全知识教育。让交通参与者掌握必要的交通安全知识，对减少事故的发生具有重要的作用。交通安全知识教育应当根据不同的教育对象，采取不同的方式，有重点地将交通安全知识传授给每一个交通参与者，使他们在不同的情况下，采取正确有效的措施，避免交通事故的发生。

⑥ 安全技能教育。仅有安全知识，并不等于能够安全地从事操作，还必须把安全技术知识变成进行安全操作的本领，才能取得预期的安全效果。要实现从"知道"到"会做"的过程，就要借助于安全技能培训。

安全技能培训包括正常作业的安全技能培训和异常情况的处理技能培训。安全技能培训应按照标准化作业要求来进行，预先制定作业标准或异常情况时的处理标准，有计划、有步骤地进行培训。

安全技能的形成是有阶段性的，不同阶段显示出不同的特征。一般来说，安全技能的形成可以分为 3 个阶段，即掌握局部动作的阶段、初步掌握完整动作阶段、动作的协调和完善阶段。在技能形成过程中，各个阶段的变化主要表现在行为结构的改变、行为速度和品质的提高及行为调节能力的增强 3 个方面。

（5）交通安全教育措施

城市交通安全教育的实施要依托家庭、学校、单位、社区等基本单元，确立"政府主管，部门协调，全民参与，普及提高"的工作思路，通过广泛深入开展交通安全宣传，即安全教育进社区、进学校、进单位与进家庭。城市交通安全教育措施分为正规严格的学校教育和灵活性较强的社会教育。

① 学校教育。

学校教育是做好交通安全宣传教育工作的最根本的途径。《道路安全法》第6条规定:"教育行政部门、学校应当将交通安全教育纳入法制教育的内容。"各级教育行政部门和各级各类学校都应依照该法,尽快开展交通安全教育。学校交通安全教育有两种途径:一是国民教育序列学校开展交通安全宣传教育,二是社会力量办学进行交通安全教育。

国民教育序列学校的交通安全教育:学生时期是一个人意识观念养成的重要阶段,此时受到的教育和熏陶会影响人的一生,国家有关部门依据小学、中学、大学相应的侧重点,编撰出版相应层次的教学大纲和专用教材,安排专职教师和固定教学时间,进行正规化教学。在有条件的大中城市建立儿童交通公园,对中小学生进行更为直观、形象的交通安全教育。

社会力量办学进行交通安全教育:社会力量办学进行交通安全宣传教育可以看作社会交通安全教育与学校教育相融合的一种形式,是为了保证教育效果而在学校实施,使之更加系统和规范。

② 社会教育。

社会教育的内容较为广泛,包括城市交通安全教育主体单独或联合社区基层组织及其他部门到社区、街头、单位等人口密集地区进行宣传,利用新闻媒体进行全民教育及定期召开交通安全工作会议。

(6)交通安全教育的注意事项

人是交通的主导者。交通需要激发人的交通动机、思想动机,驱动人的交通行为,而人的法制观念、交通道德和交通能力,又都直接影响着交通参与者能否有效地控制自己达到目的,所以交通安全教育在交通管理中占有重要地位。进行安全教育应注意如下事项。

① 加强领导,更新观念,提高认识,逐步使交通管理走向社会化。

② 教育内容与方法都要趋向科学化。

③ 基于实际,突出重点。交通教育在不同区域和时期,应当有不同的重点。应把老年人的交通安全问题放在重要位置,交通安全教育的重点是青少年并注意对临时人口的交通宣传。

④ 教育形式要进一步多样化。标语、口号是进行交通宣传教育的重要形式之一,充分展现"示范件",用广播、电视进行交通宣传,具有传播迅速、及时、广泛,不受空间限制等优点。

⑤ 用电化教育设备使宣传手段现代化。

⑥ 组织"寓教于戏,寓教于乐"的宣传活动。

5)应急救援(emergency)

交通事故应急救援一般是指针对突发、具有破坏力的交通紧急事件采取预防、预备、响应和恢复的活动与计划。根据交通法规规定,在发生交通事故的时候,必须立即停车保护好现场,迅速向公安交通管理机关报告,积极抢救受伤人员。对交通事故受伤者的救护工作,就是要尽可能地使受伤程度控制在最低限度，使受伤者能够及时得到救治。应急救援体系建设的主要内容包括以下几点。

① 事故预防。许多事故的发生都是因正常条件发生偏差而引起的，如果能事先确定出某些特定条件及其潜在后果，就可利用相应手段减少事故的发生，或者减少事故对外界的影响，预防事故要比发生事故后再纠正容易得多。因此，在城市交通新线设计及旧线改造中，必须设计必要的安全装置和设施，以提高城市交通运营系统的安全程度。另外，事故预防工作也不可忽视操作规程、应急规程和管理策略的建立及其定期的培训和维护。

② 应急救援预案准备。主要包括：发现预测任何可能出现的紧急事故类型及其影响程度；制定紧急状态下的反应行动，以提高准备程度；确保系统在紧急情况下，做到准备充分和通信通畅，从而保证决策和反应过程有条不紊；保证人员进行培训和演习，定期更新应急预案并重新评价其有效性。

③ 应急救援系统的组成。应急救援系统从功能上讲，可由应急指挥中心、事故现场指挥中心、支持保障中心、媒体中心和信息管理中心等 5 个运作中心组成。要做到快速、有序、高效地处理应急事故，需要应急救援系统中各个中心的协调努力。

④ 应急救援预案。应急救援预案应至少包括以下主要内容：应急资源的有效性、组织和利用；事故的评估程序；指挥、协调和反应的组织结构；通报和通信联络的程序；应急反应行动（包括事故控制、防护行动和救援行动）；培训、演习及应急救援预案的维护。

⑤ 应急培训与演习。目的主要有以下几个方面：测试应急救援预案的充分程度；测试应急培训的有效性和队员的熟练性；测试现有应急装置和设备供应的充分性；确定训练的类型和频率；提高与现场外应急部门的协调能力；通过训练来识别和改正应急救援预案缺陷。

⑥ 应急救援行动。一个完善的应急救援体系应能在事故和灾害发生时及时调动并合理利用应急资源（包括人力资源和物资设备资源）投入救援行动事故现场，针对事故灾害的具体情况，选择适当的应急对策和行动方案，从而能及时有效地进行应急救援行动，使伤害和损失降低到最低程度和最小范围，并在最短时间内控制事故。

⑦ 系统恢复与善后。当应急阶段结束后，从紧急情况恢复到正常状态需要一定的时间、人员、资金及正确的指挥，这时对恢复能力和预先估计的要求会很高。通常情况下，重要的恢复活动包括事故现场清理、恢复期间的管理、事故调查、现场的警戒与安全、安全和应急系统的恢复、人员的救助、法律问题的解决、损失状况的评估、保险与索赔、相关数据收集、公共关系等。

8.2   交通参与者安全管理

交通安全与所有交通参与者都有直接关系，尤其与驾驶人的关系更加密切。在地铁、公交、客货汽车等车辆行驶工作中，驾驶人的感知、判断和操作三者中任何一项行为出现失误，均可能引起交通事故；同时我国行人、骑车人及乘客数量庞大，交通安全意识差，交通事故多年来持续高发，伤亡损失巨大。因此，交通参与者安全管理是城市交通安全管理的重要组成部分。加强交通参与者交通安全管理工作，对于降低交通事故死亡人数，减少伤亡，保障其出行的交通安全，营造安全的社会氛围与交通环境具有重要意义。

8.2.1　驾驶人安全管理

1. 驾驶人心理要素与交通安全

1）感觉和知觉与交通安全

感觉是人通过感觉器官对客观事物个别属性的直接反映。知觉是客观事物的各种表面现象和诸多属性通过人的各种感官在大脑中的综合反映。知觉不仅依赖现实的感觉，而且也依赖于以往感觉经验的积累。感觉和知觉二者密不可分，通常将这两种心理现象称为感知或感知觉。

在运输生产过程中，有些事故是由于人的感知觉错误（如误认信号、误听或误传命令等）而造成的。引起错觉的原因很复杂，既有心理因素也有生理因素。错觉现象也很多，其中以视觉错误对交通安全的影响最大。

2）记忆和思维与交通安全

记忆是人脑对所经历过的人和事的识记、保持和重现。思维是大脑在感知和记忆基础上，对客观信息进行分析、综合、判断和推理的心理过程。没有较好的记忆能力，就不能很好地按章办事，执行计划。没有较强的思维能力，就难以对非正常情况下的各种作业进行妥善处理。

3）注意与交通安全

注意是一种心理活动状态，按其作用或功能分为 3 种情况：一是注意集中，即把心理活动重点指向特定对象，对其他无关的心理活动进行抑制，不因无关刺激源的干扰而分散精力；二是注意分配，即在同时进行两种及其以上活动时，把注意有目的地指向不同对象；三是注意转移，即根据活动需要，主动有序地把注意从一个对象转移到另一个对象上。

注意是保证交通安全的基本心理条件。任何一项工作都是由多个作业环节组成的，如果驾驶人的注意力不集中，或过分集中而不能及时转移，或注意力分配不当等，都有可能导致交通事故发生。

4）情绪与交通安全

情绪是人对客观事物是否满足自身需要，或是否符合自己的愿望和观点而表现出来的肯定（满意、愉快、高兴等）或否定（不满、不快、憎恨等）的态度体验。按其程度不同，情绪可分为心境、激情和热情 3 种状态。心境是一种比较平静而持久的情感体验；激情是一种迅速、强烈爆发出的短暂情感状态；热情是属于富有理性、稳定而深厚的情感表现。情绪和情感状态有积极和消极之分，良好的情绪和情感是保证交通安全的充要条件；情绪不稳、心境不佳则是发生事故的重要原因。

5）气质和性格与交通安全

气质是指人的心理过程在强度、速度、灵活性和稳定性等方面的心理动力特征；性格是人对周围人和事的稳定态度和行为方式的心理特征。二者互相渗透、相互影响。

研究表明，驾驶人气质类型包括胆汁质、多血质、抑郁质、黏液质4种类型，各类气质的驾驶人的驾驶特点具有如下特征。

（1）胆汁质气质性格的驾驶特点

此种气质类型的驾驶人属神经过程强而不平衡的兴奋型。其兴奋过程占优势，易兴奋，外表奔放不可遏制。驾驶特点表现为动作干脆有力，处理情况果断，开车速度较快，但排除险情时不沉着、不细心，喜欢冒险尝试，发生行车事故的可能性较大。心理调查发现，恶性、重大交通事故中，此类驾驶人所占比重较大。属于此类气质性格的驾驶人平时要注意克服急躁轻率的弱点，培养遇事谨慎、认真、细致的作风。

（2）多血质气质性格的驾驶特点

此种气质性格的驾驶人属神经过程强而平衡、灵活的活泼型。其特点是反应灵敏，兴奋过程与抑制过程之间转换迅速，适应性强，外表活泼。驾驶特点表现为动作敏捷、反应快，判断处理情况准确，行车中坚持安全礼让，但缺乏稳定性，易开"情绪车"，由于观察不细致导致险情和小事故经常发生，俗称"大事不出，小事不断"。应认真克服轻浮好胜、注意力不集中的弱点，注意锻炼培养保持稳定的情绪和谨慎驾驶的作风。

（3）抑郁质气质性格的驾驶特点

此种气质性格的驾驶人属神经过程弱型。其特点是兴奋和抑制过程都弱，条件反射形成很慢，外表胆小，多愁善感，性格内向。驾驶特点表现为操作动作较正规，能严格按要求驾驶车辆，做到中速礼让。但处理情况易出现顾此失彼，动作迟缓，思路较窄，遇意外情况不知所措。应多参加各种社会活动和娱乐活动，培养开朗的性格，驾驶车辆时注意观察，有意识地调整控制情绪，培养勇敢果断的精神。

（4）黏液质气质性格的驾驶特点

此种气质性格的驾驶人属神经过程强而平衡、不灵活的安静型。其特点是较容易形成条件反射，但较难改造，外表坚毅而行动迟缓。驾驶特点表现为驾驶动作稳定自如，具有较稳定的节奏性，不易受外界干扰，能自觉遵守交通法规；但处理情况不果断，遇险情时常表现为犹豫不决，自信心不足而酿成大祸。平时要注意克服优柔寡断的弱点，培养果断、自信的性格，驾驶时要防止对判断缺乏信心而不断修正操作方法。

6）能力与交通安全

能力是完成某种活动所必需的并直接影响活动效率的身心发展基本品质，是个性心理的重要特征之一，能力可分为一般能力和特殊能力。观察力、记忆力、注意力、思维力和想象力等属于一般能力范畴，适应于广泛的范围，为人们认识客观事物、掌握科学文化知识提供了智力保证；而色彩鉴别力、音响辨别力、图像识别力等均系特殊能力，只能在特定范围和条件下发生作用。驾驶人能力强弱直接关系到交通安全，如细心观察、牢靠记忆、沉着应变、敏捷思维、准确判断及清楚表达等能力是驾驶人安全高效地完成运输任务的重要保证；反之，观察不细、记忆不好、判断不准、表达不清和反应迟缓等，就会使运输事故发生的可能性增加。

7）疲劳与交通安全

疲劳是人在连续工作一定时间后，体力和精力消耗超过正常限度所出现的生理和心理机能衰退的现象。其表现是：生理机能下降，肌肉酸痛，身体困乏，头痛头晕，视觉模糊，呼吸急促，心率加快，血压升高等；心理机能下降，注意力分散，感知觉失调，记忆和思维减退，反应迟缓等。疲劳会受到生理上"不能再干下去"和心理上"不想再干下去"的综合影响，轻则使工作效率降低，重则因判断失误或操作不当而导致事故发生。

8）需要和动机与交通安全

需要是人为了生存发展而产生的生理需求和对社会的需求在大脑中的反映；动机是人由于某种需要或愿望而引起的一种心理活动，是激励人们以行为达到目的的内因和动力。来自安全需要的安全动机有两方面的含义：一方面是保护自身不受伤害的动机，另一方面是保护他人、财产和设备等不被伤害和损坏的动机。前者是人的本能，一般情况下人不可能做出有意伤害自身的事情，这种自卫的动机基本上不需要培养和激励，但应经常告诫和提醒。而后者涉及他人、集体和国家利益，需要加强培养和激励。

2. 驾驶人安全管理的内容

城市交通是由人、车、路及环境等要素构成的，其中人是指驾驶人、行人、乘车人，车是指各种机动车、非机动车、电车及地铁。能否保证城市交通安全畅通，减少交通事故、保障人们生命及财产安全，驾驶人往往是决定因素，因此交通法规对驾驶人有严格规定。

1）机动车驾驶人的管理

机动车驾驶员管理的内容包括驾驶人应具备的基本条件、审验、实习要求和违章记分等，具体如表8-1所示。

表8-1 机动车驾驶人管理内容

项 目	机动车驾驶人管理内容
驾驶人的基本条件	① 驾驶机动车，应当依法取得机动车驾驶证； ② 申请机动车驾驶证，应当符合公安部门规定的驾驶许可条件； ③ 经考试合格后，由公安机关交通管理部门发给相应类别的机动车驾驶证； ④ 申请机动车驾驶证的人年龄、身体等基本条件要符合《机动车驾驶证申领和使用规定》中的相关规定
驾驶人的审验	① 审核驾驶操作证照、记分卡等是否齐全，有无涂改、伪造或损坏、丢失等现象； ② 核实照片与本人近貌是否相符，有无未经处理的违章、肇事事宜； ③ 确认本人身体有无妨碍安全驾驶操作的变异，以保证驾驶操作人员体能及身体素质能否满足从事该业的要求； ④ 查验记分卡的记分情况； ⑤ 在证照合格、身体合格的情况下，进行签注盖章，确认其驾驶操作资格，确保审验者能够胜任驾驶操作作业

项　目	机动车驾驶人管理内容
驾驶人的实习要求	① 初次领证的驾驶人，从领取驾驶证的第一天起一年内为驾驶实习期，实习期间悬挂"实习车"示意牌。 ② "实习车"示意牌的作用为：提醒实习驾驶人不忘自己的身份，随时注意谨慎驾车，规范驾驶行为，提高驾驶技能；给其他车辆发出警示，让其注意实习驾驶车的冒失行为和不当操作，保持必要的安全车距和警惕；利于值勤交通民警的检查、监督，使其能从实习驾驶的角度予以管理。 ③ 实习期间，不准驾驶车辆进入高速公路。实习驾驶人不可开车进入高速公路，这既是出于对实习驾驶人自身安全的考虑，也是高速公路安全行车的需要。 ④ 设立驾驶人实习期，为了使刚领证不久的新驾驶人熟知交通法规、强化安全意识、积累驾驶经验、提高应变能力，同时在驾驶心理及驾驶技能方面进一步得到训练，提高心理素质，克服和纠正不良的驾驶习惯
驾驶人违章记分制度	① 公安交通管理部门对机动车驾驶人的交通违章行为在依法予以处罚的同时，应按照交通违章相对应的分值在档案中进行记录； ② 违章记分不属于交通违章处罚，但违章记分达到一定分值，相关管理部门会采取一定的管理教育措施
其他规定	① 车辆必须经过车辆管理机关检查合格，领取牌照、行驶证，方能行驶。牌照须按指定位置安装，并保持清晰。牌照和驾驶证不准转借、涂改或伪造。 ② 驾驶车辆时，须携带驾驶证和行驶证，不准将车辆交给没有驾驶证的人驾驶。不得驾驶与驾驶证准驾车型不相符合的车辆，未按规定审验或审验不合格的驾驶人不得继续驾驶车辆。 ③ 饮酒后不准驾驶车辆，在患有妨碍安全行车的疾病或过度疲劳时，不准驾驶车辆。 ④ 驾驶摩托车须戴安全头盔。 ⑤ 不准穿拖鞋驾驶车辆；不准在驾驶车辆时吸烟、饮食、闲谈或有其他妨碍安全行车的行为

2）城市公交驾驶员管理

（1）严把体检关

制定对公交驾驶员身体检查的有关规定，切实把好驾驶员"体检关"。要建立"谁体检、谁签字、谁负责"的体检工作责任制，发生交通事故严格进行责任倒查。

（2）严把考试关

招录的公交驾驶人员必须符合客运驾驶员从业管理规定，严格审查驾驶员的从业资格。公安交通管理部门要严格按照公安部的要求认真组织驾驶员考试，严格考试程序，严肃考试纪律，严把驾驶员考试关。

（3）加强岗前培训

在岗前培训过程中，要使驾驶员熟悉车辆技术、安全性能等有关情况，掌握着装标准、票价规定、文明用语、规范使用报站器等基本服务项目，还要全面掌握操作规程、服务技巧和技能，以及服务过程中遇到突发事件的处理措施。通过岗前培训，驾驶员还要了解公交行业的有关政策、法规及处罚规定，认识到违章、违规的后果。对驾驶员的岗前培训，必须进行严格考试，合格后方可上岗。

（4）以活动促提高

通过技能比赛等活动增强竞争意识，开展富有成效的技能比赛和安全知识竞赛等活动，增强驾驶员竞争意识和对公交事业的热爱，调动他们提高服务质量的积极性。还可以以例会的形式讲解和典型发言开展对驾驶员的教育活动。

（5）加强监督检查，建立安全管理档案

将日常监督检查作为重要的监管手段，要明查与暗访相结合，及时发现驾驶员驾驶过程中存在的问题和不足，予以纠正和查处。严抓公交车辆及驾驶员管理，建立驾驶员安全管理档案，实行户籍化管理。公司内部检查部门和公安交通管理部门要加强对驾驶员安全管理档案的督促检查，以便掌握情况。

3）地铁列车司机安全管理

（1）列车安全驾驶的基本规定

① 驾驶员必须牢记"安全第一、便民第一"的宗旨，遵守和学习有关的安全规定和运行规则，严格按照安全制度、行车规则执行乘务驾驶任务。城市轨道交通是一个现代化程度很高的交通工具，必须有良好职业素质的人去完成各种行车任务，而电动列车司机则是第一线的操作者，所以必须有高度的安全意识和服务意识，并且要能够不断学习与遵守规则的素质才能确保运行正常进行。

② 驾驶员必须掌握列车的基本构造、性能，具有一般的故障处理能力，熟悉轨道交通线路和站场等基本设施情况，包括必须明确所担任驾驶区段、站场线路的纵断面情况。

③ 电动列车司机还必须掌握其他相关的业务能力和具有一定的应变能力。例如，应懂得救援的过程和方法，懂得消防灭火的要求和方法等。作为一名职业素质较好的驾驶员，应该而且必须掌握有关事件初期的处理方法，使事件能够在初期阶段得到控制和处置，减小损失，稳定现场局面。

④ 城市轨道交通管理部门应规定驾驶员上岗值乘的必要条件。首先是驾驶员必须经过考试合格，并取得"电动列车驾驶证"后才允许独立驾驶电动列车；其次是脱离驾驶岗位 6 个月以上，如再需驾驶列车必须对业务知识和安全运行知识等进行再培训与考核并且合格；对驾驶员的纪律性和身体状况、心理状况要有相关管理部门及有关领导作出鉴定。符合以上几个条件时才能够上岗驾驶列车，以保证行车工作安全和行车秩序正常。

（2）列车司机安全管理内容

① 研究驾驶员心理、生理特性，定期进行职业适应性检查，保证地铁驾驶员有健康的心理、生理素质，并运用生物节律等现代科技知识指导行车安全。

② 加强对地铁驾驶员进行交通法规、职业道德、安全技术和相关知识方面的教育和宣传工作，组织对地铁驾驶员进行定期培训、考核和上岗证件管理等工作。

③ 研究驾驶员的作息制度、膳食结构、劳动保健等问题，搞好驾驶员的生活管理。做好驾驶员的家属工作，积极开展"贤内助"活动，支持驾驶员的工作。

④ 推行安全目标管理，建立健全以安全生产责任制为中心内容的驾驶员安全管理的各项规章制度，把驾驶员安全管理纳入企业标准化工作中。

⑤ 办理好地铁驾驶证的领、换、补发业务和考证、增驾工作。管理好驾驶员的安全技术档案，并做好违章、肇事统计工作。

8.2.2　交通弱者安全管理

交通弱者是城市交通的重要组成部分，包括行人、行车人与乘客等。作为城市交通参与者中的弱势群体，一旦发生交通事故，易受到伤害。

交通弱者的违章是造成交通事故的重要因素之一。同时由于城市交通系统硬件设施设置不完善或者不合理也常导致交通弱者发生交通事故，如当道路条件不好、交通标志不清楚及交叉口冲突区域大时，常引起行人或驾驶人视觉观察上的错误而导致事故发生。因此，对交通弱者的不安全行为和其引发的事故进行系统有效的管理，降低交通弱者违章率和伤亡人数尤为重要。

1. 行人交通安全管理

（1）行人过街应遵守的原则

根据《道路交通安全法》第 62 条规定："行人通过路口或者横过道路，应当走人行横道或者过街设施；通过有交通信号的人行横道，应当按照交通信号灯指示通行；通过没有交通信号灯的人行横道路口，或者没有过街设施的路段横过道路，应当在确认安全后通过。"其核心是"行人横过车行道，应当在确认安全后通过"。

行人通过路口或横过车行道，首先必须按信号灯指示通过，在通过没有信号灯或黄灯闪烁的路口，首先应选择过街天桥、过街地下通道，其次应选择人行横道线内通过，没有标线的道路，应当确认安全后直线通过。同时还应遵守以下 3 条原则。

① 行人过街时，应先看左侧有无来车，在确认来车的速度、距离安全后，才可以迈出第一步向前行走。当走到道路中间时，停下脚步看右侧是否有来车，在确认来车的速度、距离安全后，才可以继续向前行走，这样就可以确保安全通过车行道。

② 行人横过车行道不得斜穿或猛跑，只有垂直通过最安全。

斜穿会延长行人在车行道的步行距离和时间，影响行人在车行道内观察往来车辆的视野；行人猛跑会使机动车驾驶人神情紧张，不能迅速作出判断、采取正确的措施防止事故发生，也会使自己在左右来往车辆的挟持中，由于猛跑时产生的惯性作用，该停而停不住，造成与机动车相碰撞，从而造成伤害。

③ 不要闯红灯、抢闪烁的绿灯并注意黄灯闪烁的危险路口，不要在机动车临近时横穿机动车道。

《道路交通安全法》第 47 条明确规定："机动车行经人行横道时，应当减速行驶；遇行人正在通过人行横道，应当停车让行。机动车行经没有交通信号灯的道路，遇行人横过道路，应当避让。"但是机动车临近时横过机动车道是最危险的，这时行人突然横穿机动车道，机动车驾驶人会猝不及防，即使采取了正确的避让措施，也不能完全避免事故的发生。因此，遵守信号灯、按信号灯指示通过是确保道路交通安全的重要保证。

（2）行人应遵守的规定

① 行人必须在人行道内行走，没有人行道的靠边行走。

② 行人横过机动车道，应当观察来往车辆的情况，确认安全后直行通过，不得在车辆临近时突然加速横穿或者中途倒退、折返。

③ 行人列队在道路上通行，每横列不得超过两人，但在已经实行交通管制的路段不受限制。

④ 行人不得跨越、倚坐道路隔离设施，不得扒车、强行拦车或者实施妨碍道路交通安全的其他行为。

⑤ 不得在道路上使用滑板、旱冰鞋等滑行工具；不得在行道内坐卧、停留和嬉闹；不得有追车、抛物击车等妨碍交通安全的行为。

⑥ 学龄前儿童及不能控制自己行为的精神病患者、智力障碍者在路上通行，应当由其监护人或者对其负有管理、保护职责的人带领。

⑦ 盲人在道路上通行，应当使用盲杖或者采用其他导盲手段，车辆应当避让盲人。

⑧ 行人过道路交叉口或者城市铁路口时，应当按照交通信号或者管理人员的指挥通行；没有交通信号和管理人员的，应当在确认没有车辆驶过后迅速通过。

2. 非机动车驾驶人交通安全管理

《道路交通安全法》用法律的形式规范非机动车驾驶人的交通行为，其目的是保护非机动车驾驶人通过路口及横过机动车道的安全。

《道路交通安全法》规定："非机动车通过有信号灯控制的路口，必须按顺时针方向，按道依次通过路口，不得逆向通过。"例如，非机动车驾驶人由东往南左转弯，必须等东西方向的绿灯亮时，由该路的北侧通过路口，通过路口后，有导流岛的路口应当在导流岛或路口等待，当南北方向的绿灯亮时，由该路的西侧通过该路口，才能确保安全。换句话说，非机动车左转弯通过信号控制的路口，必须经过两次信号灯放行，才能正确、安全地通过路口。

3. 乘车人交通安全管理

乘车人应遵守的规定如下。

① 不得在机动车道上拦乘机动车。

② 在机动车道上不得从机动车左侧上、下车。

③ 开关车门不得妨碍其他车辆和行人通行。

④ 机动车行驶中，不得干扰驾驶，不得将身体任何部分伸出车外，不得跳车。

⑤ 乘坐两轮摩托车应当正向骑坐。乘坐公共汽车、电车和长途汽车，必须在站台或指定地点依次候车，待车停稳后，先下后上。

⑥ 乘车人不得携带易燃易爆等危险物品，不得向车外抛撒物品，不得有影响驾驶人安全驾驶的行为。

⑦ 地铁乘客乘车时，要注意熟悉环境及地铁的消防设施与安全设施，严格遵守地铁安全守则和乘客守则，严禁携带危险物品进入地铁站。

⑧ 地铁灾害发生时，取出列车座位底下的灭火器进行灭火；积极配合地铁工作人员的指

挥，采取有效自救措施，留意车上广播，在驾驶员的指引下，沉着冷静、紧张有序地通过车头或者车尾疏散门进入隧道，往临近车站撤离。切忌在列车运行期间，有拉门、砸窗、跳车等危险行为。

4. 交通弱者安全管理措施

从人—机—环境的交通系统理论出发，在分析交通弱者的交通安全管理影响因素的基础上，研究交通弱者的交通安全管理措施，主要包括教育培养、优化行人设施和营造良好交通环境等 3 个方面。

（1）对交通弱者的教育培养

交通安全宣传教育是解决交通安全问题的首要环节，只有提高群众的交通安全意识和法律意识，才能从根本上改变行人的交通"陋习"。

① 应针对不同年龄阶段的人群特点开展交通安全宣传教育，可分为幼儿、学生、成年人和老年人交通安全教育。例如，针对幼儿的交通安全教育，其目的是让幼儿关心日常生活中自己身边与交通安全有关的各种事情，让幼儿养成注意安全的习惯和态度。

② 在交通安全宣传教育方面还应当将社会科学知识和自然科学知识有机地结合起来，多增加自然科学知识成分，使人更容易理解交通科学原理。

③ 应加强交通安全法规对交通弱者的交通安全管理，这对行人交通行为具有规范作用和社会作用，因此在对交通参与者进行教育时，一定要将行人法规教育纳入其中。但是目前我国在行人交通管理中存在诸多问题，交通管理部门对行人的交通违法行为几乎处于放任状态。

（2）行人设施优化设计

① 优化人行横道设置，增加人行横道可视度。

② 在道路照明之外，人行横道的照明应单独设置并加强亮度。

③ 加强道路夜间照明管理。在行人活动频繁区域（如居民小区、学校、商业区）应保证道路照明，以便行人任何时候横穿道路都能及时地被机动车驾驶人发现。

④ 设置中心护栏和行人过街保护设施。

约束和规范行人穿行行车道的最佳办法是在道路中心设置隔离护栏和隔离岛等物体隔离设施。通过调查，大约 90%以上的行人表示不会跨越中心护栏，这些人认为跨越护栏不好意思。因此在有条件的道路上，应当尽可能设置中心护栏，这种物体隔离设施既可以有效隔离对向行驶的机动车，又可以有效防止行人随意穿行行车道，起到真正保护行人安全的作用。

⑤ 在有隔离带的道路上，可利用隔离带做安全岛。隔离带不仅可以给行人提供中途驻足区域，也可以在车辆与行人之间作为保护屏障，保护行人安全。

⑥ 行人信号优化：根据实际情况合理优化行人信号时长；行人信号灯的尺寸不应该千篇一律，应当根据道路宽度的需要加以区别；在学校附近应该设置触发式行人信号，对学生进行更好的保护；行人信号倒计时牌应更普及使用，以利于行人更好地掌握过街时间；有中央分隔带的道路，行人信号应考虑二次过街设置方式。

⑦ 视距优化。造成视距不良的原因主要包括 3 个方面：一是相关设施不合理导致的视距不良；二是交叉口客观原因导致的视距不良；三是路边停车造成的视距不良。在视距设计时，应该结合安全法规、行人心理和设施方面，改善视距设计，避免出现视距不良。对于已经出现导致视距不良的设施，应该优化设计或者设置提示安全标志。

（3）营造良好的交通安全环境

人们行为的文明在很大程度上受良好的文化环境影响，而规范的交通行为要靠交通安全文化来培养。所谓交通安全文化，是指人类交通活动所创造的交通安全与安全生活的精神和物质的总和。它是保护人的身心健康、尊重人的生命、实现人的价值、协调人与车的关系的文化。

① 交通安全文化建设是以提高交通参与者的交通安全基本素质为主要目的，其重要手段是教育。

② 营造良好的交通安全文化需要解决的关键问题是提高公众对交通安全文化建设的认识。

③ 交通安全文化建设必须走社会化、公众化和公益化的发展之路，要面向社会，以现代化媒体为载体，推动交通安全宣传教育的科学化和艺术化。

④ 应利用一切宣传和教育的形式传播交通安全文化，以达到启发人、教育人、提高人、造就人及约束人的目的，最终达到提高全民交通安全文化素质、规范交通行为的目的。

8.3　车辆安全管理

车辆安全管理是车辆管理的重要组成部分，是提高保障能力和管理的重要环节，也是车管部门不可忽视的重要管理内容。交通事故造成的人员伤亡和经济损失是不可估量的，严格落实车辆安全管理规定和各种行车制度，抓好平时的安全行车教育及提高预防事故的科学性等各项车辆安全管理的工作，才能保证行车安全、保障人民生命和财产不受损害。车辆安全管理的内容主要包括车辆登记和档案管理、车辆检验和报废管理、车辆维护保养管理、车辆保险管理等。

8.3.1　车辆登记及档案管理

1. 车辆登记管理

我国《道路交通安全法》第 8 条规定："国家对机动车实行登记制度。机动车经公安机关交通管理部门登记后，方可上道路行驶。尚未登记的机动车，需要临时上道路行驶的，应当取得临时通行牌证。"机动车登记是指公安车辆管理机关依法对我国民用机动车辆的车主、住址、电话、单位代码、居民身份证、车辆类型、厂牌型号及车辆技术参数和车辆变更、转移、抵押、注销等情况所实行的记录手续。机动车登记的种类可分为注册登记、变更登记、转移登记、抵押登记和注销登记。

机动车登记的作用主要体现在：

① 机动车登记有利于车辆管理机关掌握车辆的技术状况、变动情况；

② 机动车登记有利于车辆管理机关掌握车辆的静态分布，车辆丢失便于查找车主；

③ 机动车登记有利于公民动产权利实行登记公示；

④ 登记的种类。

2. 车辆档案管理

车辆档案管理是公安机关对在用车辆依法实施管理的真实记录，其具有专业性、实用性、动态性及时限性等特点。车辆档案管理是车辆运输管理的一个重要部分，对于维护道路运输秩序起着非常重要的作用。

新中国成立后，随着车管工作的建立和发展，车辆档案数量日益增加，档案管理机构不断扩大，档案库存量也不断增加，成为与户籍档案并驾齐驱的一种主要公安档案。车辆档案管理有其自身的形成规律和管理特点，对其进行理论研究不仅是车辆档案科学管理的需要，也是现代化交通管理、城市管理和建设的一个重要课题。

加强车辆档案管理的措施主要体现在以下几个方面。

1）培养档案管理人员应具有以人为本的理念

车辆档案管理工作必须有一支高素质的执法队伍，应把行业管理工作的出发点和落脚点放在实现好、维护好、发展好广大人民群众的根本利益的基础上。在利益层次上，要把老百姓的利益放在首位，其次是从业人员利益，再次是公司和政府利益。

2）加强管理人员培训的力度

随着改革开放的不断深入和交通运输业的不断发展，车辆档案管理工作的特点也有了新的变化，提高档案管理人员的水平也更加重要。档案管理人员的业务素质包括服务意识、服务质量和水平。档案管理人员要增强服务意识，认清档案工作的意义和重要性，努力提高服务质量和服务水平；要运用现代化的科学技术和设备，采用科学的管理方法，更好地服务于车辆档案管理工作；档案管理人员要更新观念，提高认识，变被动为主动，认真领会和掌握有关法律、法规的内容及主管部门的有关规定，在工作中灵活运用；要有较强的责任心，严把档案质量关。

3）及时做好传递和变更记录

在车辆管理过程中，车辆的频繁传递和变更，容易使档案的完整性、有效性发生变化，各部门只有及时地对档案的增减变动及传递情况作出相关记录（如传递情况记录、变更情况记录、修改情况记录、作废情况记录等），才有可能了解档案的来龙去脉，防止其丢失、损毁、失效，确保档案的完整性和有效性。

4）完善车辆档案管理信息化系统

当前我国交通运输管理体制在渐进改革，车辆档案管理也会涌现新情况，同时也存有较大的发展机遇和空间。因此，应积极学习和借鉴国外先进的车辆档案管理经验，充分发扬我们已有的优势，不断总结车辆档案管理的经验，构建完善车辆档案管理信息化系统，这主要体现在：

① 通过互联网等渠道，开发建成与交通运输发展相适应的车辆档案管理信息化系统；

② 实现对社会公众开放的车辆管理政务和信息等服务；

③ 形成与交通运输信息化发展相适应的车辆管理的政策、法规和标准体系。

5）完善车辆管理制度，加强日常管理

应做好车辆档案的收集工作，进一步实行集中统一管理。建立和完善车辆档案管理标准体系和制度，形成完善的信息安全保密管理制度，明确管理人员的工作职责。

日常管理中，应及时了解车辆动态。例如，对营运车辆档案严格按照规范、统一的标准操作，同时要求在日常档案管理中及时把新的资料逐车分类入档，以保证营运车辆技术资料的时效性、延续性和准确性。逐步采用现代化技术管理档案，努力改善管理、提高服务水平。

6）纸质文本档案和电子档案相结合，规范档案业务

8.3.2　车辆检验与报废管理

8.3.2.1　车辆检验

《道路交通安全法》规定："按照国家机动车安全技术标准和规程等技术规范要求，对上路行驶的车辆进行检验检测的活动。经检验合格的，由公安机关交通管理部门发给检验合格标志。未取得检验合格标志的车辆，不准上路行驶。"

1. 机动车安全检验的目的

① 通过对申请登记的机动车进行安全技术检验，可以判定机动车是否符合机动车国家安全技术标准，以便确定是否给予机动车登记、核发牌证，从管理的源头上确保机动车安全技术性能的良好。

② 通过对在用机动车的安全技术检验，可以督促机动车所有人及时维护车辆，确保机动车经常处于良好的安全技术状况，减少因车辆性能原因造成的交通事故。同时，通过检验还可以判定机动车是否达到强制报废条件，以便及时实施报废。

③ 通过对肇事机动车进行安全技术检验，可以帮助交通事故处理人员查找事故原因，为确定事故赔偿责任提供依据。通过对机动车的定期检测，可以掌握车辆使用情况，预防和打击利用车辆进行危害社会的活动。公安交通管理部门将机动车检验中发现的普遍问题向机动车生产厂家和维修部门提供情况反馈，为厂家改进机动车产品质量及提高机动车维修行业的维修质量，提供技术参考。

2. 车辆安全检验的种类

根据车辆的不同状况和公安交通管理工作的实际需要，车辆安全技术检验分为不同的

种类。

1）初次检验

车辆为了申领行驶牌照而进行的检验称为初次检验。初次检验的目的，在于审核车辆是否具备申领牌证的条件，检验的内容为：是否有车辆使用说明书、合格证，车体上的出厂标记是否齐备；对机动车内外轮廓尺寸及轮距、轴距进行测量，测量的具体项目是车长、车宽、车高、车厢栏板高度及面积、轮距、轴距等。按技术检验标准逐项检查，合格后，填写"机动车初检异动登记表"，并按原厂规定填写空车质量、装载质量、乘载人数、驾驶室乘坐人数。

2）定期检验

定期检验是对已经取得正式号牌和行驶证上路行驶的车辆，定期按照《机动车运行安全技术条件》国家标准进行的检验。定期检验的目的在于检查机动车的主要技术状况，督促加强机动车的维修维护，使车辆经常处于完好状态，确保机动车行驶安全。

（1）时限

《道路交通安全法实施条例》规定：机动车应当从注册之日起，按照下列期限进行安全技术检验：

① 私人用小轿车在前 6 年，每 2 年检验 1 次，其后每年检验 1 次；

② 营运载客汽车 5 年以内每年检验 1 次，超过 5 年的，每 6 个月检验 1 次；

③ 载货汽车和大型、中型非营运载客汽车 10 年以内每年检验 1 次，超过 10 年的，每 6 个月检验 1 次；

④ 摩托车 4 年以内每 2 年检验 1 次，超过 4 年的，每年检验 1 次；

⑤ 拖拉机和其他机动车每年检验 1 次。

（2）检验内容

机动车在规定检验期限内经安全技术检验合格的，不再重复进行安全技术检验。已注册登记的机动车进行安全技术检验时，机动车行驶证的登记内容与该机动车的有关情况不符，或者未按照规定提供机动车第三者责任强制保险凭证的，不予通过检验。机动车定期检验的主要内容包括：

① 检查发动机、底盘、车身及其附属设备是否清洁、齐全、有效，漆面是否均匀美观，各主要部件是否更换，与初检记录是否相符；

② 检验车辆的制动性、转向操纵性、灯光、排气及其他安全性能是否符合机动车安全运行技术条件的要求；

③ 检验车辆是否经过改装、改型、改造，行驶证、号牌、车辆档案所有登记是否与现在车况相符，有无变化，是否办理了审批和异动、变更手续；

④ 号牌、行驶证及车上喷印的号牌放大字样有无损坏、涂改字迹不清等情况，是否需要更换；

⑤ 转籍、过户是否办理了规定的手续，在册机动车与实有机动车是否一致等。

（3）定期检验的程序

① 车辆年检通常由车管部门事先发出通知，规定检验的时间、地点、要求及其他具体事项。

② 车主接到通知后应根据要求对车辆进行必要的维护和保养，然后按指定时间和地点接受检验。

③ 检验时需填写《机动车定期检验表》，由车管部门按机动车技术检验标准进行检验，检验合格，在《机动车定期检验表》和行驶证上签证，发给定期检验合格证。

（4）定期检验的一些规定

办理机动车定期检验的车辆应当遵守以下规定。

① 车主在接到车辆管理机关定期检验通知后，应当按照规定的时间、地点和要求参加审验。

② 对于检验合格的车辆分别在行驶证和《机动车定期检验表》加盖印章。

③ 定期检验不合格的车辆，应在规定期限内修复，逾期仍不合格的，不能通过检验，并不准该机动车在道路上行驶，也不允许转籍。

④ 长期在外地执行任务不能按期参加检验的车辆，由车主提出申请，报经原籍车管所委托驻地车管所代为检验。检验后，将检验结果通知原籍车管所；因特殊情况不能按期参加年检的车辆，应事先向当地车管所申请延期。无故不参加年检的车辆，不准在道路上行驶，也不准转籍。

3）临时检验

临时检验是公安机关交通管理部门对申请临时牌照、车辆损坏修复后及车辆管理机关认为有必要对机动车进行的检验。临时检验采取逐车检验的方法。

4）特殊检验

特殊检验是根据特定目的和特殊要求或配合司法部门对机动车进行的检验，主要是对交通事故车辆、与违法犯罪相关的车辆、执行特殊任务的车辆和改装、报废车辆等的检验。特殊检验的内容根据特定目的而定。

5）技术监督

技术监督是指公安机关交通管理部门依法对机动车维护、维修单位的工作进行的技术监督。

3. 车辆性能检查的内容

车辆是一个复杂的且经常移动的机电设备，种类繁多，零件各异。特别是车辆的转向系、传动系、制动系、行驶系和电气系统等零件技术状况对车辆来说至关重要，是决定车辆安全运行的关键性因素。车辆在使用过程中要和外界环境相接触，车辆本身内部的零件也要相互作用，其结果是引起零件发热、磨损、腐蚀、松落、脱落和损害等变化，这些直接影响车辆的安全运行。因此，必须组织专业技术人员定期检查车况。

1）转向系的检查

随着车辆使用时间的延长，转向机构各零件的磨损会增大，改变了原有的几何尺寸和配合间隙，改变了前轮定位，使其技术状况变坏，影响了车辆的操纵性和稳定性。转向装置技术状况变坏体现在以下几个方面。

① 万向节及花键松落。车辆在行驶过程中，如果万向节松落或滑动花键配合间隙过大，都会使方向盘的自由间隙过大，方向盘抖动，在湿滑路面上难以控制方向，不能根据交通情况灵活迅速地改变方向和躲避障碍物，转弯后方向盘不能及时回正，易使车辆失去控制而发生碰撞事故。

② 方向盘固定螺丝或大螺丝松动。固定螺丝松动可使车辆在行驶中方向盘抖动，转弯有异响，车辆不走直线。

③ 横直拉杆球头松落或球头断裂。可使车辆在行驶中出现左右摇晃，不能保持正常的运行而成蛇行，增加驾驶人疲劳感，容易出现交通事故。

2）传动系的故障检查

对传动系进行检查非常重要是因为：

① 传动系传动轴螺丝松动或脱落，会造成车辆在行驶中产生异响和振动，在起步或急加速时发出"咯噔"的声响，严重时会造成变速器损害或翻车事故；

② 离合器壳出现裂纹或中间橡胶支承的疲劳损坏，会使传动轴动平衡失效，严重会导致相关部件的损坏；

③ 万向节十字轴损坏、传动轴中间轴承磨损、中间橡胶支承损坏或过桥螺丝松动，车辆行驶中发生"嗡嗡"声，而且运行速度越高，声音越大，随时都会发生交通事故。

3）制动装置的检查

制动装置是强制车辆进行减速及停车的机构，是保证安全行车的重要部件。车辆制动性能的好坏取决于制动装置的结构和技术状况，对车辆的行车安全起着非常重要的作用。所以，在车辆的日常使用中，必须保证制动机构工作可靠，有良好的制动效果。制动装置的技术状况变坏主要有以下几个方面。

（1）制动距离超出标准过大

制动距离的长短取决于制动鼓与蹄片间的正压力及摩擦系数的变化。因此，在制动系中应保证没有漏气、堵塞及气压不足等现象，在制动器中则应保证蹄片间隙符合规定要求。

（2）制动跑偏

车辆制动时不按直线方向减速停车，而自动偏离原行驶方向。这是一种危险的现象，往往会造成撞车甚至翻车等严重事故。车辆左右转向轮（前轮）的制动力不等是导致制动跑偏的主要原因，可通过对制动系统的维修调整来消除。

（3）制动侧滑

制动侧滑是指车辆制动时出现车尾甩向一侧，超出运行轨迹的现象，往往会造成撞车或掉沟现象。造成侧滑的原因主要是前后轮调整不当，不能同时将车轮抱死所致。例如，当车辆前轮先抱死时，会使车辆失去操纵性，无法转向；当车辆后轮抱死，前轮不制动时，则车辆产生严重侧滑，尤其因后轮单独滑移而发生甩尾后果更为严重。所以，在前后轮制动力分配上，前轮应大于后轮，即前轮先制动，后轮稍后制动，高速行驶制动时，后轮不抱死或不先抱死。

（4）低温行车时制动消失

在严寒地区行车时，如果每天不把制动系中的水排泄出去，则由于天冷而结冰，导致管路堵塞，制动器不能工作，很易造成事故发生。因此，每天应将储气筒中的压缩空气放掉，可避免这种事故的发生。

4）行驶系的检查

（1）车轮及轮胎

车轮及轮胎的技术状况对安全行车有着直接的影响，如果行车中轮胎爆裂，尤其是前轮爆裂，车辆就要急剧偏行；如果轴头螺母松脱致使车轮跑脱，造成机件损坏，二者都会造成翻车事故，对安全行车影响极大。

（2）行路机构

由于行路机构承受着车辆的全部重量，并传递牵引力、制动力，还接受路面对车辆的冲击，是车辆的重要装置，对车辆的安全行车影响很大。在长期的使用中，行路机构的各总成，由于正常和非正常的磨损、弯曲、变形、铆钉松动甚至断裂，使技术状况变坏，容易造成事故。

5）电气和灯光系统的检查

车辆照明装置的作用，一是在夜间或者是在能见度较低的条件下，用灯光给行驶车辆照明前进的道路，二是用发光的标志和信号达到联络和保障行车安全的目的。灯光的故障有灯光不亮、灯光束弱、光束不对等。车辆灯光无论是起照明作用，还是起标志信号作用，一旦不亮就不能行车。光束不对，也对行车有着一定的影响，如灯光照射方向调整得不正确，就不能照亮前进的道路，使驾驶人在行车中看不清前方路面，驾驶人容易疲劳，容易发生碰撞事故。

8.3.2.2　车辆报废制度

车辆报废制度是指车辆行驶达到了一定年限或里程时，由国家强制性回收拆解，防止重新组装上路。根据《道路交通安全法》第 14 条的规定："国家实行机动车的强制报废制度，根据机动车的安全技术状况和不同用途，规定不同的报废标准。应当报废的机动车必须及时办理注销登记。达到报废标准的机动车不得上道路行驶。报废的大型客、货车及其他营运车辆应当在公安机关交通管理部门的监督下解体。"车辆强制报废制度对于更好地控制预防交通事故的发生，有效减少车辆对自然环境的污染具有重要的现实意义。

8.3.3　车辆的维护保养管理

8.3.3.1　车辆维护

1. 机动车维护

车辆维护是指为维护车辆良好技术状况或工作能力而进行的作业，其目的是保持车容整洁，及时发现和消除故障、隐患，防止车辆早期损坏。车辆按运行的间隔期实施的车辆维护称为定期维护，生产厂家一般会在说明书中规定车辆的定期维护周期和维护项目，应按照厂家说明书进行定期维护。车辆的定期维护可分为日常维护、一级维护、二级维护。

1）日常维护

车辆的日常维护是驾驶人必须完成的日常性工作，其作业的中心内容是清洁、补给和安全检视。

① 坚持"三检"，即出车前、行车中、收车后检视车辆的安全机构及各部件连接和紧固情况；

② 保持"四清"，即保持机油、空气、燃油滤清器和蓄电池的清洁；

③ 防止"五漏"，即防止漏水、漏油、漏气、漏电、漏尘，保持车容整洁。

2）一级维护

除日常维护作业外，以清洁、润滑、紧固为作业中心内容，并检查有关制动、操纵等安全部件，由维修企业负责执行的车辆维护作业。其内容包括以下几个方面。

① 清洁。这里清洁的含义并非是汽车表面的清洁，而是指更加细致的如清洗和更换发动机的空气过滤器，检查转动机的手柄，清洁里面的沉淀物等。

② 车身。检查、紧固车身和其他附件的螺丝是否安全拧紧，以保障车辆在行驶过程中车身的零件不出状况。

③ 油脂。检查曲轴箱、化油器及制动液液面的高度，如果超出标准的高度，则是对车辆有害的；同时要检查整辆车漏水、漏油、漏电的情况。

④ 检查装置。检查车内的各种装置，如三元催化器转换装置、散热器、进排气管、化油器、风扇、空气压缩机、发电机等各种车内重要部件。

3）二级维护

除一级维护作业外，以检查、调整转向节、转向摇臂、制动蹄片、悬架等经过一定时间的使用容易磨损或变形的安全部件为主，并拆检轮胎，进行轮胎换位，检查调整发动机工作状况和排气污染控制装置等，由维修企业负责执行的车辆维护作业。其内容包括以下几个方面。

① 发动机。检测发动机的怠速、中速和高速运转时候的状况，以及汽缸压力和真空度等是否符合标准，发动机通过三清三滤作业后各项指标的情况是否符合规范。

② 离合器。对于离合器操作的方便性、平稳性、可靠性的检测，确保离合器在使用的时候方便、无异常、液压系统也没有漏油，让驾驶员更好地使用离合器。

③ 轮胎。检测轮胎的胎压是否正常，轮胎纹路里面是否夹杂碎石子等容易伤害轮胎的杂质，以及检测轮胎是否存在老化、鼓泡等现象，轮胎正常运行时是否与车箱底板有摩擦现象。

④ 整车检验。检测车的整体情况，如车架的裂缝、螺丝的松动、照明的启用及行车时有无不正常的响声等。

2. 地铁车辆的计划维修

城市轨道交通车辆的计划维修是按车辆的运营里程数或运营时间，对车辆进行不同等级的周期性维修。一个科学的计划维修模型的建立及检修项目和技术标准的制定，是城市轨道交通车辆安全、准点运营的重要保障，同时，也将最大限度地降低城市轨道交通车辆的维修成本。城市轨道交通车辆的计划维修的修程规定了必须进行计划维修的车辆运营里程数和运营时间，要求在车辆运营里程数和运营时间中有一个达到规定，就要安排车辆的维修。城市轨道交通车辆的计划维修一般分为日检、双周检、双月检、定修、架修、大修6级修程。各级修程内容的制定应遵循高一级修程包含低一级修程内容的原则，且在对各类磨损件限度标准的制定上，必须要保留足够的使用余量至下一修程。

1）日检

日检是对当天参与运营回库的电动列车所进行的检修维护，是最初级的检查。其主要目的是对主电路中的受电弓、牵引电动机的安装及状态，走行部分的转向架构架、轮对、齿轮箱及联轴节，车载设备的控制单元及各类信号、指示灯等进行检查，其中除各控制单元的检查以外，其余多以目测检查为主，以保证电动列车走行部分的安全和电气控制性能的良好。

2）月检

月检是对运营时间或运营里程数分别达到一个月或 10 000 km 的电动列车所进行的检修维护。月检规程分为 A 检和 B 检两类，其中 A 检项目是每个月都需执行的，而 B 检项目是每两个月执行一次。月检的主要目的是对主电路中的受电弓、牵引电动机及其他电气箱，走行部分的转向架构架、轮对、齿轮箱及联轴节，车载设备的控制单元及各类信号、指示灯等进行检查，以保证电动列车走行部分的安全和电气控制性能的良好及易损耗件具有足够的工作尺寸。

3）定修

定修是电动列车运营里程数每达到 100 000 km 或运营时间达一年时进行的检修，一般定修的周期为 10 天。前 5 天主要进行无电状态下的检修，后 5 天进行有电状态下的检修检查和静、动调作业。

4）架修

架修是电动列车运营里程数每达到 500 000 km 或运营时间达 5 年时进行的检修，一般架修的周期为 20 天。前 10 天主要进行无电状态下的检修，后 10 天进行有电状态下的检修检查和静、动调作业。架修的周期控制与备品备件的供应密切相关，建议对关键部件采用更换修。

5）大修

大修是电动列车运营里程数每达到 1 000 000 km 或运营时间达 10 年时进行的检修，一般大修的周期为 25 天。前 20 天主要进行无电状态下的部件拆卸、检修和安装，后 5 天进行有电状态下的检查、静态测试和列车动态测试。大修的周期控制与备品备件的供应密切相关，应以部件更换修为主。电动列车的大修是最高级修程，因此，在大修中，许多电气部件和机械部件都将从车辆上拆下送检修车间进行分解维修或直接报废。

8.3.3.2 车辆保养

车辆保养的作用主要体现在：车辆的维护保养讲究"七分养，三分修"，即车辆在全寿命使用过程中应做到经常检查，定期保养，对问题早发现、早解决，达到以保代修，乃至终身不大修的目的；车辆保养可以及时发现、更换、修正、调整零部件及其间隙，彻底解决车辆存在的故障和安全隐患，确保车辆处于正常工作状态，从而达到保证发动机良好的动力性和经济性，并延长车辆大、中修的时间间隔，进而达到延长车辆使用寿命的目的。

我国现行的汽车保养制度分为定期保养和非定期保养两种，其中定期保养又分为例行保养、一级保养、二级保养、三级保养。非定期保养有走合保养和换季保养等。

1）定期保养周期

车辆行驶了一定里程后，必须进行一次定期保养，这是合理使用车辆、延长车辆寿命的重要环节。由于车辆各种零件的结构、负荷、材料强度、工作条件和使用情况的不同，其磨损、损坏的程度与技术状况的变化各不相同，需要保养的时机也不同。因此，进行各级定期保养的周期里程应根据汽车使用的具体情况确定。

2）走合保养

新车里程在最初 0～100 km 时，发动机等运动件表面还比较粗糙，其内摩擦阻力大，如不控制车速、负荷、温度，机件就会发生急剧的磨损。在最初的 1 000～2 000 km 磨合期内，严格按照规定行使并进行保养，可以磨合良好的汽车，其使用寿命、可靠性及经济性将大大提高。

3）换季保养

在季节交替之际，车辆某些部分的技术设施和工作要求应做相应的改换，使之能适应变化了的工作条件。这些适应季节变化的技术措施一般可结合一级维护或二级维护进行，这种维护即称为换季维护。

4）停驶封存保养

封存的汽车也应进行相应的保养工作，否则会由于汽车的长期存放而产生锈蚀、积尘及机件失灵等现象。封存前，汽车的附加保养作业项目，主要取决于封存时间的长短。除进行按保养间隔里程进行相应的保养作业外，还应采取必要的防尘、防锈、防腐措施，对停放在露天的车辆更应注意。

8.3.4 车辆保险管理

事故预防措施使得交通系统尽可能地减少了发生事故的可能性，事故控制与应急抢救措施则使得交通系统尽可能地减少了事故发生的严重性。但从事故特性看，无论采取了何等先进的技术措施和严密的管理措施，事故仍是不能完全避免的，仍有可能发生损失大大超过人们承受能力的事故。因而，采取保险的方法，补偿因事故或灾害所造成的经济损失，是事故损失控制的重要手段之一。

1. 车辆保险的概念

保险是指投保人根据合同约定，向保险人支付保险费，保险人对于合同约定的可能发生的事故所造成的财产损失承担赔偿保险金责任，或者当被保险人死亡、伤残和达到合同约定的年龄期限时，承担给付保险责任的保险行为。

保险源于风险的存在，而从法律角度来看，保险则是一种合同行为。投保人向保险人缴纳保费，保险人在被保险人发生合同规定的损失时给予补偿。究其本质，保险是一种社会化安排，是面临风险的人们通过保险人组织起来，从而使个人风险得以转移、分散，由保险人组织保险基金，集中承担。当被保险人发生损失，则可从保险基金中获得补偿。换句话说，"一人损失，大家分摊"，即"人人为我，我为人人"。可见，保险本质上是一种互助行为。

机动车辆保险是指为领取公安交通管理部门核发的正式机动车号牌的车辆、摩托车、拖拉机，以及各种特种车辆开办的一种财产保险。车辆的所有者、承包者、保管者、使用者等利益关系者都可以为车辆购买保险。其主要职能是实行经济补偿，保障车辆所有者及受害人的经济利益，有利于协调因交通事故引发的损害赔偿纠纷及各类矛盾，减轻事故调解工作的压力，从而起到维护社会安定、稳定人民生活的积极作用。

这里必须明确以下几个概念。

① 被保险人：一般是指受保险合同保障的汽车的所有者，也就是行驶证上登记的车主。

② 保险人：是指保险公司，在汽车保险中，就是有权经营汽车保险的保险公司。

③ 第三者：保险合同中，保险人是第一方，也叫第一者；被保险人或致害人是第二方；除保险人与被保险人之外的因保险车辆意外事故而遭受人身伤害或财产损失的受害人是第三人，即第三者。

④ 投保人与被保险人：投保人是指与保险公司订立合同、负有支付保险费义务的单位或个人，即办理保险并支付保险费的人。如果车主为自己的汽车投保，则投保人与被保险人是一致的；如果其他人为不属于自己的车辆投保，则投保人与被保险人是不一致的。这两种情况都是保险公司允许的。

⑤ 保险金额：是指保险单上载明的保险标的实际投保的金额，也是保险公司承担赔偿义务的最高限额。

⑥ 投保单：投保人申请投保的一种书面凭证。投保单通常由保险公司提供，由投保人填写并签字或盖章后生效，保险公司根据投保人填写的投保单内容出具保险单正本。

⑦ 保单：也叫保险单正本，是保险公司与投保人订立保险合同的书面证明。保险单由保险公司出具，主要载明保险公司与被保险人之间的权利、义务关系，它是被保险人向保险公司进行索赔的凭证。

⑧ 保险卡：由保险公司签发给保户的、记载保险单正本中的主要内容、供保户随身携带的卡片或简单的凭证。

⑨ 批单：为变更保险合同内容，保险公司出具给被保险人的补充性书面证明，与保单具有同等的合同约束力。

2. 车辆保险的险种

1）车辆损失险

由于碰撞等交通事故，暴雨、雷击等自然灾害，火灾、爆炸、外界物体倒塌或坠落等意外事故造成车辆损失时，保险公司负责赔偿；同时，在发生保险事故时，对车辆采取施救、保护措施所支出的合理费用，保险公司将根据条款规定负责赔偿。

2）第三者责任险

保险车辆发生意外事故时致使第三者遭受人身伤亡或财产损失，对于依法应当由被保险人支付的赔偿金额，保险公司将对此根据条款负责赔偿。

第三者责任险与事故处理密切相关。该保险主要是指除被保险人及其财产和本保险车辆上的工作人员及其财产以外的其他人和财产的责任保险，即被保险人或其允许的合格驾驶人在使用保险车辆过程中发生意外事故，致使第三者（遭受人身伤害或财产损失的第三方）遭受人身伤亡或财产的直接毁损，依法应当由被保险人支付的赔偿金额，保险公司依照合同的有关规定给予赔偿。此保险无论在国际保险市场还是在国内保险市场中，都占有举足轻重的地位。

3）附加险

① 全车盗抢险：保险车辆全车被盗窃、被抢劫、被抢夺或在此之后受到损坏，经公安部门立案查证，保险公司根据条款规定负责赔偿。

② 车上责任险：保险车辆发生意外事故时致使车上人员伤亡或车上货物直接损毁，对此保险公司根据条款规定负责赔偿。

③ 无过失责任险：保险车辆与非机动车辆或行人发生交通事故时，保险车辆一方并无过失，但根据法规规定被保险人仍应承担10%的经济赔偿责任，保险公司对此根据条款规定负责赔偿。

④ 车载货物掉落责任险：保险车辆由于车上所载货物掉落致使第三者遭受人身伤亡或财产的直接损毁，保险公司对此根据条款规定负责赔偿。

⑤ 玻璃单独破碎险：车辆在停放或使用过程中，其他部分没有损坏，仅挡风玻璃和车窗玻璃单独破碎，保险公司负责赔偿。

⑥ 车辆停驶损失险：车辆停驶损失险负责赔偿保险车辆发生保险事故造成车辆损坏，因停驶而产生的损失。保险人在双方约定的修复时间内按保险单约定的日赔偿金额乘以从送修之日起至修复竣工之日止的实际天数计算赔偿。此险种适用于从事营运的出租车辆及其他大型客货运车辆，由于发生事故后修车耽误营运，可根据条款获得赔偿以弥补损失。

⑦ 自燃损失险：因车辆电器、线路、供油系统维护不力或发生故障及运载货物自身原因而致使车辆起火燃烧的情况屡见不鲜，对这种情况往往难以有效扑救，经常造成整车损毁。

对此，保险公司将根据条款规定负责赔偿。

⑧ 新增加设备损失险：越来越多的人为自己的爱车加装了新的设备和设施，如果发生事故导致这些新增加设备受到损失，保险公司将依照条款规定，负责按实际损失赔偿。

⑨ 不计免赔特约险：办理这项保险以后，对于车辆损失险和第三者责任险所规定的免赔金额，保险公司也予赔偿。

3. 车险理赔

1）车险理赔的概念和程序

车险理赔是指车辆发生保险责任范围内的损失后，保险人依据保险合同的约定解决保险赔偿问题的过程。车辆事故损失有的属于保险责任，有的属于非保险责任，即使属于保险责任，因多种因素制约，被保险人的损失不一定等于保险人的赔偿额，车辆保险理赔涉及保险合同双方的权利与义务的实现，是保险经营中的一项重要内容。

车辆保险的理赔程序工作过程是从接受被保险人的出险报案开始，通过现场勘查，确定保险责任和赔偿金额，直至给付赔款的整个过程，是一项复杂而繁重的工作。车辆保险理赔的处理程序包括受理案件、现场勘查与定损、赔付结案等3个主要过程。

2）车辆理赔的部分规定

（1）车辆重复投保的处理

重复投保是指为同一辆车的同一个险种，分别向两家或两家以上的保险公司投保。重复保险只能得到一份赔偿。《保险法》第40条规定：重复保险中，各保险公司的赔偿金额总和不得超过新车购置价。

（2）车辆超额投保的规定

超额投保是指保险金额高于新车购置价，但超额投保并不能得到超额赔偿。因为保险法规定，保险金额不得超过新车购置价，超过新车购置价的，超过部分无效。

（3）不足额投保

不足额投保是指保险合同约定的保险金额低于新车购置价，其后果是车辆发生部分损失后，保险公司按照保险金额与新车购置价的比例承担赔偿责任，也就是比例赔付，保险公司不是按照实际损失全额赔偿，而是按照实际损失乘以保险金额与新车购置价的比例赔偿。

（4）保险公司的赔款少于车祸事故实际支付费用的原因

① 事故损失经保险双方确认后，还应根据保险车辆驾驶人在事故中所负责任，按照免赔率扣除一定的金额：负事故全部责任的及单方肇事事故，扣除应付赔款金额的20%；负事故主要责任的，扣除应付赔款金额的15%；负事故同等责任的，扣除应付赔款金额的10%；负事故次要责任的，扣除应付赔款金额的5%。

② 保险车辆发生保险事故后，对其停车费、保管费、扣车费及各种罚款，保险人不予负责。

③ 车损险不足额投保。在部分损失时，保险公司按照实际损失乘以保险金额与新车购置

价的比例计算赔偿，差额部分将由被保险人自己承担。

④ 实际损失金额大于保险金额或赔偿限额。超过保险金额或赔偿限额的损失金额，保险公司不予赔偿。

⑤ 超出《道路交通事故处理办法》规定的赔偿范围、项目、标准的费用。

⑥ 保险车辆发生意外事故，致使被保险人或第三者停业、停驶、停电、停水、停气、停产、中断通信及其他各种间接损失。

⑦ 条款中规定的其他不属于保险责任范围的损失。

（5）无赔款优待的含义及获得无赔款优待需具备的条件

为了鼓励被保险人及其驾驶人严格遵守交通规则，安全行车，保险人实行无赔款优待办法。保险车辆在上一年保险期限内无赔款，续保时可享受无赔款减收保险费优待，优待金额为本年度续保险种应交保险费的10%。

获得优待条件：① 保险期限必须满一年；② 保险期限内无赔款；③ 保险期满前办理续保。

8.4 城市交通基础设施的维修养护管理

城市交通基础设施包括道路的路基路面、交通附属设施、轨道交通设施、公交设施、监控与通信设施及环保设施等。城市交通基础设施是城市交通安全运行中的重要组成部分，对保障交通安全和交通畅通具有重要意义。例如，2012年哈尔滨阳明滩大桥由于引桥发生断裂，事故当日造成3人死亡、5人受伤，所以应该保证这些基础设施完整并处于良好的状况。因此，在日常基础设施维护工作中要注意调查研究、积累资料，针对不同情况采取相应的措施，以"预防为主，防治结合"，保障城市交通安全正常运营。从基础设施检测和维修管理方面来讲，设施如有损坏要及时修理或更换，设施不全或者没有设施的要根据道路和轨道的性质、技术等级和使用要求，有计划地、有步骤地增设。

8.4.1 道路和桥涵养护

1. 路基养护

为了保证路基坚实稳定，排水性能良好，使各部分尺寸和坡度符合规定，及时消除不稳定的因素，并尽可能地提高路基的技术情况，必须对路基进行及时的经常性保护、维修和改善。路基养护工作的主要内容和基本要求如表8-2所示。

2. 路面养护

公路路面在使用过程中，由于行车荷载作用和自然因素的影响，将使路面逐渐产生各种破损。路面破损对车辆的行驶速度、机械磨损、行车舒适及交通安全等都会造成有害影响。因此，对路面必须采取预防性、经常性的保养和维修措施，使路面保持良好的技术状况，可以保证路面服务水平。

表 8-2 路基养护工作的内容和基本要求

路基养护的内容	路基养护的基本要求
① 维修、加固路肩及边坡。 ② 疏通、改善、铺砌排水系统，对边沟、截水沟、排水沟及暗沟等排水设施，应及时排除堵塞，疏导水流，保持水流畅通，并综合考虑铺砌加固。 ③ 维护、修理各种防护构造物及透水路堤，管理保护好道路两旁用地。道路沿线的护坡、护面墙、植树及各种类型的挡土墙，要保证这些构造物完整无损，发挥其对路基的防护与加固的作用。 ④ 观察、预防、处理滑坡、翻浆、泥石流、崩塌、塌方及其他路基病害，加强对水毁的预防与治理。 ⑤ 有计划地局部加宽、加高路基，改善急弯、陡坡的视距，以提高其技术标准	路基养护的基本要求是通过日常的和定期的检查，发现问题，分析原因，以便采取适当的养护措施。 ① 路肩。横坡适度，边缘顺直；表面平整、整洁、无杂物；保持无车辙、坑槽、隆起、沉陷及缺口。 ② 边坡。边坡稳定，平顺无冲沟，坡度符合规定。 ③ 排水系统。保持无高草、无淤塞；纵沟深度，水流通畅，进出口良好。 ④ 防护构造物。保持构造物完整无损，砌体伸缩缝填料良好，泄水孔无堵塞

路面养护可分为初期保养、日常保养和预防性季节保养修理等。通常把路面清扫保洁、处理泛油、拥包、裂缝、松散等作为保养作业；修补坑槽、沉陷、处理波浪、啃边等病害作为小修作业。保养和小修是保持路面使用质量、延长路面使用周期的重要技术措施。

1）初期保养

各种沥青路面的初期保养是十分重要的，尤其是对于采用层铺法施工的沥青贯入式和沥青表面处治及采用乳化沥青施工的路面。它是保证路面稳定成型的关键，是不容忽视的养护环节。

2）日常维护

主要是指保持路面平整、路拱适度、线形顺直、路况整洁、排水良好。同时应加强巡逻检查，随时排除有损路面的因素，发现路面初期病害必须及早处治。

3）预防性季节保养修理

由于沥青路面对气温变化比较敏感，各地应根据不同季节的气候特点、水温条件变化规律，按照"预防为主，防治结合"的原则，结合成功经验，针对季节性病害根源，因地制宜地采取有效的技术措施，做好预防性保养修理。

① 春季。应做好沥青路面温缩裂缝和其他裂缝的灌、封修理，采用低温春雨期养护材料和春融翻浆防治器材快速修补坑槽、松散和翻浆等病害。

② 夏季。气温较高，是沥青路面养护工程的有利季节，应抓住高温期处治泛油，铲除拥包，恢复路面使用质量。

③ 秋季。气候逐步降温，容易遭受暴风雨袭击或者遭受冷空气影响。沥青路面修理必须密切注意天气预报，适时做好冬季病害的预防保养修理，如灌封裂缝、防治冻胀松脆、补修坑槽等。

④ 冬季。继续做好冬季病害的防治，做好防雪、防冰、防滑、疏阻抢险级养路材料采备等工作。

3. 桥涵养护

桥涵养护的目的是通过加强对桥涵构造物的检查和保养、维修与加固工作，使其经常处于完好的技术状态，延长其使用年限。

1）桥涵养护的要求

（1）确保桥涵构造物的安全、完整、适用于耐久

桥涵构造物在运营使用过程中出现的病害和损伤，要及时进行维修，小坏小修，随坏随修，防止病害扩大，确保构造物的安全与完整。相反，产生病害后不及时维修，由于病害的逐渐扩大不仅导致桥涵构造物提前破坏，甚至可能发生塌桥事故。

（2）掌握桥梁结构状况，完善技术资料，为维修加固提供必要的条件

为了对桥涵进行养护管理，必须掌握有关桥涵设计文件、施工记录、质量检查、竣工验收及运营状况记录、检查记录、维修加固记录等技术资料。在桥涵的维修管理过程中，必须采取各种调查和测试手段建立和完善必要的档案资料，为合理安排现场检查和决定加固维修方案提供可靠依据。

（3）提高桥梁的通行能力和承载能力

2）桥涵养护的分类和内容

桥涵的养护按其工程性质、规模大小、技术难易程度划分为小修保养、中修、大修和改善 4 类。各类桥涵养护工程的内容如表 8-3 所示。

表 8-3　各类桥涵养护工程的内容

养护类型	养 护 内 容
小修	清除污泥、积雪、杂物，保持桥面清洁；疏通涵管，疏导桥下河槽；养护伸缩缝，疏通泄水孔、栏杆油漆；修理支座和桥面的局部轻微损坏；修补墩、台及防护的微小损坏
中修	修理、更换中、小桥支座、伸缩缝及个别构件；大、中型钢桥的全面油漆防锈和各部构件的检修；永久性桥墩、桥面的修理和小桥桥面的加宽；重建、增建、接长涵洞；桥梁桥构造物修复和加固
大修	大、中型桥梁的加宽、加固、加高；增改建小型桥梁和技术性简单的中桥；增改建较大的河床铺底和永久性调治构造物；吊桥、斜拉桥的修理；大桥桥面铺装的更换；大桥支座伸缩缝的修理、更换
改善	提高技术等级的加固、加宽，加高大、中桥梁；增改建小型立体交叉桥和 10 km 以内整段改善的大、中桥梁

8.4.2　交通附属设施的检查与维护

交通附属设施包括行人天桥、地下通道、护栏、隔离栅、中央分隔带、遮光栅、隔音墙、振颤设施、安全岛、平曲线反光镜、照明设备、反光标志、反光标线等。

1. 行人天桥

每年应定期检查 1~2 次，主要包括结构检查；油漆涂料的剥落、磨损及褪色情况的外观检查；照明设施检查；桥面检查，主要检查桥面及踏步的损坏程度，以及踏步防滑设施的磨损状况。

行人天桥的维护主要包括：技术状况维护；行人天桥的安全防护；行人天桥的经常保养、

维修与加固。

2. 地下通道

（1）检查

地下通道应每月定期检查，主要内容包括：

① 结构物有无渗水、漏水等异常情况；

② 排水道有无阻塞或损坏，采用机械排水的应检查排水泵工作是否正常；

③ 照明与通风设施有无损坏；

④ 消防、安全等防范设施有无损害。

（2）维护

通过检查如发现异常部位应及时修复，维护内容包括：

① 地下通道要经常清扫，保持整洁；

② 墙体应定期粉饰，一般每年一次；

③ 通道地面与踏步应保持完好状况；

④ 照明、排水、通风及消防设施应定期例行保养。

3. 护栏

护栏是诱导驾驶人视线、增加驾驶人和乘客安全感、防止车辆驶出行车道或路肩，从而避免或减轻交通事故的设施。

（1）检查

护栏检查包括日常检查和每季度定期检查，检查内容包括：

① 各类护栏结构部分有无损害或变形，立柱与水平构件的紧固状况；

② 污秽程度及油漆状况；

③ 拉索的松弛程度；

④ 护栏及反光膜的缺损情况。

（2）维护

① 经常清除护栏周围的杂草及其他堆积杂物；

② 护栏表面部分油漆脱落时应及时涂刷；

③ 由于交通事故或自然灾害造成护栏缺损或变形要及时补充或更换；

④ 由于路面补强或调整路基纵断面，使护栏高程发生显著变化的，应该对护栏的高度予以相应的调整；

⑤ 锈蚀严重的护栏应予以更换。

4. 隔离栅

（1）检查

① 结构部分有无损坏或变形；

② 有无污秽或未经交通管理部门批准的广告、启事等；

③ 油漆老化剥落及金属构件锈蚀情况。

（2）维护

① 污秽严重或张贴有广告、启事等有碍交通环境的隔离栅应定期清洗或清理；

② 定期冲刷油漆，一般 2～4 年一次；

③ 损坏部分按原样修复。

5. 中央分隔带

在城市快速路或者城郊交通量大的路段可设置快慢隔离带，分隔双向行驶车辆的交通安全设施，同时也起着引导驾驶人视线的作用。

（1）检查

① 分隔带和隔离带的排水通道是否阻塞；

② 路缘石损坏情况；

③ 通信井或集水井有无损坏。

（2）维护

① 及时疏通排水道；

② 清除分隔带或隔离带的杂物和过高且有碍环境的杂草；

③ 修复或更换缺损的路缘石。

6. 振颤设施

振颤设施是设在路面上并高出路面，用以警告驾驶人加速的安全设施。车辆通过振颤设施时受到冲击和振动，从而起到警告驾驶人和强制减速的作用。

日常维护中，应检查振颤设施与路面的固定有无松动，设施本身有无裂缝、损坏。由于振颤设施脱落可能会影响车辆的通行，因此应定期进行仔细检查，并加强日常维护。其维护保养的内容包括：

① 经常清扫设施上的杂物；

② 振颤设施因损坏或磨损而影响其性能时应予以更换或修复；

③ 发现设施有松动，应尽快加以紧固，紧固不了时，应予以更换；

④ 严重损坏的振颤设施，应予以拆除，重新设置。

7. 标线的检验

（1）基本要求

① 标线材料应符合《路面标线涂料》（JT/T 280—2004）的规定。

② 标线喷涂或安装前应先清洁路面，不得有起灰的现象。

③ 标志的颜色及形状应符合现行国标《道路交通标志和标线》（GB 5768—2009）的规定和设计要求。

（2）实测项目

实测项目包括：溶剂常温涂料厚度、溶剂加热涂料厚度、热熔型涂料厚度、标线宽度、标线长度、纵向间距、横向偏位。

（3）外观鉴定

① 标线以外的道路被标线材料污染应该及时清理。每处污染面积不超过 10 cm^2，不符合要求时每处减 1～2 mm。

② 喷涂后的边线边缘无明显毛边，毛边长度超过评价单位长度 1%时，每处减 2 mm。

③ 标线应顺直平滑，不符合要求时，每处减 1～2 mm。

④ 反光标线玻璃珠不均匀或表现厚度不均匀时，每处减 1～2 mm。

8. 标志

1）检验

（1）基本要求

① 安装过程中应注意防止损伤标志版面。

② 地基载力应该满足设计要求。

③ 标志的制作应符合《道路交通标志和标线》（GB 5768—2009）的规定。

（2）实测项目

实测项目包括：立柱垂直度、标志板安装角度、标志板下缘至路面净空、标志版内侧距路肩边线距离、基础尺寸、混凝土强度。

（3）外观鉴定

① 金属构件镀锌面不得有划痕、擦伤等损伤，不符合要求的每一构件减 1～2 mm。

② 钢筋混凝土立柱表面应该光滑平整，不符合要求的每一立柱减 1～2 mm。

③ 标志板面不得有划痕、较大气泡和颜色不均匀等表面缺陷。不符合要求时，每块板面减去 1～3 mm。

2）维护

① 标志如有污秽或贴有广告、启事等时，应清洗干净；

② 油漆脱落或有探痕，面积较小时可用油漆刷补，油漆脱落或褪色严重，指示内容辨别性明显降低时，应重新油漆或更换新标志；

③ 标志牌变形、支柱弯曲倾斜或松动的应尽快修复；

④ 破损严重、反光标志性能下降或缺失的应更换或补充；

⑤ 如标志设置重复，有碍交通或设置地点和指示内容不适当时，经批准后进行必要的变更；

⑥ 如有树木、广告牌等遮蔽时，应清除有碍标志显示部分或规定的范围内变更标志的位置地点。

8.4.3 轨道交通的养护维修

1. 钢轨

① 应根据轨道、道岔位置偏移，各部件几何尺寸超过"经常保养容许偏差管理值"的状态，对轨道设备进行整修，使轨道线路经常保持良好状态。例如，利用扣件轨距垫块调高垫板，调整轨距和曲线外轨超高值。

② 钢轨损伤如裂纹、折断，难以就地整直的应及时更换。

③ 应定期对钢轨进行非对称打磨（可增大曲线左右股钢轨的滚动半径，减少磨耗）、对称打磨（波磨或疲劳打磨）、校正性打磨（外形打磨）、预防性打磨（表面小裂纹打磨）。

钢轨打磨是对于减少钢轨疲劳损伤、改善轮轨踏面匹配关系的有效措施之一。地铁既有线的轨道经过长期运营，部分区段会出现剥落掉块、焊缝鞍形磨耗、肥边、擦伤、轨头表面由于冷作硬化出现轨道表面金属的破坏等缺陷。同时城市轨道交通运营车辆类型单一，轴重一致，同一区段行车速度一致，行车密度大，轨道一旦出现病害，同一种病害发展速度非常快。从国内外的研究和实践来看，钢轨的定期打磨可以消除和延缓磨耗的发展、消除钢轨表面的接触疲劳层，防止剥离掉块，对断面打磨还可以改善轮轨接触条件，降低接触应力。

④ 为了降低钢轨磨耗，需定期对钢轨进行涂油。据资料统计，涂油可提高曲线钢轨寿命3~5年，特殊可达 10 年。

⑤ 扣件和其他配件不足或损坏时应予补充或更换，经常拧紧扣件和其他配件的螺栓并涂油。

⑥ 除钢轨外形观测外，还需用超声波仪对钢轨（含接头焊缝）进行周期性的探伤。钢轨探伤周期为正线及辅助线一般按每月一次，车场线每季度一次。钢轨探伤是确保轨道安全的重要措施。

⑦ 应做好普通线路的轨缝调整。城市轨道交通的趋势是无缝线路，但是在车辆段，车场线仍存在不少普通线路，在这些区域内成段轨缝是否符合标准，对轨道的技术状态有很大影响，因此必须做好轨缝的调整工作。

● 成段轨缝尺寸应符合下述规定：轨缝设置均匀，每千米轨缝总误差：25 m 钢轨地段不得大于±80 mm；12.5 m 钢轨地段不得大于±160 mm。绝缘接头轨缝不得小于 6 mm。

● 一般应于更换钢轨或调整轨缝时进行检查。日常可根据更换钢轨或调整轨缝时的轨温、采取的 C 值和其后的轨温变化情况进行检算。

● 最高、最低轨温差大于 85 ℃地区的 25 m 钢轨地段，一般应在夏季前和冬季前调整轨缝，通过放散钢轨温度力，将轨缝调整均匀，避免在炎热季节过早地出现瞎缝，在严寒季节过早地出现大轨缝。

● 成段调整轨缝时，应事先调查与计算，确定每根钢轨的串动方向和串动量，编制分段作业计划。

2. 道床

① 道床开裂。如裂缝轻微可限速运行并及时用环氧树脂（或其他速凝、高强材料）等修补、粘接，裂缝较宽但不发展时可垂直裂缝凿凹埋入短钢筋，回填速凝高强混凝土填补。

② 道床变形。道床上拱或下沉量超过扣件调高允许范围，特别是由于隧道渗漏水引起的道床上拱或下沉，应拆除该段道床治理病害，重新灌注道床混凝土。

道床累积残余变形部分超限地段，应采用重起重捣；线路累积残余变形连续且超限地段，应有计划地全面起道捣固。全面起道作业时，应使线路恢复到标准的纵断面条件，并改善道床弹性。

③ 高架线路由于受温差、雨水侵蚀、风沙污染等影响，致使弹性短轨枕的枕与套靴或套靴与道床混凝土之间松动，应修补或更换。

④ 排水沟应经常清淤，保持通畅，并特别注意浮置板下隐蔽排水沟的通畅。

⑤ 在木枕的专项维修中，需全面或重点起道，均应全面进行捣固。捣固时，应在钢轨两侧各 400 mm 范围内捣实道床。在混凝土枕的专项维修中，应使用机械对起道地段进行全面捣固，对非起道地段进行全面捣固和重点捣固。

3. 无缝线路的检测与维修

① 城市轨道交通一般铺设的是温度应力式的普通无缝线路，无缝线路应在设计锁定轨温范围内锁定，养护维修作业不应改变其锁定轨温。实际锁定轨温不在设计锁定轨温范围内，应进行应力松弛，调整应力重新锁定线路。

② 为了检查无缝线路状态，必须设置钢轨纵向位移观测桩，作为永久标记。无缝线路锁定后，立即做好位移观测标记，观测钢轨纵向位移，是否有不正常的伸缩位移和不均匀的线路爬行。要定期对位移观测桩进行观测，做好记录，并对无缝线路的状态进行分析，提出维修计划。

③ 对无缝线路轨道状态进行必要的巡检，以便及时发现无缝线路出现的异常并采取措施加以补救。无缝线路巡检应在每天轨温最高或最低时段进行，由于城市轨道交通的特殊情况，只能在夜间停运时进行，因此对轨温最高时能出现的特殊情况有所预计，确保行车安全。

4. 车辆段的安全防护

1）轨行区防护

轨行区是指车辆段内的列车走行及连接部分，包括出入段线、各检修库房头部咽喉区及试车线等作业线路。由于大部分线路为带电线路，必须进行必要的防护隔离，以确保作业安全和通行安全。例如，在咽喉区带电线路两侧加设防护隔离，试车线全线隔离。横向穿越轨道的平交道或其他道路，应设置安全栏杆或安全警示牌。

2）作业区防护

① 车辆段作业区域为检修作业方便，需设置高架作业平台。

② 为保证作业安全，在作业时需要进行断电，设计中可采用五防锁系统。

③ 检修库内的作业平台为保证车顶作业人员安全，防止人员跌落，需设置侧向防护网。

④ 作业平台外缘应设置防护栏杆以防止人员意外跌落，栏杆底部可设置封闭挡板，以防止工具或部件跌落，砸伤车体。

3）安全通道设置

安全通道按不同区域的大小，一般设置宽度为 1.5～3 m，并应根据生产作业区域和作业工艺流程方式考虑进出流向。例如，在消防通道及疏散通道处，不得堆放杂物，以防堵塞。清晰明了的区域划分，不仅是生产作业的安全保障，同时也是文明生产、有序作业的重要标志。

4）车挡

车辆段内线路常用的车挡一般有两种。为满足列车高速试验需要，在试车线两端采用液压缓冲滑动式车挡，液压缓冲滑动式车挡占用线路的长度为 12.5～15 m；段内一般线路如停车线、列检作业线、材料装卸线、尽端式洗车线、不落轮镟修线等则采用固定式车挡，占用线路长度 1～3 m。固定式车挡的选用应根据采用的车辆头部外形尺寸，保证选用的车挡能够满足冲撞到位，确保列车在各条线路上的运行安全。

5）标志线

段内所有的工作场所，应按工作性质和功能划分醒目的工作区域标志线，如材料堆放区域标志线、零部件存放区域标志线、安全通道标志线、架车点定置位等，必要时设置隔离栅栏。

8.4.4　城市交通基础安全隐患排查

1. 排查治理原则

按照"排查要认真、整治要坚决、成果要巩固、杜绝新隐患"的总体要求，务求实效，不走过场；坚持统一部署与分级实施相结合、督查与自查相结合、行政手段和经济手段相结合、短期治理与长期规范相结合；做到排查不留死角，治理不留后患。

2. 排查治理范围

凡列入基本建设计划的交通基础设施建设项目均应纳入排查治理范围。排查治理应突出"四个重点"，即：

① 近 3 年发生较大以上事故 2 次以上的区域；

② 近年来事故频发、安全经费投入不足的项目及从业单位；

③ 易受台风、风暴潮、暴雨、洪水、暴雪、雷电等极端天气及地质灾害影响发生事故的在建项目和施工驻地；

④ 往年排查出的重大隐患。

3. 排查治理内容

排查治理要突出"两查"，即：查制度措施制定与落实情况，查风险较大工程隐患防范情况，具体包括：

1）制度措施制定与落实情况

① 安全生产责任制建立及落实情况；

② 安全生产费用提取、安全生产风险抵押金等政策的执行情况；

③ 隐患排查治理的制度制定和落实情况；

④ 设计文件中防范生产安全事故的技术措施的制定及落实情况；

⑤ 风险性较大工程施工专项方案的制定及落实情况；

⑥ 施工设备、机具检测检验情况；

⑦ 施工现场安全警示标志的设置情况；

⑧ 安全教育培训，特别是生产一线职工（包括农民工）的教育培训，以及施工企业"三类人员"的持证上岗执行情况；

⑨ 应急预案制定及演练情况。

2）风险较大工程隐患防范情况

① 隧道工程坍塌、涌水突泥、瓦斯爆炸等事故隐患防范情况；

② 桥梁工程支架垮塌、高处坠落、基础塌陷、吊装设备失稳等事故隐患防范情况；

③ 高边坡工程坍塌、高处坠落等事故隐患防范情况；

④ 边通车边施工的工程、交叉施工的工程等衍生事故隐患防范情况；

⑤ 爆破工程引发的事故隐患防范情况；

⑥ 施工临时用电使用不当引发的事故隐患防范情况；

⑦ 施工驻地选择不当引发的事故隐患防范情况。

4. 排查治理方法

排查治理工作要坚持"四个结合"：一是与施工安全专项整治结合起来，狠抓薄弱环节，解决影响安全生产的突出矛盾和问题；二是与日常安全生产监管结合起来，完善应急体系，建立长效机制；三是与安全生产督查结合起来，联合安全监管部门开展抽查、互查，加强督促指导；四是与强化企业安全管理和技术进步结合起来，强化安全标准化、制度化建设，夯实安全管理基础，提升本质安全度。

可采用问卷调查、座谈交流、现场观摩、公告公示等不同形式，摸清底数，建立本地区事故隐患数据库，区分隐患性质与程度，梳理归类，实施动态监控。

5. 排查的工作要求

① 加强组织领导。交通主管部门要深刻认识做好隐患治理工作的重大意义，切实加强领导，落实责任，精心组织，把工作做深做细。

② 落实治理责任。交通主管部门和各从业单位主要负责人员要切实履行安全生产第一责任人的责任，真正做到对本地区、本单位的安全生产负总责。要将责任层层分解、落实到基层，确保责任到人、工作到位。凡是由于隐患排查治理工作不认真、疏漏重大事故隐患，造成严重后果的，要严肃追究有关人员的责任。

③ 突出重点。排查治理要突出安全生产特点，紧紧盯住排查治理"四个重点"，指导从业单位采取有针对性的预测预警措施，狠抓排查治理和监管督查，确保各项工作措施落实，坚决遏制较大以上事故的发生；同时，要特别关注、跟踪气象、地质部门对极端天气、局部地质灾害和台风的预测，加强应急演练，及早采取预防措施，防范由自然灾害引发的事故灾难的发生。

④ 强化监督指导。规范监督检查的方法和程序，充分依靠专家力量，深入施工一线，加强督促指导；要从企业和政府两个层面，建立隐患排查治理监控机制，实现事故隐患排查登记、公示公告、防范或整改、验收销号的全过程监控；要以"治理隐患、防范事故"为主题，组织开展好"安全生产月"活动；建立监督和激励机制，公布隐患举报电话，强化舆论监督和群众监督。对隐患排查治理不认真、走过场的企业（单位）予以公开曝光。

⑤ 加强应急值守工作。加强节假日、重大活动期间及极端天气多发季节的值班，及时了解和掌握隐患排查治理活动的进展情况，分析和把握形势，指导和推动"隐患治理年"各项工作的开展。

8.5　应急和预警管理

风险自古就存在。社会学家贝克认为："今天的社会更成了一个'风险社会'，每个人、每个机构、每个区域都要不断面临各类风险因素和可能的事件，但风险究竟是什么？风险有哪些特征和组成？人们对于这些问题答案的探索从来没有停止过，而事实上今天也没有完全确定一致的结论。"从某种程度上来说，预警和应急管理都是风险管理范畴的进一步延伸和具体化。风险管理更强调事前管理，主要涉及风险的监测、识别、评估、转移、规避和控制等问题；而预警管理更多强调对于可以监测到的风险信号进行预先警示和提前预备的一系列管理措施；应急管理则不仅仅需要考虑事前的风险控制、应急准备，更会关注事发之后的处置、协调和救援等问题，面临着更为复杂且无法事先预知的实际情况的严峻考验。可以认为，预警管理和应急管理是风险管理这一母概念之下的两个子概念，它们在过程上前后相继并有所交叉，在逻辑上有着因果关系或相关关系，如图 8-3 所示。

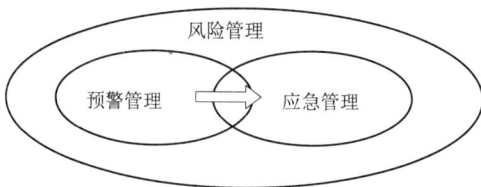

图 8-3　风险管理、预警管理与应急管理的关系

8.5.1 事故预警管理

8.5.1.1 预警管理的基础概念

1. 预警管理

预警是指在事故发生前进行预先警告，即对将来可能发生的危险进行事先的预报，提请相关当事人注意。预警管理是指为完成事件酝酿过程中一些征兆信息的确认、搜集与监测，确定不同预警级别的阈值或定性判据，并在事件形成前提供一定程度的遏制或减缓方案。

预警管理理论的起源可以追溯到 19 世纪末期，最初多出现在经济学领域。早在 1888 年的巴黎统计学大会上，就出现了以不同颜色作为经济状态评价的报告。20 世纪 30 年代，经济监测预警系统再度兴起，到 20 世纪 50 年代不断改进、发展并开始进入实际应用时期，美、日、英等国都建立了自己的一套经济预警系统。

预警管理适用的领域很广。宏观上说，除了经济领域外，在能源、环境和交通等领域也开始进行预警管理的研究与实施；微观上说，既可以在企业层面，也可以在大型临时性活动中根据现场情况进行预警，比如人群密度流速的预警等。

2. 预警机制

预警机制是指能灵敏、准确地告示危险前兆，并能及时提供警示，使机构能采取有关措施的一种制度。预警机制的作用在于能超前反馈、及时布置、防风险于未然，最大限度地降低由于事故发生对生命造成的侵害、对财产造成的损失。

预警机制作为一种制度，需要利用高科技手段，将监测到的各种异常信息进行预告。这要求明确报警、接警、处警的部门和第一响应队伍的工作要求与程序，明确预警的方式、方法、渠道和监督措施。

在构建预警机制过程中，需要综合考虑以下因素。

① 处理好点与面之间的关系，既要做到重点突出，又要防止顾此失彼。

② 处理好社会敏感与实际危害之间的关系，虽然两者之间具有一定的相关性，但社会敏感的突发公共事件未必就是危害性重大的；反之，亦然。

③ 处理好高发生概率与高危险之间的关系，有些事故发生概率很高，但危险性却未必高。而有些事故危险性很大，未必风险大，二者之间缺乏必然的联系。

④ 处理好预警机制的硬件与软件之间的关系，任何有效的预警机制都必然是由设备、设施等构成的硬件与由技术、制度、政策、管理等构成的软件组成，实际建立中需要理顺二者之间的关系。

⑤ 防止重复投资，造成资源的浪费。

3. 预警管理的任务与特点

预警管理的任务是对各种事件征兆的监测、识别、诊断与评价，及时报警，并根据预警分析的结果对事故征兆的不良趋势进行矫正、预防与控制。其目标是通过对安全生产活动和安全管理进行监测与评价，警示安全生产过程中所面临的危害程度。

预警管理在完成上述任务的基础上，具有如下特征。

（1）快速性

建立的预警系统能够灵敏快速地进行信息搜集、传递、处理、识别和发布，这一系统的任何一个环节都必须建立在"快速"的基础上，失去了快速性，预警就失去了意义。例如，事故预警尚未发出，事故很可能已经发生，根本来不及发布事故警报，也不可能实施预控，事故预警这个"报警器"就没有发挥任何作用。

（2）准确性

预警不仅要求快速搜集和处理信息，更重要的是要对复杂多变的信息作出准确的判断。判断是否正确，关系到整个预警的成败。要在短时间内对复杂的信息作出正确判断，必须事先针对各种事故制定出科学、实用的信息判断标准和确认程序，并严格按照制定的标准和程序进行判断，避免信息判断及其过程的随意性。

（3）公开性

事故信息一经确认，就必须客观、如实地向企业和社会公开发布。因为控制事故发展和应急救援需要企业、社会的力量。由于事故的发生取决于人、机、环境、管理等多种复杂因素的影响，而预警预报无疑是减少事故发生的先决条件和有效手段之一。

（4）完备性

预警系统应能全面收集与事故相关的各类信息，从不同角度、不同层面全过程地分析事故的发展态势。

（5）连贯性

要想使预警分析不得出孤立、片面的错误结论，预警系统的每一次分析应以上次的分析为基础，紧密衔接，才能确保预警分析的连贯和准确。

4. 预警管理体系的构成

一个完整的预警管理体系应由外部环境预警系统、内部管理不良预警系统、预警信息管理系统和事故预警系统构成，其构成要素关系如图8-4所示。

1）外部环境预警系统

外部环境预警系统主要由自然环境突变的预警、政策法规变化的预警、技术变化预警的构成。

（1）自然环境突变的预警

生产活动所处的自然环境突变诱发的事故，一方面是由自然灾害所造成的；另一方面，人类活动的破坏所造成的环境突变（如环境污染、社会治安等）反过来又导致安全生产事故的发生，对这些对象进行监测和警报是预警管理系统的基本内容之一。

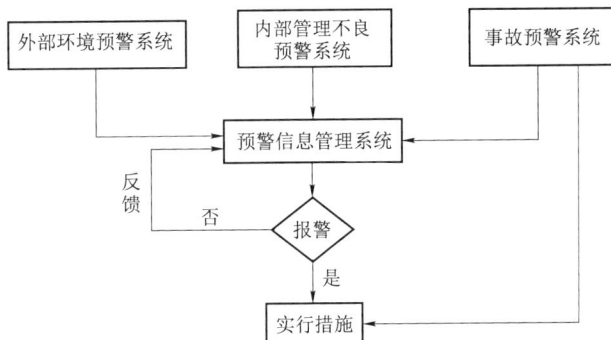

图 8-4　预警管理体系基本框架

（2）政策法规变化的预警

国家对行业政策的调整、法规体系的修正和变更，对安全生产管理影响非常大，应经常予以监测。

（3）技术变化的预警

现代安全生产的一个重要标志是对科学技术进步的依赖性越来越大，如现代交通运输系统，不仅涉及各种交通运输专业技术，而且也需要有防火防爆技术、计算监测技术、辨识和诊断技术等。因而预警体系应当关注技术创新、技术标准变动等的预警。

2）内部管理不良预警系统

内部管理不良预警系统主要由质量管理预警、设备管理预警、人的行为活动管理预警构成。

（1）质量管理预警

质量管理预警就是针对生产过程中存在的质量问题，质量水平提高过程中的不当、错误、失误现象进行预警。质量管理预警系统应当建立在管理信息系统、数据库技术、专家系统技术及质量安全监控于一体的智能化管理系统之上。

（2）设备管理预警

设备管理预警对象是生产过程中各种设备的维修、操作、保养等活动。该系统的主要功能是对设备资料数据的搜集和整理、设备使用情况的检查和评价、设备维修及时性评价、设备检修质量合格率的监督、设备工作时对环境污染的安全度评价、设备管理的预警对策等。

（3）人的行为活动管理预警

人的行为活动预警对象主要是思想上的疏忽、知识和技能欠缺、性格上的缺陷、心理和生理弱点等。该预警系统的主要功能是收集有关人的活动信息，进行识别与选择，对人的行为活动进行评价与分析，对人的不良行为进行预警。

3）预警信息管理系统

预警信息管理系统以管理信息系统（MIS）为基础，专用于预警管理的信息管理，主要是监测外部环境与内部管理的信息。预警信息的管理包括信息收集、处理、辨伪、存储、推断等过程。预警信息管理的流程如图 8-5 所示。

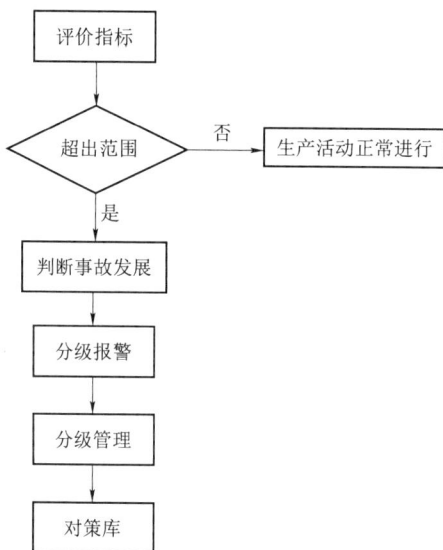

图 8-5　预警信息管理的流程

4）事故预警系统

事故预警系统的主要任务是当事故难以控制时，作出警告和对策措施建议，是集计算机技术与专家系统技术为一体的智能化系统。因此，事故预警系统是以管理信息系统为基础，完成信息收集、处理、辨识、存储和推断等任务。

5. 预警管理体系的构建原则

事故的发生和发展是由于人的不安全行为、物的不安全状态及管理的缺陷等方面相互作用的结果，因此在事故预警管理战略上，应针对事故特点建立预警系统。在构建预警管理体系时，需以信息论、控制论、决策论及系统论为基础，建立科学标准化的预警系统，其遵循的原则应包括以下几点。

（1）及时性原则

实行事故预警的出发点是"居安思危"，即事故还在孕育和萌芽的时期，就能够通过细致的观察和研究，防微杜渐，提早做好各种防范的准备。预警系统只有及时地监测出异常情况，并将它及时地报告，才能及时采取有效措施，最大限度减少经济损失和人员伤亡。

（2）全面性原则

预警就是要对生产活动的各个领域进行全面监测，及时发现各个领域的异常情况，尽最大努力保证生命财产的安全，这是建立预警机制的宗旨。全面性原则主要体现在监测、识别、判断、评价和对策预警操作系统方面。

（3）高效性原则

鉴于事故的不确定性和突发性，预警机制必须以高效率为重要原则。只有如此，才能对各种事故进行及时预告，并制定合理适当的应急救援措施。

（4）引导性原则

预警基本功能是预测事故的发生和警示，不能说考虑到可能引起社会动荡就隐匿有关信息。预警正是在某种灾害、突发公共事件降临之前，提醒或引导人们应该怎么做或应该采取什么态度去应付和处理，这样既减少了因盲从、跟风带来的被动和生命、财产的损失，又是尊重公民基本权利的体现。

8.5.1.2 预警系统的组成与实现

预警系统是建立预警机制的基础，它是在预警原理指导下，以事故现象的成因、特征及其发展作为研究对象，运用现代系统理论和预警理论，构建对同性质灾害事故能够起到"免疫"，并能够预防和"矫正"各种事故现象的一种"自组织"系统。预警系统也是一种以警报为导向，以矫正为手段，以免疫为目的的防错、纠错系统。

1. 预警系统的组成

预警系统主要由预警分析系统和预控对策系统两部分组成。预警分析系统主要由监测系统、预警信息系统、预警评价指标体系系统、预测评价系统等组成，其作用是完成预警功能；预控对策系统根据具体警情确定控制方案，完成对事故的控制功能。

1）监测系统

监测系统是预警系统的硬件部分，通过采集监测对象（如温度、压力、液位等）传感器的输出信号，将信号经过模拟/数字转换后形成数字信号输出，通过传输设施（同轴电缆、控制线、电源线、双绞线等）送入计算机进行处理，处理结果输出到操作控制台的显示器、监控系统大屏幕、记录仪、打印机等外围设备上。监测系统主要完成实时信息采集，并将采集信息存入计算机，供预警信息系统分析使用，其功能是采用各种监测手段获得有关信息和运行数据。

2）预警信息系统

预警信息系统负责对信息的存储、处理、识别，主要由信息网、中央处理系统和信息推断系统组成。信息网进行信息搜集、统计与传输；中央信息处理系统存储、处理从信息网传入的各种信息，并进行综合、甄别和简化；信息推断系统对缺乏的信息进行判断，并进行事故征兆的推断。这3个系统有机地结合，以完成预警信息系统以下功能。

（1）信息收集

通过对各种实时监测信息来源进行组合和相互印证，以使零散信息转变为整体化的具有预报性的可靠信息。

（2）信息处理

对各种监测信息进行分类、整理与统计分析，使之成为可用于预警的有用信息。

（3）信息的辨伪

伪信息往往会导致预警系统的误警和漏警发生，它所产生的风险比信息不全更加严重。因此，对于初始信息不能直接应用，必须加以辨伪，去伪存真。信息辨伪的方法有 5 种：

① 进行多种来源信息的比较印证，如果相互之间存在矛盾，则必定信息来源有误；

② 分析信息传输过程，以弄清信息所反映的时间点，并分析传输中可能出现的失误；

③ 进行事理分析，如果信息与事理明显相悖，信息来源有伪；

④ 反证性分析，即建立信息与目前事件状态之间关系，然后由目前事件反证原有信息，若反证结果与原有信息误差较大，则证明信息来源有误或过时；

⑤ 不利性反证，即假定信息为真，然后分析在这种假设下可能出现的不利情况，若这种不利情况很多很严重，则这种信息应慎用。

（4）信息存储

信息存储的目的是进行信息积累以备用，应不断更新与补充。

（5）信息推断

利用现有信息或缺乏的信息进行判断，并进行事故征兆的推断。

3）预警评价指标体系系统

预警评价指标体系系统主要完成评价指标的选取、预警准则和阈值的确定，其目的是使信息定量化、条理化和可操作化。

预警评价指标是指能敏感地反映危险状态及存在问题的指标，可分为潜在指标和显现指标两类。潜在指标主要用于对潜在因素或征兆信息定量化，显现指标则主要用于显现因素或现状信息的定量化，但在实际预警指标选取上主要考虑人、机、环境、管理等方面的有关因素。建立预警评价指标是预警系统开展识别、诊断、预控等活动的前提，是预警管理活动中的关键环节之一。

（1）建立预警评价指标的原则

① 灵敏性。指标能准确敏感地反映危险源的真实状态。

② 科学性。指标的选择、指标权重的确定、数据的选取、计算必须以公认的科学理论为依据，使指标既满足全面性和相关性要求，又能避免指标之间的相互重叠。

③ 动态性。事故发生过程本身是一个动态过程，因而要求评价指标应具有动态性，综合反映事故发展的趋势。

④ 可操作性。尽量利用现有统计资料及有关企业、行业的安全规范和标准。

⑤ 引导性。评价指标要体现所在行业的总体战略目标，以规范和引导企业未来发展的行为和方向。

⑥ 预见性。预警指标应选定能反映现状和预示未来的指标。

（2）预警评价指标的内容

预警评价指标的内容如表 8-4 所示。

表 8–4　预警评价指标的内容

人的安全可靠性指标	生理因素	年龄、疾病、身体缺陷、疲劳、感知器官等
	心理因素	性格、气质、情绪、情感、思想等
	技术因素	经验、操作水平、紧急应变能力等
生产过程的环境安全性指标	内部环境	① 作业环境：作业场所的温度、湿度、采光、照明、噪声、振动等； ② 内部社会环境：企业内部的政治、经济、文化、法律等
	外部环境	① 自然环境：自然灾害、季节因素、气候因素、时间因素、地理因素等； ② 社会环境：政治环境、经济环境、技术环境、法律环境、管理环境、家庭环境、社会风气等
安全管理有效性的指标	安全组织	安全计划、方针目标、行政管理
	安全法制	安全生产相关法规、规章制度、作业标准等
	安全信息	指令信息、动态信息、反馈信息等
	安全技术	管理方法、技术设备等
	安全教育	职业培训、安全知识宣传等
	安全资金	资金数量、资金投向、资金效益等
机（物）安全可靠性指标		设备运行不良、材料缺陷、危险物质、能量、安全装置、保护用品、储存与运输、各种物理参数（温度、压力、浓度等）

　　4）预测评价系统

　　预测评价系统是指对评价对象的选择，根据预警准则选择预警评价方法，给出评价结果，根据危险级别状态进行报警。

　　（1）评价对象

　　从安全系统原理的角度出发，预警系统中评价对象是导致事故发生的人、机、环境和管理等方面的因素；从事故的发展规律来看，评价对象也是生产过程中"外部环境不良"和"内部管理不善"等方面因素的综合。

　　（2）预警方法

　　根据对评价指标的内在特性的了解程度，预警方法有指标预警、因素预警、综合预警 3 种形式。

　　① 指标预警。指标预警是指根据预警指标数值大小的变动来发出不同程度的报警。如图 8–6 所示，设要进行报警的指标为 x，其安全区域为 $[x_a, x_b]$，初等危险区域为 $[x_c, x_a]$ 和 $[x_b, x_d]$，高等危险区域为 $[x_e, x_c]$ 和 $[x_d, x_f]$，则预警准则如下：

　　当 $x_a \leqslant x \leqslant x_b$ 时，不发生报警；

　　当 $x_c \leqslant x \leqslant x_a$ 或 $x_b \leqslant x \leqslant x_d$ 时，发出一级报警；

　　当 $x_e \leqslant x \leqslant x_c$ 或 $x_d \leqslant x \leqslant x_f$ 时，发出二级报警；

　　当 $x \leqslant x_e$ 或 $x \geqslant x_f$ 时，发出三级报警。

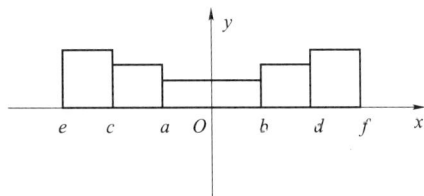

图 8-6　指标预警分级图

② 因素预警。当某些因素无法采用定量指标进行报警时，可以采用因素预警。该预警方法相对于指标预警是一种定性预警，是一种非此即彼的警报方式。例如，在安全管理中，当出现人的不安全行为、管理上的缺陷时，发出报警。则预警准则如下：

因素 x 出现时，发出报警；

因素 x 不出现时，不发出报警；

当预警指标 x 属于随机因素，则须用概率的形式进行报警。

③ 综合预警。将上述两种结合起来，并把诸多因素综合进行考虑，得出一种综合报警模式。

（3）预警阈值和准则

预警阈值的确定既要防止误报又要避免漏报。如采用指标预警，一般可根据具体规程设定报警阈值，或者根据具体实际情况确定适宜的报警阈值；如采用综合预警，一般根据经验和理论来确定预警阈值（综合指标临界值）。如综合指标值接近或达到这个阈值时，就意味着将有事故出现，可以将此时的综合预警指标值确定为报警阈值。

预警准则是指一套判别标准或原则，用来决定在不同预警级别情况下，是否应当发出警报及发出何种程度的警报。预警准则的设置要把握尺度，如果准则设计过松，则会使得有危险而未能发生警报，造成漏警现象，从而削弱了预警的作用；如果预警准则设置过严，则会导致不该发警报时却发出了警报，导致误警，会使相关人员虚惊一场，多次误警会导致相关人员对报警信号失去信任。

（4）预警系统信号输出及级别

对评价对象经过监测、识别、诊断、预测等活动过程后，预警系统需要对整个生产活动的安全状况作出评估，即预警系统信号输出和预警级别的给出，是预警活动的重要成果之一。预警信号一般采用国际通用的颜色表示不同的安全状况，按照事故的严重性和紧急程度，颜色依次为蓝色、黄色、橙色、红色，分别代表一般、较重、严重和特别严重 4 种级别（Ⅳ、Ⅲ、Ⅱ、Ⅰ级）。4 级预警如下：

Ⅰ级预警，表示安全状况特别严重，用红色表示；

Ⅱ级预警，表示受到事故的严重威胁，用橙色表示；

Ⅲ级预警，表示处于事故的上升阶段，用黄色表示；

Ⅳ级预警，表示生产活动处于正常生产状态，用蓝色表示。

一般信号输出和预警级别表示方法有以下两种。

① 时序性的预警信号输出。时序性预警级别反映了连续且全面的预警信息波动趋势。例如，生产过程中物理参数监测的数据变化，直接反映了危险性的大小和级别。该级别确定是以横坐标为时间坐标，一般设定为生产周期，或季、月为规定的间隔区，纵坐标设定为预警信号数值的定时输出。如图8-7所示。

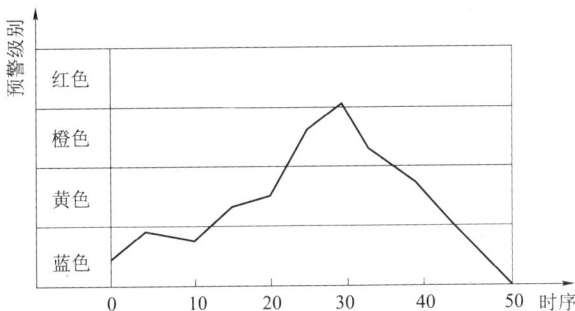

图8-7　时序性预警级别

蓝色—安全（Ⅳ级）；黄色—一般（Ⅲ级）；橙色—严重（Ⅱ级）；红色—特别严重（Ⅰ级）

② 安全风险预警信号输出。通过对生产活动过程中以实体形态存在的第一类危险源状态信息和以第二类危险源状态信息为基础，进行信息的识别、诊断、评价。根据事故的严重程度和可能性给出安全风险预警级别，如图8-8所示。

图8-8　安全风险预警级别

2. 预警系统的实现

完善的预警系统为实现事故预警提供了物质基础，预警系统通过预警分析和预控对策实现事故的预警和控制，预警分析完成监测、识别、诊断与评价功能，而预控对策完成对事故征兆的不良趋势进行纠错和治错的功能。

1）监测

监测是预警活动的前提，监测的任务包括两个方面。

① 对安全系统中的薄弱环节和重要环节进行全方位、全过程的监测。

② 对大量的监测信息进行处理（整理、分类、存储、传输），建立信息档案，进行历史的和技术的比较。即通过对历史数据、即时数据的整理、分析、存储，建立预警信息档案，将监测信息及时、准确地输入下一个预警环节。

2）识别

识别是运用评价指标体系对监测信息进行分析，以识别安全系统中各类事故征兆、事故诱因，以及将要发生的事故活动趋势。识别的主要任务是应用"适宜"的识别指标，判断已经发生的异常征兆、可能的连锁反应。所谓"适宜"，是针对本企业（或行业）事故的基本情况和事故的发展趋势而建立起来的识别指标，它既不是企业（行业）已发生事故的简单的历史纵向比较，也不是同其他企业（行业）发生事故情况进行的简单的社会横向比较，而是在横向纵向比较的双重评价之下，针对生产在特定条件下应该实现的事故控制绩效，结合企业外部环境的安全状态，综合判定生产过程是否发生或即将发生事故现象。

3）诊断

对已被识别的各种事故现象，进行成因过程的分析和发展趋势预测，可以明确哪些现象是主要的，哪些现象是从属的、附生的。诊断的主要任务是在诸多致灾因素中找出危险性最高、危害程度最严重的主要因素，并对其成因进行分析，对发展过程及可能的发展趋势进行准确定量的描述。

4）评价

对已被确认的主要事故征兆进行描述性评价，以明确生产活动在这些事故征兆现象冲击下会遭受什么样的打击，判断此时生产所处状态是正常、警戒，还是危险、极度危险、危机状态，并把握其发展趋势，在必要时准确报警。

监测、识别、诊断、评价这4个环节的预警活动，是前后顺序的因果联系。监测是预警系统开展的前提，没有明确和准确的监测信息，后3个环节的活动就是盲目的，甚至是无意义的；识别是预警系统至关重要的环节，实现事故现象的判别，使企业生产安全管理在繁杂多变的致灾因素中能确定预警工作重点，也使诊断和评价活动有明确的目标；诊断和评价是预警系统中技术性的分析过程，对主要事故现象的成因与过程分析，以及对事故损失后果的评价，可使企业在采取预控对策或者危机管理对策时有科学的判断依据。

整个预警系统的工作过程，呈现一种前后有序、因果关联的关系。监测信息系统是整个预警管理系统所共享的，识别、诊断、评价这3个环节的结果将以信息方式存入监测系统中。这4个环节所使用的评价指标，也具有共享性和统一性。

8.5.2 应急管理

8.5.2.1 应急管理概述

交通事故及其他突发事件的发生具有偶然性，一旦发生会给人们的生命财产及交通运输系统的正常运营造成巨大影响，甚至会导致二次事故的发生。因此，如何对应急实施有效的管理，尽量预防和减少事故和突发事件的负面影响，是交通安全管理的重要内容之一。

1. 基本概念

1）应急管理

应急管理一词来源于英文 emergency management，是针对灾害和危机等突发事件进行预防监测、应急处置和恢复重建的全过程管理。应急管理是指对即将出现或者已经出现的灾害而采取的一系列必要救援措施，包括灾害发生前的各种备灾措施、紧急灾害期间的具体行动、灾害发生后的救灾工作，防止避免和减少可能由于自然灾害和社会相互作用而导致灾害出现的减灾措施等。其目的就是尽最大可能地通过科学的有效组织协调，来保护人民生命及财产安全，将经济财产损失降到最低程度，促进社会和谐健康发展。

应急管理的内涵包括预防、预备、响应和恢复 4 个阶段。预防是指从应急管理的角度出发，防止突发事件或事故的发生、避免应急行动的相关工作；预备是指事故发生前采取的行动，目的是应对事故的发生，并提高应急行动能力、推进有效的响应工作，主要任务为制定应急预案及完善应急保障系统；响应是指事故发生后立即采取的行动，目的是保护生命、将财产损失降至最小程度；恢复是指在响应结束后立即进行，目的是使交通运营恢复到正常状态或得到进一步改善。

2）突发事件

突发事件的英文表述为 emergency event。我国自 2007 年 11 月 1 日起施行的《中华人民共和国突发事件应对法》中规定：突发事件是指突然发生，造成或者可能造成严重社会危害，需要采取应急处置措施予以应对的自然灾害、事故灾难、公共卫生事件和社会安全事件。

突发事件具有突发性、紧迫性、复杂性、不确定性、危害性等特点。突发事件的发生突然，其发展也非常迅速，随着突发事件的发展、演变，它所造成的损失可能会越来越大。因此，需要通过建立和发展应急管理体系，提高应急管理能力，实现快速应对突发事件。

3）应急预案

应急预案又称应急计划，是针对可能发生的突发事件和重大事故，为保证迅速、有序、有效地开展应急与救援行动，降低突发事件（重大事故）损失而预先制订的计划或方案。它是在辨识和评估潜在的突发事件（重大事故）发生可能性、发生过程、发生后果及影响严重程度的基础上，对应急机构的职责、人员、技术、装备、设施（备）、物资、救援行动、指挥与协调等方面预先作出的具体安排。

应急预案明确了在突发事件、重大事故发生之前、发生过程中及刚刚结束之后，谁负责做什么，何时做，以及相应的策略和资源准备等。

2. 应急管理体系

交通应急管理体系主要由组织体制、运行机制、法制基础及保障系统组成，其主要的内容如图 8-9 所示。

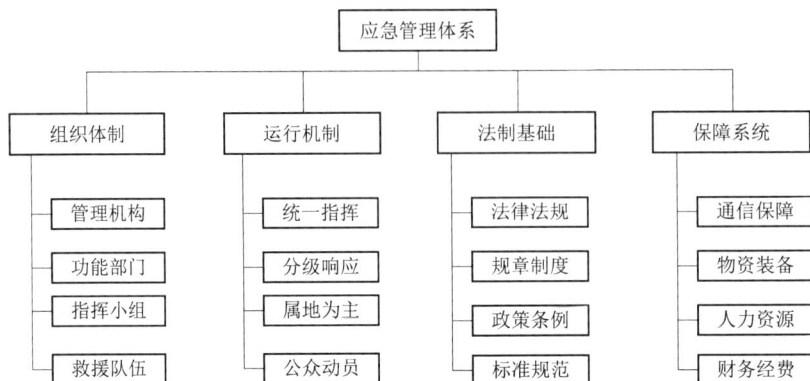

图 8-9　应急管理体系结构图

（1）应急管理组织机构

组织体制建设包括管理机构、功能部门、指挥中心和救援队伍等内容。由于行政管理体制与法律制度不同，各发达国家在应急管理组织机构的设置与职能上，也不尽相同，可归纳为两类：一类是建立综合性强的应急管理机构，实行集权化和专业化管理，统一应对和处理危机，代表性的国家是美国、俄罗斯、日本等；另一类是实行分权化和多元化管理，在应急管理中实行多部门参与和合作，代表性的国家是英国、德国、澳大利亚、新西兰等。

例如，图 8-10 为美国应急管理的组织机构体系，包括联邦、州、县、市、社区 5 个层次的应急管理与响应机构，比较全面地覆盖了美国本土和各个领域。

国家级应急管理中心主要负责制定灾害应急管理方面的政策和法律，组织协调重大灾害应急救援，提供资金和科学技术方面的支持，组织开展应急管理的专业培训，协调外国政府和国际救援机构的援助活动等；州政府主要负责制定州一级的应急管理和减灾规划，建立和启动州级的应急处理中心，监督和指导地方应急机构开展工作，组织动员国民警卫队开展应急行动，在遇到重大灾害时及时向联邦政府提出援助申请；地方政府（县、市级）承担灾害应急一线职责，具体组织灾害应急工作。当灾害发生时，根据灾害应急管理职责和运作程序，由灾害发生地的政府首先开展灾害应急工作，当灾害发展到超过其应急管理权限和应对能力时，则逐级上报并由上一级政府负责接管灾害应急工作。如果灾害威胁大、影响面广，可直接由高层组织机构启动应急行动。

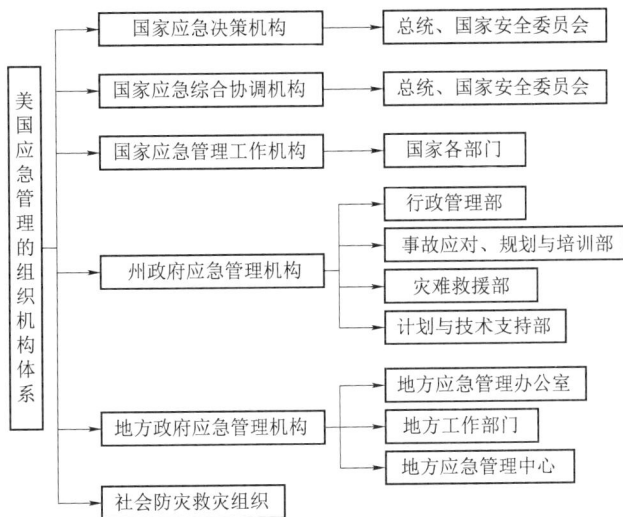

图 8-10 美国应急管理的组织机构体系

（2）法律基础

应急法制建设是应急体系的基础和保障，有关的法规可分为紧急状态法、应急救援管理条例、政府法令和标准。基于法律进行应急管理是发达国家的成功经验，其应急管理的所有权限都由法律赋予，包括应急预案编制、审核和备案制度，信息发布和报告制度，应急救援制度等，都应通过法律法规形式确定下来，建立一套完善的应急管理法律体系。

（3）应急预案

应急预案应在现有法律和政府指令的要求下，按照事件类别和部门职责组织编制，实现基本覆盖各类突发公共事件，形成应急预案体系。

（4）运行机制

应急运作机制包括统一指挥、分级响应、属地为主和公众动员。交通事故的应急处置过程，应严格遵守各项事故救援规章制度，坚持事故应急处置的统一集中指挥和多部门配合的原则。

（5）应急保障

应急保障系统包括信息通信、物资装备、人力资源和财务经费等。救援列车、救援队等专业应急救援队伍的培训和教育、救援设备的采购和维护、应急资金的合理配备和使用等共同构成了交通应急保障资源。

3. 我国应急管理的发展

1997 年 7 月，原化学工业部发出了《关于实施化学事故应急救援预案加强重大化学危险源管理的通知》，首次提出了"化学事故应急救援预案编写提纲"。2002 年 6 月，我国颁布了《安全生产法》，明确要求"生产单位的主要负责人员有组织制定并实施本单位的生产安全事故应急救援预案的职责"，"生产经营单位对重大危险源应当登记建档，进行定期检测、评价、监控，并制定应急预案"。

自 2003 年 SARS 爆发以来，国务院投入很大力量组织制定国家突发公共事件总体应急预案、专项应急预案和部门应急预案。自 20 世纪 90 年代至今，我国各行业逐步加快了应急管理的力度，并颁布了相关法案、条例。

2004 年 9 月，党的十六届四中全会明确提出：要建立健全社会预警体系，形成统一指挥、功能齐全、反应灵敏、运转高效的应急机制，提高保障公共安全和处置突发事件的能力。

2006 年 1 月 8 日，国务院发布了《国家突发公共事件总体应急预案》，对自然灾害、事故灾难、公共卫生事件和社会安全事件等 4 类突发公共事件，根据事件性质、严重程度、可控性和影响范围等因素分为 4 级，即 I 级（特别严重）、II 级（重大）、III 级（较大）和 IV 级（一般），并建立了"红、橙、黄、蓝" 4 级预警。图 8-11 为特别重大突发事件应急管理工作流程示意图。

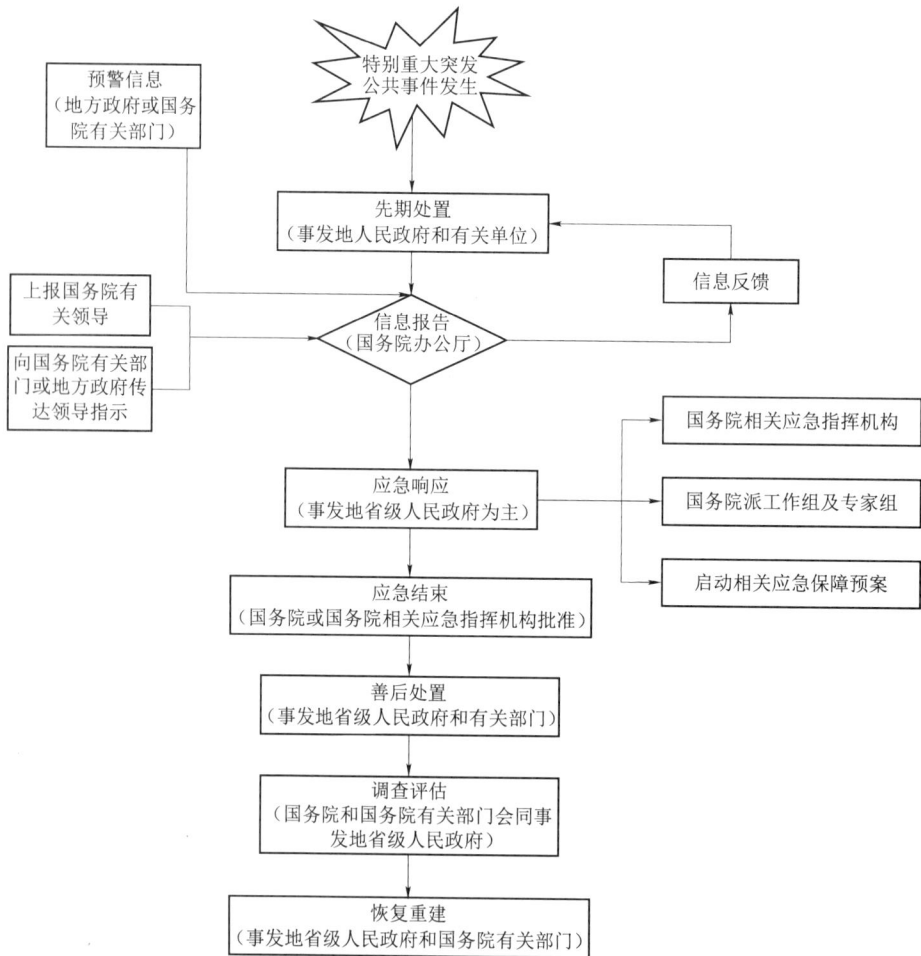

图 8-11　特别重大突发事件应急管理工作流程示意图

2006 年 1 月，国务院发布 9 件事故灾难类突发公共事件专项应急预案。这 9 件事故灾难类突发公共事件专项应急预案是：国家安全生产事故灾难应急预案，国家处置铁路行车事故应急预案，国家处置民用航空器飞行事故应急预案，国家海上搜救应急预案，国家处置城市地铁事故灾难应急预案，国家处置电网大面积停电事件应急预案，国家核应急预案，国家突发环境事件应急预案，国家通信保障应急预案。同时，目前各省、区、市也完成了省级总体应急预案编制工作。这表明，全国应急预案编制工作基本完成，初步形成了全国应急预案体系，应急管理体系建设正在加快推进。

8.5.2.2　应急预案管理

1. 应急预案分类

按预案的适用对象范围，可以将应急预案分为综合预案、专项预案和现场预案 3 类，从而保证预案文件体系的层次清晰和开放性。

（1）综合预案

综合预案是整体预案，它从总体上阐述应急方针、政策、应急组织结构及相应的职责，应急行动的总体思路等。通过综合预案可以很清晰地了解应急体系及预案的文件体系，更重要的是，可以作为应急救援工作的基础和"底线"，即使对那些没有预料到的紧急情况，也能起到一般的应急指导作用。

（2）专项预案

专项预案是针对某种具体的、特定类型的紧急情况，如铁路列车冲突、脱轨、火灾、爆炸、恐怖袭击等的应急而制定的。专项预案是在综合预案的基础上，充分考虑了某特定灾害的特点，对应急的形式、组织机构、应急活动等进行更具体的阐述，具有较强的针对性。

（3）现场预案

现场预案是在专项预案的基础上，根据具体情况而编制的。它是针对特定具体场所的特殊危险及周边环境情况，在详细分析的基础上，对应急救援中的各种情况作出具体、周密而细致的安排，因而具有更强的针对性和对现场具体救援活动的指导性。

2. 应急预案的基本结构

各类交通应急预案因层次和应用范围不同而侧重点和表现形式不同，但都可以采用相似的基本结构，即基于应急任务或功能的"1+4"预案编制结构。"1"指的是基本预案，"4"指的是应急功能设置、标准操作程序、特殊风险预案和各类支持附件。如图 8-12 所示。

基本应急预案是应急预案的总体描述，主要阐述应急预案所要解决的紧急情况，应急的组织体系、方针、应急资源，应急的总体思路，并明确各级组织在应急工作行动中的职责等。

应急功能设置是针对在各类重大事故中采取的一系列基本应急行动和任务而编写的计划。

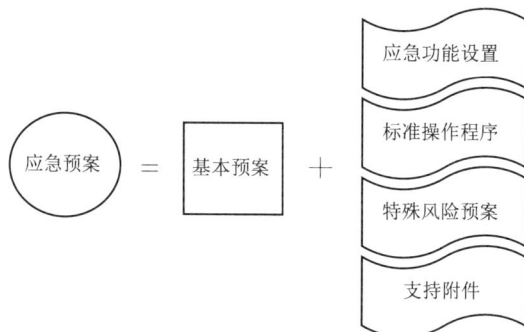

图 8-12　应急预案基本结构

标准操作程序主要是针对每个应急活动执行部门，在进行具体应急活动时所规定的操作标准。

特殊风险预案是指根据各类事故灾难、灾害特征，需要对其应急功能作出针对性安排的特殊预案。

支持附件主要包括应急救援的有关支持保障系统的描述及有关的附图表。

3. 应急预案的内容

应急预案是针对可能发生的各类重大事故所需的应急准备和应急行动而制定的指导性文件，总体上一个完整的应急预案应包括下列核心内容。

1）总则

① 编制目的：简述应急预案编制的目的、作用等。

② 编制依据：简述应急预案编制所依据的法律法规、规章，以及有关行业管理规定、技术规范和标准等。

③ 适用范围：说明应急预案适用的区域范围及事故的类型、级别。

④ 应急预案体系：说明本单位应急预案体系的构成情况。

⑤ 应急工作原则：说明本单位应急工作的原则，内容应简明扼要、明确具体。

2）运输生产单位的危险性分析

① 运输生产单位概况：主要包括单位地址、业务范围、从业人数、隶属关系，以及重大风险源、重要设施、目标、场所和周边布局情况。必要时，可附平面图进行说明。

② 风险源与风险分析：主要阐述本单位运输生产业务中存在的风险源及风险分析结果。

3）组织机构及职责

① 应急组织体系：明确应急组织形式、构成单位或人员，并尽可能以结构图的形式表示出来。

② 指挥机构及职责：明确应急救援指挥机构总指挥、副总指挥、各成员单位及其相应职责。应急救援指挥机构根据事故类型和应急工作需要，可以设置相应的应急救援工作小组，

并明确各小组的工作任务及职责。

4）预防与预警

① 风险源监控：明确本单位对风险源监测监控的方式、方法及采取的预防措施。

② 预警行动：明确事故预警的条件、方式、方法和信息的发布程序。

③ 信息报告与处置：按照有关规定，明确事故及未遂伤亡事故信息报告与处置办法。

● 信息报告与通知：明确24小时应急值守电话、事故信息接收和通报程序。

● 信息上报：明确事故发生后向上级主管部门和地方人民政府报告事故信息的流程、内容和时限。

● 信息传递：明确事故发生后向有关部门或单位通报事故信息的方法和程序。

5）应急响应

① 响应分级：针对事故危害程度、影响范围和单位控制事态的能力，将事故分为不同的等级。按照分级负责的原则，明确应急响应级别。

② 响应程序：根据事故的大小和发展态势，明确应急指挥、应急行动、资源调配、应急避险、扩大应急等响应程序。

③ 应急结束：明确应急终止的条件。事故现场得以控制，环境符合有关标准，导致次生、衍生事故隐患消除后，经事故现场应急指挥机构批准后，现场应急结束。

应急结束后，应明确：事故情况上报事项；需向事故调查处理小组移交的相关事项；事故应急救援工作总结报告。

6）信息发布

明确事故信息发布的部门和发布原则。事故信息应由事故现场指挥部及时准确向新闻媒体通报事故信息。

7）后期处置

主要包括受伤人员处理、事故后果影响消除、恢复运输、善后赔偿、抢险过程和应急救援能力评估及应急预案的修订等内容。

8）保障措施

① 通信与信息保障：明确与应急工作相关联的单位或人员通信联系方式和方法，并提供备用方案。建立信息通信系统及维护方案，确保应急期间信息通畅。

② 应急队伍保障：明确各类应急响应的人力资源，包括专业应急队伍、兼职应急队伍的组织与保障方案。

③ 应急物资装备保障：明确应急救援需要使用的应急物资和装备的类型、数量、性能、存放位置、管理责任人及其联系方式等内容。

④ 经费保障：明确应急专项经费来源、使用范围、数量和监督管理措施，保障应急状态时运输生产单位应急经费的及时到位。

⑤ 其他保障：根据本单位应急工作需求而确定的其他相关保障措施（如交通运输保障、治安保障、技术保障、医疗保障、后勤保障等）。

9）培训与演练

① 培训：明确对本单位人员开展的应急培训计划、方式和要求。如果预案涉及社区和居民，要做好宣传教育和告知等工作。

② 演练：明确应急演练的规模、方式、频次、范围、内容、组织、评估、总结等内容。

10）奖惩

明确事故应急救援工作中奖励和处罚的条件和内容。

11）附则

① 术语和定义：对应急预案涉及的一些术语进行定义。

② 应急预案备案：明确应急预案的报备部门。

③ 维护和更新：明确应急预案维护和更新的基本要求，定期进行评审，实现可持续改进。

④ 制定与解释：明确应急预案负责制定与解释的部门。

⑤ 应急预案实施：明确应急预案实施的具体时间。

12）附件

① 有关应急部门、机构或人员的联系方式：列出应急工作中需要联系的部门、机构或人员的多种联系方式，并不断进行更新。

② 重要物资装备的名录或清单：列出应急预案涉及的重要物资和装备名称、型号、存放地点和联系电话等。

③ 规范化格式文本：信息接收、处理、上报等规范化格式文本。

④ 关键的路线、标识和图纸，主要包括：警报系统分布及覆盖范围；重要防护目标一览表、分布图；应急救援指挥位置及救援队伍行动路线；疏散路线、重要地点等标识；相关平面布置图纸、救援力量的分布图纸等。

⑤ 相关应急预案名录：列出直接与本应急预案相关的或相衔接的应急预案名称。

⑥ 有关协议或备忘录：与相关应急救援部门签订的应急支援协议或备忘录。

8.6 事故紧急救援

8.6.1 道路交通事故救援组织及流程

交通事故紧急救援的目的是最大限度地降低交通事故所致的人员和财物的损失，恢复道路的通行能力。通过事故救援，尽可能地减少事故中人员的伤亡和物质损失；同时通过事故的调查、分析，发现问题，总结经验，积极采取措施，预防同类事故的再次发生。交通安全管理中，应以预防为主，但绝对地消除事故是不现实的，因此加强对交通事故紧急救援的组织与管理是必要的。

法国学者对于交通事故重伤研究表明，在交通事故发生后 90 min 内给予急救，其生存率为 10% 以下；在 60 min 内获救，其生存率为 40%；在 30 min 内获救，其生存率高达 80%。

土耳其的研究表明，交通事故发生后 30 min 内给予重伤者急救措施，则有 18%～25% 的伤者生命得到挽救。在我国，由于救助常识的缺乏，多数救助措施是在受伤者被运送到分布有限的医院、急救中心以后才着手实施的，正是由于缺乏院前或者运送途中有效的救助，导致伤者由于贻误救助时机而丧失生命或加剧救助难度。按照土耳其的研究成果，在我国实施有效的交通事故紧急救援，每年交通事故死亡人数可以减少 2 万～3 万。因此，强调第一时间进行紧急救援对于挽救生命显得十分重要。

1. 事故救援的组织

城市交通事故应急救援是一项涉及面广、专业性很强的工作，单靠某一个部门是很难完成的，必须把各方面的力量组织起来，形成统一的应急指挥中心，在指挥中心的统一指挥下，实现各部门之间的信息和资源共享。各级交通、安全、医疗救护、公安、消防、路政等部门快速响应，密切配合，协同作战，迅速、有效地组织和实施应急救援，尽可能地避免和减少损失。

根据我国国情，应由公安机关协调当地人民政府及保险公司，组织城市医院和急救中心，建立具有快速反应能力的交通事故紧急救援系统，加强交通事故伤害的抢救力量。交通事故紧急救援系统的正常运行需要有快捷的通信网络作为保障，一般道路可使用 122 交通事故专用报案电话、无线电通信、移动通信等设备。交通民警接到报案后，根据事故情况与医疗急救部、消防队、环卫队、养路队等协同部门联系，并赴现场进行事故勘查及现场活动的指挥，使各项救援、服务工作有条不紊地进行。

2. 事故紧急救援的流程

1）信息采集与异常交通状态判断和预测

这里的信息是指城市道路环境（气象等）和交通状态（交通流量、密度、速度、排队长度、异常交通现象等）信息。异常交通现象类型的判断、确认是在信息采集的基础上，通过交通管理中心的人员来实现的。异常交通状态的预测，则可运用状态模型加以预测。异常交通信息的采集手段有以下几种。

（1）基于检测器的异常交通信息采集

由于异常交通造成的交通阻塞的消散时间与紧急救援的响应时间成指数关系，所以及时地发现异常交通现象具有重要的意义。为采集异常交通信息，有必要加大沿线检测器的密度，一般以 500 m 间距为宜，事故多发地段还可以再加大此密度。

（2）基于紧急电话和巡逻手段的异常交通信息采集

这是常规的异常交通信息采集手段。突发事故发生后至被发现的时间，取决于紧急电话的设置密度和巡逻频率，一般情况下缺乏及时性。

（3）基于交通状态图像自动识别系统（AIDS）的异常交通信息采集

AIDS（automatic incident detection system）几乎可以在突发事故发生的同时获取异常交通信息，但由于该系统的成本较高，所以尚难在道路上大范围地使用。因此，事故多发段以外地点的异常交通信息采集，还需要借助（1）和（2）的手段来实现。

（4）基于路车间信息系统的异常交通信息采集

路车间信息系统，是通过车辆上的装置和设于路上的通信接收与发射装置，实现行驶中的车辆与管理中心的通信。当车辆自身遇有险情时，可以通知管理中心，并通过该中心将此信息提供给周边的车辆。

2）提供交通信息服务

当发生异常交通现象时，及时地向其上游的车辆提供交通信息，既可以让这些车辆了解前方的交通状态，采取适当的对策预防二次事故的发生，又可以诱导上游的交通流绕行，一方面减少这些车辆的等候时间，另一方面降低事故突发路段的交通压力，为迅速恢复正常交通提供条件。常提供的交通信息包括：

① 通过信息板（VMS）提供的关于异常交通现象的发生地点和事故类别的信息；

② 通过交通广播或车载导行系统提供上述内容的交通信息；

③ 流入和流出诱导信息；

④ 车道或行驶速度限制信息等。

几十年来发达国家的交通管理实践证明，及时有效的信息发布可以减少事件发生点的交通拥塞，减少二次事故的发生，提高救援人员的工作效率，减少因交通拥塞造成的其他问题，如救援人员的安全、驾驶员的争执冲突等。无线广播电台及专用信息台是最常用的信息发布手段，可变情报板也是发布实时交通信息的有力工具。随着互联网的发展，人们对通过网络了解各种信息的方式也渐渐熟悉和习惯。针对这样的趋势，可以考虑建立城市的交通信息网站，为打算出行的驾驶人和乘客提供实时交通情报咨询服务，帮助他们确定快捷、安全的出行路线提供无线上网服务，为在途驾驶员提供实时交通信息及交通疏导方案。

3）紧急救援方案的决策

在获悉异常交通现象发生后，应视其异常交通的类型和程度，迅速地就以下的救援方案作出决策，即：

① 突发事件现场的调查与管理方案；

② 紧急救援技术方案与装备；

③ 救援线路；

④ 上游流入交通的迂回诱导与控制管理方案；

⑤ 关联平面道路的紧急管理方案。

紧急救援方案决策是依据实际情况，选取事先已研究提出的各种可能方案的过程。

决策分析是事故紧急救援的难点，负责生成救援方案并通知相关派遣救援资源。该部分利用交通检测采集的信息，对事故的类型、严重程度、导致原因等因素进行判别，并对事故造成的瓶颈处通行能力的下降程度、可能造成的阻塞及阻塞的扩散程度等几个方面进行分析和预测，为下一步的事故决策提供基本的依据。借助各种预先设计的模型、预案及专用的数学算法对事件进行归类分析，最终得出事故的特征信息、严重程度、影响指数等重要参数。

在此基础上生成救援方案，包括车道控制方案、路径选择等。这些方案生成时，应考虑相关路网的通行能力、各路段通行能力之间的匹配、各路段的预测行驶时间，同时应通知相关救援部门实施事故救援。决策系统的主要功能是生成针对具体事故的应急方案集，并能找出最理想的应急方案，最理想的应急方案应该是在最短的时间内以最低的成本解决交通事件及消除事件对路网造成的影响。辅助决策系统应根据获得的交通事故相关信息，通过具体的决策算法和优化算法提出多个方案，最终由人工选择合适方案。

4）应急救援

控制中心生成救援方案并通知相关部门派遣救援力量进行救援，具体的应急救援措施和注意事项如下。

（1）接受调度，赶赴现场

相关各部门根据应急救援中心的救援方案，迅速展开救援行动。要准备好相应的专业救援器具，如液压扩张器、液压剪、无齿锯、躯体固定气囊、肢体固体气囊、易燃易爆气体专用测爆仪等救护设备。

（2）现场警戒，侦察检测

使用手持扩音器、插旗、警戒标志杆、锥形事故标志柱、防爆灯光警戒绳、闪光警示牌、隔离警示牌、500 m 警戒标志等器材设置警戒线，疏散围观人员，实施交通管制。若遇大雾天，救援车辆都应打开应急灯、警灯，防范后续驶来的车辆冲撞，造成新的伤亡。

（3）分析判断，制订现场救援方案

在判明伤情的前提下，按照"先急后援"的原则，先救重伤员，再救轻伤员，最后是已死亡人员。先处理危及生命的严重损伤，后处理一般损伤；在不加重隐蔽性创伤的前提下，进行伤员的翻动和搬运。"急"是指救援人员到场时，有事故车辆正在燃烧，车内有人员被困，必须迅速灭火救人的情形；"缓"是指相邻事故车内或事故地点，有人员轻伤或易燃易爆危险，但不危及生命或未发生爆炸的情形。若到现场的救援力量充足，两者同时兼顾。

（4）迅速排险，抢救伤员

对危重伤员，应先抬离车体，再进行救治；对于被车体或其他器具挤压的人员，应采取锯、割、撬、搬等方法，排除障碍后将其救出；如车体着火时应边灭火边救人，并迅速对未着火的车厢进行隔离；如因爆炸引起隧道垮塌并压住车体时，更应集中力量救护受伤人员。

（5）医疗急救，迅速转送

受伤人员应在 20 min 内得到救治，力争在 1 h 内将伤者送到医院，超过 1 h 危险性就会大大增加。在解救被困人员的时候，救援人员应同时进行稳定伤势的紧急医疗处置，包括必要的包扎和骨折的固定。救人脱险后，如果受伤者处于昏迷、停止呼吸和脉搏时，必须及时地进行现场心肺复苏。心肺复苏的主要内容：开放气道，口对口（鼻）人工呼吸和胸外按压。对呼吸和循环进行有效的人工支持，保证对脑、心、肾等重要脏器的供氧，可明显地提高心跳呼吸骤停后的抢救存活率。

3. 建立救援的模型库、知识库、历史数据库

这些数据库对交通事故的救援具有切实有效的参考价值，建立和完善交通事故的案例管理对于交通事故救援有着重要的意义。当然，理想的数据库并不是一开始就能建立的，需要在日常的事故救援过程中逐步地改进和完善。案例管理主要负责交通事故的基本信息和整个救援过程信息的整理、归档，对交通事故成因进行分析，对救援效果进行评价，生成救援报告，为未来的事故救援提供历史依据。

8.6.2 交通事故紧急救援体系的建立

发达国家十分重视交通事故救援体系的建设，它们在交通事故急救网络建设、急救方案决策及急救技术等方面做了深入研究并得以广泛应用。在德国，国内划分为 330 个紧急医疗服务区，每个服务区拥有急救车辆、急救设备、医护人员和志愿者。国民受过急救培训，机动车驾驶员必须经过 8 h 急救培训，每辆汽车都配有简易急救设施和急救箱，急救电话分布相当广泛；此外，德国还拥有 50 个空中救援基地，从事救援的直升飞机服务半径不超过 50 km。完善的交通事故紧急救援体系使得德国交通事故死伤数量占意外伤亡数量的比例大大降低。美国和巴西在各道路沿线设置了极为密集的事故救助点，使其道路交通事故救援具有很快的反应能力，并研制了创伤救治信息系统，能辅助救援人员迅速找到交通事故发生点及受伤人员。在我国每年众多的交通事故死伤人员中，有相当大的部分是因没有得到及时抢救而伤亡、残废的。如果存在一个完备的交通事故救护、救援体系，在受伤后关键性的 1～2 h 内，对伤者在路边做紧急处理，并通过通信联络系统迅速发现伤员并及时送至医院，及早救护，会大大降低受伤者的死亡率、残废率和永久性伤残程度。

因此，正确合理的紧急救援系统对于提高救援效率、缩短交通事故处理时间、降低此时道路交通阻塞、及时发现交通事故、各有关部门最快地到达现场、迅速而有效地采取紧急救援措施至关重要。

1. 建立健全事故紧急救援体系的重点

（1）通过立法明确救援工作的主管部门

事故紧急救援体制应采取立法的方式予以确认。

（2）研究救援理论，建立专门的救援队，协调各方面关系

在专业救援理论方面应结合我国目前的实际情况，借鉴交通基础设施建设发达国家的救援理论，参考目前各地救援方面的经验，总结出一套适用于我国的理论。同时，应尽快成立交通事故救援队，并以立法的形式确定道路紧急救援巡逻体系，明确每个救援队的巡逻范围，并定期或不定期对救援队培训、考核、演练。对于事故紧急救援，拥有一支高效管理队伍至关重要，其中包括管理部门、经营者、交通警察、医疗、消防、救援组织、保险公司理赔和社会福利机构等诸多方面。

（3）加大力量配置专用设备

交通事故紧急救援体系的中心是有一支具备快速反应能力，救援破拆设备装备齐全的专业救援队伍。

（4）与保险公司等新生的经济机制合作，共同分担事故的损失和压力

有关管理部门应当建立与保险公司的密切合作关系，共同开发一些包括安全抢险救援、公路工程设施等方面的新兴保险业务，利用保险公司在经济实力、防险专业知识等方面的优势，缓解各方面的压力。

2. 我国建立事故救助体系的保障与技术支持

（1）全面整合资源，建立适合我国情况的紧急救援系统

为了使救援工作更有效率，应首先着手尽早建立事故紧急救援系统，如成立事故救援服务中心，形成由监控中心、交警、消防、救援组织、医院救护、环卫、特种物品处置、保险公司理赔和社会福利机构等组成的多部门协同机构，以便统一利用和调配人力和物力资源。一旦事故发生并获得信息后，交通控制中心控制决策者与交警紧密配合，互通情报，统一指挥，紧急救援队伍按指令迅速抵达事故现场并及时针对有关信息反馈给监控中心，并对现场实行必要的交通管制。监控中心可根据反馈信息立即实施相关管理方案并向有关驾驶人提供有关交通事故的情报，事故勘查处理完毕后，迅速解除紧急状况下的交通管制，恢复正常交通。采用此种救援体制，使有关各方职责分明，管理统一，满足我国当前交通管理的需要。

（2）细化工作，依靠先进的科学技术支持实施有效的事故紧急救援

交通事故紧急救援应实现如下功能：

① 交通事故信息采集与处理；

② 救援方案生成与实时跟踪；

③ 救援过程中交通诱导与控制、管理；

④ 事故及救援信息管理与分析；

⑤ 交通事故紧急救援管理。

为了实现科学施救，依靠先进的检测技术和智能化决策系统，自动生成快速、科学的最佳紧急救援方案十分重要。救援方案应尽可能全面细致，包括参与救援力量、救援装备、救援路径、救援措施与要求、事故现场及事故影响范围内交通管理措施等。

（3）完善预警机制、救援预案与应急体系，提高救援应对能力

完善的预警机制包括监测系统、咨询系统、组织网络和法规体系，以保证对危机风险源和危机征兆等信息的科学识别、准确分级、综合分析、及时响应和有效沟通。良好的救援预案便于实现多部门间的资源跨行业、跨领域、跨地域整合创新与综合利用，可确保紧急救援处于主动地位。为了做到有备无患，还应加强事故紧急救援应急处置专业队伍的建设，特别是事故紧急救援专家咨询队伍的建设；此外，还要不断建立健全国家重要应急事故紧急救援物资监测网络、预警体系和应急物资生产、储备、调拨及紧急配送体系，以确保应急所需物

资和生活用品的及时供应。

（4）加大投入，改善救援装备和救援条件

为了保证救援基地及设施更新资金的落实，政府应将事故紧急救援经费支出列入各级政府的年度财政预算，形成稳定的经费；也可通过企业投资、政府补助和有偿服务等多种渠道，建立事故紧急救援公共安全风险防范基金。

（5）建立通畅灵敏的信息报告网络，向社会公布预警信息，是政府的责任

随着社会的进步和经济的发展，公众对提供交通出行信息服务的需求显著增加，特别是对处理交通紧急事件能力和服务质量的要求也越来越高。事故紧急救援时，向社会公众公布预警信息是政府的责任，也是保障公民知情权的表现。同时，尽快设定事故紧急救援预警信息发布标准和等级，并完善分级分类的应急法律框架，是政府部门的义务。政府部门应建立标准统一的信息发布制度，明确公布交通突发事件预警和风险提示的具体标准、等级、时限、渠道、范围和技术分析、政策解释等，做到有的放矢，规范有序，及时准确。

（6）急救人员知识的培训与宣传教育工作不可缺失

拥有交通事故紧急救援常识与技能的人员应相当重要，尤其是机动车驾驶员、交通事故高发群体、交通警察、道路沿途的群众及部分社会志愿者等。急救知识包括现场保护常识、医学急救常识和紧急避险技能等。此外，对道路交通事故紧急救援应急预案和应急救灾知识的宣传和教育，有利于有效应对道路交通突发公共事件和减少灾害造成的损失。应充分利用广播、电视、报刊、网络等，广泛宣传道路交通事故紧急救援工作的重大意义。

复习思考题

1. 简述城市交通安全管理的定义、构成体系及其作用。
2. 简述交通事故预防的 5E 准则。
3. 城市交通参与者包括哪些？简述交通参与者的管理在城市交通安全管理中的作用。
4. 驾驶人心理要素包括哪些内容？它们和交通安全的关系是什么？
5. 什么是驾驶人的气质？驾驶人的气质类型包括哪几种？各种气质类型的驾驶人的驾驶特点是什么？
6. 驾驶人的管理内容包括哪些？
7. 简述加强城市交通弱者安全管理的内容与措施。
8. 简述城市轨道交通、公交及其他车辆安全管理的主要内容。
9. 车辆检验的类型和检验内容包括什么？
10. 什么是车辆保险？简述车辆保险的种类及其在车辆安全管理中的作用。
11. 从哪些方面对轨道车辆段进行安全防护？
12. 城市交通安全设施包括哪些？

13. 城市道路的路基路面养护内容包括哪些?

14. 简述城市轨道交通养护。

15. 城市交通基础设施安全隐患的排查原则和重点是什么?

16. 什么叫预警管理和预警机制?

17. 简述预警管理的特点。

18. 简述预警管理体系的构成。

19. 简述预警系统的组成及预警评价指标的内容。

20. 简述常用的预警方法的种类及其特点。

21. 什么叫应急管理、应急预案和突发事件?

22. 简述应急预案的种类及基本结构。

23. 简述事故紧急救援的目的及流程。

24. 简述建立健全事故紧急救援体系的重点。

参 考 文 献

[1] 肖贵平，朱晓宁. 交通安全工程 [M]. 2 版. 北京：中国铁道出版社，2011.

[2] 北京市市政设计研究院. 城市道路工程设计规范：CJJ 37—2010 [S]. 北京：中国建筑工业出版社，2010.

[3] 中华人民共和国交通运输部. 公路项目安全性评价指南：JTG/T B05—2004 [S]. 北京：人民交通出版社，2004.

[4] 中华人民共和国住房和城乡建设部. 城市道路交通设施设计规范：GB 50688—2011 [S]. 北京：中国建筑工业出版社，2011.

[5] 北京市规划委员会,中华人民共和国住房和城乡建设部. 地铁设计规范：GB 50157—2013 [S]. 北京：中国建筑工业出版社，2013.

[6] 中华人民共和国住房和城乡建设部，中华人民共和国国家质量监督检验检疫总局. 建筑设计防火规范：GB 50016—2014 [S]. 北京：中国建筑工业出版社，2014.

[7] 中华人民共和国国家质量监督检验检疫总局，中国国家标准化管理委员会. 道路交通标志和标线：GB 5768—2009 [S]. 北京：中国标准出版社，2009.

[8] 秦进，高桂凤. 城市轨道交通安全管理 [M]. 北京：人民交通出版社，2012.

[9] 裴玉龙. 道路交通安全 [M]. 北京：人民交通出版社，2007.

[10] 裴玉龙，王炜. 道路交通事故成因及预防对策 [M]. 北京：科学出版社，2004.

[11] 过秀成. 道路交通安全学 [M]. 2 版. 南京：东南大学出版社，2011.

[12] 郭忠印，方守恩. 道路安全工程 [M]. 北京：人民交通出版社，2003.

[13] 许洪国. 道路交通事故分析与处理 [M]. 北京：人民交通出版社，2004.

[14] 谷志杰，丛国权. 交通事故处理及预防 [M]. 北京：中国人民公安大学出版社，2002.

[15] 段里仁. 道路交通事故概论 [M]. 北京：中国人民公安大学出版社，2003.

[16] 邵毅明. 道路交通运输安全学 [M]. 北京：人民交通出版社，2009.

[17] 宁乐然. 道路交通安全通论 [M]. 北京：中国人民公安大学出版社，2006.

[18] 刘运通. 道路交通安全指南 [M]. 北京：人民交通出版社，2004.

[19] 严宝杰，张生瑞. 道路交通安全管理规划 [M]. 北京：中国铁道出版社，2008.

[20] 沈裴敏，张荣贵. 道路交通事故预测与预防 [M]. 北京：人民交通出版社，2007.

[21] 徐毅刚，谭志福. 道路交通事故处理新论 [M]. 山东：山东人民出版社，2005.

[22] 唐琤琤，张铁军，何勇，等. 道路交通安全评价 [M]. 北京：人民交通出版社，2008.

[23] 刘运通. 道路交通安全指南 [M]. 北京：人民交通出版社，2004.

[24] 王建军，邓亚娟. 路网环境下高速公路交通事故影响传播分析与控制 [M]. 北京：科

学出版社，2010.

[25] 沈斐敏. 道路交通安全 [M]. 北京：机械工业出版社，2007.

[26] 刘波. 城市公共交通管理 [M]. 北京：中国发展出版社，2007.

[27] 何平. 道路交通管理新篇 [M]. 成都：西南交通大学出版社，2006.

[28] 交通部公路司. 新理念公路设计指南 [M]. 北京：人民交通出版社，2005.

[29] 费安萍. 城市轨道交通行车组织 [M]. 成都：西南交通大学出版社，2006.

[30] 刘志钢，谭复兴. 城市轨道交通安全工程概论 [M]. 北京：中国铁道出版社，2010.

[31] 牛凯兰，牛红霞. 城市轨道交通行车组织 [M]. 北京：机械工业出版社，2011.

[32] 耿幸福，宁斌. 城市轨道交通运营安全 [M]. 北京：人民交通出版社，2010.

[33] 何宗华. 城市轨道交通车辆运行和维修 [M]. 北京：中国建筑工业出版社，2006.

[34] World Health Organization（WHO）. Global status report on road safety 2013 [R]. Geneva：World Health Organization，2013.

[35] 成卫. 城市道路交通事故与交通冲突技术理论模型及方法研究 [D]. 长春：吉林大学，2004.

[36] 曾子威. 广州市道路交通事故发生规律与预防对策 [D]. 广州：华南理工大学，2010.

[37] 张晗. 城市轨道交通运营安全综合评估预警平台设计研究 [D]. 北京：北京交通大学，2012.

[38] 郭显惠. 高速公路交通安全设计与评价研究 [D]. 西安：长安大学，2011.

[39] 张鹏辉. 道路交通事故规律分析及预防对策研究 [D]. 合肥：合肥工业大学，2008.

[40] 骆廷文. 甘肃交通事故规律分析及预防对策研究 [D]. 西安：长安大学，2008：1-6.

[41] 贺明. 地铁运营安全风险评价体系的研究 [D]. 沈阳：沈阳航空航天大学，2013.

[42] 陈宽民，王玉萍. 城市道路交通事故分布特点及预防对策[J]. 交通运输工程学报，2003（1）.

[43] 陈云亮，陈龙. 浅谈公路路侧安全设计及防护技术 [J]. 科技视界，2014（6）.

[44] 王剑文. 高速公路安全设施：护栏设计要点 [J]. 交通标准化，2010（9）.

[45] 王嘉亮. 道路照明设计中交通安全性的影响因素分析：基于驾驶员视觉特性的研究 [J]. 照明设计，2005.

[46] 宝乾，汪彤. 国内外典型地铁事故案例分析及预防措施 [C]. 全国安全评价理论与方法创新青年科技论坛，2006.

[47] 陈芳芳. 为儿童乘车安全提供更多支持 [J]. 汽车制造业，2014（15）.

[48] 中华人民共和国交通运输部. 公路工程技术标准：JTG B01—2014 [S]. 北京：人民交通出版社，2014.